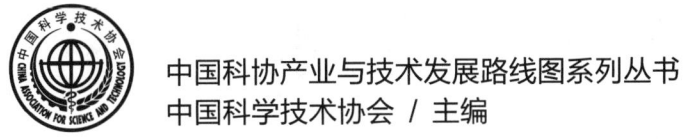 

中国科协产业与技术发展路线图系列丛书
中国科学技术协会 / 主编

车联网产业与技术发展路线图

中国通信学会 编著

中国科学技术出版社
·北 京·

图书在版编目（CIP）数据

车联网产业与技术发展路线图 / 中国科学技术协会主编；中国通信学会编著 . -- 北京：中国科学技术出版社，2022.11

（中国科协产业与技术发展路线图系列丛书）

ISBN 978-7-5046-9388-4

Ⅰ.①车… Ⅱ.①中… ②中… Ⅲ.①汽车 – 物联网 – 产业发展 – 研究 – 中国 Ⅳ.① U469-39 ② K426.471

中国版本图书馆 CIP 数据核字（2022）第 000542 号

策　　划	秦德继	
责任编辑	李双北	
封面设计	中科星河	
正文设计	中文天地	
责任校对	张晓莉	
责任印制	李晓霖	
出　　版	中国科学技术出版社	
发　　行	中国科学技术出版社有限公司发行部	
地　　址	北京市海淀区中关村南大街 16 号	
邮　　编	100081	
发行电话	010-62173865	
传　　真	010-62173081	
网　　址	http://www.cspbooks.com.cn	
开　　本	787mm×1092mm　1/16	
字　　数	360 千字	
印　　张	19.5	
版　　次	2022 年 11 月第 1 版	
印　　次	2022 年 11 月第 1 次印刷	
印　　刷	河北鑫兆源印刷有限公司	
书　　号	ISBN 978-7-5046-9388-4 / U·101	
定　　价	90.00 元	

（凡购买本社图书，如有缺页、倒页、脱页者，本社发行部负责调换）

《车联网产业与技术发展路线图》编写组

首席科学家、专家组组长

  陈山枝 中国信息通信科技集团有限公司副总经理、专家委主任

       无线移动通信国家重点实验室主任

顾问组成员（按姓氏笔画排序）

  王云鹏 中国工程院院士

  邬贺铨 中国工程院院士

  李克强 中国工程院院士

  李　骏 中国工程院院士

  张　平 中国工程院院士

专家组成员（按姓氏笔画排序）

王世良	王松浩	王勇	王峰	毛旭	乌尼日其其格
文剑	龙红星	田亮	任世岩	刘思杨	刘晓波 刘琪
刘强生	刘媛妮	关云涛	孙伟	孙健	杜孝平 李长乐
李凤	李文	李兴旺	杨雅茹	时岩	吴冬升 佘红艳
谷静	张长隆	张正烜	张延川	张连栋	张杰 张哲
范炬	林琳	季文	金博	周光涛	房家奕 赵丽
赵锐	赵新勇	胡延明	胡金玲	徐晖	栾或君 高博麟
梁宏斌	葛雨明	董书霞	程军锋	焦伟伟	谢星 雷艺学
褚文博	廖镭鸣				

序

当今世界正经历百年未有之大变局，新一轮科技革命和产业变革重塑全球经济结构，全球范围内的产业转型调整不断加快，产业竞争已成为大国竞争的主战场。我国产业体系虽然规模庞大、门类众多，但仍然存在不少"断点"和"堵点"，关键核心技术受制于人等问题突出。科技是产业竞争力的关键。解决制约产业发展的关键核心技术，建设现代化产业体系，需要强大的科技支撑。

党的二十大开启了全面建成社会主义现代化强国、实现第二个百年奋斗目标，做出加快构建新发展格局，着力推动高质量发展的重大战略部署。习近平总书记在党的二十大报告中强调，必须坚持科技是第一生产力、人才是第一资源、创新是第一动力，深入实施科教兴国战略、人才强国战略、创新驱动发展战略，开辟发展新领域新赛道，不断塑造发展新动能新优势。这些重要部署为我国依靠科技创新引领和支撑经济社会高质量发展进一步指明了方向和路径。

中国科协作为国家推动科技创新的重要力量，积极探索新形势下促进科技与产业深度融合的工作新品牌和开放合作新机制，推动提升关键核心技术创新能力，助力打赢关键核心技术攻坚战。2020年，中国科协首次启动产业与技术发展路线图研究，发挥跨学科、跨领域、跨部门和联系广泛的组织和人才优势，依托全国学会组织动员领军企业、科研机构、高等院校等相关力量，汇聚产学研各领域高水平专家，围绕车联网、智能航运、北斗应用、航天、电源、石墨烯等重点产业，前瞻预见产业技术发展态势，提出全产业链和未来产业发展的关键技术路线，探索构建破解关键技术瓶颈的协同创新机制和开放创新网络，引导国内外科技工作者协同攻关，推动实现产业关键核心技术自主可控。

综观此次出版的这些产业与技术发展路线图，既有关于产业技术发展前沿与趋势的概观介绍，也有关于产业技术瓶颈问题的分析论述，兼顾了科研工作者和决策制定者的需要。从国家层面来说，可作为计划投入和资源配置的决策依据，能够在政府部门之间有效传达科技政策信息，识别现有的科技能力和瓶颈，为计划管理部门在公共项目选择中明确政府支持的投入导向。从产业层面来说，有助于产业认清所处的经济、社会、环境的变化，识别市场驱动因素，确定产业技术发展的优先顺序，突破产业共性技术的瓶颈，提高行业研究和应用新产业技术的能力。从企业层面来说，通过路线图可与企业战略和业务发展框架匹配，确定产业技术目标，识别达到市场需求所必需的产业技术，找到企业创新升级的发展方向。

在此次系列丛书付梓之际，衷心地感谢参与本期产业与技术发展路线图编写的全国学会以及有关科研、教学单位，感谢所有参与研究与编写出版的专家学者。同时，也真诚地希望有更多的科技工作者关注产业与技术发展研究，为路线图持续开展、不断提升质量和充分利用成果建言献策。

中国科协党组书记、分管日常工作副主席、书记处第一书记
中国科协学科发展引领工程学术指导委员会主任委员
张玉卓

前　言

随着汽车保有量的快速增长，交通事故频发、交通效率降低、能源消耗增大。车联网作为全球前沿通信技术，成为赋能智能网联汽车和智慧交通的核心纽带，历史上首次实现了通信、汽车、交通三大产业的融合。其社会影响大、产业拉动强、技术要求高，成为全球战略竞争高地。欧美日韩等国家和地区纷纷加快产业布局、制定发展规划，通过政策法规、技术标准、示范建设等全方位措施，推进车联网的产业化进程和规模应用。各国际标准化组织纷纷加大车联网标准研制力度，车联网已经成为国际竞争前沿。

我国在国家规划和行业规划中，也明确车联网与智能网联汽车、智慧交通协同发展的战略定位。《中华人民共和国国民经济和社会发展第十四个五年规划和2035年远景目标纲要》《智能汽车创新发展战略》《交通强国建设纲要》等，明确提出大力发展车联网、智能网联汽车、智慧交通。如今，伴随蜂窝车联网产业发展进入新阶段，规模应用与商业部署将成为行业主旋律，赋能我汽车产业从新能源汽车的上半场转移到智能网联汽车的下半场，并从全球竞争中胜出。我国蜂窝车联网发展路径可以分近期和中远期两大阶段。近期通过车车协同、车路协同实现智能网联辅助驾驶，提高驾驶安全、降低事故率、提升交通效率；通过特定场景的中低速的智能网联无人驾驶，解决行业应用痛点。中远期将结合人工智能、大数据、融合感知和计算等技术，通过车联网助力单车智能实现车路云协同和网联智能，最终实现全天候、全场景的智能网联无人驾驶。

在产业方面，中国车联网产业走在了世界前列，2018—2021年先后举办"三跨""四跨"等大型车联网互联互通测试活动，表明我国具备了实现车联网相关技术商业化的基础。

在我国产业界共同努力下，车联网已形成包括通信芯片、通信模组、车载终端、路侧设备、测试仪表、整车制造、运营服务、测试认证、高精度定位及地图服务等较为完整的产业链生态，在全球处于领先地位。为实现车联网产业尽快落地，工业和信息化部、交通运输部、公安部等部门积极协同推动，并与地方政府合作，在全国各地先后支持建设 16 个智能网联汽车测试示范区、4 家国家级车联网先导区及 16 个"双智"试点城市。我国车联网产业化进程逐步加快，为大规模产业化及商业化奠定了基础。

在智慧城市及智慧高速典型应用场景中，车联网针对驾驶安全及交通效率提升等方面发挥了重要作用。在特定场景如园区、机场、矿区、港口、停车场、城市道路等区域内，车联网技术正在助力中低速无人驾驶技术发展，在提升道路安全、进行合理道路路径规划、提升生产管理效率方面发挥了巨大作用。

本书着重探讨车联网技术发展与产业实践，以期通过系统研究车联网全球发展态势、我国车联网发展情况、车联网技术和产业发展趋势、车联网发展路线图及典型案例，对我国发展基于蜂窝车联网的车路云协同的智能网联汽车和智慧交通提出建设性建议。本书内容涉及面广，可作为高校、研究机构以及汽车、交通、通信、互联网、集成电路等行业的技术产业发展参考，也可作为政府部门制定政策的参考。

《车联网产业与技术发展路线图》编写组

2022 年 11 月

目录

第一章 国内外车联网发展概述 / 001
    第一节 国外车联网发展概述 / 002
    第二节 我国车联网发展概述 / 012

第二章 车联网发展现状与态势 / 026
    第一节 车联网技术发展现状 / 027
    第二节 车联网产业发展现状 / 081
    第三节 车联网技术发展态势 / 119
    第四节 车联网产业发展态势 / 134
    第五节 车联网产业与应用实践 / 152

第三章 车联网发展路线图 / 166
    第一节 车联网技术发展路线图 / 166
    第二节 车联网产业发展路线图 / 185
    第三节 车联网产业与技术发展总体路线图 / 208

第四章 我国车联网发展的问题与建议 / 213
    第一节 主要问题 / 213
    第二节 发展建议 / 216

附录 / 221
    附录一 车联网标准化组织及产业联盟 / 221

附录二	国外车联网发展情况	/226
附录三	国内车联网示范先导区情况	/235
附录四	车联网典型应用案例	/246
附录五	缩略词	/281

参考文献 /294

第一章
国内外车联网发展概述

汽车的发明和广泛应用,虽然极大地改善了人类的生活质量,但也导致道路安全、城市拥堵、环境污染等问题日趋严重。近十多年来,移动通信、人工智能、大数据等信息通信技术快速发展,推动了汽车与交通的智能化和网联化发展,车联网技术应运而生。国际上许多国家高度重视车联网产业发展,通过制定国家政策或立法推动相关产业发展。

车联网(V2X)是实现车辆与周围的车、人、交通基础设施和网络等全方位连接和通信的新一代信息通信技术,包括车与车之间(V2V)、车与路之间(V2I)、车与人之间(V2P)、车与网络之间(V2N)等。通过车联网将人、车、路、云等交通参与要素有机联系在一起,一方面能够获取更为丰富的感知信息,提供信息交互与协同能力,并促进智能网联汽车和自动驾驶技术的发展;另一方面通过构建智慧交通系统,可以提高驾驶安全、降低事故发生率、提升交通效率、改善交通管理、节能减排等。

车联网标准体系分为技术和应用两部分。目前,国际上主流的车联网无线通信技术有电气与电子工程师协会(IEEE)802.11p 和蜂窝车联网(C-V2X)两条技术路线,应用层标准由各国家和地区根据区域性的应用定义进行制定。车辆专用短距通信技术(DSRC)(IEEE 802.11p 技术)基于 Wi-Fi 标准改进,在 IEEE 进行标准化工作。C-V2X 是基于蜂窝通信和终端直通通信融合的车联网技术[1-2],其标准工作在第三代移动通信合作伙伴计划(3GPP)开展,包括基于长期演进技术(LTE)的 LTE-V2X 和面向新空口(NR)的 NR-V2X。目前,DSRC(IEEE 802.11p)和 C-V2X 都已经完成阶段性技术研究和标准化工作,车联网产业化的技术条件已具备,全球车联网产业化阶段已经到来。

当前,我国已将车联网产业上升到国家战略高度,产业政策持续利好。车联网技术标准体系已经从国家标准层面完成顶层设计。我国车联网产业化进程逐步加快,围绕 LTE-V2X 形成包括通信芯片、通信模组、终端设备、整车制造、运营服务、测试认证、高精度定位及地图服务等较为完整的产业链生态。为推动 C-V2X 产业尽快落地，包括工业和信息化部、交通运输部、公安部等积极开展跨部门与部省合作，在全国各地先后支持建设 16 个智能网联汽车测试示范区。工业和信息化部积极推动国家级车联网先导区建设，已经批复支持无锡、天津、长沙、重庆建立国家级先导区（还有多处积极申报中），为后续大规模产业化及商业化奠定了基础。住房和城乡建设部、工业和信息化部分两批共确定 16 个城市作为智慧城市基础设施与智能网联汽车协同发展试点城市。

5G 和 C-V2X 作为国家新型信息基础设施建设工程的重要组成部分，正推动着汽车产业形态、交通出行模式、能源消费结构和社会运行方式的深刻变化。

车联网应用可以分近期和中远期两大阶段。近期通过车车协同、车路协同，一方面实现智能辅助驾驶，提高驾驶安全，降低事故率，提升交通效率；另一方面实现特定场景和封闭园区（如港口、矿山、机场、工业园区、指定道路等）的中低速自动驾驶，提高生产效率，降低人工成本。中远期将结合人工智能、大数据等新技术，融合雷达、视频感知等技术，通过车联网实现从单车智能到网联智能，实现智能网联汽车，最终实现全场景、全天候的无人驾驶。

未来，我国将走出一条有中国特色的智能网联汽车和智能交通发展模式，即基于车联网的"聪明的车、智慧的路、协同的云"的车、路、云协同发展模式，支撑我国汽车产业和交通行业的变革及智慧城市的发展创新，并将构建新产业生态，创新商业模式。

第一节　国外车联网发展概述

随着通信技术、信息技术和汽车工业的发展，智能网联汽车已经成为未来汽车的发展趋势。汽车网联化和智能交通催生的车联网产业已经成为包括汽车发达国家和地区的重要战略性方向，各国家和地区纷纷加快产业布局、制定发展规划，通过政策法规、技术标准、示范建设等全方位措施，推进车联网的产业化进程。本节从政策法规、技术标准及示范建设等维度梳理以美、欧、亚为代表的全球车联网发展态势。

一、各国政府积极推动，政策规划利好

美国政府高度重视智能交通和智能网联汽车产业发展，目前已经明确将汽车智能化、网联化作为两大核心战略，并出台一系列政策法规推进相关产业体系的建立。欧盟委员会通过建立协同智能交通系统（C-ITS）推进欧盟国家的车联网部署，促进整个欧盟范围内的投资和监管框架的融合，推动从 2019 年开始部署 C-ITS 业务的计划。为协调部署和测试活动，欧盟国家和道路运营管理机构建立 C-Roads 平台，共同制定和分享技术规范，并进行跨站点的互操作测试验证。

亚洲范围内，日本政府于 2021 年 3 月 15 日公布了《面向实现和普及自动驾驶的措施报告与方案》，目标是 2025 年在 40 个地点实现多种区域、多样化车辆的无人自动驾驶服务。韩国制定长期车联网发展规划，目标是在全国范围内实现智能道路交通系统，通过连接车、路和人，实现高度自动化和交通资源利用最大化，计划到 2040 年实现零交通事故。新加坡制订 2022 新城计划，规划 2022 年在全国范围进行自动驾驶的部署，成为全球第一个实现自动驾驶的国家。

美、欧、亚各地区与国家在智能网联汽车和智能交通领域相关的战略规划及相关政策（表 1-1）。

表 1-1　国外智能网联汽车和智能交通战略规划及政策[1, 8]

国家 / 地区	时间	政策要点
美国	2015 年	发布《美国智能交通系统战略计划 2015—2019 年》，明确美国智能交通系统战略升级为网联化与智能化的双重发展战略。
	2016 年	发布《联邦自动驾驶汽车政策指南》，将自动驾驶安全监管首次纳入联邦法律框架。
	2017 年	发布《自动驾驶系统 2.0：安全展望》，鼓励各州重新评估现有交通法律法规，为自动驾驶技术的测试和部署扫除法律障碍。
	2018 年	发布《自动驾驶汽车 3.0：准备迎接未来交通》，推动自动驾驶技术与地面交通系统多种运输模式的安全融合。
	2019 年	将 5905~5925MHz 用于蜂窝车联网技术。
	2020 年	发布《自动驾驶系统 4.0：确保美国自动驾驶汽车技术的领先地位》《智能交通系统战略规划 2020—2025》，从强调自动驾驶和智能网联单点突破到新兴科技全面创新布局，着重推动新技术在研发 - 实施 - 评估全流程示范应用，提出六大规划领域，在通信方面要关注 5G 等创新技术的快速发展和应用。 将已经分配给 IEEE 802.11p 的 5.9GHz 频段（5850~5925MHz）划拨给 Wi-Fi 和 C-V2X 使用，其中 30MHz 带宽（5895~5925MHz）分配给 C-V2X，这标志着美国正式宣布放弃 DSRC 并转向 C-V2X。

续表

国家/地区	时间	政策要点
	2021年	发布《自动驾驶汽车综合计划》报告，它是美国"自动驾驶4.0"国家计划的贯彻和执行，在安全优先、确保隐私和数据安全等十大原则基础上，美政府认为要保持自动驾驶领域的优势地位，就要加强创新。 发布更新版的《SAE驾驶自动化分级》，针对先前的版本进行了更新完善，增加了一些新术语，实质性完善和澄清被误解的概念，以及将某些定义重组为更具逻辑性的分组。 美国国家公路交通安全管理局发布规定，要求汽车制造商今后上报所有涉及汽车自动驾驶技术的事故信息，按事故严重程度分别限时一日内上报和每月上报。
欧盟	2010年	制订《智能交通系统发展行动计划》，是欧盟范围内第一个协调部署智能交通系统的法律基础性文件。
	2014年	启动《地平线2020》项目，推进智能网联汽车研发。
	2015年	发布《GEAR 2030》战略，重点关注高度自动化和网联化驾驶领域的推进及合作。
	2016年	通过《合作式智能交通系统战略》推进2019年在欧盟成员国范围内部署协同式智能交通系统服务，实现V2V、V2I等信息服务。
	2018年	发布《通往自动化出行之路：欧盟未来出行战略》，明确到2020年在高速公路上实现自动驾驶，2030年进入完全自动驾驶社会。
	2019年	更新《联网自动驾驶路线图》，强调自动驾驶的协同互联，明确提出基于数字化基础设施支撑网联式协同自动驾驶架构。
	2019年	发布《欧盟自动驾驶技术路线图》，澄清了自动驾驶的不同等级及其优势，列出实施具体步骤和基础设施改造/部署时间表，同时列出需要的政策支持。
	2020年	发布《可持续与智能交通战略》，提出到2030年实现自动驾驶出行服务的大规模部署。具体提出10大类82项倡议行动计划，有诸多倡议行动与智能网联汽车有关。
	2021年	发布《欧盟自动驾驶技术路线图》更新版征求意见稿，提出了2030年目标应用，包括高速公路与运输走廊、限定区域、城市混合交通和乡村道路等4类关键应用场景。
日本	2013年	发布日本《世界领先IT国家创造宣言》，其中智能网联汽车为核心之一。基于该宣言，日本内阁制定国家级科技创新项目《SIP战略性创新创造项目计划》，自动驾驶系统的研发上升为国家战略。 发布《智能交通系统2014—2030技术发展路线图》，计划2030年建成世界最安全和最畅通道路。
	2014年	制订《SIP自动驾驶系统研究开发计划》，制定四个方向共计32个研究课题，推进基础技术及协同式系统相关领域的开发与应用。
	2017年	发布《2017官民智能交通系统构想及路线图》，计划2020年左右在高速公路上实现自动驾驶3级，2级以上卡车编队自动驾驶以及特定区域内用于配送服务的自动驾驶4级。

续表

国家/地区	时间	政策要点
	2018年	发布《自动驾驶相关制度整备大纲》,明确自动驾驶汽车发生事故时的责任划分。 发布《自动驾驶汽车安全技术指南》,明确规定L3、L4自动驾驶汽车须满足的十大安全条件。
	2019年	日本自动驾驶系统战略创新促进项目进入2.0阶段,将自动驾驶与未来智能社会(Society 5.0)的协同纳入重点方向。为推动自动驾驶发展,修订《道路交通法》与《道路运输车辆法》,营造有利法律环境。
	2020年	发布4.0版《实现自动驾驶的相关报告和方案》,与利益相关方分享自动驾驶技术路线图,共同实现路线图目标。
	2021年	发布5.0版《实现自动驾驶的相关报告和方案》,介绍了日本在自动驾驶道路测试和示范应用方面取得的成绩,明确了下一步的四项重点工作。
韩国	2018年	制定《基于CoRE的智能交通系统(2040)》长期车联网发展规划。短期计划到2020年重点解决交通事故多发地段,部署智能道路交通试点,交通事故100%现场处理,交通事故伤亡降低50%;中期计划到2030年重点在高速公路和市区实现智能道路交通,实现100%动态环境检测,实现零交通事故伤亡;长期计划到2040年在高速公路网实现智能道路交通,市区实现100%智能交通,实现零交通事故。
	2019年	出台《促进和支持自动驾驶汽车商业化法》,自2020年5月1日起正式实施。
	2020年	发布《自动驾驶汽车安全标准》(修订版),针对自动驾驶汽车的部分功能提出有条件自动驾驶车(L3级)安全标准。

综上,美、欧、亚主要国家政府高度重视车联网产业发展,均将车联网产业作为战略制高点产业,通过制定国家政策或通过立法推动产业发展。车联网行业将进入发展快车道。

二、技术标准逐渐成熟,频谱规划明确

车联网有关的国际或地区性标准化组织主要有:第三代移动通信合作伙伴计划(3GPP)、国际电信联盟(ITU)、国际标准化组织(ISO)、欧洲电信标准化协会(ETSI)、美国汽车工程师学会(SAE)等。其中,3GPP主要负责C-V2X无线通信技术及相关的需求分析、网络架构、安全机制等标准研发;国际电信联盟负责制定及协调各国家及地区的频谱及安全标准;国际标准化组织中的道路车辆技术委员会(ISO/TC 22)和智能运输系统技术委员会(ISO/TC 204)对智能网联汽车相关技术标准的研究和制定积极加强协调,由中国主导立项的LTE-V2X标准已由国际标准化组织正式

发布；欧洲电信标准化协会负责开发与 V2X 通信体系结构、管理和安全性相关的标准，并进行多接入边缘计算（MEC）的服务场景、参考架构等标准制定。美国汽车工程师学会也成立 C-V2X 工作组，进行相关标准制定工作。

IEEE 802.11p 技术由 IEEE 于 2010 年完成标准化工作，该技术支持车辆在 5.9GHz 专用频段进行 V2V、V2I 的直通通信。应用层部分标准由美国汽车工程师学会完成，包括 SAE 2735、SAE 2945 等标准（图 1-1）。

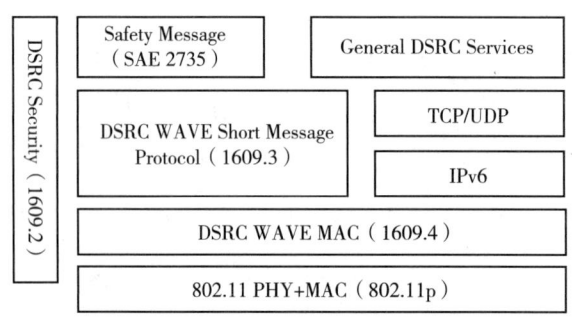

图 1-1 基于 IEEE 802.11p 的车联网标准架构[24]

注：传输控制协议（TCP）；用户数据包协议（UDP）；车载环境中的无线接入（WAVE）；媒体访问控制（MAC）；物理层（PHY）。

C-V2X 是国际主流移动通信标准组织 3GPP 主导推动的、基于蜂窝网通信技术形成的车联网技术，可实现长距离和更大范围的通信，在技术先进性、性能及后续演进等方面，相对 IEEE 802.11p 具有优势。C-V2X 包含 LTE-V2X 和 NR-V2X，其中 LTE-V2X 最早由大唐电信集团陈山枝团队在 2013 年 5 月提出，是首个融合了蜂窝与直通的车联网技术，并确定了 C-V2X 的蜂窝与直通融合的系统架构及直通链路的关键技术框架和技术路线。由大唐、华为等中国企业和 LGE 等国际公司牵头推动，3GPP 分别于 2017 年 3 月和 2018 年 6 月正式发布 R14 和 R15 版本的 LTE-V2X 标准。3GPP 于 2018 年 6 月启动 NR-V2X 标准化工作，于 2019 年 3 月完成研究项目，于 2020 年 6 月 R16 标准冻结；同期，3GPP 启动 R17 研究，针对直通链路特性进一步增强，预计 2022 年 6 月冻结；3GPP R18 等后续版本将持续演进（图 1-2）。

为了推动美国 C-V2X 相关标准和产业化进展，SAE 于 2017 年成立了 C-V2X 技术委员会，计划针对 C-V2X 制定类似 J2945.1 的车载 V2V 安全通信技术要求标准（J3161），相关标准工作持续进展中。

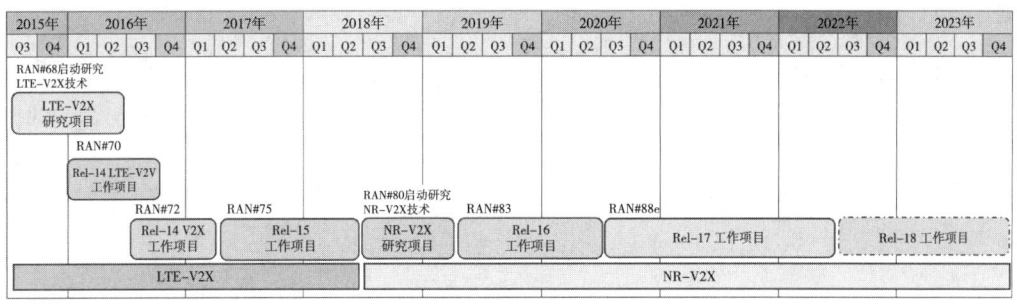

图 1-2　3GPP C-V2X 标准演进时间表[1]

5G 汽车联盟（5GAA）对 IEEE 802.11p 和 C-V2X 进行了技术对比，从物理层设计、MAC 层调度等角度对比分析，表明 C-V2X 相比 IEEE 802.11p 在资源利用率、可靠性和稳定性方面具有优势。

表 1-2　C-V2X 和 DSRC（IEEE 802.11p）技术对比[25]

C-V2X 技术优势	具体技术或性能	DSRC （IEEE 802.11p）	LTE-V2X （3GPP R14/R15）
同步	同步	不支持	支持
更高资源利用率	资源复用	只支持 TDM	支持 TDM 和 FDM
更高可靠性	信道编码	卷积码	Turbo
更高可靠性	重传机制	不支持	支持 HARQ，固定 2 次传输
更远传输范围	波形	OFDM	SC-FDM
低时延 / 高可靠	资源分配机制	CSMA/CA	支持感知 + 半持续调度和动态调度

2018 年 4 月的 5G 汽车联盟华盛顿会议上，福特发布与大唐、高通的联合测试结果，对比 IEEE 802.11p 和 C-V2X（LTE-V2X）实际道路测试性能。测试结果（图 1-3）表明，在相同的测试环境下，通信距离在 400~1200 米时，LTE-V2X 系统的误码率明显低于 DSRC（IEEE 802.11p）系统，C-V2X 的通信性能在可靠性和稳定性方面均明显优于 IEEE 802.11p。

在技术路径选择上，由于 IEEE 802.11p 技术标准成熟较早，产业链相对较成熟，因此车联网起步较早的发达国家（如美国、日本）等早期倾向部署 IEEE 802.11p 技术。C-V2X 作为后起之秀，以技术先进、性能优越以及可长期演进等优势获得产业界支持：中国企业主推 LTE-V2X 技术；美国电信运营商、福特等国际主流车企明确

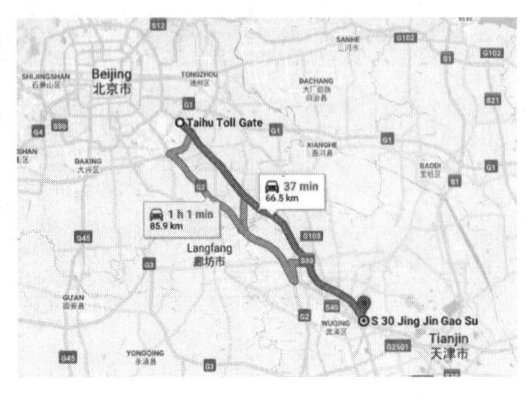
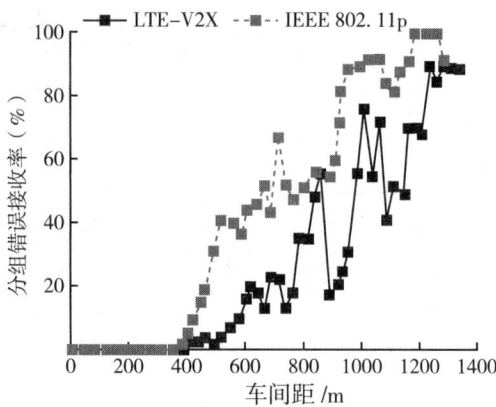

(a)京津高速公路测试线路　　(b)LTE-V2X 与 IEEE 802.11p 的分组错误接收率随车间距变化对比结果

图 1-3　C-V2X（LTE-V2X）和 DSRC（IEEE 802.11p）性能对比[1, 100]

表示倾向于 LTE-V2X 技术；欧洲的奥迪、宝马、标致雪铁龙等国际主流车企也已转向支持 C-V2X 技术；日本智能交通系统行业标准和产业组织 ITS-forum 宣布技术中立，将 LTE-V2X 作为备选技术。然而随着 C-V2X 技术持续发展，产业参与度日益广泛，形势逐渐有所改变：美国取消分配给 DSRC 的 5.9GHz 频段 75MHz 的带宽，并已将 5895~5925MHz 的 30MHz 分配给蜂窝车联网技术；欧洲也修改了 5.9GHz 频段使用，扩展智能交通系统道路安全应用为 5875~5925MHz，采用技术中立方式，不限制具体技术。

频率资源分配方面，各国基于其技术路径选择策略进行相应规划（表 1-3）。

表 1-3　各国频率资源分配方案[1]

国家/地区	频率规划
美国	1999 年，美国联邦通信委员会为基于 IEEE 802.11p 的智能交通系统业务划分了 5850~5925MHz 共计 75MHz 的频率资源，划分为 7 个信道（每信道 10MHz）。其中，172 信道（5855~5865MHz）用于承载安全应用，178 信道（5885~5895MHz）为控制信道，182 信道（5915~5925MHz）用于高功率的公众安全业务。 2019 年，美国联邦通信委员会调整该频段分配，提出将 5850~5895MHz 的 45MHz 资源用于非授权设备使用，将 5895~5925MHz 的 30MHz 保留作为智能交通系统专用频段。其中将 5905~5925MHz 的 20MHz 用于蜂窝车联网技术；而 5895~5905MHz 则可用于 C-V2X 或者 DSRC 技术。 2020 年 11 月，美国联邦通信委员会对外公布消息，取消分配给 DSRC 的 5.9GHz 频段 75MHz 的带宽并重新规划，将 5850~5895MHz 的 45MHz 资源用于非授权设备使用；将 5895~5925MHz 的 30MHz 用作汽车安全应用，并且指定使用 C-V2X 技术。

续表

国家/地区	频率规划
欧洲	2002年，欧盟委托欧洲电子通信委员会（ECC）将5795~5805MHz分配给初始的车对路系统，各国可以将频段扩展至5815MHz。 2008年，欧盟委托欧洲电子通信委员会为安全类智能交通系统应用分配30MHz带宽（5875~5905 MHz频段），并建议将5905~5925MHz频段作为安全类相关的智能交通系统应用的扩展频段。欧盟委托欧洲电子通信委员会还建议为非安全类智能交通系统应用分配20MHz带宽（5855~5875MHz频段）。除了5.9GHz频段外，63~64GHz频段（1GHz带宽）也被分配给智能交通系统应用以应对高级智能交通系统应用对容量的需求，但由于传播特性差，目前还未有技术或系统使用该频段。ITS-G5标准可采用5470~5725MHz免许可频段，与无线接入系统（RLAN）共享频谱。 2020年，欧洲电子通信委员会扩展智能交通系统道路安全应用为5875~5925MHz，但在5915~5925MHz需要考虑对Rail ITS的保护。 目前阶段欧洲频段分配采用技术中立方式。
日本	日本总务省在20世纪90年代末将5770~5850MHz划分为DSRC信道，主要用于车辆信息和通信系统、电子通信系统应用。 2012年，日本无线工业及商贸联合会发布的规范ARBI STD-T109中将755.5~764.5MHz频段划给智能交通系统的道路安全应用，带宽为9MHz，中心频率为760MHz。 目前5800MHz频段中除去电子收费系统（ETC）占用的频谱，仍存在潜在频谱供更多的智能交通系统技术使用。 作为日本智能交通系统行业的标准和产业组织，ITS-forum于2015年启动了下一代智能交通系统通信方式的技术研讨和标准推动，在755.5~764.5MHz专用频段开展基于802.11p的技术性能评估的同时，在5770~5850MHz候选频段采取技术中立，将LTE-V2X作为备选技术。
韩国	2016年，韩国分配5855~5925MHz共70M频率用于支持智能交通车辆安全相关应用的V2V和V2I通信。 韩国5.9GHz频谱分配方式没有限制无线技术，属于技术中立方式。
新加坡	2017年，新加坡分配5875~5925MHz共50MHz频率用于智能交通系统应用。指明技术IEEE 802.11p。

综上，无论是IEEE主推的802.11p技术还是3GPP的LTE-V2X技术，目前都已经完成技术研究和标准化制定，车联网产业化的技术条件已具备。全球许多国家都已经将车联网技术及应用作为未来极其重要的产业方向进行规划部署，通过分配频谱资源予以支持，全球车联网产业化阶段已经到来。

三、验证示范同步推进，产业化进程加速

随着车联网技术标准的成熟，各国纷纷加速产业化进程，通过建设和运营示范区、测试区等方式进行技术验证和商业模式探索（表1-4），为后续产业化和商业化

奠定基础。

美国目前有将近 50 个 DSRC 车联网示范项目，各个示范项目的道路长度不同，主要选取典型的 V2V、V2I、V2P 用例进行示范应用。美国约有 35 万个交叉路口，部署约 5315 套 DSRC 路侧设备（RSU），分布在 26 个州，覆盖超过美国 50% 的州。车载终端（OBU）方面，部署了大约 18000 套车载终端，包括前装设备和后装设备。欧洲车联网产业推进起步较早，在不同国家和城市开展实际道路的部署和验证项目。日本工业界积极推进车联网产业进展，在技术评估、测试等方面已经形成跨行业合作的态势。韩国自 2014 年起，已开始在全国多个地区部署智能交通试点。

在 C-V2X 快速发展的形势下，5G 汽车联盟在 2019 年组织了两次 C-V2X 相关的互操作（IoT）测试，即多厂商互联互通测试，分别是 2019 年 4 月在德国举办的第一届 5GAA C-V2X 互操作测试及 2019 年 12 月在西班牙与欧洲电信标准化协会联合举办的第一届 ETSI C-V2X 拔插测试。2020 年 7 月，ETSI 与 5G 汽车联盟联合举办了第二届 ETSI C-V2X 拔插测试，由于疫情原因，这次活动采用远程方式，多个厂家共计 80 多人参与了测试活动。2021 年 6 月，OmniAir 在美国密歇根举办了 C-V2X 拔插测试，活动持续了一周，20 多款 RSU 和 OBU 设备参与了测试。

表 1-4　各国家/地区的验证示范项目[1]

国家/地区	测试验证项目	验证技术
美国	Wave 1 Cities：由美国交通运输部推动部署，在三个城市进行车联网系统部署和应用。2016 年 12 月完成第一阶段概念设计，2018 年 5 月完成第二阶段设计/建造/测试，目前进入第三阶段运营和维护验证。 安阿伯车联网测试场：由密歇根大学和美国交通运输部共同建立，测试产生的关键数据提供给美国交通运输部用于分析和后续立法。 密歇根交通部车联网项目：由密歇根交通部门推动，目标是 2020 前建成世界最大的 RSU 部署区域之一。 哥伦布市智慧城市项目：对城市基础设施进行全方位升级改造。	IEEE 802.11p
	2017 年 10 月，福特、诺基亚、AT&T 和高通宣布开展美国首个 C-V2X 试验项目，并得到了圣迭戈政府协会、加利福尼亚州运输局、丘拉维斯塔市及智能交通系统供应商 McCain-Inc 的支持。 2018 年 6 月，福特、松下、高通及加利福尼亚州的科罗纳多交通局宣布商用 C-V2X 技术，得到智能交通系统提供商 Kapsch TrafficCom 和车厂一级供应商法可赛的支持。 2019 年 1 月，在拉斯维加斯 CES 2019 展会期间，奥迪、高通、福特等联合展示了 C-V2X 交叉路口应用。 2020 年，美国多个州纷纷开始测试智能网联汽车技术。奥迪与高通展开合作，双方在弗吉尼亚州北部的公路上进行 C-V2X 测试。 2021 年，奥迪美国公司与高通等合作研发以校区为核心的 C-V2X 技术。	LTE-V2X

续表

国家/地区	测试验证项目	验证技术
欧洲	瑞典 AstaZero 测试场、德荷奥三国 ITS Corridor 项目、瑞典 DriveMe 项目、德国 A9 高速公路测试项目均形成实际道路部署，对车联网系统进行技术验证。 英国政府在布里斯托、格林尼治、考文垂、米尔顿·凯恩斯等城市开展自动驾驶测试项目。 法国开展 InOut C-V2X Demo 验证。 CONCORDA 项目在德国、西班牙、法国、比利时、荷兰等国家开展测试。 欧盟还结合 5G 发展，设立系列车联网相关项目，如 5G-CroCo/5G-CARMEN/5G-Mobix，研究自动驾驶技术对通信的需求，在实际部署进行自动驾驶及通信关键技术的测试。	IEEE 802.11p、LTE-V2X
日本	车联网技术评估方面，日本汽车工业协会定义了车联网的潜在用例；日本跨部委战略创新促进计划（SIP）也在进行无线接入技术实现车联网用例有效性的评估。 日本智能交通系统信息交流论坛组织进行 IEEE 802.11p 和 LTE-V2X 的技术性能评估。 2018 年，汽车企业、电信企业和 ITS 公司发布官方声明称在日本进行 C-V2X 测试，大陆集团、爱立信、日产、NTT DOCOMO、OKI 和高通参与测试。 2021 年 2 月，在新东名高速公路部分区间内，实现了卡车无人编队行驶技术测试。	IEEE 802.11p、LTE-V2X
韩国	已完成第一阶段试点部署，主要集中在高速公路、国家级公路和大田县、世宗市的市内道路（共计 87.8 千米），已完成公共安全应用和安全系统开发、安全性能测试、经济效益分析、技术标准化、设备验证及立法完善等工作。 第二阶段试点部署工作已启动，计划 2020 年完成。部署范围包括首尔环城公路、京釜快速路（共 128 千米）、首尔市区（133.4 千米主干道）以及济州岛高速公路和主干线（300 千米），用于提供包括前向碰撞及拥塞预警、慢行和静止车辆预警等安全相关的应用服务。 2021 年 7 月，量子系统公司宣布，公司的 3D LIDAR 解决方案已被选中用于开发韩国釜山的信息、通信和技术（ICT）系统，该试点城市测试验证项目正在推进中。	IEEE 802.11p、LTE-V2X

综上，美国、欧洲、日本、韩国等汽车发达国家纷纷通过开展测试示范区建设，模拟多种道路和场景，验证在实际运行及运营中关键系统的技术能力，进一步加速车联网产业化进程。

四、各方企业纷纷加入，产业链逐渐完善

产业化推进方面，由欧美主流车企、全球主流电信运营商及通信芯片厂商发起，

于 2016 年 9 月成立的 5G 汽车联盟，致力于推动 C-V2X 技术在全球的产业化落地（现阶段是 LTE-V2X）。该联盟成员覆盖全球主要车企、电信运营商、芯片供应商、汽车电子企业、电信设备商及信息服务企业等，我国主要的通信设备制造商及电信运营商也是其成员，目前成员已达一百余家。

随着车联网产业化推进，产业链上下游企业纷纷进入该领域，呈现出北美信息技术引领、初创企业众多，欧洲技术实力突出、车企加速转型，中国企业异军突起，亚洲市场优势明显，发展潜力巨大的全球车联网产业布局态势，全球范围已经形成较为完整的车联网产业链。

通过对美国、欧洲、亚洲等国家和地区的车联网产业，从政策规划、技术标准、测试验证及产业链构建等维度进行梳理，可以看到，虽然各国家和地区在具体的技术路径选择方面有着不同的立场和观点，各地区的技术标准体系、产业推进方式和示范验证进展也各不相同，但是各方都就车联网能够带来巨大的社会价值（如减少交通事故、提升交通效率、减少环境污染）和经济价值形成共识，并将车联网作为战略性产业方向和技术创新突破点。随着各国利好政策纷纷出台、标准技术日渐成熟以及示范验证持续推进，全球车联网产业将迎来大发展。

第二节　我国车联网发展概述

近年来，我国在汽车制造、通信与信息以及道路基础设施建设等方面取得迅速发展。汽车制造领域，我国汽车产业在整体规模保持世界领先，自主品牌市场份额逐步提高，核心技术也不断取得突破。信息通信领域，经过 3G 突破、4G 并跑的发展阶段，我国通信企业已跻身世界领先地位，在国际 C-V2X、5G 等新一代通信标准制定中发挥着越来越重要的作用。基础设施建设方面，我国宽带网络和高速公路网快速发展、规模位居世界首位，北斗卫星导航系统可面向全国提供高精度时空服务。可见，我国具备推动车联网产业发展的基础环境，能够推动自主知识产权的蜂窝车联网技术的产业化发展和应用推广。

目前，我国在车联网相关的政策规划、标准制定、技术研发、产业落地方面均已进行全方位布局和推进，并取得阶段性成果。

一、政策及发展规划

中国政府已将车联网提升到国家战略高度,国务院及相关部委对车联网产业升级和业务创新进行了顶层设计、战略布局和发展规划,并形成系统的组织保障和工作体系。我国成立的国家制造强国建设领导小组车联网产业发展专项委员会,由20个部门和单位组成,负责组织制定车联网发展规划、政策和措施,协调解决车联网发展重大问题,督促检查相关工作落实情况,统筹推进产业发展。

国务院和工业和信息化部、交通运输部、科学技术部、发展和改革委员会、公安部等部委出台一系列规划及政策推动我国车联网产业发展,部分重要政策与规划如表1-5所示。各地方"十四五"规划中有关车联网的部分产业政策及规划如表1-6所示。

表1-5 我国车联网产业政策及规划(部分)[1, 8, 10]

时间	政策及要点
2015年7月	国务院印发《关于积极推进"互联网+"行动的指导意见》提出"互联网+"便捷交通,积极推广车联网等智能化技术应用,"互联网+"人工智能,加快智能辅助驾驶、复杂环境感知、车载智能设备等的研发与应用。
2016年8月	发改委、交通运输部发布《推进"互联网+"便捷交通促进智能交通发展的实施方案》,提出了我国智能交通总体框架和实施举措。
2017年2月	国务院关于发布《"十三五"现代综合交通运输体系发展规划》,提出构建新一代交通信息基础网络,明确提出加快车联网建设和部署。
2017年4月	工信部、发改委、科技部联合发布《汽车产业中长期发展规划》,提出以智能网联汽车为突破口之一,引领整个产业转型升级。
2017年7月	国务院发布《新一代人工智能国家发展规划》,确立智能网联汽车自动驾驶应用的重要地位。
2018年1月	发改委发布《智能汽车创新发展战略(征求意见稿)》,将智能汽车发展提升至国家战略层面。
2018年5月	工业和信息化部、公安部、交通运输部联合发布《智能网联汽车道路测试管理规范》,对测试主体、测试驾驶人和测试车辆等都提出了严格要求,以促进我国智能网联汽车发展。
2018年11月	工业和信息化部发布《车联网(智能网联汽车)直连通信使用5905~5925MHz频段管理规定(暂行)》。
2018年12月	工业和信息化部发布《车联网(智能网联汽车)产业发展行动计划》,大力支持LTE-V2X、5G-V2X等无线通信网络关键技术研发与产业化。
2019年2月	工业和信息化部支持创建江苏(无锡)车联网先导区,落实《车联网(智能网联汽车)产业发展行动计划》,加快推动车联网产业发展。

续表

时间	政策及要点
2019年9月	中共中央、国务院印发了《交通强国建设纲要》，加强智能网联汽车（智能汽车、自动驾驶、车路协同）研发，形成自主可控完整的产业链。
2020年2月	发改委、工信部、科技部等十一个部委共同发布《智能汽车创新发展战略》，提出我国智能交通和智能网联汽车发展战略目标。
2020年3月	工业和信息化部发布《关于推动5G加快发展的通知》，促进"5G+车联网"协同发展。
2020年9月	国务院办公厅发布《关于以新业态新模式引领新型消费加快发展的意见》，推动车联网部署应用。
2020年10月	中共中央、国务院发布《关于构建更加完善的要素市场化配置体制机制的意见》，提出发挥行业协会商会作用，推动人工智能、可穿戴设备、车联网、物联网等领域数据采集标准化。
2020年11月	国务院办公厅发布《新能源汽车产业发展规划（2021—2035年）》，提出加快基于蜂窝通信技术的车辆与车外其他设备间的无线通信（C-V2X）标准制定和技术升级。
2021年2月	中共中央、国务院发布《国家综合立体交通网规划纲要》，提出到2035年，基本建成泛在先进的交通信息基础设施，交通基础设施数字化率达到90%，智能网联汽车（智能汽车、自动驾驶、车路协同）的技术达到世界先进水平。
2021年3月	发改委等多部门联合印发《加快培育新型消费实施方案》，提出协同发展智慧城市与智能网联汽车，打造智慧出行平台"车城网"。
2021年5月	住建部和工信部发布《关于确定智慧城市基础设施与智能网联汽车协同发展第一批试点城市的通知》，确定北京、上海、广州、武汉、长沙、无锡6个城市为第一批试点城市。
2021年7月	工信部、公安部、交通运输部联合发布《智能网联汽车道路测试与示范应用管理规范（试行）》，规定进行道路测试前，道路测试主体应确保道路测试车辆在测试区（场）等特定区域进行充分的实车测试，符合国家、行业相关标准规范，省、市级政府相关主管部门发布的测试要求以及道路测试主体的测试评价规程，具备进行道路测试的条件。
2021年7月	工信部等十部门联合发布《5G应用"扬帆"行动计划（2021—2023年）》，提出加快提升C-V2X通信模块的车载渗透率和路侧部署。加快探索商业模式和应用场景，支持创建国家级车联网先导区，推动车联网基础设施与5G网络协同规划建设，选择重点城市典型区域、合适路段以及高速公路重点路段等，加快5G+车联网部署，推广C-V2X技术在园区、机场、港区、矿山等区域的创新应用。
2021年8月	工信部发布《关于加强智能网联汽车生产企业及产品准入管理的意见》，提出压实企业主体责任，加强汽车数据安全、网络安全、软件升级、功能安全和预期功能安全管理，保证产品质量和生产一致性，推动智能网联汽车产业高质量发展。
2021年9月	工信部发布《关于加强车联网网络安全和数据安全工作的通知》，指出车联网是新一代网络通信技术与汽车、电子、道路交通运输等领域深度融合的新兴产业形态。在产业快速发展的同时，车联网的安全风险日益凸显，车联网安全保障体系亟须健全完善。

续表

时间	政策及要点
2021年9月	交通运输部印发《交通运输领域新型基础设施建设行动方案（2021—2025年）》，依托京哈、京港澳、杭绍甬、沈海、沪昆、成渝、海南环岛等国家高速公路重点路段以及京雄高速、济青中线等城际快速通道开展智慧公路建设，提升路网运行管理水平，降低事故发生率，缓解交通拥堵，提升通行效率。
2021年11月	工信部印发《"十四五"信息通信行业发展规划》。其中，多处提及促进车联网发展，包括加快车联网部署应用、支持新型城市基础设施建设和加强网络安全保障体系等车联网发展措施，促进车路网协同发展。
2021年12月	国家标准化管理委员会、中央网信办、科技部、商务部等10部门印发《"十四五"推动高质量发展的国家标准体系建设规划》，指出要加快完善智能网联汽车标准体系，加快智能驾驶辅助、自动驾驶、汽车无线充电、车用操作系统、网联通信、信息安全等标准研制。
2021年12月	住建部、工信部印发通知公布第二批试点城市，确定重庆、深圳、厦门、南京、济南、成都、合肥、沧州、芜湖、淄博10个城市入选。

表1-6 各地方"十四五"规划中有关车联网产业政策及规划（部分）

省市	政策	内容	时间
北京市	《北京市关于加快建设全球数字经济标杆城市的实施方案》《北京市"十四五"时期高精尖产业发展规划》	2025年智能网联汽车产值突破7000亿元，智能网联汽车（L2级以上）渗透率达到80%。"十四五"时期完成1000千米智能网联道路建设，率先成为道路智联领先城市。	2021年7月30日 2021年8月11日
上海市	《上海市先进制造业发展"十四五"规划》	2025年智能网联汽车总体技术水平和应用规模达到国际领先，实现特定场景的商业化运营。	2021年7月5日
广东省	《广东省制造业高质量发展"十四五"规划》	以广州、深圳、惠州、东莞、韶关、肇庆等城市为依托，加快布局发展智能网联汽车。	2021年7月30日
江苏省	《江苏省"十四五"新型基础设施建设规划》	"十四五"时期车联网覆盖道路从770千米提高到2000千米。	2021年8月10日
山东省	《山东省"十四五"综合交通运输发展规划》《山东省"十四五"战略性新兴产业发展规划》	加快以智能设施、车路协同、船岸协同等技术为特征的"智慧高速""智慧港口"两个试点工程建设。建设城市道路、建筑、公共设施融合感知体系，打造基于城市信息模型、融合城市动态和静态数据于一体的"车城网"平台。	2021年7月19日
湖南省	《湖南省"十四五"战略性新兴产业发展规划》	支持长株潭城市群等重点区域在公交车、公务车等公共服务领域率先推广应用新能源及智能网联汽车。	2021年8月19日

续表

省市	政策	内容	时间
安徽省	《安徽省新能源汽车产业发展行动计划（2021—2023年）》	支持合肥、芜湖、安庆、宣城等地建设智慧城市基础设施与智能网联汽车协同发展试点城市、智能网联汽车测试区。	2021年6月26日
重庆市	《打造全国一流新能源和智能网联汽车应用场景三年行动计划（2021—2023年）》	全市新建车路协同道路长度超过1000千米、改造路口数量超过1200个，智慧高速建设超过500千米。	2021年6月30日

二、标准与技术进展

（一）标准组织与产业联盟

蜂窝车联网应用涉及汽车、交通等多个行业领域，不同应用提出了不同业务需求和通信需求。汽车行业、交通行业、通信行业、信息服务以及跨行业的标准化组织及产业联盟纷纷开展业务应用以及需求的研究。各组织之间分工合作，共同推进车联网技术标准体系及测试验证体系的制定和完善。

2018年11月，全国汽车标准化技术委员会、全国智能运输系统标准化技术委员会、全国通信标准化技术委员会以及全国道路交通管理标准化技术委员会共同签署了加强汽车、智能交通、通信及交通管理 C-V2X 标准合作的框架协议，推进 C-V2X 标准制定和产业落地。在技术标准研究的基础上，汽车、交通、信息等行业也成立了多个产业联盟，通过跨界平台的形式，协同解决产业化过程中的关键问题。国内主要有中国汽车工程学会智能网联汽车产业创新联盟、车载信息服务联盟、IMT-2020（5G）推进组 C-V2X 工作组、中国智能交通产业联盟等。

（二）标准化进展

2018年6月起，工业和信息化部联合国家标准化管理委员会组织完成制定并印发《国家车联网产业标准体系建设指南》系列文件，明确了国家构建车联网生态环境的顶层设计思路，表明了积极引导和直接推动跨领域、跨行业、跨部门合作的战略意图。该系列文件包括总体要求、智能网联汽车、信息通信、电子产品与服务、车辆智能管理和智能交通相关分册，其中信息通信和智能网联汽车分册分别从通信技术演进和智能网联汽车应用角度明确了 LTE-V2X 和 NR-V2X 的技术标准选择。图1-4为车联网产业标准体系建设结构图。

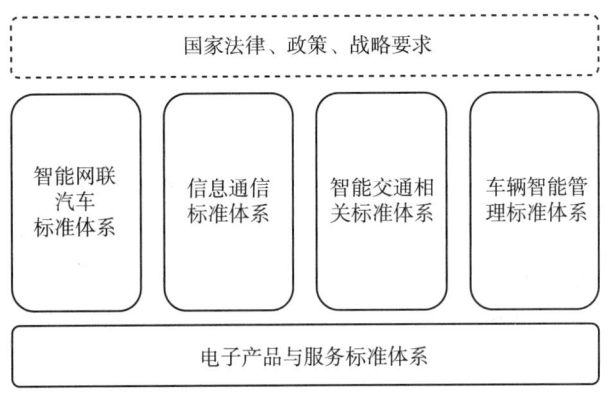

图 1-4　车联网产业标准体系建设结构图[36]

在汽车、智能交通、通信及交通管理四方标委会积极合作下，我国 C-V2X 标准化工作取得积极进展，核心技术和设备标准制修订基本完成。中国通信标准化协会基本完成了 C-V2X 总体架构、空中接口、安全、网络层、消息层等技术标准和测试规范的制定，以及车载、路侧、基站、核心网等设备技术要求和测试方法等基础标准的制定。行业应用类标准随产业发展持续完善。汽标委在智能网联汽车分标委下设立网联功能及应用标准工作组，推动 C-V2X 标准向汽车商用方向延伸。

目前，在信息通信标准体系方面，我国 LTE-V2X 接入层、网络层、消息层和安全等核心技术标准已制定完成。同时，LTE-V2X 设备规范、测试方法等标准已制定完成，技术标准体系基本形成（图 1-5）。表 1-7 简要总结了国内 LTE-V2X 系列标准内容及进展情况。

图 1-5　国内 LTE-V2X 标准体系

表 1-7　国内 LTE-V2X 标准内容及进展 [1, 8, 10, 16-18]

标准分类	标准名称	标准等级	标准组织	状态	对应 V2X 协议栈中的部分
总体技术要求	合作式智能运输系统 专用短程通信第一部分：总体技术要求	国家标准	TC-ITS	已发布	总体架构
	基于 LTE 的车联网无线通信技术总体技术要求	行业标准	CCSA	已发布	接入层需求架构总体描述
	基于 LTE 的车联网无线通信技术总体技术要求	团体标准	C-ITS	已发布	接入层需求架构总体描述
	基于 ISO 智能交通系统框架的 LTE-V2X 技术规范	团体标准	C-ITS	已发布	将 LTE-V2X 技术适配入 ISO-ITS 系统框架
接入层	基于 LTE 的车联网无线通信技术空中接口技术要求	行业标准	CCSA	已发布	接入层
	基于 LTE 的车联网无线通信技术空口技术要求	团体标准	C-ITS	已发布	接入层
	基于 LTE 的车联网无线通信技术 设备技术要求和测试方法	系列行标	CCSA	完成报批稿	接入层
网络层	合作式智能运输系统 专用短程通信第3部分网络层及应用层规范	国家标准	TC-ITS	完成报批稿	网络层
	基于 LTE 的车联网无线通信技术网络层技术要求及一致性测试方法	行业标准	CCSA	已发布	网络层
应用层	合作式智能运输系统 专用短程通信第3部分网络层及应用层规范	国家标准	TC-ITS	完成报批稿	应用层消息集
	合作式智能运输系统车用通信系统应用层及应用数据交互标准	团体标准	C-SAE 和 C-ITS	已发布	应用层消息集
	基于 LTE 的车联网无线通信技术消息层技术要求及一致性测试方法	行业标准	CCSA	已发布	应用层消息集
信息安全	基于 LTE 的车联网通信安全技术要求	行业标准	CCSA	发布	通信安全
	基于 LTE 的车联网无线通信技术安全证书管理系统技术要求	行业标准	CCSA	完成报批稿	通信安全

续表

标准分类	标准名称	标准等级	标准组织	状态	对应V2X协议栈中的部分
Profile系统要求	基于LTE-V2X直连通信的车载信息交互系统技术要求	国家标准	NTCAS	制定中	系统要求
	基于LTE的车联网无线通信技术直接通信路侧系统技术要求	团体标准	C-SAE和C-ITS	即将发布	系统要求
标识	基于LTE的车联网无线通信技术应用标识分配及映射	行业标准	CCSA	制定中	标识

注：智能交通系统标准化技术委员会（TC-ITS）；中国通信标准协会（CCSA）；协同智能交通系统（C-ITS）；中国汽车工程师学会（C-SAE）。

（三）频率资源分配

频率资源分配方面，为促进LTE-V2X技术的成熟和产业化加速，2016年12月，中国将5905~5925MHz作为LTE-V2X的研究试验工作频段，产业界基于该频段进行了充分的频谱相关验证。2018年6月，工信部公开征求对《车联网（智能网联汽车）直连通信使用5905~5925MHz频段的管理规定（征求意见稿）》的意见。2018年11月，工信部无线电管理局正式发布《车联网（智能网联汽车）直连通信使用5905~5925MHz频段的管理规定（暂行）》，规划5905~5925MHz频段作为基于LTE-V2X技术的车联网（智能网联汽车）直连通信的工作频段，标志着我国LTE-V2X正式进入产业化阶段。

三、产业发展概述

C-V2X产业链从狭义上来说主要包括通信芯片、通信模组、车载终端与路侧设备、测试认证以及运营服务等环节，这其中包括了芯片厂商、设备厂商、主机厂、方案商、电信运营商等众多参与方。此外，若考虑到完整的C-V2X应用实现，还需要若干产业支撑环节，主要包括科研院所、标准组织、投资机构以及关联的技术与产业。

（一）产业链发展情况

目前，我国车联网产业化进程逐步加快，产业链上下游企业已经围绕LTE-V2X形成包括通信芯片、通信模组、终端设备、整车制造、运营服务、测试认证、高精度定位及地图服务等为主导的完整产业链生态（图1-6，表1-8）。

图 1-6　C-V2X 产业地图[17]

表 1-8　国内 C-V2X 产业进展

产业链环节	主要进展
通信芯片	2017 年 9 月，高通发布 Qualcomm® 9150 C-V2X 芯片组商用解决方案，基于 3GPP R14 规范、支持 PC5 直接通信。 2017 年 11 月，大唐发布基于自研芯片的测试芯片模组 DMD31，支持 PC5 Mode 4 LTE-V2X。 2018 年 2 月，华为发布 4.5G 基带芯片 Balong 765，支持包括 R14 LTE-V2X 在内的多模。 2018 年下半年，高通商用出样 9150 C-V2X 芯片组。 2019 年 1 月，华为发布 5G 基带芯片 Balong 5000。 2019 年 2 月，高通发布第二代 Qualcomm® connected car reference design。 2021 年 6 月，大唐宸芯科技发布了新一代车联网芯片产品 CX1910。
通信模组	大唐、华为等芯片企业均提供基于各自芯片的通信模组。 2019 年 4 月，高鸿智联发布车规级模组 DMD3A。 2020 年 6 月，高鸿智联与阿尔卑斯阿尔派联合宣布，C-V2X 车规级模组 DMD3A 实现量产。 移远通信、高新兴、芯讯通等基于高通芯片提供支持 C-V2X 的模组。

续表

产业链环节	主要进展
终端及设备	大唐、华为、东软、星云互联、千方科技、车网互联、万集科技、三旗通信等均可提供支持 LTE-V2X 的 OBU 和 RSU 通信产品。 东软提供包括硬件开发套件、面向量产 V2X-ECU、网络协议栈、SDK、应用示例。 千方科技可提供感知与控制交通设施数据的路侧协同控制机、管理服务平台。
整车制造	中国一汽、上汽、江淮汽车、众泰汽车、长城汽车等实现了 LTE-V2V、V2I、V2P 应用，并与东软、大唐、ALPS、大陆等合作进行了示范演示。 众泰新能源汽车参与建设融合了 LTE-V2X 应用和 ADAS 技术的小镇自动驾驶解决方案。 江淮汽车还搭建了车联网大数据分析平台，实时采集 V2X 数据，为智能辅助驾驶提供决策支持。 2019 年 3 月，福特宣布首款 C-V2X 车型 2021 年量产。 2019 年 4 月，上汽集团等 13 家车企共同发布 C-V2X 商用路标，2020 下半年到 2021 上半年量产 C-V2X 汽车。 2020 年 2 月，吉利宣布计划在 2021 年发布吉利全球首批支持 5G 和 C-V2X 的量产车型。 2020 年 6 月，广汽埃安宣布首款北斗高精度定位 5G+V2X 量产智能车上市。 2020 年 11 月，上汽通用汽车别克品牌发布了 V2X 技术，并宣布将于年内推出搭载这一技术的量产车型。 2020 年 12 月，上汽 R 汽车 5G 智能电动汽车 MARVEL R 获得 SRRC 认证，成为全球首款也是目前唯一一款通过车载车规级 5G/C-V2X 终端产品认证的车型，将行业首次实现 5G 智能车载终端全场景落地。福特宣布 C-V2X 车路协同功能上车。 截至 2021 年 11 月，一汽、上汽通用、奥迪、广汽、福特、蔚来、长城汽车、华人运通等车企均已发布了 C-V2X 量产车型。
运营服务	中国移动实现了基于 LTE-V2X 的车网联和车路协同应用，包括紧急刹车、超车告警、路口防碰撞、红绿灯车速引导、路口信息推送到车等，并完成了基于 5G 技术的远程遥控驾驶和车辆自动编队的概念验证。 中国联通展示了多场景融合的蜂窝车联网（C-V2X）应用解决方案，包括面向驾驶安全的 See through，车人防碰撞、车车防碰撞预警，面向交通效率的绿波带通行、自适应车队等业务。 中国电信重点开发了公交优先应用及停车导引应用，在雄安部署支持 C-V2X 业务的 MEC 平台。 北京、无锡、上海、重庆、长沙等示范区也已建立 C-V2X 运营服务平台。 中国铁塔（海南）获批 5.9GHz 车联网频率许可，开展车联网业务运营试验。 天津市马可尼信息技术有限公司获批 5.9G 车联网频率许可，开展车联网运营试验。 湖南湘江智能科技创新中心有限公司获批使用车联网直连通信频率 5905~5925MHz 开展智能网联汽车相关测试示范应用。 启明信息技术股份有限公司国家智能网联汽车应用（北方）示范区获批使用车联网直连通信频率 5905~5925MHz 开展智能网联汽车相关测试示范应用。

续表

产业链环节	主要进展
测试认证	中国信通院具备完备的 C-V2X 测试验证环境，已支持开展 C-V2X 端到端通信的功能、性能、互操作和协议一致性测试验证。 上海无线通信研究中心研发并提供基于 C-V2X 的 SDR 仿真验证算法。 罗德与施瓦茨公司推出符合 3GPP R14 标准的 LTE-V2X 终端测试综测仪，提供 GNSS 信号和 LTE-V2X 无线链接下的数据收发测试，并计划推出认证级的 LTE-V2X 终端协议一致性和射频一致性测试方案。 中国汽研可提供城市场景测试环境和开放道路场景测试环境设计、C-V2X 应用功能测试规范设计，后续还将推出 C-V2X 开放道路测试规范、C-V2X 平行仿真测试系统，并研究 C-V2X 大规模试验的技术方法和数据规范。 中汽研汽车检验中心（天津）有限公司可提供研发验证及测试评价服务，并支持整车环境下车载终端在蜂窝移动通信频段、全球卫星导航频段和车间通信频段的测试检测。 上海国际汽车城，全方位支持 C-V2X 网联通信测试。 大唐联仪，推出车联网综测仪 3308EV，支持 PC5 直通通信测试。
车联网安全	华大电子、信大捷安、奇虎科技等安全企业均已开展基于国内 C-V2X 通信安全标准的研发工作。 2019 年 4 月，高鸿智联率先进行了 V2X 直通通信安全机制展示。 2019 年 5 月，国汽智联发布了"V2X 安全认证防护体系"，实现了证书获取、签名、验签等机制。 2019 年 10 月，C-V2X 工作组等组织开展跨通信模组、通信终端、安全身份认证服务平台、汽车厂商的 LTE-V2X "四跨"互联互通应用示范，展示了国内 C-V2X 成熟度。 2020 年 10 月，C-V2X 工作组等组织开展"新四跨"暨大规模先导应用示范活动。本次活动在安全方面，采用全新数字证书格式，进行了 CA 平台跨域互认机制、数据传输加密等关键技术验证。 2021 年 9 月，工业和信息化部车联网身份认证和安全信任试点工作启动会在京召开启动会公布了车联网身份认证和安全信任试点项目名单，发布了《车联网身份认证和安全信任试点技术指南（1.0）》。
高精度定位及地图服务	高精度定位方面，和芯星通、华大北斗等国内厂商纷纷推出了自主设计的北斗定位芯片，千寻位置网络有限公司推出了基于北斗卫星和国家北斗地基增强系统。 2019 年，国内三大图商——四维图新、高德、百度都完成了国内 30 多万千米高速公路和城市快速路的地图采集，所绘制的高精地图已在量产车型上应用。 2020 年 10 月，C-V2X 工作组等组织开展"新四跨"暨大规模先导应用示范活动。本次活动增加了高精度地图和高精度定位，在完成了"跨芯片模组、跨终端、跨整车、跨安全平台"+"跨图商"的综合测试。 2021 年 9 月，四维图新与国汽（北京）智能网联汽车研究院有限公司、自然资源部直属企业中国地图出版社等单位共同投资成立国汽智图（北京）科技有限公司。

除以上产业链环节，在车路协同平台方面，百度 2018 年 9 月推出 Apollo 车路协同开源方案，向业界开放百度 Apollo 在车路协同领域的技术和服务，让自动驾驶进入"聪明的车"与"智慧的路"相互协同的新阶段，构筑人-车路全域数据感知的智能

路网，迈出智能交通建设的关键一步。Apollo 在路侧感知传感器方案、路侧感知算法、车端感知融合算法、数据压缩与通信优化、V2X 终端硬件及软件、V2X 安全方面布局车路协同全栈技术，为推动车联网产业进展提供良好技术平台。百度宣布与大唐全面建立战略合作伙伴关系，双方已在 C-V2X 领域展开了深入沟通与合作，二者将共同推动协同式自动驾驶技术的发展。阿里巴巴、腾讯、滴滴等互联网企业也加入车联网产业链，加速 C-V2X 应用落地。阿里巴巴 AliOS 宣布与英特尔、大唐展开智能交通 - 车路协同领域的战略合作，未来将全面布局智能交通网络建设，致力打造数字化和智能化的交通体系。腾讯也发布了"生态车联网"解决方案、自动驾驶战略及 5G 车路协同开源平台，在智慧出行领域积极布局。

在产业方面，中国 LTE-V2X 产业走在了世界前列，2018 年、2019 年、2020 年、2021 年举办的"三跨""四跨""新四跨"和"2021 C-V2X 四跨（沪苏锡）先导应用实践活动"四次大型车联网互联互通测试活动，表明我国具备了实现 LTE-V2X 相关技术商业化的基础。

（二）示范区及先导区建设

为推动 C-V2X 产业尽快落地，工业和信息化部、交通运输部、公安部等部门积极与地方政府合作，推进国内示范区建设。目前，各地区结合智能网联汽车发展状况，依托地区优势、特色资源，积极探索和建设示范区，我国车联网测试示范区建设工作蓬勃发展。截至目前，工信部、公安部、交通部已单独或联合支持、授牌了 16 家封闭测试场。具体包括工信部支持 9 家（上海、浙江、京冀、重庆、吉林长春、湖北武汉、广东广州、四川成都、湖南长沙），工信部和公安部联合支持 1 家（江苏无锡），工信部和交通部联合授牌 3 家（上海临港、湖北襄阳、江苏泰兴），交通部支持 3 家，另外还有多个城市级及企业级测试示范点，车联网示范区经过数年发展已经覆盖了全部一线和中东部二线城市，辐射效应已经形成。

为了进一步推动车联网应用探索，2019 年 5 月，工信部复函江苏省工业和信息化厅，支持创建江苏（无锡）车联网先导区。无锡成为工信部批准的首个先导区，进一步实现规模部署 C-V2X 网络及设备。2020 年 6 月，在天津举办的第四届世界智能大会上，天津（西青）国家级车联网先导区揭牌。2020 年 10 月，工信部复函湖南省人民政府，支持湖南（长沙）创建国家级车联网先导区。2021 年 1 月，工信部复函重庆市人民政府，支持重庆（两江新区）创建国家级车联网先导区。目前已有多个示范区在积极申请升级为先导区，这也将进一步带动 C-V2X 产业发展。

四、产业发展阶段

中国正在走出一条与发达国家不一样的智能交通和自动驾驶的发展模式，即基于C-V2X的"聪明的车、智慧的路、协同的云"的车、路、云协同发展模式，支撑我国汽车产业和交通行业的变革，并将培育智慧路网运营商、出行服务提供商等新业态、新商业模式[1]。

不同于移动通信手机、平板电脑等消费类产品追求极致的先进技术，相关需求随着科技进步快速迭代产品，产品生命周期短；而汽车工业对技术和产品的可靠性、产业链供货的稳定性有着极高的要求，因此有着自身独有的产品更新速度和更长生命周期。对于车联网产业也是如此，因为其服务于汽车工业和交通行业，不能拿IT（Information Technology）、CT（Communications Technology）技术的迭代速度来进行比较，车路协同的车联网技术，涉及人命关天的汽车和交通，产业界需要经过长期有规模的测试和验证，才能确定规模商用的可行性。

中国蜂窝车联网产业将经历近期和中远期两个发展阶段[1, 4]。

近期通过车车协同、车路协同支持辅助驾驶和特定场景的中低速自动驾驶。辅助驾驶安全是在城市道路和高速公路，针对乘用车和营运车辆，赋能车车、车路信息实时共享与交互，降低事故率，提高交通效率，由LTE-V2X和4G蜂窝支持；特定区域、特定场景中商用车的中低速自动驾驶，例如用于机场、工厂、码头、停车场的无人物流车、无人清扫车、无人摆渡车以及用于城市特定道路的自动驾驶出租车，提高生产效率，降低成本，由LTE-V2X和5G eMBB支持。

中远期将结合人工智能、大数据等新技术，融合雷达、视频感知等技术，通过车联网实现从单车智能到网联智能，最终实现全天候、全场景的自动驾驶及高速公路车辆编队行驶，需要NR-V2X和5G eMBB的支持才能实现。这一阶段面临着需要与有人驾驶车辆、行人等并存以及应对中国的特殊交通环境等挑战。因此，更高级的自动驾驶还将需要我国的政策法规、交通管理和产业监管等方面的变革才能实现，需要长时间的跨界磨合、联合测试、实践去解决问题，达成共识。

车联网是一个跨行业深度融合的新型产业形态，即跨汽车、交通、公安、通信等行业，在推进过程中存在一定困难，需先基于成熟的LTE-V2X进行近期的辅助驾驶安全和特定场景中低速自动驾驶车路协同测试和试验，在形成产业界共识后，再推进更高级的自动驾驶应用，即中远期的全天候全场景自动驾驶。目前来看，我国车联网已在辅助驾驶安全及特定场景中低速自动驾驶产业实践中得到应用，LTE-V2X 已经能够很好满足这些应用的需求。

按照 3GPP 的 C-V2X 标准演进路径看，在未来很长的一段时间内，LTE-V2X 与 NR-V2X 长期共存，两者之间是互补关系，不是替代关系。R16 标准也特别制定了 LTE-V2X 与 NR-V2X 在设备内共存的规范。对于车联网产业而言，在演进过程中需要根据汽车和交通行业的需要及产业发展规律，稳步推进、平滑升级。除此之外，在国家政策层面，需要开展 NR-V2X 频谱需求研究，并为 NR-V2X 进行频率规划和分配，以满足后续的测试验证及未来商用的需求。

综上，目前我国已将车联网产业上升到国家战略高度，产业政策持续利好；车联网技术标准体系已经从国标层面完成顶层设计，LTE-V2X 技术标准已经完成并可指导产业开发；我国已经形成较为完整的车联网产业链，在测试验证、应用示范方面形成一定规模，为后续大规模产业化及商业化提供参考并奠定基础。我国将迎来车联网和智能网联汽车产业的快速发展阶段。

第二章

车联网发展现状与态势

本章围绕蜂窝车联网技术,介绍车联网技术和产业的发展现状,分析其发展态势以及我国在车联网应用领域已开展的产业实践活动。在具体关键技术和产业领域的划分上,将车联网技术划分为核心技术和支撑技术。核心技术共同提供了车联网所需的基础性通信连接、端到端服务质量保证、安全防护和大数据、分级智能计算等共性基础能力,包括车联网通信技术、车联网网络技术、车联网安全技术、车联网云基础平台技术。支撑技术为车联网应用及产业发展提供测试认证体系以及环境感知、定位等相关能力支撑,包括测试认证、高精度地图、导航/定位。

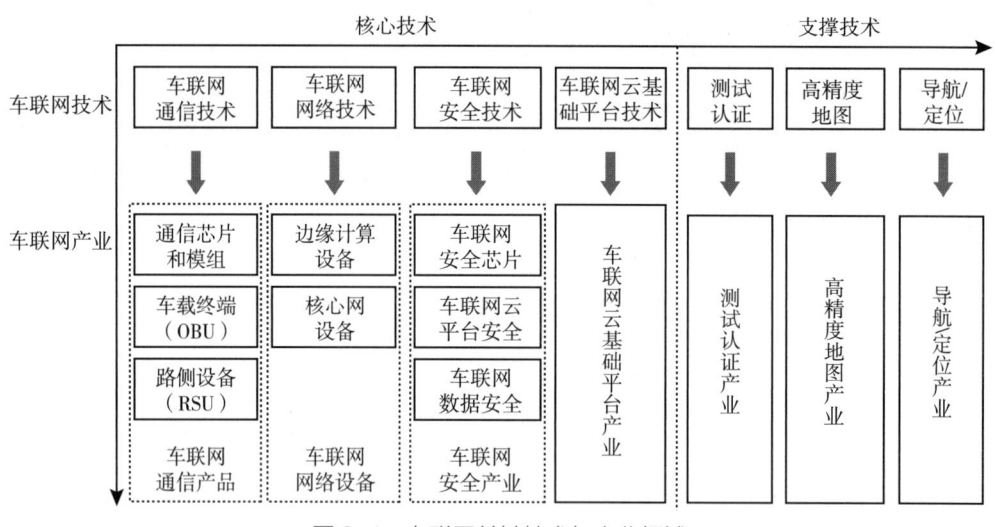

图 2-1 车联网关键技术与产业领域

进一步地,对车联网核心技术和支撑技术进行子领域分解。车联网通信技术提供信息交互所需的基础性通信连接和通信能力,聚焦目前全球车联网无线通信技术路线选择中处于先进地位的蜂窝车联网技术,包括 LTE-V2X 和 NR-V2X 两个演进阶段,其关键技术包括直通与蜂窝融合的通信技术、分布式资源调度技术、直通链路同步等。车联网网络技术在通信能力基础上，进一步提供端到端业务性能保障所需的网络能力，目前以移动边缘计算和网络切片为两个主要的技术方向。车联网安全技术关注车联网相关技术及产业应用中各环节复杂多样的安全风险和挑战，主要包括车联网应用层通信安全技术、车联网安全认证技术、云服务平台安全技术、密码安全技术等。车联网云基础平台技术为智能驾驶、智能交通应用提供数据融合汇集、分析与决策、服务与计算编排、开放业务管理等共性基础支撑能力。测试认证技术旨在构建跨行业、跨平台的有效测试认证体系，以快速推进蜂窝车联网技术和标准的成熟化和商用化进程。高精度地图作为智能网联汽车与自动驾驶的重要支撑技术，提供高精度、高实时性、高丰富性的地图信息，是实现环境感知、路径规划、精准定位的重要基础，主要包括地图采集与制作、地图数据分发、动态更新等关键技术。导航/定位是实现车辆安全通行保障的重要支撑技术，通过多种技术的融合来实现精准定位，满足多样化应用场景的不同定位性能要求。

第一节　车联网技术发展现状

近些年，随着信息与通信产业、汽车产业、交通产业的融合逐渐深化，在需求侧，无论是交通行业对于道路安全、交通效率、绿色节能的需求，还是汽车产业对智能化、网联化发展方向的探索，由辅助驾驶走向自动驾驶，都离不开底层的无线通信技术车联网。得益于通信技术的快速发展，车联网成为当前技术和产业发展热点。由中国主导的蜂窝车联网技术已经成为全球主流车联网技术和标准，我国围绕C-V2X产业已经形成完整的产业生态，在技术标准和产业发展方面处于国际领先水平。

一、车联网通信关键技术

从车联网的发展历程来看，广义的车联网通信包括车内网、车际网和车云网。其中，车内网通过控制器局域网络（CAN）或车载以太网实现汽车内部控制系统与各检测和执行部件间的数据通信；车云网即远程信息服务或车载移动互联网，指车载终端通过4G/5G等实现与互联网的无线连接（如地图下载、远程诊断、车辆调度等）；车联网是实现车车通信、车路通信的无线通信技术，目前的主流技术包括C-V2X和DSRC。

狭义的车联网指 V2X，即车车、车路间的实时通信。这是车联网与智能交通、自动驾驶等领域融合发展、协同演进的要求，实现从远程信息处理到车车与车路的实时协同，从单车智能到网联智能，基于车车通信、车路通信、车人通信、车网通信提供的环境感知、信息交互与协同控制能力，支持交通安全类、交通效率类、自动驾驶类、信息娱乐类等丰富的应用类型，加之 V2X 通信面临车辆移动引起的网络拓扑高度动态性与时空复杂性、无线传播环境复杂快时变、通信对象随机突发和高密度下的低时延和高可靠通信难题等新科学问题，从而对于底层无线通信的更低时延、更高速率、更大可靠等性能有着相比以往更为严苛的要求，比如消息发送频率从基本安全业务的 10Hz 到自动驾驶应用的 100Hz、消息大小从 300~400Byte 到 6000~12000Byte，可靠性要求达到 99.999% 等。

单一的蜂窝通信或基于 Wi-Fi 改进的短距通信制式各具优缺点，但均无法满足车联网通信上述的特殊严苛需求。蜂窝移动通信技术具有覆盖广、容量大、可靠性高的优点，但是端到端通信时延大。此外，美国主导的 IEEE 802.11p 标准，在 Wi-Fi 基础上增强设计为 V2X 短距通信，已有十余年的研究和测试评估，虽然能够提供多对多、低时延通信，但是时延的抖动大，而且可靠性很差——在 5G 汽车联盟于 2018 年在美国华盛顿召开的研讨会上，大唐与福特、高通与福特给出的实测数据显示，DSRC 在 600m 距离处的接收成功率仅为 62.1%，严重影响行车安全。蜂窝通信与 DSRC 均无法满足车联网通信的高可靠与低时延等需求。

如何利用蜂窝移动通信的技术与产业优势，研究基于蜂窝通信的车联网通信技术，特别将蜂窝通信技术和直通通信技术有机结合起来，解决车车、车路、车人间的低时延和高可靠通信难题，支持智能交通和自动驾驶汽车等垂直行业新应用，是蜂窝车联网技术的研究目标。

为了实现车车、车路、车人通信的低时延、高可靠需求，蜂窝车联网技术引入了直通通信特性，用户终端间可不经过基站转发直接进行数据传输，既可实现端到端通信的低时延，又可以在蜂窝覆盖外工作，满足车车、车路间信息快速交互的需求。为了支持信息服务类车云业务，蜂窝车联网技术支持传统蜂窝特性，同时复用蜂窝技术基础，对终端 - 基站间通信进行了针对性增强设计，设计了基站 / 网络对终端直通链路的管理和配置功能，适应车联网多样化应用需求。蜂窝车联网作为车联网专用无线通信技术，能够在高速移动环境中提供低时延、高可靠、高速率、安全的通信能力，满足车联网多种应用的需求；基于蜂窝通信技术设计，能够最大程度利用现有蜂窝网络及终端芯片平台等研发设计基础，可以复用 4G LTE/5G NR 基站等基础设施资源，节省网络投资，通过共享规模经济降低芯片研制成本[1]。

目前 C-V2X 通信关键技术主要包括直通通信与蜂窝通信融合的 C-V2X 通信技术、分布式资源调度技术以及直通链路同步技术。

（一）直通通信与蜂窝通信融合的C-V2X通信技术

蜂窝通信系统中引入直通通信特性，支持用户终端间通过 PC5 接口直接通信，无需基站转发进行用户终端（UE）间直接通信。车联网应用在应用场景和业务需求方面要求严苛，需要应用于高速移动的场景，业务模型也更为复杂，需支持周期性消息和事件触发消息的基本道路安全应用。短距直通通信模式具有低时延、多对多通信等优势，而蜂窝通信模式具有大容量、广覆盖等优势，单一的蜂窝通信或直通通信都无法满足车联网通信需求。结合 V2X 通信需求，进行直通通信与蜂窝通信融合的技术方案设计，主要考虑系统架构设计和帧结构、物理信道设计、LTE-V2X 和 NR-V2X 设备内共存机制等。

1. 系统架构设计

蜂窝通信和短距直通通信两种通信方式相互配合，互相补充。在蜂窝网络覆盖内，终端可以选择适应业务需求的通信方式，且蜂窝网络可以对直通链路进行多种形式的管理和配置。无蜂窝网络覆盖的场景，短距直通方式仍可以独立工作，有效保证了车联网业务的连续性和可靠性。

（1）短距直通通信与蜂窝通信融合的系统架构

C-V2X 包括基于 LTE 技术的版本 LTE-V2X 和基于 5G NR 新空口技术的 NR-V2X，二者均采用图 2-2 所示的系统架构。

C-V2X 通信支持蜂窝通信方式和短距直通方式两种工作模式。

蜂窝通信方式（C-V2X-Cell）：仅支持在蜂窝网络覆盖内工作。利用基站作为集中式的控制中心和数据信息转发中心，进行 V2N 通信或者基站转发的 V2V/I/P 通信。V2N 通信或者基站转发的 V2X 通信主要基于蜂窝网络通信（Uu）接口，复用蜂窝通信基础。控制功能主要指对直通链路资源使用的控制管理，包括基站控制参数配置和基站集中式资源分配。其中基站控制参数配置，对处于蜂窝网络覆盖内的节点进行控制参数的配置和重配置；基站集中式资源分配可以对直通链路无线资源进行调度、拥塞控制和干扰协调等处理，能显著提高 C-V2X 的接入和组网效率，保证业务的连续性和可靠性，进行高速数据的传输。

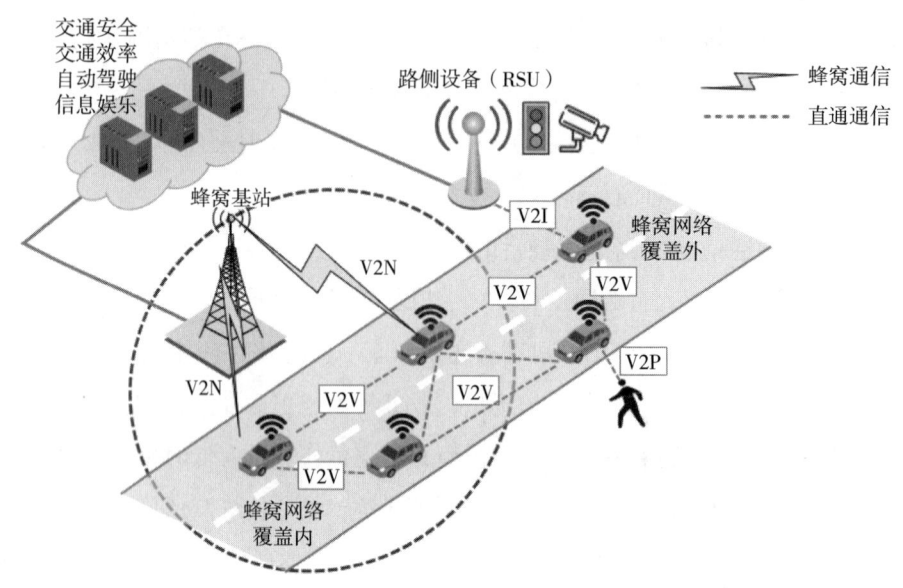

图 2-2　短距直通通信与蜂窝通信融合的 C-V2X 系统架构

短距直通方式（C-V2X-Direct）：利用 PC5 接口进行直通通信。既支持基站控制的集中式控制，也支持终端分布式控制的 V2V/V2I/V2P 的直通通信。对蜂窝网络覆盖内的节点仍可以由基站进行集中式控制，进行直通通信的参数配置和资源分配；而直通通信节点不依赖蜂窝网络集中式控制时，可以工作在蜂窝网络覆盖内和蜂窝网络覆盖外的场景。终端分布式控制功能包括参数预配置和分布式资源分配，其中参数预配置既可以在蜂窝覆盖下时获得预配置参数信息，也可以预先设置待配置参数，不需要与蜂窝网络建立连接。分布式资源分配可利用预配置参数的资源池信息，由各节点分布式自主进行资源选择。针对道路安全业务的低时延高可靠传输要求、节点高速运动、隐藏终端等挑战，进行分布式资源分配机制增强。

直通通信与蜂窝通信融合的 C-V2X 通信系统架构，充分利用两种通信模式的技术优势协同工作，灵活高效支持多样化业务和差异化场景需求。

（2）LTE-V2X 系统架构

基于 LTE 的 V2X 通信尽量重用蜂窝通信系统已有设计，并根据 V2X 应用支持的需求，增加了相关网元与接口定义，其系统架构如图 2-3 所示。其中，增加 V2X 控制功能单元，通过新增的 V3 接口，可配置蜂窝网络覆盖内节点的 V2X 通信参数。在蜂窝网络架构基础上，引入新的逻辑网元 V2X 应用服务器（VAS），支持 V2X 应用。在核心网中与服务/数据网关通过 SGi 接口连接。VAS 在应用层进行消息的发送、接收、转发处理。通过 LTE-Uu 口通信的终端侧 V2X 应用与网络侧的 VAS 在 V1 接口上进行对等通信。

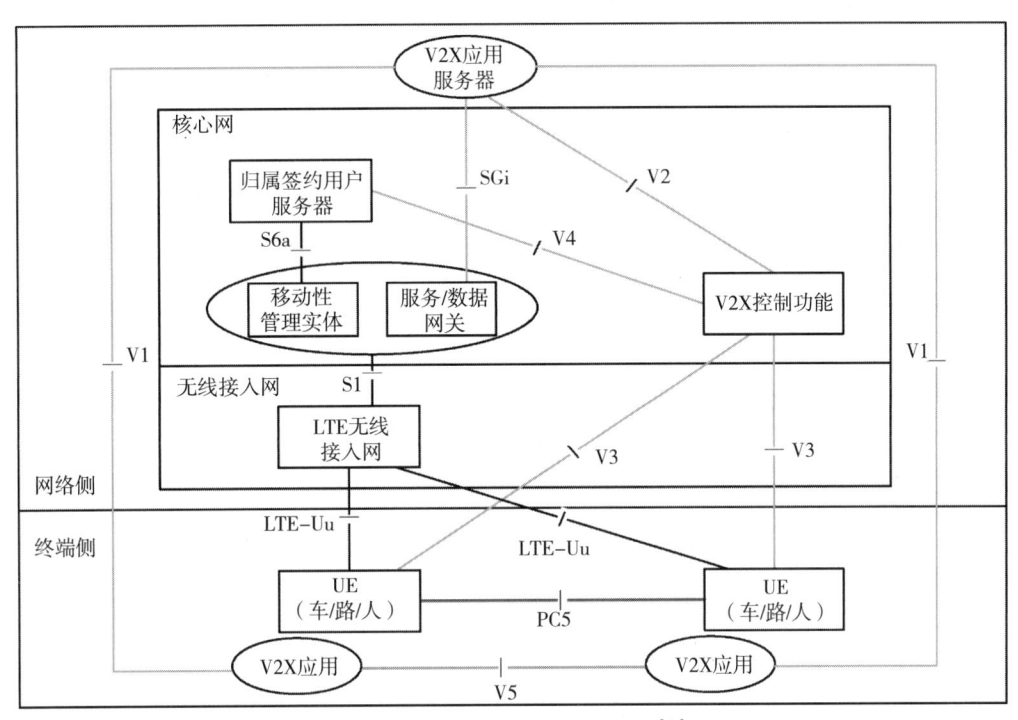

图 2-3 LTE-V2X 系统架构[1]

面向低时延传输需求，系统架构中引入了 UE 间直通通信的 PC5 接口，UE 间直通通信不经过任何网络侧的网元，可明显降低传输时延。图中的 UE 既可以代表车辆、行人等位置不断移动的终端，也可以代表固定部署在交通道路的路侧设备等。从应用层看，UE 间直通通信的终端侧 V2X 应用间在 V5 接口上进行对等通信。

（3）NR-V2X 系统架构

NR-V2X 既可以工作在 5G 网络覆盖内，也可以工作在 4G 网络覆盖内。在 NR-V2X 网络架构设计中，需要能够灵活支持上述两种覆盖情况。

NR-V2X 系统架构如图 2-4 所示。其中的 5G 核心网（5GC）与 V2X 应用服务器连接，为蜂窝覆盖内的 V2X 终端提供 V2X 通信的策略和参数配置及签约信息和鉴权信息的管理。与 4G 核心网不同，5G 核心网采用了服务化架构，各个网络功能可以独立演进和扩展，3GPP 在 NR-V2X 中将 4G 核心网里的 V2X 控制功能放在 5G 核心网的策略控制功能中。相应地，对 5G 核心网的功能实体如统一数据存储库（UDR）、统一数据管理（UDM）、策略控制功能、接入和移动性管理功能（AMF）、网络存储库功能（NRF）等进行了扩展。

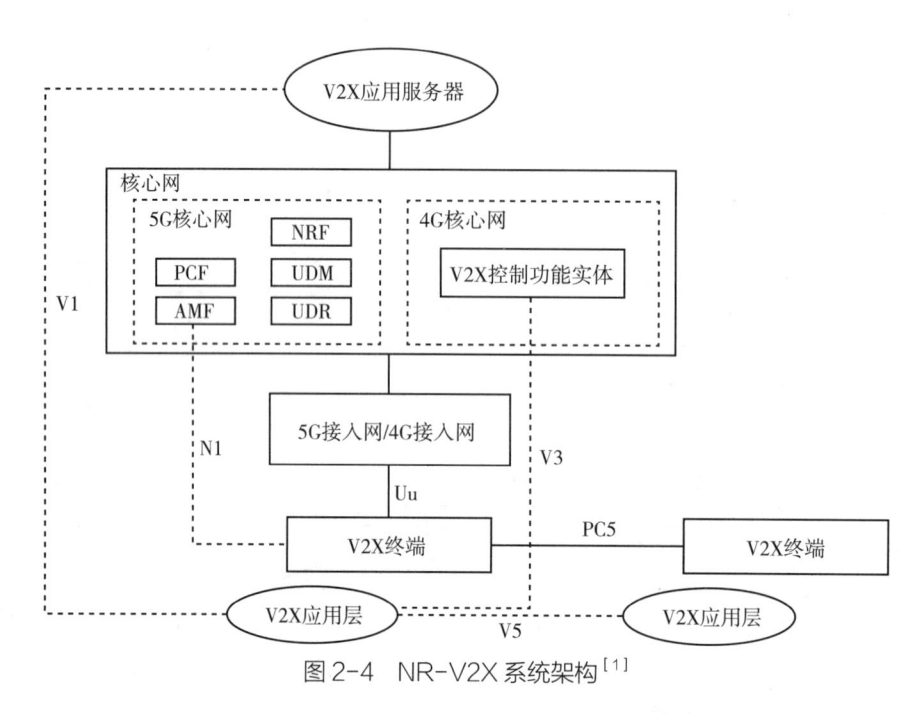

图 2-4　NR-V2X 系统架构[1]

当 NR-V2X 终端位于蜂窝网络覆盖内时，相应的授权和参数配置都是通过网络配置的。当终端位于蜂窝网络覆盖外时，只有当终端明确知道自己的地理位置信息时，才可以根据鉴权信息进行直通通信。在 NR-V2X 的策略和参数配置信息中，包括 PC5 无线接入技术（LTE-V2X PC5 或 NR-V2X PC5）选择策略的配置，不同 V2X 应用可以配置不同的 PC5 无线接入技术，从而实现 LTE-V2X 和 NR-V2X 接入技术选择。同时在 NR-V2X 的策略和参数配置信息中，还包括了 V2X 广播、组播和单播通信类型管理配置，以及 PC5 接口基于服务质量（QoS）流的参数配置。

2. 无线信道和信号设计

帧结构是无线通信制式的基础框架，通过帧结构定义，约束了数据在时域的发送时间参数以保证收发的正确执行。在蜂窝通信帧结构的基础上，为支持车联网通信的高速运动和 5.9GHz 高载频下的直通通信特性，面临及时跟踪信道快速时变的融合帧结构设计难题，既需要保留蜂窝通信大容量、广覆盖特性，又要实现直通通信的低时延、多对多通信优势，并且能应对车联网信道快速变化、接收功率突变等技术挑战。

在直通链路物理信道的时隙结构设计中，与蜂窝网络相比，一个重要区别是无中心节点的通信方式。直通链路上每个时隙中，各节点的收/发状态和接收到的信号功率都会发生大动态范围的变化。因此直通链路的每个时隙的第一个OFDM符号用于接收节点进行快速的自动增益控制（AGC）调整，同时每个时隙中的最后一个OFDM符号预留为节点收/发转换的保护间隔。

（1）LTE-V2X无线信道和信号设计

为了加快技术标准的研究开发进度，LTE-V2X对于LTE-Uu接口尽量复用LTE 4G蜂窝网络设计，进行必要的技术增强设计。而对LTE-V2X最重要的终端间PC5接口直通通信，进行适应车联网通信特点的优化设计，以便满足LTE-V2X PC5直通通信需求。

LTE-V2X直通链路物理信道设计沿用LTE 4G蜂窝通信的物理信道基本框架，主要体现在传输波形、时频资源定义以及传输信道处理流程等。LTE-V2X PC5接口重用了LTE Uu接口上行传输波形的SC-FDM；重用了Uu口的时频资源的定义，1ms的子帧中包含14个OFDM符号，具体符号长度同4G LTE蜂窝通信网络设置。

针对车联网通信特点进行的优化设计主要体现在解调参考信号（DMRS）信号设计，控制信道和数据信道复用方式以及AGC设计。LTE-V2X PC5通信相比蜂窝通信在1个子帧内增加了2个DMRS导频符号，使得导频密度在时域上每个子帧有4个均匀分布的DMRS，从而满足高移动速度和高载频环境下的频偏估计和补偿。LTE-V2X仅支持单跳广播通信，控制信道和数据信道复用方式可为FDM方式，既考虑了针对V2X系统中较高的节点密度和业务量，也能够有效保证V2X业务的低时延传输需求。不同子帧内发送端的地理位置不同，接收端在每个子帧内的接收信号功率动态范围很大，可达80dB。在子帧的第一个符号设置为AGC符号进行AGC测量及调整，接收端可以将功率放大器调整到合适的状态，避免削峰噪声或量化噪声的影响。

（2）NR-V2X无线信道和信号设计

在NR V2X直通链路的设计中，沿用5G NR蜂窝通信的物理信道基本框架，也主要体现在传输波形、时频资源定义以及传输信道处理流程等。NR-V2X PC5接口重用了5G NR Uu接口上行传输波形的OFDM；重用了NR Uu中的时频资源的定义，时域资源的周期为10240ms，由1024个长度为10ms的无线帧构成，其中每个无线帧由10个1ms的子帧构成，每个子帧又进一步由若干个时隙构成，在正常CP长度下每个时隙包含14个OFDM符号（扩展CP长度中，每个时隙包含12个OFDM符号），其中一个子帧中包含的时隙个数与子载波间隔的大小有直接的关系。频域上基本单位为子载波，12个子载波构成一个资源块，若干个资源块构成一个直通链路的子信道，资源单元定义为1个OFDM符号上的1个子载波。

针对车联网通信特点进行的优化设计除了主要体现在解调参考信号设计，控制信道和数据信道复用方式以及AGC设计。除了支持单跳广播通信方式，NR-V2X还支持单播和组播的通信方式，也引入了HARQ反馈和CSI反馈信道设计。由于需要支持高频段特性，引入PT-RS。

在NR-V2X直通链路的DMRS设计中，尽量重用NR Uu口中的DMRS设计，其中PSCCH和PSBCH的DMRS分别重用了NR Uu中的PDCCH和PBCH信道的DMRS时频资源图样。PSSCH DMRS频域图样重用了NR Uu口中类型1的DMRS频域图样，即间距为2的梳齿状导频结构；在时域上也引入了多图样的方式，在一个时隙内可以包含2~4个DMRS符号，根据信道变化快慢的情况，选择合适的DMRS图样。

NR-V2X不能直接沿用原有LTE-V2X的FDM复用方式，主要问题在于时延及控制信道设计等方面。采用TDM+FDM的控制信道和数据信道复用方式，接收端可提前完成PSCCH接收解码，降低接收处理时延。同时由于NR-V2X支持CP-OFDM，不同信道和信号间的FDM更灵活。PSFCH信道承载直通链路上接收UE向发送UE的HARQ反馈，PSFCH信道通过长度为12的ZC序列，承载1比特的HARQ ACK/NACK反馈信息，不同的HARQ ACK/NACK反馈状态通过序列的不同循环移位表示。CSI-RS用于单播通信模式中的信道状态信息的测量。通过PT-RS可跟踪相位噪声变化，以便进行相位估计与补偿。

3. NR-V2X与LTE-V2X设备内共存

为了保障车联网技术和产业的有序发展，LTE-V2X技术可作为C-V2X技术的先导，支持基本安全业务；NR-V2X可支持更高级的V2X业务。为了实现NR-V2X与LTE-V2X技术直通链路的互联互通，需要设备内支持LTE-V2X和NR-V2X两种直通通信共存的技术。

NR-V2X与LTE-V2X直通链路的设备内共存依赖于两种直通链路部署的无线频段和带宽。当两种直通链路部署在频域间隔足够远的两个载波上时，每个直通链路有各自的射频链路，相互间不受影响，可以各自独立工作。当两种直通链路部署在频域间隔比较近的两个载波上时，通常这种情况下两个直通链路共享同一套射频链路，相应地有如下约束。①半双工约束，即当用户在一个直通链路的载波上发送信息时，不能同时在另一个直通链路的载波上进行信息接收。②最大发送功率受限，当用户同时在两个直通链路上进行信息发送时，由于共享相同的功率放大器，每个直通链路发送功率受总的最大发送功率限制，不能以各自链路的最大发送功率进行发送，从而影响直通链路的覆盖范围以及传输可靠性。

对于两种直通链路部署在相同频段内的情况（例如 5.9GHz 的频段内），为了消除半双工的约束和最大发送功率受限的影响，NR-V2X 和 LTE-V2X 直通链路采用时分复用的方式进行共存。具体包含如下两种方式。① LTE-V2X 和 NR-V2X 直通链路间半静态时分复用，也称为长期时分复用。其中 LTE-V2X 和 NR-V2X 直通链路配置了时域上互不重叠的资源池。这种方式实现简单，且两种直通链路之间不需要信息的交换和协调，但是不能根据不同的业务特点充分利用频谱资源。② LTE-V2X 和 NR-V2X 直通链路间动态时分复用，也称为短期时分复用。当两个直通链路发送/发送或者发送/接收同时发生时，如果可以提前获知两个直通链路传输的业务优先级，则丢弃低优先级的直通链路传输。这种方式要求两种直通链路之间能够进行信息交互。当两个直通链路接收/接收同时发生时，通常用户可以同时接收同一频带内的两个直通链路，如果用户不支持同时接收两个直通链路，则取决于设备的具体实现。

（二）分布式资源调度技术

由于车联网系统中分布式节点间可能通过共享资源池中的无线资源进行传输，如何对有限的无线资源进行合理分配和有效管理，成为需要重点解决的问题和核心功能，以便支持 V2X 应用性能、减少系统干扰和提升系统容量等及达到联合的最佳状态。

1. 技术挑战与难题

从业务需求、通信方式、集中式和分布式差异、地理位置信息及节点需求等方面考虑，C-V2X 分布式资源调度技术需要解决特有的技术难题。

业务需求：V2X 业务具有低时延、高可靠的严苛通信需求。V2X 业务消息可分为周期性消息和事件触发消息，周期性消息可用于与周围邻近节点交互状态信息（如车辆位置、行驶方向等），业务发送频度较高，持续时间长；事件触发类消息在被触发首次发送后，可能周期性发送一段时间，也可能只发送一次。LTE-V2X 面向基本道路安全应用，NR-V2X 主要用于支持 V2X 增强应用业务，相比于 LTE-V2X 支持的基本道路安全业务，其支持的业务灵活性、业务可靠性和业务传输时延等方面面临更高的要求。相应地，NR-V2X 直通链路的资源分配需要更多地考虑多种业务类型混合的场景，包括周期性业务和非周期业务共存的场景及 HARQ 重传的影响。

多对多广播通信：蜂窝通信的基本通信方式是 UE 和基站间的点对点通信，而 C-V2X 中是点对多点和多点对多点的广播方式。多种因素影响多对多通信的可靠性和资源利用率，如车辆快速移动导致网络拓扑变化快、无线通信半双工的影响、远近效应、邻频泄漏以及资源碰撞等带来的干扰影响等。

集中式和分布式资源分配机制：同蜂窝通信基站的依赖关系会影响资源分配机制的设计，例如需满足覆盖内支持集中式资源分配，覆盖外必须支持分布式资源分配机制，此外集中式分配机制中还需进一步考虑终端和基站交互的信令开销、时延等因素。

地理位置信息：C-V2X UE 间由于需要周期性交互状态信息的消息，必须包括位置信息，而蜂窝网络节点不一定能获得位置信息。利用车联网特有的位置信息进行资源管理，可减少干扰和提高资源利用率。

手持终端（P-UE）的节电需求：P-UE 指行人、自行车、摩托车等弱势交通参与者使用的终端。车载终端或路侧设备由于可获得持续供电，不需要考虑节电问题；而 P-UE 与蜂窝网络终端类似，需要考虑节电问题，并考虑与车载终端进行通信的兼容设计。

2. 分布式资源选择方法

由于车联网业务通信频度高、拓扑变化快，低时延的直通通信易出现资源冲突，资源协调难度大。C-V2X 分布式资源调度技术引入了三种具体的资源选择方法。

基于感知的半持续资源选择方法：终端根据资源感知的结果选择传输资源，且选中的传输资源在后续一段时间内可以周期性占用。优势在于其他终端在进行资源感知时，可以预测未来被占用的资源，最大可能地避免资源冲突发生，其主要用于周期性的业务传输。

基于感知的单次资源选择方法：终端根据资源感知的结果选择传输资源，选中的传输资源仅使用一次。这种方法主要用于非周期性的业务传输，其潜在问题是其他终端在进行资源感知时，不能很好地预测未来被占用的资源，相比半持续资源选择方法，资源冲突的概率会大一些。

随机资源选择方法：终端不进行资源感知，在给定的资源池中随机选择传输资源，相比于前面两种基于感知的资源分配方法有明显的劣势。这种方法主要适用于当终端发生在异常情况时，在系统配置的特定资源池中采用，例如小区切换、资源池重配置等情况时。

3. LTE-V2X 分布式资源调度技术

基于感知的半持续资源选择的分布式资源分配机制，是 LTE-V2X 针对周期性数据传输需求重点优化设计的资源选择方法。主要考虑道路安全业务的周期性特性，在兼顾其他发送节点的需求和业务的周期性严苛要求下，既减少了系统干扰也减少了信令开销，又提高了 LTE-V2X 的传输可靠性。其主要技术特点为，利用车联网业务数据的周期性特点，发送 UE 周期性的预约资源。除了在本周期发送资源外，还可以预约未来将使用的资源。使用资源感知方法，根据发送节点周期性占用资源的特点，UE 需要持续监听资源池获知其他 UE 使用的周期性发送资源，通过解码控制信道信息，获知其他节点的资源占用和预约未来占用资源的信息。通过物理层测量，评估时频资源占用情况；资源选择时需要根据感知结果（资源占用、干扰情况等），对已占用资源进行有效避让后，选取自己的周期性发送资源。考虑业务 QoS 需求，对高优先级业务提供优先发送处理机制。LTE-V2X 也支持基于感知的单次资源选择方法和随机资源选择方法。

4. NR-V2X 分布式资源调度技术

NR-V2X 在直通链路上需要支持自动驾驶等 V2X 增强应用，NR-V2X 支持的业务在灵活性、业务可靠性和业务传输时延等方面提出更严苛需求。因此 NR-V2X 直通链路的分布式资源调度需要更多地考虑多种业务类型混合的场景，包括周期性业务和非周期业务共存的场景及 HARQ 重传的影响。一方面，由于非周期业务的存在，现有的 LTE-V2X 基于半持续的资源占用感知机制不能很好地避免资源冲突；另一方面，对不同优先级的业务提供差异化服务，保证高优先级业务传输的传输资源和可靠性，在 NR-V2X 的分布式资源调度方法中引入了资源重评估和资源抢占机制。

在 LTE-V2X 中，即使两个终端选择的资源发生资源冲突，终端也不触发资源重选。当前已发现的资源冲突会一直持续冲突，直到半持续占用的资源由于计数器减为 0 等其他条件触发资源重选。而在 NR-V2X，通过重评估过程，在发送相关的资源预约信息之前，持续进行资源占用状态感知，在发现资源冲突时，可及时触发资源重选，因此可以有效降低资源冲突，提高传输可靠性。LTE-V2X 通过根据发送和接收优先级，设置不同的参考信号接收功率，门限影响资源占用状态的判断条件，高优先级待发送业务包可能获得更多的候选资源，实现隐式抢占。但是因为被占的资源不发生资源重选，因此资源冲突还是存在，无法可靠保证高优先级业务的抢占效果。在 NR-V2X 对资源抢占机制进行增强设计，允许高优先级 UE 抢占低优先级的资源，低优先级传输的资源进行资源重选，避让高优先级 UEs 占用的资源，从而降低低优先级业务对高优先级业务占用资源的干扰，保证高优先级传输的可靠性。

（三）直通链路同步技术

在进行 V2X 通信之前，收发节点间首先需要进行同步，相邻节点如果定时和频率有较大偏差，可能产生干扰，对车联网安全消息的可靠性传输产生影响。直通通信在无线传输层面，系统内各个 UE 均需保持相同的时间、频率基准，才能正确实现无线通信；在资源池配置层面，统一的时间、频率基准也是系统内资源池配置的基础。车载终端相比手机终端，能直接获得全球导航卫星系统（GNSS）信号，可作为高可靠的高精度同步源。因此在进行 LTE-V2X 直通链路的同步机制设计时，要考虑车载终端的特殊性，提供统一且可靠的同步方案，保证相邻节点安全消息传输的低时延高可靠要求。在 C-V2X 中由于引入了 GNSS 或者 GNSS 等效的同步源，从同步周期、同步优先级以及同步机制等方面都需要进行相应的设计。

1. LTE-V2X 直通链路同步技术

LTE-V2X 直通链路有四种基本的同步源：GNSS、基站、发送直通链路同步信号（SLSS）的终端、终端内部时钟。通常认为 GNSS 和基站的同步源具有最高同步级别，系统内根据终端是否直接从 GNSS 或者基站获取同步形成一个同步优先级的层级关系。具体优先级别顺序见下。

Level 1：系统（预）配置的 GNSS 或者 eNB

Level 2：与 Level 1 直接同步的参考终端

Level 3：与 Level 2 直接同步的参考终端，即与 Level 1 间接同步

Level 4：其他参考终端

LTE-V2X 系统同步周期长度固定为 160ms，每个系统帧周期内有完整的 10240/160=640 个同步周期。考虑半双工限制，在一个同步周期内至少需要配置 2 个同步子帧，使得 UE 可以在其中一个同步子帧中接收同步信号，并在另一个同步子帧上发送自己的同步信号。

同步子帧中，同步序列和 PSBCH 的发送位于系统中心频点的 6 个资源块（RB）上。接收 UE 通过捕获主同步序列（PSSS）、辅同步序列（SSSS），获得当前同步子帧的起点，并进行 PSBCH 解调，从 PSBCH 内容中读取系统带宽、直接帧编号（DFN）、子帧编号等信息，从而实现时间和频率同步。

PSSS 和 SSSS 被称为侧链同步信号（SLSS），终端通过使用的 SLSS ID 指示同步

源的信息，标准中详细定义了 SLSS ID 设置的规则，从而可以根据该值判断同步源及相应同步源的质量。例如直接与 GNSS 同步的，SLSSID=0，而间接与 GNSS 同步的 SLSSID 为 168（或 169），从而可以判断出系统同步源的层级关系。

在隧道等特殊环境中，GNSS 盲区会导致其无法作为同步源。设备实现时可以结合晶振维持手段降低影响，但并不能从根本上解决问题。因此直通链路也设计了基于 UE 之间的空口自同步机制，该机制的核心思想是：通过 UE 在直通链路发送 SLSS 同步信号，相互传递同步信息，最终取得全网统一的同步。例如在隧道场景内，可以通过从隧道外至隧道内逐级部署 RSU，RSU 之间接力发送直通链路同步序列 SLSS，将隧道外的 GNSS 同步源传递至隧道内，作为过往车辆的直通链路同步源。

基于 GNSS 同步源的优先级定义如表 2-1 所示。

表 2-1 基于 GNSS 同步源的优先级定义

优先级	定义
第 1 优先级 P1（最高）	GNSS 本身
第 2 优先级 P2	直接从 GNSS 作为同步源的 UE
第 3 优先级 P3	将 P2 UE 作为同步源，间接 GNSS 作为同步源的 UE
第 4 优先级 P4（最低）	剩余 UE

上表中的同步优先级通过 SLSS ID（S-PSS/S-SSS 中携带）和 PSBCH 内容联合进行指示。接收 UE 在进行同步搜索的时候，按照搜索到的最高的同步优先级的定时作为自己的同步参考，而当 UE 无法搜索到表格中定义的所有同步源时，则采用自己内部的时钟作为同步参考，相应的同步优先级为 P4 最低。

2. NR-V2X 直通链路同步技术

NR-V2X 本质上与 LTE-V2X 相同，都是一个同步的系统，系统内各个 UE 均需保持相同的时间、频率基准。终端根据时间基准确定相应的帧、子帧和时隙的定时。采用与 LTE-V2X 相同方法，NR-V2X 在直通链路上也引入了完整的自同步机制，支持不同的车联网部署场景，包括：蜂窝网络覆盖内、蜂窝网络覆盖外、有 GNSS 信号或者无 GNSS 信号的区域。通过一些能够可靠的获得蜂窝网络同步或者 GNSS 同步的终端，在直通链路上传输侧链同步信号（S-SSB），辅助位于蜂窝网络覆盖外，或者无法可靠接收到 GNSS 信号的终端实现同步。

二、车联网网络技术

C-V2X 通信技术部署应用于智能交通、智能驾驶各类应用时,需要移动边缘计算、网络切片等相关网络技术的支持,并需适应车联网通信的特点进行适应性设计。

(一)移动边缘计算

移动边缘计算(MEC)将计算和存储资源从网络中心推向更靠近用户的网络边缘,在网络边缘侧构建融合网络、计算、存储、业务能力的分布式开放体系,能够减少时延、提升业务响应时间,减小骨干网络带宽占用、提高传输效率,便于灵活部署,从而更好满足车联网业务在敏捷联接、低时延高可靠通信性能、应用智能、安全与隐私保护等方面的关键需求。

车联网与移动边缘计算的融合,在靠近车辆的位置(如道路沿线、十字路口、匝道等)部署计算与存储资源,从而实现车联网中的通信–计算–存储融合,实现车路云协同感知、决策与控制,提供对交通信号灯动态优化控制、交叉路口动态车道管理、基于实时高精度地图的路径规划、远程交通监控、弱势交通参与者检测、车辆编队行驶、远程辅助驾驶等新型应用场景的支持。同时,由于计算能力靠近网络边缘,可以减轻车联网业务对云计算能力和网络带宽的要求,满足车联网业务大带宽、低时延高可靠的业务需求。

1. 移动边缘计算的概念

移动边缘计算的概念最初于 2013 年出现,主要思想是将计算和存储资源部署在更靠近用户的网络边缘,从而降低时延、降低通信回传负载,实现高效、灵活的业务分发。欧洲电信标准化协会(ETSI)在 2014 年开始进行移动边缘计算的研究和标准化工作,在 2016 年将 MEC 概念扩展为多接入边缘计算,针对多接入边缘计算的服务场景、技术要求、框架以及参考架构等开展深入研究。

MEC 的技术标准化工作主要由 ETSI 和 3GPP 完成。其中,ETSI 重点关注在 MEC 平台、基于 MEC 平台的网络能力开放、基于 MEC 平台的业务应用运营部署等方面的研究和标准化。而 3GPP 主要研究 5G 网络架构为支持 MEC 而需要具备的网络能力,通过用户面分布式下沉部署、灵活路由等功能,实现 5G 网络对 MEC 的支持。

ETSI 定义的 MEC 参考架构如图 2-5 所示。该架构主要包括系统层和主机层,系统层着重定义 MEC 系统级管理相关功能和接口,主机层主要定义 MEC 主机和主机级管理相关功能和接口。

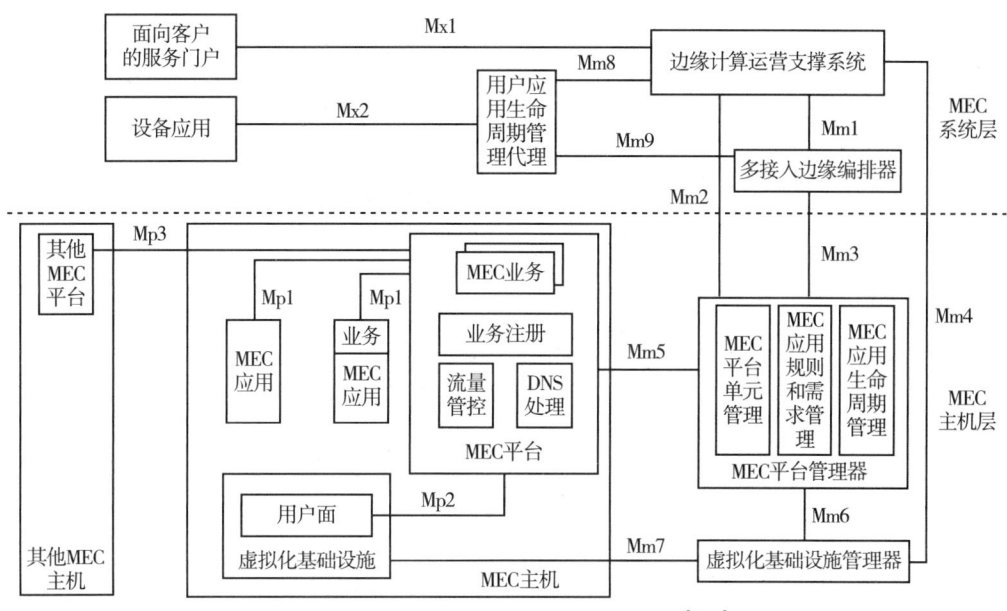

图 2-5　ETSI 定义的 MEC 参考架构[118]

2. C-V2X 与移动边缘计算的融合架构

ETSI 从 MEC 架构出发，给出了 MEC 用于 C-V2X 的应用实例，如图 2-6 所示。在该实例中，MEC 平台支持 C-V2X 应用作为边缘应用部署在 MEC 平台上。MEC 平台新增的 V2X 信息服务（VIS）可以从蜂窝移动通信网络收集基于 PC5 接口的 V2X 通信相关信息，如授权 UE 的列表、PC5 配置参数等，并将此信息公开给 MEC 应用，使 MEC 应用能够与 V2X 通信相关的 3GPP 网络功能（例如 LTE-V2X 架构中的 V2X 控制功能或 NR-V2X 中的 PCF）进行安全通信，为不同 MEC 系统中的 MEC 应用程序建立安全通道实现安全通信。VIS 还可以收集其他 MEC API 提供的信息（如位置 API、WLAN API 等）预测无线网络拥塞状况并通知车联网设备。

中国通信标准化协会（CCSA）从车联网业务和产业角度提出了将 C-V2X 应用部署在 MEC 平台时的部署总体架构，如图 2-7 所示，支持 C-V2X 应用和 MEC 平台以灵活的方式实现融合部署。在该架构中，C-V2X 应用涉及的终端设备，如 C-V2X 车载终端、路侧设备及摄像头、雷达等，可采用多种方式接入 MEC 平台，包括可以选择通过 C-V2X 中的 Uu 或 PC5 接口接入 C-V2X 网络，进而接入 MEC 平台，或通过其他接入技术直接接入 MEC 平台。MEC 平台的部署位置也可灵活选择，例如与 RSU 联合部署、与蜂窝网络的基站联合部署或部署在网络中的其他位置。

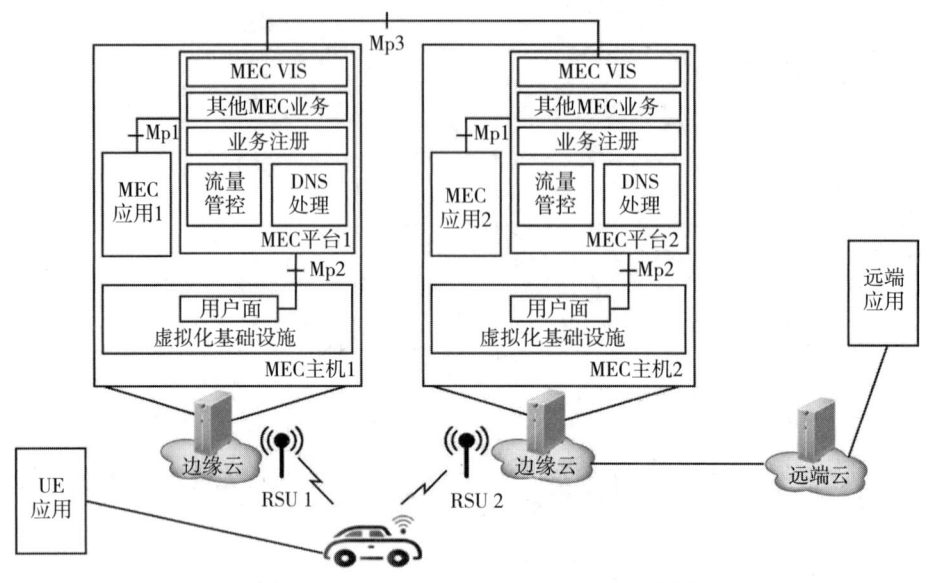

图 2-6　MEC 用于 C-V2X 的应用实例[118]

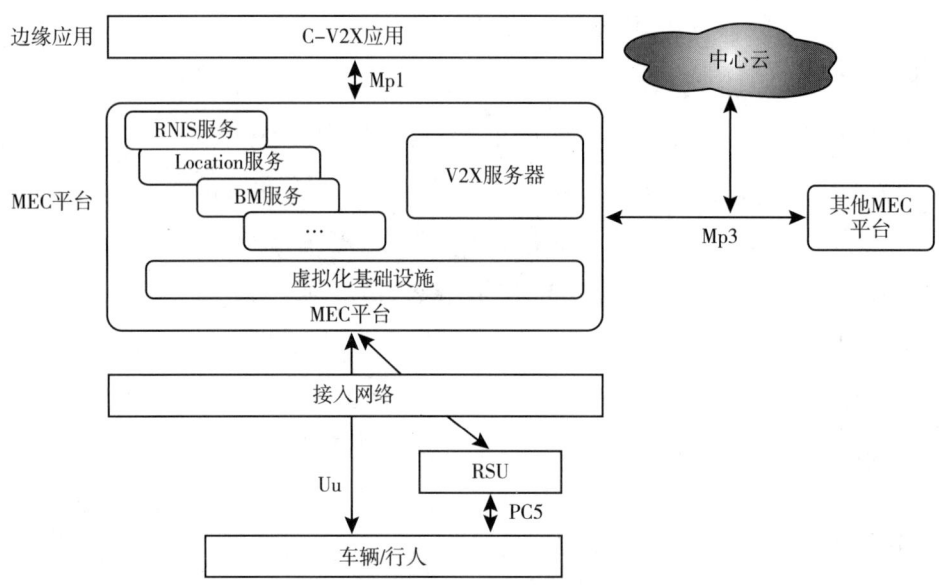

图 2-7　C-V2X 与 MEC 融合部署总体架构示意图[119]

图 2-7 所示的架构中，还定义了 MEC 平台提供给 C-V2X 应用程序的各类服务，V2X 应用可以通过调用这些服务来获取无线网络信息、车辆位置信息等，包括：①无线网络信息服务（RNIS），车联网应用可以从 RNIS 获取应用需要的网络信息，进而实现业务流程优化、业务的 QoS 优化、避免拥塞发生，提高用户业务使用满意度；

②定位服务，车联网应用可以从定位服务获取需要的定位信息，进而可进行基于位置信息的服务（如确定车辆位置、确认危险路段位置、工厂园区内车辆进出管理等）或基于位置信息的操作（如向指定范围内的车辆进行信息广播等）；③带宽管理（BM）服务，BM 可以根据车联网应用的服务策略对网络资源（如带宽、优先级）和带宽分配进行统一管理，以实现对不同类型的车联网应用进行差异化 QoS 管理；④应用移动性服务（AMS），AMS 支持车联网应用跨 MEC 平台、跨网络的业务连续性，在车辆移动过程中，支持应用实例和用户上下文从源 MEC 到目标 MEC 的迁移。

当移动边缘计算与 5G 网络融合部署时，还需考虑 5G 网络架构和移动边缘计算架构相关的逻辑实体及其关系。图 2-8 所示为 5G 边缘计算的系统架构。

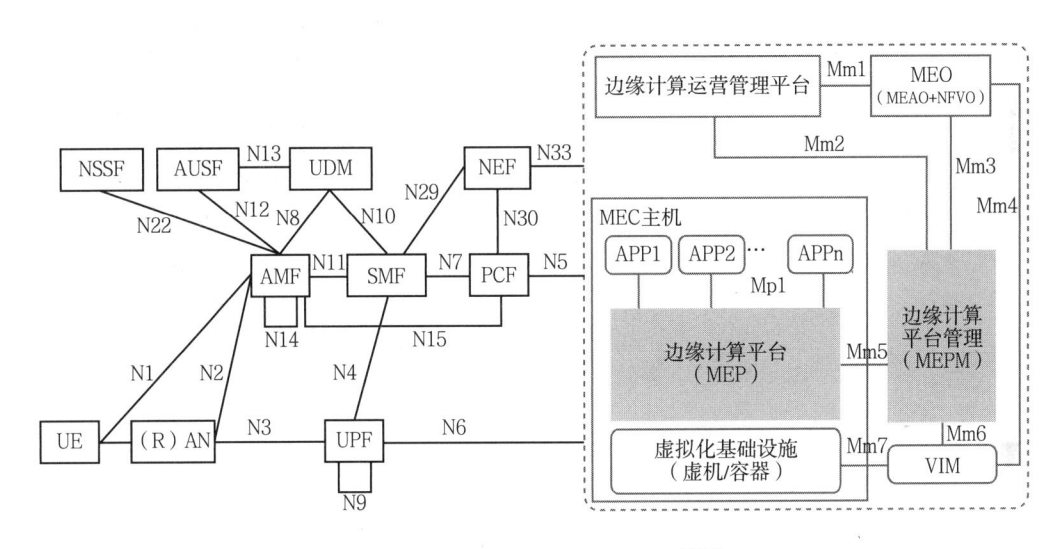

图 2-8　5G 边缘计算系统架构[120]

在图 2-8 所示的 5G 边缘计算的系统架构中，左侧部分为 5G 网络架构，右侧部分为边缘计算平台系统，其采用前述 ETSI 的边缘计算系统架构。5G 核心网可将用户面功能（UPF）灵活地部署到网络边缘，实现边缘计算的数据面功能，边缘计算平台系统为边缘应用提供运行环境并实现对边缘应用的管理。根据具体应用场景，UPF 和边缘计算平台可以分开部署，也可以一体化部署。

进一步地，考虑将边缘计算与 5G NR-V2X 架构的融合，图 2-9 所示为融合了 MEC 的 5G 车联网架构。该架构采用 5G 核心网的服务化架构，其中 V2X 应用服务器可以部署在图 2-8 所示的 5G 边缘计算平台上。与图 2-4 所示的 NR-V2X 参考架构相比，该架构中在 5G 核心网中增加了应用功能（AF），MEC 作为应用功能和 5G 核心网中的网元实体交互,完成分流规则、策略控制的配置。MEC 通过网络开放功能(NEF)与 5G 核心网网元交互,如果 MEC 处于核心网的信任域中,则可以直接与 5G 核心网网元交互。5G 核心网通过上行分流或者 IPv6 多归属方案实现边缘 UPF 的选择及业务分流。

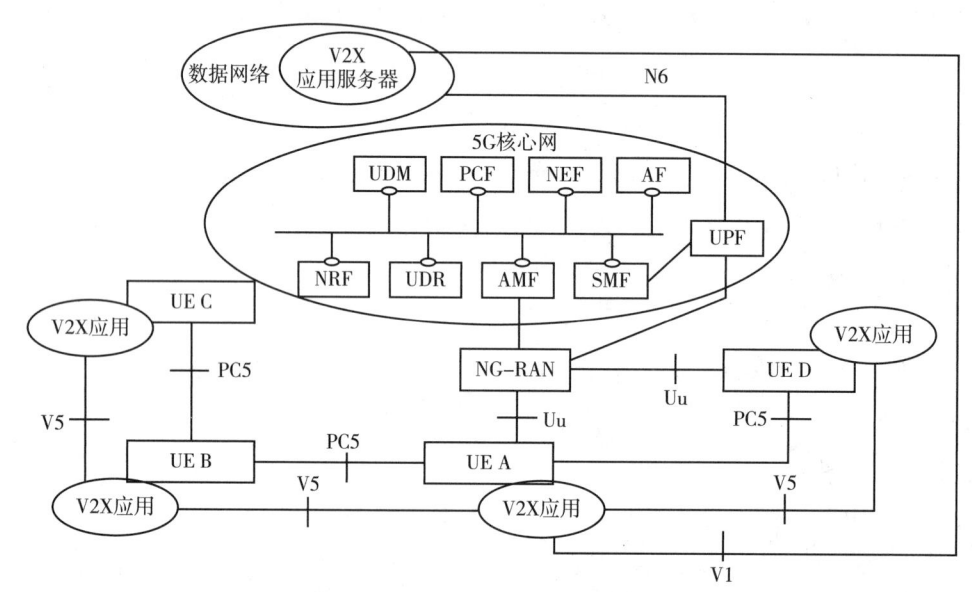

图 2-9 融合 MEC 的 5G 车联网架构[118]

3. C-V2X 与移动边缘计算的融合应用

通过 C-V2X 与移动边缘计算的融合,将 C-V2X 业务部署在移动边缘计算平台上,从而借助 C-V2X 提供的 Uu 或 PC5 接口通信能力,实现人–车–路–云的协同交互。车联网应用包括道路安全类、交通效率类、信息服务类等基本应用和车辆编队、远程驾驶、传感器扩展等增强应用。针对这些不同 C-V2X 应用对时延、带宽、计算和存储能力的不同要求,通过 C-V2X 与移动边缘计算的融合。一方面,MEC 可以为 C-V2X 业务提供低时延、高带宽和高可靠性的运行环境,有效缓解车辆或路侧智能设备的计算和存储压力,减少海量数据回传导致的网络负荷;另一方面,能够充分利用网络边缘的计算、存储能力,实现车联网中通信–计算–存储的融合,实现车–路–云的协同感知、决策和控制,实现对智慧交通和智能驾驶应用更好的支持。

由于上述不同类型应用的差异性需求,MEC 将为这些 C-V2X 应用提供不同的服务内容、计算/存储能力、通信内容,并具有不同的性能需求。表 2-2、表 2-3 所示分别为移动边缘计算对基本应用、增强应用的能力支持。

表 2-2 移动边缘计算对基本应用的能力支持[119]

应用类型	移动边缘计算支持能力	场景举例	性能要求
道路安全类	车辆通过 MEC 获取周围车辆、行人、路侧设备的信息，辅助支持驾驶员做出决策	交叉路口碰撞预警	存储能力不小于 1TB，时延 20ms，带宽 100Mbit/s 以上
		汇入主路辅助	存储能力不小于 1TB，时延 20ms，带宽 100Mbit/s 以上
交通效率类	MEC 利用 C-V2X 及大数据分析技术优化交通设施管理，提高交通效率	交叉路口智能信号灯配时优化	存储能力不小于 1TB，时延 20~100ms，带宽 100Mbit/s 以上
		车速引导	存储能力不小于 1TB，时延 20~100ms，带宽 10~100Mbit/s
信息服务类	利用 MEC 快速便捷地为车主提供所需要的信息服务	高精度地图下载/更新	存储能力不小于 1PB，时延 100ms，带宽 10~100Mbit/s
		远程车辆诊断	存储能力不小于 1TB，时延 100ms，带宽 10Mbit/s 以下

表 2-3 移动边缘计算对增强应用的能力支持

增强应用类型	移动边缘计算支持能力	性能要求
车辆编队	对编队及其车辆的状态信息进行存储和分析，指导编队的形成、分离、车辆加入、车辆离开等操作	最大 20ms 时延，50Mbit/s 的传输速率
智慧交叉路口	在路侧对各类交通元素的区域性感知信息进行分析，对路况进行动态预测，并将分析和预测结果发送给相应的车辆、行人	100Mbit/s 以上的带宽，20~100ms 的时延，能够支持智能决策、视频编解码、大量数据分析类的计算能力，以及 PB 级存储能力
大规模协同调度	对多种传感器信息以及大量车辆状态信息提供处理、综合路径规划，并与中心云交互实现大范围、大规模协同调度	10~25ms 的端到端时延，65Mbit/s 的传输速率

通过对上述不用类型车联网应用对移动边缘计算的计算、存储等能力要求和时延、带宽等性能要求，CCSA 将移动边缘计算分为不同的等级，相应提供不同的功能和性能指标，如表 2-4 所示。

表 2-4　不同 MEC 等级的性能指标、功能指标[119]

MEC 等级	MEC 提供的服务	性能指标 时延（端到端）	性能指标 带宽（单用户）	功能要求 计算能力	存储能力	定位服务	移动性	能力开放平台
基础级	低时延	0~100ms	≥10Mbit/s	控制级计算能力	TB 级	不需要	不需要	有可能需要
增强级	较低时延、大带宽、高性能	0~80ms	≥25Mbit/s	控制级计算能力	TB 级	有可能需要	有可能需要	有可能需要
移动增强级	超低时延、大带宽、常连接	0~20ms	≥25Mbit/s	支持图像处理级计算能力	PB 级	必需	必需	有可能需要
协同增强级	超低时延、超大带宽、高可靠、能力开放	0~20ms	≥100Mbit/s	支持智能决策级别的大数据计算能力	PB 级	必需	必需	必需

4. C-V2X 与移动边缘计算融合关键技术

面对车联网多种应用及其严格的带宽、时延、计算和缓存要求，C-V2X 与移动边缘计算融合面临的主要问题如下。

1）移动性与服务质量支持：考虑车联网中车辆的高移动性、多样化应用的差异性服务质量要求，如何在面对车辆高速移动性的同时保持服务的连续性并保证服务质量，成为 C-V2X 与边缘计算融合面临的关键问题。在通信切换、计算卸载决策、计算迁移的相关研究中，均需将其作为研究目标。例如，在移动性管理决策中，考虑服务质量性能（如延迟、吞吐量、可靠性）因素，可以帮助车辆选择目标基站与 MEC 服务器，从而增强网络对车辆应用的支持能力。

2）大量数据的处理、分发与存储：智能网联车辆通常可以产生大量的数据，如车辆监测信息、雷达和摄像头等感知设备的感知数据等，这些数据将通过无线网络上传 MEC 服务器，经处理、分析、决策后提供各类车辆应用服务。与此同时，车辆也可能需要从网络中下载大量的数据，如高精度地图数据、路侧感知信息等。考虑这些信息对不同类型车联网应用的支撑，其具有低时延、高可靠、大带宽等差异化的性能要求。大量数据的上下行传输、处理效率对车联网应用的服务质量有着重要影响，甚至造成交通事故等后果。因此，如何高效地进行大量数据的处理、分发和缓存是 C-V2X 与移动边缘计算融合中的关键问题。

面对上述问题，C-V2X 与移动边缘计算融合的关键技术研究主要从以下方面展开。

1）边缘资源的按需部署。在 C-V2X 与 MEC 融合环境中，计算与存储资源可以在网络边缘与基站联合部署，可以与路侧基础设施 RSU 联合部署，移动的车辆也可以作为资源提供者。这些边缘设备提供高精度地图数据缓存、大数据分析、图像识别、视频分析等多种类型的数据密集型和计算密集型任务所需的存储和计算资源。边缘资源的部署包括服务器硬件资源部署和服务部署。服务器硬件资源部署主要是指服务器放置位置、资源大小、服务范围的规划，又可以分为静态部署和动态部署两类。静态部署主要依据用户或资源请求数量、分布进行规划，而动态部署则考虑用户或资源请求的时空演化规律，进行服务范围的动态调整，同时考虑将移动车辆也作为资源提供方。服务部署主要是指提供计算服务和内容服务的软件资源、内容资源在不同 MEC 服务器中的放置，通常综合时延、成本、能耗等因素优化进行设计。

2）通信-计算资源的联合调度。在 C-V2X 与 MEC 的融合环境中，受限于单车有限的计算资源，车辆的计算任务可以选择卸载到周边车辆、路侧边缘服务器或中心云平台进行处理。计算卸载决策以充分利用各级计算资源，并满足计算任务的响应时延、降低能耗、降低成本等为目标，决定是否卸载、卸载到哪里、何时卸载等问题。根据卸载决策策略对实时环境的动态适应性，可以分为静态决策和动态决策。根据卸载的粒度，可以分为完全卸载、部分卸载。根据卸载时考虑的任务数量，可以分为单任务卸载和多任务卸载。计算卸载的成功执行与通信资源、计算资源的分配均具有密切关联。在计算卸载中，通信连接承载与计算任务相关的数据传输、计算结果的回传。大多数关于计算卸载的研究重点关注计算资源是否充足，对于通信资源，只简单考虑了通信带宽对传输时间的影响，并未深入探究通信资源分配对计算卸载的影响。另外，在 C-V2X 与 MEC 融合的环境中，针对不同的卸载目标，通信链路可能是车辆到车辆、车辆到基站、车辆到路侧基础设施等不同类型，具有不同的通信方式、链路特点和无线资源分配方式。因此，通信-计算资源的联合调度是 C-V2X 与 MEC 的融合环境中提高计算卸载成功率和性能的重要关键技术。

3）高移动性下的通信切换与计算迁移。在车联网环境中，由于车辆的高速移动、服务质量、业务负载等原因，可能出现触发移动性管理的不同事件，例如，车辆在不同基站间的通信切换、计算任务在不同 MEC 服务器间的计算迁移等。因此，在 C-V2X 与 MEC 融合环境中的移动性管理具有不同于传统移动通信系统的新问题，除了支持通信连续性的通信切换外，还需研究支持服务连续性的计算迁移，以及 C-V2X 应用在不同 MEC 服务提供商之间移动时的服务/应用上下文迁移与同步问题，以实现对业务连续性的支持。

现有研究中关注通信切换和服务迁移的性能优化。部分研究关注通信切换，通常从通信质量出发，以降低切换中断时间、减少切换次数作为优化目标。另一部分研究关注服务迁移，通常从服务质量出发，以降低服务响应时间、减少迁移次数为优化目标。但上述研究中将通信切换和服务迁移作为独立问题看待，忽略了二者之间的相互影响。目前也有少量研究尝试将通信切换和服务迁移结合考虑，通过通信切换判决得到通信切换目标，进而触发服务迁移，并将通信切换目标作为服务迁移目标。可见，这些研究通常简化处理了通信切换和服务迁移的关系，未充分考虑二者之间的相互影响。

（二）网络切片

网络切片是 5G 网络技术中引入的概念，将扩展性、灵活性差的传统集成网络系统分解成相互独立的网络功能组件，然后以可编程和虚拟化的方式串联成具有特定服务能力的水平网络去服务不同需求的业务场景。这种提供特定服务和网络能力的一组网络功能以及运行这些网络功能的资源的集合被定义为网络切片。

1. 5G 网络切片

5G 网络切片将物理网络划分出多个虚拟网络，通过对功能、性能、连接关系、运维等的灵活设计，可以为不同的业务或用户群提供时延、带宽、安全性和可靠性等方面的差异化网络服务。网络切片最重要的特征就是端到端、按需定制与隔离性。端到端是指网络切片不仅需要核心网，还要包括接入网、传输网、管理网络等；按需定制是指可按需定制网络切片的业务、功能、容量、服务质量与连接关系，同时还可以按需进行切片的生命周期管理；隔离性则包括了安全隔离、资源隔离与操作维护隔离等。

以 5G 网络切片技术为基础，运营商可以针对不同业务的特点对网络进行差异化定义，为不同的业务提供灵活的网络部署、分级的安全保障。网络切片在业务部署中通过切片隔离减少业务和网络的集成，加速业务的部署。运营商通过网络切片可以开拓垂直行业的新业务，促成新的商业模式和新的生态环境。运营商通过部署网络切片来为行业客户提供通信服务，行业客户通过运营商提供的开放接口将行业应用与网络切片相结合，自由地使用和管理网络切片，更好地满足用户的定制化需求。5G 网络中端到端的网络切片可以将业务所需的网络资源灵活地在网络进行分配，实现网络连接的动态优化，降低成本，提升效益。

5G 端到端网络切片的架构如图 2-10 所示，包括网络切片管理域和网络切片业务域两部分。其中，端到端的网络切片业务域主要包含终端用户、无线接入网、承载网、核心网和数据网络；网络切片管理域包括通信服务管理功能、网络切片管理功能，以及和接入网、承载网、核心网对应的网络切片子网管理功能。

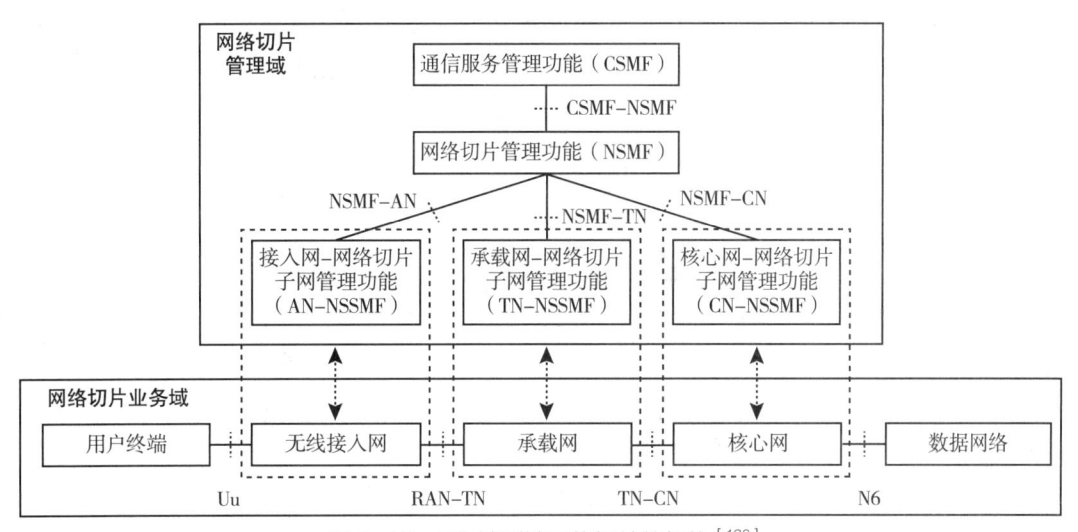

图 2-10 5G 端到端网络切片的架构[126]

5G 网络切片管理系统可以对网络切片进行全生命周期管理，包括如下四个阶段。

1）切片创建阶段。切片租户根据自身的业务需求向网络切片管理系统进行切片的订购。网络切片编排管理系统通过查询和监控当前运行切片的资源使用情况，评估待建切片的服务等级（SLA）要求，调整不合理的网络切片初始配置，完成相应 5G 网络切片的创建。

2）切片运行阶段。网络切片编排管理系统通过监控切片的运行状态动态调整切片资源，保障用户的业务运行，尤其是高优先级的业务，例如当发现某网络切片用户接入数量已持续 60min 超过网络切片所支持的总用户数的 80%，网络切片编排管理系统应触发创建新的网络切片。

3）切片更新阶段。切片租户根据自身业务数据的反馈以及切片运行状况，向网络切片管理系统申请修改切片的订购信息。网络切片管理系统通过实时监控、智能分析切片运行状态也可以自动触发切片资源更新。

4）切片终止阶段。切片租户根据自身业务数据的反馈可以向网络切片管理系统申请网络切片的生命周期终止。网络切片管理系统通过实时监控、智能分析切片的运行状态发现网络切片已经发生故障，网络切片管理系统可以自动触发切片的终止，回收网络资源。

5G 核心网对网络切片的识别是通过单网络切片选择辅助信息（S-NSSAI）进行的。S-NSSAI 的定义中包含了切片/服务类型（SST）的定义，不同的 SST 用于区分网络切片支持的不同特性和服务。

为了支持切片在全球范围内的互操作，SST 可以是标准化的或非标准化的。目前已定义的标准化 SST 如表 2-5 所示。其中，前 3 种是针对 5G 网络的三大典型应用场景定义的切片类型，V2X 类型是专用于处理 V2X 业务的切片类型。

表 2-5　标准化 SST[157]

切片/服务类型	SST 值	特性
eMBB（enhanced Mobile Broadband）	1	适合处理 5G eMBB 业务的切片
uRLLC（ultra-Reliable Low Latency Communication）	2	支持超高可靠低时延通信的切片
mMTC（massive Machine Type Communication）	3	用于处理 mMTC 通信的切片
V2X	4	用于处理 V2X 业务的切片

2. 5G 网络切片支持车联网应用

5G 网络切片能够根据不同业务的需求差异化、灵活提供网络资源。车联网中的业务类型丰富多样，具有不同的时延、带宽、可靠性和安全性需求，引入 5G 网络切片，可提供为特定网络能力和网络特性组建逻辑网络的能力，一方面能够灵活应对车联网业务对网络能力的差异化需求，根据车联网业务需求进行分级管理，为不同类型的车联网业务提供合适的网络能力；另一方面通过网络切片保证车联网业务与其他业务在逻辑上是隔离的，保障车联网业务功能定制、独立运维的需求。

在上表 2-5 所列的目前已定义的标准化切片类型中，针对车联网中不同业务类型对网络的不同要求，可以为其选择不同类型的网络切片。例如，高清地图、车联网增强现实/虚拟现实（AR/VR）视频影像加载等车联网业务要求大带宽，可以选择 eMBB 类型的切片，车辆上的车载终端可以通过 eMBB 切片与相应的服务器建立连接，下载相应的高清地图，或者下载/上传 AR/VR 视频；车辆生命周期维护等业务中存在大量的海量传感器信息交互，可以选择 mMTC 切片类型，如车辆生命周期维护业务中，车辆上的车载终端可以通过 mMTC 切片与车辆监控平台建立分组数据单元（PDU）会话，车辆监控平台通过该连接对车辆上的传感器进行监控，发现问题可以及时通知驾驶员；对于远程驾驶控制信息传输、车辆运行环境实时获取等业务，则需要进行低时延、高可靠传输，可以选择 uRLLC 切片类型，通过 uRLLC 切片与相关设备或服务器建立连接，实现消息的发送和接收。

但是，车联网业务还常常需要多个应用协同才能工作，例如自动驾驶需要高清地图、传感器信息交互、自动驾驶控制信息传输等多个应用协同才能完成，可以选择 V2X 切片类型，基于统一切片进行业务部署和信息交互。车辆上的车载终端将通过 V2X 切片与车联网业务平台建立连接，在一个切片中传输高清地图、监控车辆上的传感器状态和接收/发送自动驾驶信息。在这种模式下，车联网业务平台可以统一管理车辆与服务平台的连接，网络也可以根据车联网业务的需求动态地调整切片的网络资源，例如网络可以监控并预测切片的 QoS 状况，并通知车联网业务平台调整车联网业务的等级，保证车辆的安全行驶。

需要指出的是，基于 PC5 接口低时延、高可靠直通通信的道路安全业务，因其时效性和区域性特点，不需要网络切片支持。

3. 车联网中的网络切片关键技术

虽然目前 3GPP 已定义了车联网相关的网络切片类型，但车联网场景中的网络切片研究仍然存在功能不具体、可行性及性能待验证等问题。现有车联网中的网络切片关键技术研究主要围绕车联网网络切片架构设计、切片管理和编排、切片资源调度等方面展开。

（1）车联网网络切片架构设计

车联网网络切片架构设计主要以满足车联网多样化应用的差异化需求为基本出发点，进行不同切片类型及其端到端功能设计，提升网络及业务提供的灵活性。

目前车联网服务提供商、运营商和车联网设备商均针对 V2X 业务的切片架构、不同的车联网应用类型，研究设计了不同的网络切片类型及其端到端逻辑功能架构，包括核心网、无线接入网及车辆终端的不同逻辑功能及切片参数配置等。同时可以将网络切片与人工智能思想相结合，提出面向车联网业务的智能网络切片架构，一方面，将车联网中多维资源进行虚拟化，根据业务需求，建立不同类型的网络切片，以灵活实现切片的建立和配置；另一方面，在切片的管理控制中引入人工智能的思想，以提供适应车联网高动态性、高复杂性的网络切片管理功能。

（2）切片管理和编排

切片管理和编排主要负责业务到切片的映射、为网络切片分配对应的网络功能和配置参数。

针对不同的车联网网络切片类型，定义了其关于无线接入配置、通信模式、QoS 控制、HARQ 支持能力、无线资源调度机制、传输时间间隔（TTI）长度等方面的具体参数配置。也有相关研究提出了切片协调智能体的概念，根据服务需求的相似度对 V2X 通信业务进行聚类，形成聚类簇同时创建与簇数目相同数目的切片，并将同一类的业务映射到对应的切片中，使同一类的业务在同一个切片中为用户提供服务。另外，也可将深度强化学习应用于切片管理，设计基于深度强化学习的网络切片部署优化策略，以保证 V2X 业务的 QoS 质量并降低网络运营成本为目标，通过对车联网状态及其时空特性进行观测和分析，由切片控制器采用深度强化学习的思想，制定网络切片的部署策略（即虚拟化网络功能的选择与设置、存储 – 计算 – 通信资源的配置等）。

（3）切片资源调度

切片资源调度负责网络切片相关的各类资源分配、调度和管理。由于车联网业务需求的多样性，由于车辆移动性和无线信道状态变化导致的高动态性，使得常规的网络切片管理模式和资源分配方法很难实现快速响应并保持稳定的性能，网络切片资源动态调整和调度面临巨大挑战。切片资源调度主要研究网络切片资源的动态调配和管理问题，以适应车联网业务需求的快速变化，满足不同应用的差异化性能要求，并提升总体的资源利用效率。

切片的资源调度可以分级进行。例如，可根据时间尺度设计面向车联网的网络切片分级资源管理方案，即在大时间尺度上，控制层根据车联网的历史信息，运用深度强化学习技术挖掘网络的内在特征并调整网络切片的资源配置；在小时间尺度上，网络切片根据业务当前的 QoS，实时地将资源分配给切片内的车辆用户，使得业务的 QoS 得到保障。也可根据网络架构进行划分，将车辆网络切片资源管理分为核心网中的节点和链路资源管理、接入网中的无线资源管理两部分。核心网中的资源管理关注于如何将虚拟化资源动态地分配给虚拟网络功能；而在无线接入网中，资源调度对于提高切片之间的资源多路复用增益，同时满足 RAN 切片的特定服务要求至关重要。

基于车联网应用数据分析与预测进行网络切片资源的智能调度是目前的重要优

化思路。例如，部分研究对不同应用的业务数据（如对车辆及车载传感器、路侧摄像头、雷达等协同设施监控采集到的数据、红绿灯告警等业务数据）进行收集、分析和业务量预测，根据预测结果制定切片资源调整策略，以高效解决业务需求高动态带来的网络切片管理问题。也有研究提出用户行为特征驱动的网络切片，将驾驶人的行为特征考虑到网络切片中来，实现网络切片和用户个性化需求之间的细粒度灵活适配，或者通过分析车联网宏观数据（例如，服务区域内的车流量情况和业务流量等），网络切片配置控制器可以获取车联网的全局信息，并相应地调整网络切片资源的配置参数。

三、车联网安全技术

车联网安全应关注智能网联汽车安全、移动智能终端安全、车联网服务平台安全、通信安全，以应对车联网中的各类安全风险和挑战，同时在各个环节要注意数据安全和用户隐私保护。

从业务应用的角度，车联网业务系统要保证业务使用者和服务者合法访问相关的业务应用、业务数据存储和传输中的机密性和完整性及安全审计保证可追溯性。同时车联网应用应采用安全防护措施保证云平台的安全。

从网络通信角度，车联网系统需要对消息来源进行认证，保证消息的合法性；支持对消息的完整性及抗重放保护，确保消息在传输时不被伪造、篡改、重放；根据业务需求支持对消息的机密性保护，确保消息在传输时不被窃听，防止用户敏感信息泄露；支持对终端真实身份标识及位置信息的隐藏，防止用户隐私泄露。

从终端角度，设备要实现接口的安全防护，通过完备的接入控制机制保证合法的用户访问合法的业务，设备要具有对敏感数据的存储和运算进行安全隔离的能力，同时也要确保设备基础运行环境的安全，实现启动验证功能、固件升级验证功能、程序更新及完整性验证功能。为了应对恶意消息带来的影响，车联网设备要具有入侵检测和防御能力，并能够将可能的恶意消息上报车联网平台进行分析和处理。

从端到端的数据角度，车联网系统应保证不同类型的数据在其生命周期中各个阶段的安全，对数据要采取相应的安全措施进行差异化的安全保护，要实现数据的机密性、完整性、可用性、可溯源性和隐私保护，同时也要加强车联网系统的安全管理，防止数据内部入侵。

蜂窝车联网通信安全主要包括基于 PC5 接口的安全、基于 Uu 接口的安全。基于

Uu 接口的 C-V2X 安全采用移动蜂窝系统提供的安全机制来保证 C-V2X 的通信安全。C-V2X 架构在通信层没有对 PC5/V5 直通通信接口采取任何的通信安全保护机制，主要依靠 C-V2X 应用层安全机制来保障 C-V2X 的通信安全。同时，将应用层安全作为蜂窝通信场景的附加安全解决方案，确保业务数据传输时的私密性及完整性，防止业务数据被重放。

（一）基于PKI的C-V2X应用层通信安全技术

为了实现车联网设备之间的安全认证和安全通信，C-V2X 系统使用基于公钥证书的公共密钥基础设施（PKI）确保设备间的安全认证和安全通信，通过采用数字签名和加密等技术手段实现车联网设备之间消息的安全通信。

1. PKI 体系

PKI 体系是一种遵循标准的利用公钥理论和技术建立的提供安全服务的基础设施。通过数字证书认证技术的加密传输和数字签名从技术上实现身份认证、安全传输、不可否认性和数据完整性。

PKI 采用证书进行公钥管理，通过第三方的可信任机构，即认证中心（CA），把用户的公钥和用户的其他标识信息一起用于验证用户的身份。PKI 在实际应用上是一套软硬件系统和安全策略的集合，它提供了一整套安全机制，使用户在不知道对方身份的情况下，以证书为基础，通过一系列的信任关系进行安全通信。

PKI 管理加密密钥和证书的发布，并提供诸如密钥管理（包括密钥更新，密钥恢复和密钥委托等）、证书管理（包括证书产生和撤销等）和策略管理等。PKI 体系允许一个组织通过证书列表或直接交叉认证等方式来同其他安全域建立信任关系。

PKI 体系至少包括证书机构（CA）、注册机构（RA）和相应的存储数据库。CA 用于签发并管理证书；RA 可作为 CA 的一部分，也可以独立部署，其功能包括个人身份审核、证书撤销列表（CRL）管理、密钥产生和密钥对备份等；存储数据库包括 LDAP 目录服务器和普通数据库，用于对用户申请、证书、密钥、CRL 和日志等信息进行存储和管理，并提供相应的查询功能。

数字证书是一个经证书授权中心数字签名的包含公开密钥拥有者信息和公开密钥的文件。最简单的证书包含一个公开密钥、名称以及证书授权中心的数字签名。一般情况下证书中还包括密钥的有效时间，发证机关（证书授权中心）的名称，该证书的序列号等信息，证书的格式遵循相应的标准。

2. C-V2X 应用层安全通信过程

使用基于公钥证书的 PKI，C-V2X 应用层的安全通信过程如图 2-11 所示。

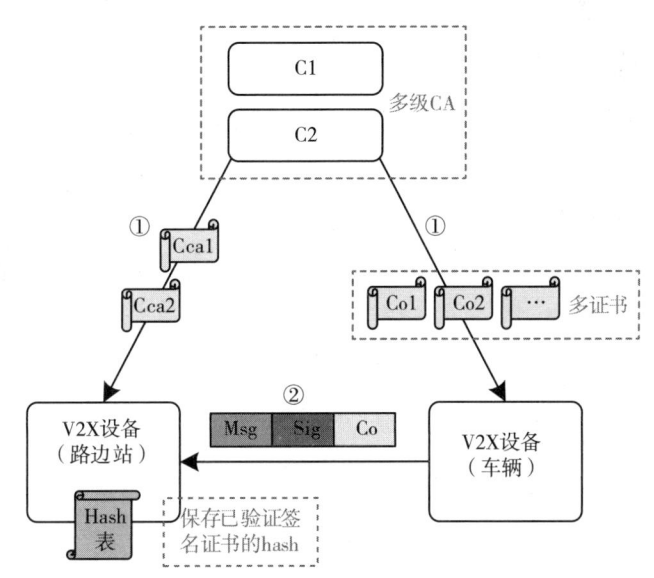

图 2-11　C-V2X 应用层安全通信过程（以 V2X 车辆到 V2X 路边单元的通信为例）[156]

首先，证书管理系统向 V2X 设备颁发其用于签发消息的公钥证书（安全消息证书），并以安全的方式向接收消息的 V2X 设备提供 CA 公钥证书（以 V2X 车辆和 V2X 路边单元通信为例，如图 2-11 中①所示，C1/C2 向 V2X 车辆下发 Co1、Co2、…，向 V2X 路边单元下发 Cca1、Cca2）。证书管理系统可以向 V2X 车辆下发多个公钥证书，V2X 车辆每次从这些证书中随机选取一个使用，以保证用户隐私。

然后，V2X 设备利用与颁发给它的公钥证书相对应的私钥对消息进行数字签名，将签名消息连同公钥证书或证书链一同播发出去（如图 2-11 中②所示，上述消息由需要传递的内容、对内容的签名以及所使用的公钥证书/证书链构成）。

最后，作为接收方的 V2X 设备首先利用 CA 公钥证书验证消息中携带的公钥证书或证书链，然后利用公钥证书中的公钥验证签名以检查消息的完整性。可选的，接收方 V2X 设备成功验证对端的公钥证书（Co）后，可将该证书的 hash 值保存在本地，后续可以通过验证证书 hash 的方式验证该证书，从而减少证书验证所需的密码学操作。

V2X 路侧设备到 V2X 车辆间的通信、V2X 车辆到 V2X 车辆间的通信与上述过程类似。

（二）基于数字证书的C-V2X安全认证技术

为了实现 C-V2X 应用层安全通信，车联网需要建立车联网通信身份认证体系，实现证书颁发、证书撤销、终端安全信息收集、数据管理、异常分析等一系列与安全相关的功能，确保车联网的安全。IEEE 1609.2 定义了车联网安全消息格式及处理过程，是一种较为成熟的车联网安全标准，借鉴了传统 PKI 系统的体系结构，通过证书链实现车联网设备互信。目前美国、欧洲和中国的 C-V2X 应用层安全体系架构，均在 IEEE 1609.2 的基础上，根据各自地区的实际情况和管理需求设计了相应的蜂窝车联网安全管理系统。图 2-12 为适合中国车联网需求的 C-V2X 证书管理系统的架构。

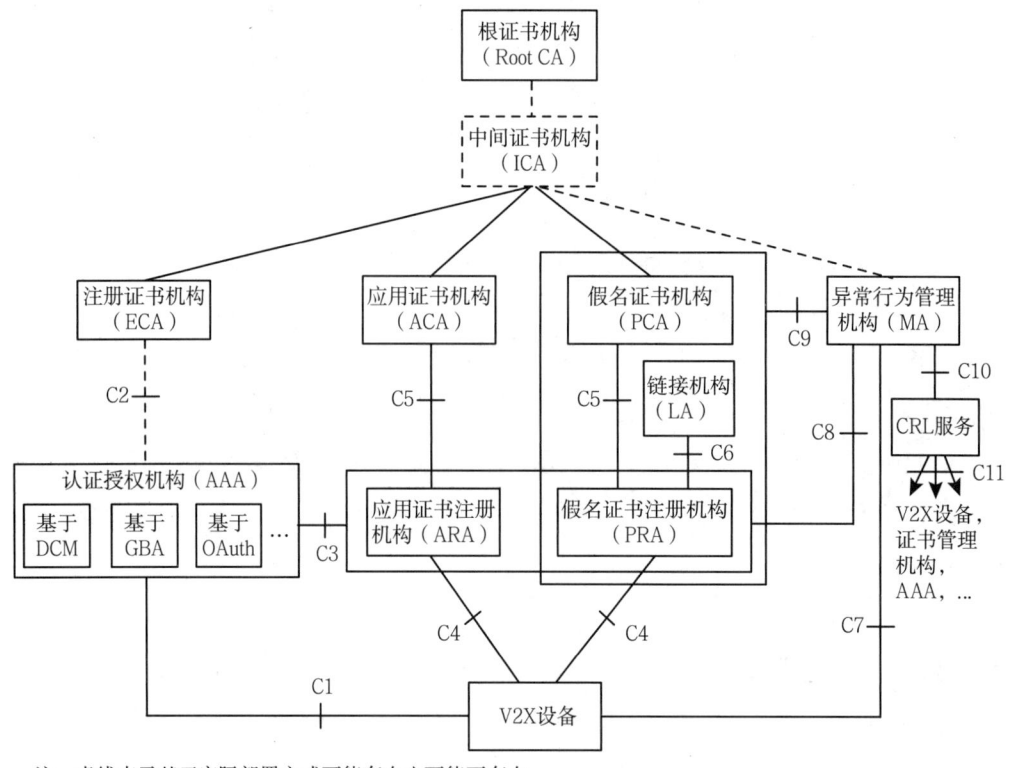

注：虚线表示基于实际部署方式可能存在也可能不存在。

图 2-12　C-V2X 证书管理系统的架构[1]

C-V2X 证书管理系统主要包括根证书机构、LTE-V2X 证书机构、认证授权机构和证书申请主体四部分。实际应用时，图中各逻辑实体可以根据实际设备开发及部署需要合设或者分设，并可以根据政策法规，行业监管要求和业务运营需要，由不同机构分层分级部署、管理和运营。

在车联网系统中，可能会有多个独立的 PKI 系统为车联网设备提供证书服务，每个 PKI 的服务范围称为一个认证域。为实现跨域认证，一个认证域中的设备需要获取另一个认证域签发证书的 CA 证书或证书链。当车联网安全管理系统由多个独立 PKI 构成时，这些根 PKI 之间可以根据需要构建可信关系，以便实现证书互认。多个根 PKI 系统之间的可信关系是通过一个"根 CA 证书可信列表"实现的。"根 CA 证书可信列表"采用数字签名技术生成。图 2-13 为由多个根 CA 构建的车联网 PKI 体系的一种部署方式。

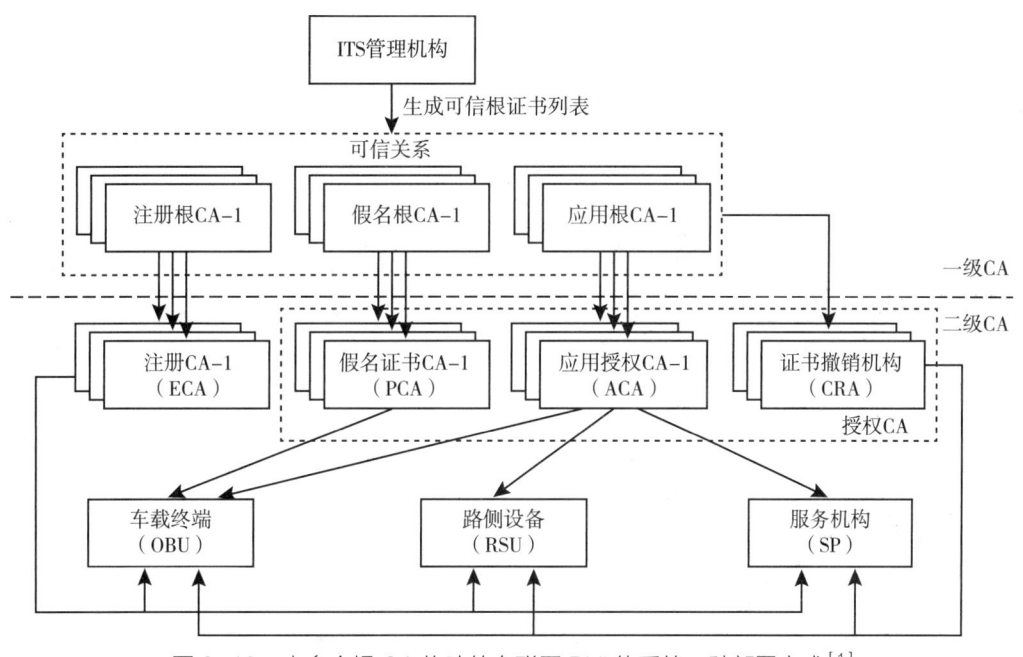

图 2-13 由多个根 CA 构建的车联网 PKI 体系的一种部署方式[1]

为了防止数据在车联网内部或外部遭受攻击者非法窃听、篡改、伪造等攻击，C-V2X 系统可以对数据在传输和使用中进行加密保护，确保数据的机密性和完整性，同时 C-V2X 系统也要建立完善的密钥、证书管理体系，保证车联网业务相关的密码安全。同时在 C-V2X 系统的每个环节都应提供的数据安全防护体系，通过提供机密性、完整性、可信性、可用性、隐私性、可溯源性等安全能力，使 C-V2X 系统免受来自系统内部或者外部的攻击。

在 C-V2X 系统中有一类数据是与用户隐私强相关的数据，如车辆用户数据包含用户姓名、家庭住址、联系方式，用户驾驶习惯，车辆行驶路线等，与个人隐私强相关。车联网应用不仅能够为驾驶员提供周围基础设施和导航信息，还可以记录车辆的位置信息。这些车辆维修信息和用户的身份信息相关联，密不可分，攻击者可以通过用户身份信息跟踪到车辆的位置，也可以通过车辆的位置描绘出车辆的行驶轨迹，进而得到用户的身份信息和用户的运动规律等个人隐私信息，因此车联网应用中既需要保护用户的身份信息进行保护，也需要保护车辆的位置信息。

车联网系统应该从技术和管理两个方面加强对用户数据隐私的管理和保护。首先应对车联网应用中的敏感数据、重要数据进行明确的界定和划分，通过采用去标识化、匿名化的方法来保护用户数据隐私。车联网系统可以通过采用加密技术、水印技术等机制对敏感数据进行保护，防止敏感数据、重要数据被攻击者窃取泄露，同时在对外发布用户数据时，需对数据进行脱敏处理。目前在车联网通信中主要对车载终端采用匿名证书的方式来保护用户隐私信息，并根据提前设定的策略更换所使用的匿名通信证书来达到保护用户隐私的目的。

（三）云服务平台安全技术

车联网服务平台是提供智能网联汽车管理和交通、车辆信息内容服务的云端平台，其提供了导航、娱乐、资讯、安防、车辆及道路基础设施设备信息汇聚、计算和监控管理，并提供智能化交通管控、车辆远程诊断、交通救援等车辆服务，比如车辆通过 T-Box 和云服务平台交互，实现远程控制功能、远程查询功能、安防服务功能；车辆通过车载信息娱乐系统（IVI）从云服务平台获取娱乐信息服务，包括三维导航、实时路况、IPTV、辅助驾驶、移动办公、无线通信、基于在线的娱乐功能等一系列应用。作为数据中心和服务中心，本身容易遭受传统的网络攻击，导致数据泄露等问题，同时云服务平台本身的安全性也值得关注，传统的操作系统漏洞威胁和虚拟化技术的大量运用导致虚拟机的调度、管理和维护均成为重要的安全挑战。

车联网服务云平台需根据风险分析，对站点安全、主机安全、数据安全、业务安全等构建多维一体的防护体系。

云服务平台的安全防护主要有：云服务平台采用虚拟化的安全技术、虚拟机映像文件安全、云资源调度访问安全等保证本身系统安全性；采用数据加密技术、数据访问控制技术以及对应的完整性保护、数据存在与可用性证明等做好数据窃听防护；采用现有网络技术进行安全加固，部署防火墙、入侵检测系统等安全设备；建立车联网用户凭证管理系统，对车辆、移动终端、应用程序等进行身份验证、加强密钥管理；对不同业务进行物理隔离，依照业务的安全级别采用不同级别的安全防护措施；对数据进行加密处理，同时建立数据共享、集中管理的核心凭条，对威胁情报及不安全因素进行系统共享。

（四）密码安全技术

密码安全是指针对不同的设备和场景，采用不同强度、不同量级的安全算法，兼顾实时性和安全性，保证车联网系统的信息安全和功能安全。

国家密码管理部门制定了一系列密码算法标准并逐渐成为 ISO/IEC 国际标准，包括对称密码算法、公钥密码算法以及杂凑算法。其中，SM2 和 SM9 为公钥密码算法，SM2 主要用来加密和签名，SM9 是基于双线性对的标识算法，广泛应用于具有标识的应用环境；SM3 为杂凑算法，主要用于数据的完整性校验、身份认证、随机数生成等；SM4 和 ZUC 为对称密码算法，SM4 是专用分组密码算法，ZUC 序列密码算法是移动通信网络中的国际标准密码算法，当前我国专家正在积极推动 ZUC-256 成为移动通信 5G 网络中的国际标准密码算法。

密码算法在车联网中的应用主要能够解决车体固件的脆弱性，车体通信的风险性以及云平台的数据安全性等问题，密码算法能够整体提升车联网体系的安全防护能力。国密算法作为我国自主可控的密码算法，在车联网中正在逐步推广。与其他安全技术配合使用，共同为车联网产业的健康持续发展保驾护航。

四、车联网云基础平台技术

车联网云基础平台以前述车联网通信与网络技术提供的低时高可靠直通通信能力、大带宽高速率蜂窝通信能力、移动边缘计算与车联网融合架构与关键技术为基础，着眼于以标准统一、开放共享的方式，为智能驾驶、智能交通相关的多样化车、路、云协同应用提供以大数据、分级智能计算为基础的共性基础能力。

（一）车联网云基础平台技术需求

随着智能驾驶及智能交通领域各类应用基于车、路动态数据建设车联网云基础平台以提升业务能力的需求激增，构建物理分散、逻辑统一的车联网云基础平台成为产业技术发展趋势。车联网云基础平台提供数据融合汇集、分析与决策、服务与计算编排、开放业务管理等基础支撑能力，可以更有效地支撑上层智能驾驶和智能交通应用平台的建设。

车联网云基础平台以车辆、道路、环境等实时动态数据为核心，结合支撑上层应用的已有交通相关系统与设施的数据，为智能网联汽车、智能交通系统相关部门和企业提供标准化共性基础服务。其支撑的应用主要包括提升行车安全和能效的智能网联驾驶应用、提升交通运行性能的智能交通应用，以及车辆与交通大数据相关应用等。这些应用不仅需要基于车联网通信与网络提供的能力实现辅助驾驶信息交互，更需要进一步提供协同感知、协同决策与控制能力。根据这些应用对传输时延要求的不同，可以分为实时协同应用、弱实时协同应用和非实时协同应用。相应地，车联网云基础平台针对上层应用对信息传输时延、可靠性要求的不同，采用分级的智能能力部署架构，通常由边缘云、区域云与中心云三级组成，形成逻辑协同、物理分散的云计算中心。

车联网云基础平台强调对各类应用提供共性的、基础性能力支撑。既有的各类应用平台多为各类企业或相关单位根据各自需求建设而成，形成"垂直独立型"的各类平台，导致资源重复、难以互联互通、利用效率低、建设与维护成本高、管理与服务难度大、数据能力层次低等一系列问题。因此，车联网云基础平台将面向智能网联驾驶、智能交通应用，有效整合人－车－路－云的信息，以统一标准、开放共享的方式提供数据融合汇集、分析与决策、服务与计算编排、开放业务管理等共性基础支撑能力，为上层各类应用提供基于不同需求的差异化、定制化服务。

（二）车联网云基础平台架构

车联网云基础平台应具有实时信息融合与共享、计算与应用编排、数据分析等基础服务能力，为智能网联汽车及交通管理等提供车辆运行、道路基础设施、交通环境、交通管理等实时动态数据与大规模网联应用实时协同计算环境等共性基础服务。

构建车联网云基础平台，需要根据智能网联汽车、智能交通等领域提出的共性需求，在云端构建相应的共性基础功能模块。为此，车联网云基础平台的构建以分布式云计算技术为基础。通过采用云计算以及以此为基础发展而来的移动边缘计算等技术，构建分级的智能计算架构，并通过云计算所特有的资源服务模式，无论何时何地都可以方便地在资源共享池中获得所需的资源。经典的云计算架构层次分为基础设施即服务（IaaS）、平台即服务（PaaS）、软件即服务（SaaS）。其中，IaaS层为基础设施的运营者提供服务，提供计算、存储、网络和其他基础资源，不必在意基础设施的管理；PaaS层为应用开发者服务，提供应用运行所需软件的运营环境、相关工具；SaaS层的服务对象是用户，其直接为用户提供一套完整的软件系统为用户提供具体的服务。

车联网云基础平台架构设计的重点在于如何同时满足智能汽车、智能交通等领域的共性需求，以车辆、道路、环境等实时动态数据为核心，结合已有交通相关系统与设施的数据，为智能网联汽车、智能交通与产业相关部门及企业提供标准化共性基础服务。

为此，面向智能驾驶、智能交通等不同应用需求，车联网云基础平台的总体架构如图2-14所示。其中，边缘云主要面向网联汽车提供增强行车安全的实时性与弱实时性应用基础服务；区域云主要面向交通运输和交通管理部门提供弱实时性或非实时性交通监管、执法等应用的基础服务，并面向网联汽车提供提升行车效率和节能性的弱实时性服务；中心云主要面向交通决策部门、车辆设计与生产企业、交通相关企业及科研单位，提供宏观交通数据分析与基础数据增值服务[141]。在上述三级架构中，服务范围依次扩大，服务实时性要求逐渐降低，有利于满足不同网联应用对实时性与服务范围的差异性要求。

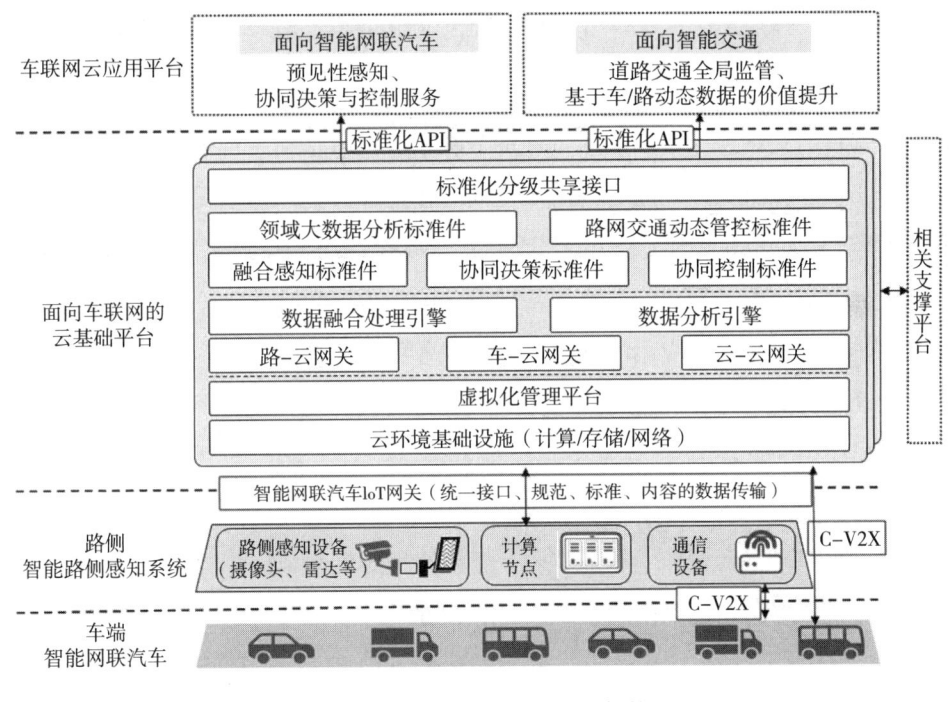

图2-14 车联网云平台总体架构

（三）车联网云基础平台关键技术

车联网云基础平台作为车联网个核心技术之一，其相关基础技术能力是实现上层车联网相关行业应用的重点，其需要做到在数据采交互时延、计算与服务的可靠性上保证满足应用的实际不同需求,需要提供基于车、路、云协同的感知、决策和控制能力。相应地,车联网云基础平台关键技术主要包括:大数据交互技术、分层协同计算技术、动态资源调度技术,以及协同感知、决策与控制技术。

1. 大数据交互技术

车联网云基础平台能力的实现以车辆、道路、环境等大数据为重要基础。在其边缘云中,为实现系统响应的实时性、数据传输的低时延与接入请求的高并发,以保证车、路、云数据交换在应用层面满足自动驾驶控制对实时性与大并发下的可用性及信息安全的实际要求,并保证互操作性和易用性,需要制定统一的车、路、云数据交互标准,开发基础数据分级共享接口,优化数据存储模型,建立高性能消息分发机制。另外,还需通过接入网关等技术,建立其区域云和边缘云之间、区域云与中心云之间以及各区域云之间的大数据交互能力。例如,区域云获取边缘云以及相关平台的数据,在此基础上进行区域级融合、抽取转换加载、存储,支撑数据分析以及弱实时性应用。

2. 分层协同计算技术

在由边缘云、区域云、中心云构成的分级车联网云基础平台中,将通过分层协同计算技术实现各级智能计算能力的高效协同。在边缘云中,将采用轻量级基础设施及虚拟化管理平台,以保障边缘云服务实时性。在区域云与中心云中,将采用云计算基础设施和云虚拟化管理平台,以实现基础设施的虚拟化和有效管理。在此基础上,统一计算编排技术根据协同应用的计算要求与服务整体编排的规划,由区域云进行集中式优化,确定协同应用的部署与运行方式及算力配置,以最大化系统当前状态下可靠运行的协同应用的总效用[158]。

3. 动态服务资源调度技术

车联网云基础平台服务于智能驾驶、智能交通等多领域、多样化的应用场景。为消解高并发下各应用在资源使用上的冲突和物理世界多车行为的冲突,需要根据不同类型应用对实时性、通信方式、资源使用与运行方式等方面的要求,选择服务的运行地点及所分配的资源,保障按需服务、实时可靠运行,从而保障所服务车辆的行车安全。相关技术包括:软硬件相结合的负载均衡、服务全生命周期管理、领域特定的规则引擎等,以按需调用云端车辆感知共享、增强安全预警、车辆在线诊断、高精度动态地图、辅助驾驶、车载信息增强以及全局协同等服务资源。

4. 协同感知、决策与控制技术

协同感知方面,由于智能网联汽车与路侧传感器的异构、多源与车辆分布不确定等特性,以及网联自动驾驶对感知结果精度、实时性与可靠性的高要求,带来车路感知系统配置、路侧感知部署、多源数据时间同步、多源异构数据关联等难题,对车联网云基础平台的协同感知技术提出了挑战。其中,协同感知性能需要具有强工况适应性、良好的鲁棒性与确定的实时性,以产生实时、高精度、高可靠的动态基础数据,满足网联式自动驾驶的感知需求以及交通数字孪生需求。且协同感知结果的高精度要求基于高可靠、高精度的位置表达,需要结合高精地图、高精度定位技术建立基于语义特征的传感器数据智能配准,从而保障协同感知与时空定位的可靠性、准确性和可用性。

协同决策与控制方面,由于单车智能面对实际工况时存在多车博弈、车路协同面对实际规模协同决策时存在算力不足等问题,仅靠车端、路侧的集中式决策与控制难以满足智能网联汽车行车安全、行驶效率提升的实际要求;云计算技术可以部分弥补算力需求,但由于端到端时延等原因,实际规模的网联车辆及道路交通对基础服务的安全性、可靠性和可用性提出了更高的要求,对车联网云基础平台的协决策与控制技术提出了挑战。通过分层级的基础平台架构和分层式的决策控制,可对车辆进行协同控制增强其行车安全、提升其行车效率和节能性;通过基于深度神经网络的人工智能技术应用和基于云原生的服务共享,可对交通行为进行监测与调控以保障交通运行效率,并根据交通运行总体需求与交通参与者个体的需求,提供各类协同应用所需的协同决策与协同控制等共性基础服务,以支撑道路交通系统的总体协调性。

五、车联网测试认证技术

随着全球 C-V2X 标准化快速进展,为了快速推进 C-V2X 技术和标准的成熟化和商用化进程,验证 C-V2X 相关技术在车联网应用用例的实际性能表现,赋能智能网联汽车,测试认证技术将起到至关重要的作用。需要综合考虑信息通信、汽车、交通、公安等行业的需求,避免重复测试,在 C-V2X 商用之前构建跨行业跨平台的有效测试认证体系。

(一)我国构建C-V2X测试认证体系前提条件已经成熟

1. C-V2X 技术标准快速发展持续演进,已形成包括测试标准的 LTE-V2X 标准体系

随着全球 C-V2X 标准化快速进展,尤其是我国 LTE-V2X 相关的空口、网联层、

消息层和安全机制等核心技术标准的制定完成，形成 LTE-V2X 标准体系。

基于核心标准，进一步制定了基站、路侧设备、车载终端、MEC 平台、安全认证等测试方法的标准，提供统一的测试方法，解决互联互通问题，推动车联网发展。

为配合工信部、公安部、交通部三部委联合印发《智能网联汽车道路测试管理规范（试行）》对测试主体、测试车辆等的规定，中国智能网联汽车产业创新联盟、全国汽车标准化技术委员会智能网联汽车分技术委员会联合发布了《智能网联汽车自动驾驶功能测试规程（试行）》，将 14 个智能网联汽车自动驾驶功能检测项目细分为对应的 34 个测试场景，提出各检测项目对应测试场景、测试规程及通过条件，为各省市级地方政府组织开展智能网联汽车道路测试工作提供参考，为第三方检测机构进行自动驾驶功能检测验证提供依据和借鉴。

中国通信标准化协会（CCSA）从互联互通和基础支撑方面研究制定较为完善的 LTE-V2X 相关测试标准规范，内容涉及接入层、网络层、消息层、核心网设备、车载终端设备、基站、路侧设备、安全认证、边缘计算平台等多个方面。具体标准名称及状态如表 2-6 所示。

表 2-6　车联网测试相关标准[17-21]

类别	标准名称	标准类型/标准号/计划号	状态
通信	基于 LTE 的车联网无线通信技术 空中接口技术要求和测试方法	国家标准/行业标准 YD/T 3340-2018	已发布
通信	基于 LTE 的车联网无线通信技术 网络层测试方法	国家标准/行业标准 YD/T 3708-2020	已发布
通信	基于 LTE 的车联网无线通信技术 核心网设备测试方法	行业标准 2018-1405T-YD	推进中
通信	基于 LTE 的车联网无线通信技术 支持直连通信的车载终端设备测试方法	行业标准 YD/T 3848-2021	已发布
通信	基于 LTE 的车联网无线通信技术 基站设备测试方法	行业标准 YD/T 3629-2020	已发布
通信	基于 LTE 的车联网无线通信技术 支持直连通信的路侧设备测试方法	行业标准 YD/T 3847-2021	已发布
通信	基于 LTE 的车联网无线通信技术 消息层测试方法	国家标准/行业标准 YD/T 3710-2020	已发布
平台	基于 LTE 的车联网无线通信技术 MEC 平台测试方法	行业标准 2019-0007T-YD	推进中
安全	基于 LTE 的车联网无线通信技术 安全认证测试方法	行业标准 2019-0022T-YD	推进中

此外，各方力量在 IMT-2020（5G）推进组 C-V2X 工作组积极推动 LTE-V2X 相关测试标准规范的研究，目前已经形成针对接入层的《LTE-V2X 终端功能测试规范（实验室）》《LTE-V2X 性能测试规范（实验室）》《LTE-V2X 终端间互操作测试规范（实验室）》测试标准，以及针对网络层、应用层的《LTE-V2X 终端网络层一致性测试规范（实验室）》《LTE-V2X 终端应用层一致性测试规范（实验室）》和《LTE-V2X 终端安全一致性测试规范（实验室）》等文件，详细定义了测试结构、设备要求和测试内容。

2. 我国已正式给 LTE-V2X 直连通信分配频谱，NR-V2X 频谱正在研究

2018 年 11 月，2018 年 11 月，由工信部无线电管理局正式规划 20MHz（5.905~5.925GHz）频段作为基于 LTE-V2X 技术的车联网（智能网联汽车）直连通信的工作频段。中国率先为 LTE-V2X 技术分配了 5.9GHz 频段 20MHz 的带宽，中国也因此成为全球第一个为基于蜂窝车联网技术规划专用频段的国家。频谱的正式分配，为进行 LTE-V2X 的测试评估提供了频谱资源的保障。

目前 NR-V2X 的频谱需求研究正在进行中，后续将支持 NR-V2X 技术标准的测试评估工作。

3. 应用层已经完成第一和第二阶段标准

中国汽车工程学会依托中国智能网联汽车产业创新联盟和中国智能交通产业联盟，与 C-ITS 联盟、IMT2020C-V2X 工作组等合作，充分考虑中国交通环境和产业需求，制定并适应中国国情的车联网应用层第一阶段和第二标准 CSAE T/CSAE 53-2017，都已正式发布。

4. 我国四个标委会加强行业间合作

2018 年 11 月，全国汽车标准化技术委员会、全国智能运输系统标准化技术委员会、全国通信标准化技术委员会以及全国道路交通管理标准化技术委员会共同签署了《关于加强汽车、智能交通、通信及交通管理 C-V2X 标准合作的框架协议，加快 LTE-V2X 在汽车、交通、公安行业的落地应用。

目前欧洲的 C-ITS 平台认证框架关注端到端业务测试、QoS 评估以及 C-ITS 系统可扩展的认证方法论和需求。定义了终端认证的角色和责任，未涉及认证实体落地及相应的测试规范等具体工作。未涉及互通方面的认证，自愿认证体系（如全球认证论坛）未能与具备强制效力的汽车型号核准体系进行很好融合（如 eCall）。

美国为了推动 DSRC 发展，上层通信认证由政府主导转为产业主导的认证，由

OmniAir 进行认证授权，并与 5G 汽车联盟合作。底层由 GCF 或其他认证实体进行认证。包括协议一致性、性能需求认证和终端之间的互通性三部分。

通过分析欧美测试评估体系的现状，对 C-V2X 技术标准体系的梳理，融合信息通信与汽车等多行业需求，需要推动跨行业协同的 C-V2X 测试认证体系，推动与国际行业组织统一互认。

（二）C-V2X测试认证体系构成

构建我国 C-V2X 测试认证体系的工作思路基于调研现有技术发展现状，了解产品功能和应用中问题，梳理测试项目和测试规范建议，以便保证产品间互联互通，保障产品质量，减少产品在车联网应用中的故障，验证特色产品功能。因此需要考虑评测方法的科学性、可实施性、可复现性以及避免重复测试等重要指标。同时应该考虑我国交通环境和产业需求，适应中国国情的车联网应用层标准等重要因素，综合考虑设计测试认证体系。

1. C-V2X 通信测试

C-V2X 测试认证体系中，需要构建车联网无线通信设备网络性能的测试体系，进行 C-V2X 通信测试，建设车联网网络的功能、射频性能等测试能力；对 C-V2X 通信设备和应用进行性能验证和基准测试；有效支撑对车联网 C-V2X 网络设备和网络的行业监管。

C-V2X 通信测试面临以下四大挑战。①科学性：测试方法科学有效，测试结果真实反映被测件的性能。②可靠性：低漏检率/误检率，测试结果可再现。③低成本：测试成本可控，降低实验室与厂家的成本。④高效率：自动化测试，测试结果可复现。

需要支持的 C-V2X 通信测试能力包括以下内容。① C-V2X 射频性能与一致性测试：C-V2X 车载终端射频性能测试内容涵盖发射机性能、接收机性能和解调性能。一致性测试包括车载无线模块标准发射机（发射功率、误差矢量幅度、频率错误、频谱发射模板与接收机、接收信号强度指示）测试。② C-V2X 底层性能测试：C-V2X 底层通信消息传输与解析的时延及准确性测试方法。③ C-V2X 实验室总体测试：将外场场景引入实验室，通过回放汽车行驶的动态场景、模拟外场测试，最终达到降低测试成本的目的。④智能网联车无线信道分析：基于实测提取车联网实际信道模型的测试评估技术；针对系统体系大、多辐射源体系、时-频-空间域多维度仿真、系统尺度跨度大、非线性效应等问题，依托大型仿真软件、全波时域算法技术和射线跟踪法，研究测量、建模、仿真一体化测试系统。

C-V2X 测试评估体系中的协议一致性测试验证符合 GCF 验证标准的物理层，以及面向中国标准的网络层、消息层及安全的自动化互操作和协议一致性测试方案。系统架构符合 ITU-T 及 3GPP 等标准组织对协议一致性测试要求；所有测试组件均基于标准化测试语言 TTCN-3 实现；支持完整的 C-V2X 协议栈各层协议一致性测试；通过测试流程自动化，可输出详尽的测试分析报告。

C-V2X 测试验证体系中的应用功能测试在实验室环境中，可以通过实时仿真场景或整车暗室来随机触发各个场景。利用场景仿真软件模拟各个 LTE-V2X 应用的触发场景，判断 LTE-V2X 设备中的应用预警是否能够在各场景下正确触发，检测是否存在误报漏报线性。

中国信通院、中汽中心、上机检测等测试机构已建立实验室测试环境，对外提供 C-V2X 应用功能、通信性能、协议一致性等测试服务。

实验室测试验证方面，罗德与施瓦茨公司、大唐联仪等推出符合 3GPP R14 标准的 LTE-V2X 终端测试综测仪，可提供 GNSS 信号并进行 LTE-V2X 数据收发测试。与高通、华为、大唐等芯片模组厂商完成了底层测试验证。未来计划推出认证级的 LTE-V2X 终端协议一致性和射频一致性测试方案。

中国信通院具备完备的 C-V2X 测试验证环境，具备开展 C-V2X 端到端通信的功能、性能、互操作和协议一致性测试验证的能力，并取得 CNAS 及 CMA 认证资质。同时，中国信通院联合泰尔认证有限公司，建设 LTE-V2X 通信设备协议一致性测试认证体系，促进我国车联网全系 C-V2X 标准协议的推广应用，提高我国车联网通信终端设备企业在产品协议一致性方面的质量保证能力，助力产业从测试验证阶段向实际应用阶段实现跨越。

IMT-2020（5G）推进组 C-V2X 工作组在中国信息通信研究院实验室组织华为、大唐电信、万集科技、金溢科技、星云互联、东软集团等 10 余家终端设备厂商，完成了网络层应用层互操作、协议一致性测试。

中国汽研可提供城市场景测试环境和开放道路场景测试环境设计、C-V2X 应用功能测试规范设计，后续还将推出 C-V2X 开放道路测试规范、C-V2X 平行仿真测试系统，并研究 C-V2X 大规模试验的技术方法和数据规范。中汽研汽车检验中心（天津）有限公司可提供研发验证及测试评价服务，并支持整车环境下车载终端在蜂窝移动通信频段、全球卫星导航频段和车间通信频段的测试检测。

上海机动车检测认证技术研究中心有限公司目前正在筹建上海市智能网联汽车用环境感知系统测试技术服务平台，在技术能力上，建设包括毫米波雷达（覆盖24G和77G）、激光雷达、图像识别摄像头、高精度GPS、高精度BDS、惯导系统、车联网通讯模块（含DSRC、LTE-V2X、Wi-Fi、蓝牙等）等智能网联汽车用环境感知系统的测试技术能力，解决智能网联汽车产业化初期，在环境感知系统性能测试及评价手段方面存在的技术缺陷，并最终解决企业在智能网联汽车用环境感知系统存在的需求。

公安部交通安全产品质量监督检验中心根据公安部、国家质量监督检验检疫中心总局的授权认可，履行第三方产品质量监督检测职责，开展国家和行业产品质量监督抽查、开展强制性和自愿性产品认证检测、开展交通执法装备及配套软件、交通安全产品和法定牌证的质量监督检测及现场检查。

2. C-V2X与MEC融合平台测试

MEC与C-V2X融合是实现人-车路-云协同服务，提供低时延、本地化、高质量车联网应用商业化部署的关键前提和重要保障。通过推动MEC与C-V2X融合测试床工作，有利于探索基于MEC与C-V2X融合的跨厂家、多感知方式、多路侧终端类型和多应用服务的测试床环境，推进业界加快形成标准化MEC车路协同系统架构与解决方案，推动MEC边缘云生态体系构建。

中国信通院依托在IMT-2020（5G）推进组，组织开展了MEC与C-V2X融合测试床建设。依据《IMT-2020（5G）推进组MEC与C-V2X融合测试床建设指南》《MEC与C-V2X融合测试床结项评估方法》，中国信通院从MEC与C-V2X融合系统架构、MEC平台功能与性能、应用场景支持等多个维度对开展了第一批MEC与C-V2X融合测试床验收工作。目前，第一批测试床结项验收工作已正式结束，共有4个测试床项目完成结项，包括中国移动、大唐移动、华人运通、中国电信。

为进一步推进探索MEC与C-V2X技术融合创新，中国信通院启动了第二批MEC与C-V2X融合测试床立项指南的讨论，推动MEC与C-V2X融合形成更明确的体系架构、更详细的技术要求、更丰富的应用场景，并启动立项征集工作。

3. C-V2X安全测试

目前C-V2X直连通信使用数字证书保障消息的完整性，防止消息被篡改、伪造。CCSA行业标准《基于LTE的车联网无线通信技术 安全证书管理系统技术要求》（YD/T 3957-2021）规定了基于LTE的车联网安全证书管理系统技术要求，主要内容包括安全证书管理系统架构和相关的显式证书格式及交互流程。

针对 C-V2X 安全测试包括：安全机制测试、安全通信性能测试、安全管理测试。

安全机制测试：包括安全协议一致性测试、安全互操作测试、安全隐私保护测试。其中安全协议一致性测试包括：测试 C-V2X 终端安全协议的版本信息是否正确、消息签名是否正确、数字证书使用是否正确、网络层和安全协议应用标识是否一致等。安全互操作测试包括：C-V2X 设备使用相同或不同 PKI 系统签发的证书是否可以互通、使用异常证书是否可以互通等。安全隐私保护测试包括：C-V2X 设备使用证书是否满足切换要求、包含关键事件消息中携带完整证书、证书未改变时携带证书摘要信息、证书发生改变时 BSM 消息标识是否随机变化、历史轨迹是否清空等。CCSA 行业标准《基于 LTE 的车联网无线通信技术 安全认证测试方法》(征求意见稿) 规定了上述安全机制测试方法。

安全通信性能测试：在不同数量安全通信终端场景下，测试消息签名、证书轮换等系列安全操作对消息端到端发送时延、丢包率等影响，以及对车联网安全类、效率类和信息服务类等时间敏感型应用产生的影响。

安全管理测试：包括安全证书管理系统（CA）测试和 C-V2X 终端安全管理测试。其中 CA 安全管理测试包括：签发的证书格式是否正确、证书签发接口是否符合标准等。C-V2X 终端安全管理测试包括：证书申请、下载、验证流程是否符合标准，是否可以根据可信证书列表构建跨 PKI 系统信任链等。

中国信通院已经建设了完备的 C-V2X 安全测试验证环境，具备上述测试能力。

4. C-V2X 车规级测试

C-V2X 车载终端车规测试内容涵盖电气性能、环境耐候性、外壳防护、机械性能、耐久性、电磁兼容等。测试标准可依据标准草案 GB/T《基于 LTE-V2X 直连通信的车载信息交互系统技术要求》。通过实验室车规级测试，可以有效支撑车联网技术在汽车应用中的车规级保障。车规具体测试内容如表 2-7 所示。

表 2-7 C-V2X 车规测试内容

序号		测试内容
1	电气性能	直流供电电压、过电压、供电电压缓升缓降、叠加交流电压、反向电压、供电电压瞬态变化、参考接地和供电偏移、抛负载、开路、短路保护、绝缘电阻
2	环境耐候性	温湿度范围、低温贮存、低温工作、高温贮存、高温工作、温度梯度、规定转换时间的温度快速变化、规定变化率的温度循环、湿热循环、稳态湿热、耐盐雾

续表

序号		测试内容
3	外壳防护	外壳防护
4	机械性能	机械振动、机械冲击、自由跌落
5	耐久性	耐久性
6	电磁兼容	传导发射、辐射发射、对电磁辐射的抗扰、对便携式发射机的抗扰、沿电源线的瞬态传导抗扰、除电源线外的导线通过容性和感性耦合的电瞬态抗扰、对静电放电产生的电骚扰抗扰

目前中国汽研软件测评中心在 C-V2X 车载终端测试中可提供车规测试服务。

5. C-V2X 整车的无线通信性能

为保障 C-V2X 车载终端安装到整车后的通信信号质量，整车天线测试内容涵盖天线增益、方向图、线性平均增益、整车辐射功率、整车接收灵敏度等参数。测试标准可依据标准草案 GB/T《基于 LTE-V2X 直连通信的车载信息交互系统技术要求》或企标要求。

中国汽研软件测评中心搭建了整车天线测试系统，测试内容包括方向图、驻波比、输入阻抗、线性平均增益、增益平坦度、半功率波束宽度、等效全向辐射功率等内容。

6. C-V2X 整车的数据质量测试

C-V2X 数据一致性测试内容涵盖接入层数据一致性、网络层数据一致性和应用层数据一致性，主要用于保障网联车辆发出的 BSM 数据的填充方法、填充要求、取值范围、无效值要求、数据精度要求等符合标准的规定。C-V2X 通信安全测试内容涵盖安全消息填充及通信安全基本要求、假名证书及摘要切换策略、假名证书改变策略、假名证书不变策略、标识随机化等内容。测试目的是为了验证整车的隐私保护策略及身份安全可靠性。测试标准可依据标准草案 GB/T《基于 LTE-V2X 直连通信的车载信息交互系统技术要求》。

中国汽研软件测评中心搭建了整车数据一致性和通信安全测试系统，保障 C-V2X 车载终端安装到整车后的数据质量和安全性能。

7. C-V2X 外场实车测试

从测试的不同阶段考虑，在实验室利用实时仿真仿真或整车网联暗室，可进行定量、重复性测试，而封闭/半封闭/开放道路的实车测试主要进行定性随机的真实演练，二者相辅相成。

封闭试验场进行 V2X 测试验证，需要集成 V2X 场景设备，包括园区基础建设、智能交通信号系统等；需要集成 V2X 通信设备，包括车路协同系统、C-V2X 通信系统等；需要支持高精度地图与高精度定位；支持数据中心的建设，智能终端研发等。

六、高精地图技术

高精地图的发展与智慧交通、智能网联汽车紧密相关。相对于以往的导航地图，高精地图是智能网联汽车交通的共性基础技术，其服务的对象并非仅人类驾驶员，而是人类驾驶员和自动驾驶汽车。对于 L3 及以上级别的自动驾驶汽车而言，高精地图是必备选项。一方面，它是自动驾驶汽车规划道路行驶路径的重要基础，能为车辆提供定位、决策、交通动态信息等依据；另一方面，当自动驾驶汽车传感器出现故障或者周围环境较为恶劣时，它也能确保车辆的基本行驶安全。

高精地图是指绝对精度和相对精度均在 1 米以内的高精度、高新鲜度、高丰富度的电子地图。高精地图所蕴含的信息丰富，含有道路类型、曲率、车道线位置等道路信息，以及路边基础设施、障碍物、交通标志等环境对象信息，同时包括交通流量、红绿灯状态信息等实时动态信息。

（一）高精度地图采集技术

1. 车端高精地图采集

根据面对对象的不同，高精度地图存在不同的采集和处理技术。车端高精度地图在数据采集过程中，对数据的方位（经度、纬度、海拔）及姿态（航向、倾斜角、俯仰角）测量的精度要求非常高，而且采集数据的精细覆盖程度也非常高。高精地图在制作过程中利用高精度采集的数据制作高精度的道路拓扑模型，附着在道路拓扑关系上建立精度较高的车道模型，以及道路通行空间范围边界区域内的精细化对象模型，对象包括路牙、护栏、立交、隧道、龙门架、交通标牌、可变信息标牌、轮廓标、收费站、杆、交通灯、墙面、箭头、文本、符号、警示区、导流区等。

高精度地图采集数据的工作流程包括数据采集、数据预处理、数据生产、数据提交和车端数据编译。现场数据采集工作主要包括两方面。①地面控制测量和车载 LiDAR 数据采集：高精度地图的数据处理主要分成车载点云预处理、原始数据检查及整理、坐标转换、点云纠正、点云分类、人工分类、地物提取。②数据编译：高精度地图产品编译是为了满足市场制图服务，编译来自各地图供应商的不同规格的数据，

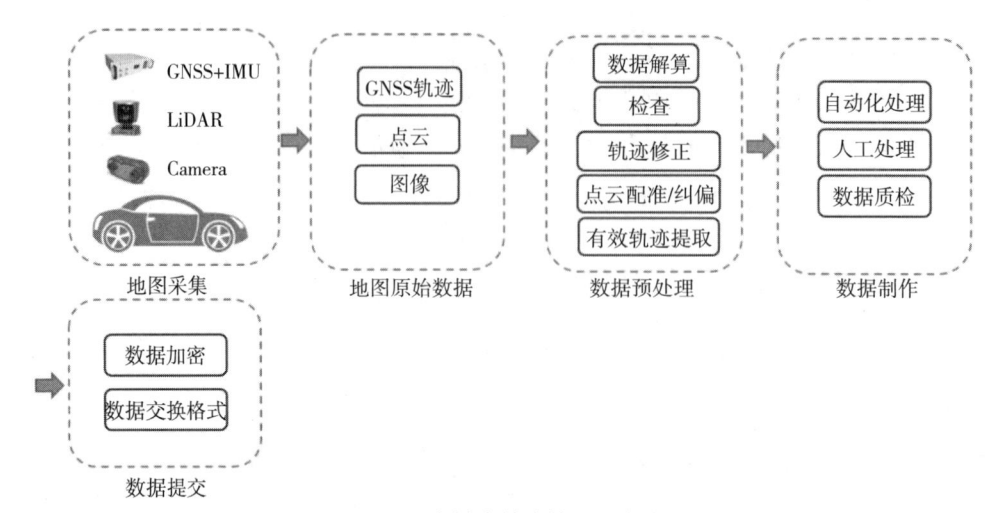

图 2-15　车端高精度地图采集流程

并将其编译为车端定制化的格式，满足车厂和 OEM 商的需要。通过编译，地图数据将被标准化、删除冗余、并被压缩使其适合各种存储媒介。

2. 管理端高精地图采集

管理端使用的高精度地图数据，主要采用航空摄影测量的方式，针对不同的项目需求，航空摄影测量的数据成果，包括数字正射影像（DOM）、数字高程模型（DEM）、倾斜摄影模型等。在展示平台中可以加载不同类别的成果数据，达到平台展示的效果。采用航空摄影测量方式的采集流程如图 2-16。

航空摄影数据采集一般会采用轻型直升机或无人机，搭载激光或数码航摄系统、IMU/GPS 组合导航系统，进行满足精度要求的高精地图采集。地面控制测量需要首先进行基站点坐标与布设有两种方式：国家点坐标以联测方式获取基站点坐标和架设 CORS 站测点方式以获取基站点坐标。数据预处理工作包括数据下载和整理、数据解算和数据校正。数据预处理完毕后应提供的资料包括航迹文件、相片对应时间列表文件、相机检校文件、解算报告、数据预处理总结报告。为了保证高精度地图和三维地形的数学基础融合，在数据采集过程中会采用相同位置的基站；同时，在数据生产过程中，两者使用相同的控制点，来保证最终数据不会出现偏差。融合后的地图可以利用 GIS 引擎进行三维展示和应用。

（二）高精地图应用

地图作为一切涉及地理信息业务的基石，在车路协同应用中发挥着不可替代的作用，功能应用涵盖了"车、路、云"三个领域。

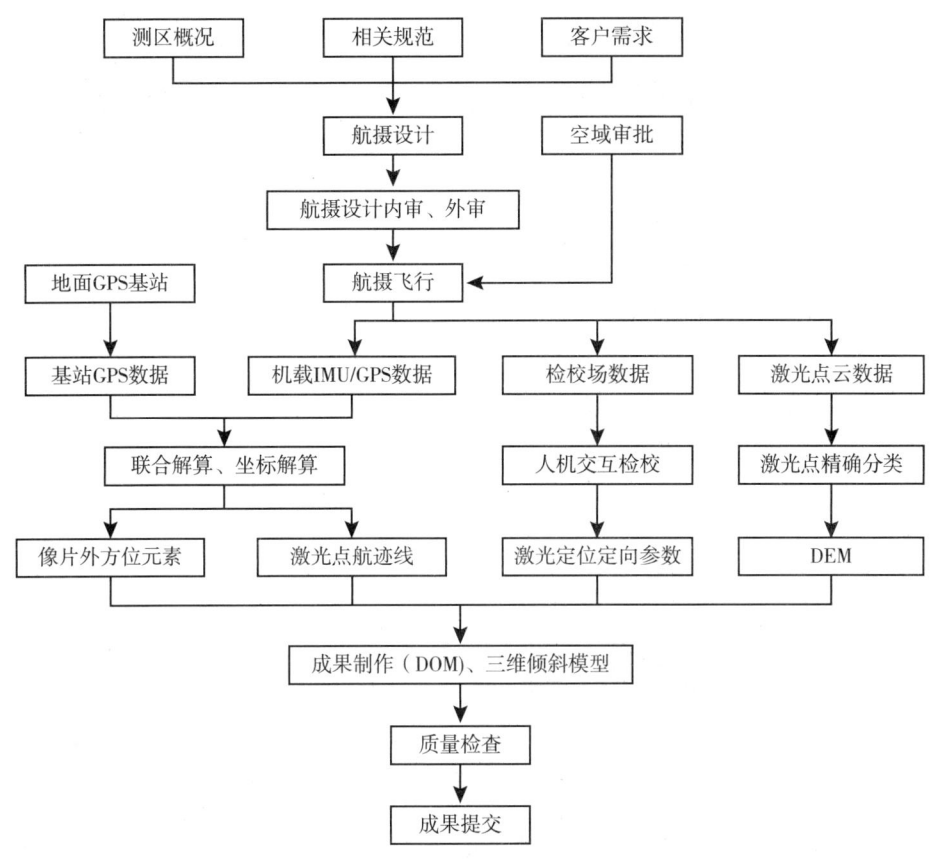

图 2-16　航空摄影流程

基于云-边-端分级智能架构，构建车联网云基础平台分层智能协同技术架构。该技术架构的构建，以数据汇聚和计算协同为核心能力，支持车载智能计算平台、边

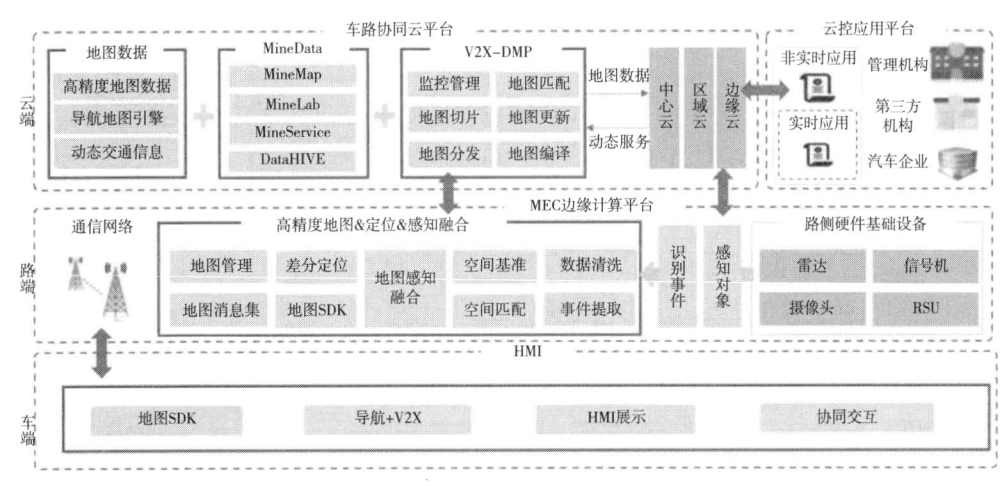

图 2-17　高精地图应用终端

缘云、区域云、中心云不同层级间的大数据交互与协同，支持应用的统一编排以消除应用间的行为冲突，支持大规模、高并发应用所需计算资源的协同调度以实现系统资源的高效利用，进而在此基础上提供车、路、云协同感知、决策与控制能力。

1. 云端

地图数据。高精度地图数据，为V2X"车、路、云、网"应用提供基础数据支撑。高精度地图采集与生产主要分为四个大类的步骤，分别是：数据采集（测量）、数据预处理、数据生产、数据提交与编译。高精度地图数据的使用必须符合国家自然资源部的互联网导航电子地图数据使用规定的要求。高精度地图包含所有道路相关的要素：道路、车道、标牌、信号灯、路面标识、匝道汇入、互通以及车道连接关系等。地图数据具有严格的拓扑关系、关联关系。数据要素可根据需求和现场实际情况进行扩充和更改。

图 2-18　高精地图数据样例

地图平台。地图平台是高精度地图服务平台的基础，提供各类GIS服务，主要的服务包含空间数据融合、矢量地图引擎、地图编辑、路径规划与可视化服务。地图平台将提供多种服务和开发接口，可以为智慧高速各类应用提供车道级地图数据和展示。

V2X-应用地图。高精度地图动态服务平台，以高精地图更新和基于高精地图数据的服务发布为核心功能，并提供基于高精地图的数据服务，内容主要包括：高精度地图更新、切片、分发、编译等服务，可以按照不同的MEC布局，分发对应的区域地图。

图 2-19　高精地图平台端展示

2. 路端

路侧主要解决前端感知数据传到 MEC 边缘计算平台上，在 MEC 上通过内嵌的程序进行计算，利用高精度地图对传感器进行标定，将前端感知的交通对象、各类交通事件，与高精地图进行时空基准的统一，生产动态地图图层。

3. 车端

车端配备地图解析服务（SDK），车机端导航显示，实现在车机端对各类动态事件的提醒服务和决策服务。

通过 SDK，将车端收到的平台编译好的地图数据进行解译，形成车机可以识别的空间地理数据（数字孪生道路场景）。车端接收解析的数据包含高精度地图静态图层、动态交通信息图层、实时信息图层。实现交通流可视化、本车定位跟随、超视距感知、交通事件上图与提醒等 HMI 上的可视化功能。

（三）关键技术

1. 车端高精地图制作与要素

为了满足车端高精地图的应用，高精地图制作需要完整的技术流程和全面的要素类型，从而满足车路协同、自动驾驶方面的应用。

高精地图需要有全面的要素类型，从而更好的满足车路协同、自动驾驶方面的应用，通常包含的要素如表 2-8 所示。地图数据具有严格的拓扑关系、关联关系。高精度地图要素可根据需求和现场实际情况进行扩充和更改。

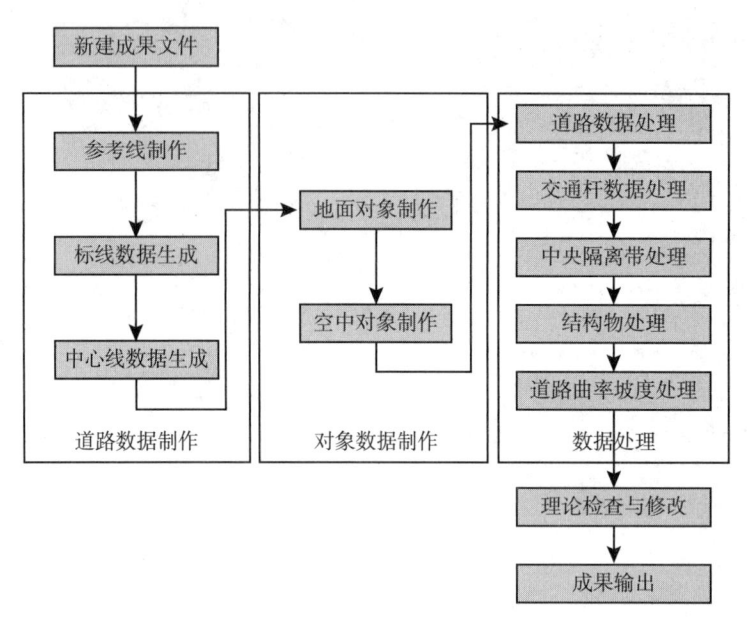

图 2-20　高精地图制作流程

表 2-8　车端高精地图要素规格

序号	地图要素	详细描述
1	道路	道路中心线、道路等级、道路功能等级、起点终点号码、长度、宽度、通行方向、车道数、上下线分离隔离带、所属路口
2	道路连接点	道路线连接点号码，坐标
3	车道	车道中心线、车道标线（类型、宽度、颜色等）、车道类型（普通车道、路口内车道）、车道宽度、起点终点号码、长度、通行方向、车道数、所属路口
4	车道连接点	车道连接点号码，坐标
5	车道形状点	车道中心线、形状点坐标、坡度（纵坡）、曲率、航向
6	交通标牌	交通标牌的高度、类型、形状、限速值、可变交通标牌 Flag 等
7	交通信号灯	交通信号灯的高度，对应车道关系，位置，交通信号灯的类型（圆形或箭头型）
8	路面标识	能识别路面上的文字、箭头（形状、转向）、数字、符号、减速带、人行横道、停止线、停车让行线、减速让行线
9	路口	路口范围面、路口类型（指连接的道路类型）、路口形态（十字路口、环岛等）
10	路口内导向线	导向线类型、形状

续表

序号	地图要素	详细描述
11	杆	类型、位置、高度、形状
12	人行横道区域	区域的范围、形状
13	路口内自行车道	自行车道的范围、形状
14	路口内其他禁止行车区域	路口内其他禁止行车区域的范围、形状
15	路牙	形状
16	护栏	位置形状、类型
17	立交桥	Link 属性
18	天桥	投影面等
19	路面障碍物	路中或路边不易移动或变化的障碍物，如花坛等
20	限高障碍物	对高度限制的障碍物
21	填充区	形状范围
22	警告区	形状范围
23	墙	形状线，如隔音墙
24	隧道墙	形状线
25	收费站	形状面，长度，高度
26	收费亭	形状面，高度
27	闸机	形状面，高度
28	停车位	形状面、编号
29	停车场	形状面、名称/编号
30	停车场出入口	形状
31	复杂路口车道连接关系	复杂路口驶入/途经路口车道/驶出车道的连接
32	车道连通关系	车道之间的连接关系

2. 高精地图分发服务

高精地图分发服务，以高精地图更新和基于高精地图数据的服务发布为核心功能，并提供基于高精地图的数据服务，以 SDK、API 的形式提供各种基于高精地图数据的开发接口，为信息交互服务、可视化服务、决策分析服务提供基础能力。高精地图存在一套规范源数据的中间格式，这个中间格式具有较大的兼容性和可扩展性。

高精地图数据分发服务主要包括高精度地图编译服务和高精度地图数据服务发布。其中，高精度地图编译服务，就是为了满足不同客户对高精度地图的不同格式要求，利用这种中间格式，提供对高精地图的不同格式的编译，以适应不同的用户需求和平台需求。高精度地图数据服务发布，是将编译后的符合客户需求格式的高精地图，按范围和时机进行推送给路侧和车辆终端的服务过程，保证客户应用的地图为高新鲜度。

3. 高精地图更新

由于高精地图的制作流程、成本、分发方式以及呈现的形态等，与传统电子导航地图有着较大的区别。高精地图对数据更新的实时性要求极高，完全依赖专门的采集车进行高精地图采集，效率低且成本高。高精地图的覆盖范围取决于 OEM 的需求，图商依据 OEM 的需求进行采集生产。目前国内图商的 HDM 范围都只是针对全国的高速和城市快速路等封闭道路，并没有扩展到全部道路；所以提高高精地图的采集和更新速度成为重要课题。众包可以有效提高高高精地图采集效率，但其需要采集公司具有相应的地图采集资质，并依赖于极其强大的数据处理能力。因此高精地图宜采用智慧生产线利用大数据分析、众包数据采集和人工智能等新型制图技术，以满足自主泊车、V2X 及智慧城市等多种场景的高精地图需求。近两年随着高精地图需求不断提高以及技术发展，此现象也在逐步改观。

高精地图的更新，静态环境部分，主要是依赖于静态高精地图、同时结合准动态及动态高精地图作为输入，地图更新不及时会造成用户体验的下降甚至于错误的判断，所以地图更新一直以来都是高精地图的重要部分，更新的频率越高越好，但是考虑到当前的技术水平和成本，季度更新策略最佳，当然月度更新甚至周更新更受欢迎，但是成本也会更高。在更新的时候，可以采用小版本部分更新或者是增量更新的方式，而大版本采用全部更新的策略。对于高精地图里的动态或准动态部分，一般通过车联网以实时或准实时（秒到小时级别）的频率更新。

七、导航/定位技术

车联网是车与车、车与人、车与道路基础设施以及车与网络之间进行无线通信和信息交换的系统网络，是能够实现智能交通管理、智能动态信息服务和车辆智能化控制的一体化网络。

车联网具有技术整合、信息共享、产业融合的特点。车联网将定位技术、传感器技术、通信技术、互联网技术等多种先进技术有机的运用，并由此衍生出诸多增值服务。其中，定位技术是车联网的关键技术之一，是实现车辆安全通行的重要保障。在车联网应用中，不同的应用场景对定位的要求也不同。例如辅助驾驶中对车的定位精度要求在米级，而对于自动驾驶业务，其对定位的精度要求亚米级甚至厘米级。虽然对定位精度要求不同，但定位的连续性是车联网业务安全可靠的必要前提，考虑到环境（遮挡、光线、天气）、成本以及稳定性等因素，单纯采用某一种定位技术并不能满足车联网业务的定位需求。

根据场景以及定位性能的需求不同，车辆定位方案是多种多样的。在大多数的车联网应用场景中，通常需要通过多种技术的融合来实现精准定位，包括 GNSS、无线电（例如蜂窝网、局域网等）、惯性测量单元（IMU）、传感器以及高精度地图。其中，GNSS 或其差分补偿实时动态定位，是最基本的定位方法。考虑到 GNSS 技术在遮挡场景、隧道以及室内的不稳定（或不可用），其应用场景受限于室外环境。基于传感器的定位是车辆定位的另一种常见方法，然而高成本和对环境的敏感性也限制了其应用前景。通常，GNSS 或传感器等单一技术难以满足现实复杂环境中车辆高精度定位的要求，无法保证车联网定位的稳定性。因此会通过其他一些辅助方法例如惯性导航、高精度地图等，以满足高精度定位需求。

（一）辅助北斗快速定位技术

辅助北斗定位技术（A-BDS）可以提高北斗卫星定位系统的性能。通过移动通信运营基站 A-BDS 可以快速地定位，用于支持北斗功能的手机上。在卫星定位信号传播条件较差的环境中，例如在一座城市，卫星定位信号可能会被许多不规则的建筑物、墙壁或树木削弱。在这样的条件下，A-BDS 系统可以通过运营商基站信息来进行快速定位。A-BDS 的基本思想是通过在卫星信号接收效果较好的位置上设置若干参考卫星定位接收机，并利用 A-BDS 服务器通过与终端的交互获得终端的粗位置，然后通过移动网络将该终端需要的星历和时钟等辅助数据发送给终端，由终端进行 BDS 定位测量。测量结束后，终端可自行计算位置结果或者将测量结果发回到 A-BDS 服务器，服务器进行计算并将结果发回给终端。A-BDS 定位方案，与独立的 BDS 技术相比，A-BDS 技术具有定位时间短、耗电量低、灵敏度高等显著优势。

5G 基站将为 A-BDS 注入新的发展动能。5G 具有高速率、低延时、超高密度连接等特点。融合北斗卫星导航技术与 5G 通信带内定位技术，可弥补北斗室内及遮挡条件下定位性能的不足。北斗特有的短报文功能也能通过 5G 技术实现信息的高效传输。

（二）北斗地基增强技术

北斗地基增强旨在建立以北斗为主、兼容其他卫星导航系统的高精度卫星导航服务体系。利用北斗 /GNSS 高精度接收机，通过地面基准站网，利用卫星、移动通信、数字广播等播发手段，在服务区域内提供 1~2 米、分米级和厘米级实时高精度导航定位服务。

为实现北斗卫星导航系统高精度定位、导航和授时服务。2014 年 9 月，我国正式启动北斗地基增强系统的建设工程，推进北斗地基增强系统（又名北斗连续运行参考站系统）"全国一张网"的形成。北斗地基增强系统是一套可以使北斗定位精度达到厘米级的系统。截至 2017 年 1 月，我国已经完成 CORS 项目一期建设，包括 150 个框架网基准站和 1269 个区域加密网基准站。目前，北斗地基增强系统已具备在全国范围内提供实时米级、分米级、厘米级，后处理毫米级高精度定位基本服务能力。系统能力达到国外同类系统技术水平。

到 2018 年 11 月，北斗已建成基准站数量超过 2200 个，成为全球基站数量最多、覆盖范围最广、运行稳定的地基增强系统。该系统具备在全国陆地范围内，提供实时米级、分米级、厘米级和后处理毫米级的高精度定位基本服务能力。

（三）北斗星基增强技术

北斗星基增强系统（BDSBAS）是北斗卫星导航系统的重要组成部分，通过地球静止轨道卫星搭载卫星导航增强信号转发器，可以向用户播发星历误差、卫星钟差、电离层延迟等多种修正信息，实现对于原有卫星导航系统定位精度的改进。按照国际民航标准，我国开展北斗星基增强系统设计、试验与建设。目前，已完成系统实施方案论证，固化了系统在下一代双频多星座（DFMC）SBAS 标准中的技术状态，进一步巩固了 BDSBAS 作为星基增强服务供应商的地位。

星基增强系统与地基增强系统相结合，可形成更高效的卫星导航高精度定位服务网络，构建了国土测绘、海洋勘探、精准农业、灾害监测、无人机以及无人驾驶等专业应用以及汽车导航、移动手机等大众化应用的高精度位置服务基础环境。

（四）北斗短报文技术

短报文功能是北斗特有的、GPS 不具备的一项技术突破。所谓的短报文是指卫星定位终端和北斗卫星或北斗地面服务站之间能够直接通过卫星信号进行双向的信息传递，GPS 只能单向通信功能（终端从卫星接收位置信号）。用户可在没有移动通信信号覆盖的地区，如海洋、沙漠中，发送 120 个字的信息和自己的定位信息。

与定位功能相似，北斗短报文通信的传输时延约 0.5 秒，通信的最高频度是 1 秒 1 次。短报文意味着更加有效的信息传递，比如在普通移动通信信号不能覆盖的情况下（例如地震灾害过后通信基站遭到破坏），北斗终端就可以通过短报文进行紧急通信等。

目前，我国已建成部、省、市（县）3 级平台，推广北斗终端超过 4.5 万台。受灾地区利用北斗短报文功能，可及时上报灾害位置、突发灾害信息及灾区救助信息。各级民政部门通过北斗终端进行救灾物资的查询管理和监控，大幅提升了全国救灾物资管理与调运水平。

2018 年 9 月 19 日，西昌卫星发射中心成功发射北斗三号系统第十三、十四颗组网卫星。在这两颗卫星上，首次装载了国际搜救组织标准设备，将为全球用户提供遇险报警及定位服务。未来，北斗系统将与其他卫星导航系统共同组成全球中轨搜救系统，同时提供反向链路，极大提升搜救能力和效率。如果全球用户在接收美国全球定位系统（GPS）、俄罗斯格洛纳斯卫星导航系统（GLONASS）信号的同时，也接收北斗信号，导航盲区就会大量减少。

车联网主要涉及三大业务应用，包括交通安全、交通效率和信息服务，对于不同业务应用，有不同的定位性能指标需求。目前，目前车联网场景的定位需求主要面临以下三个方面的问题：定位精度及定位范围、通信时延和网络部署。随着 C-V2X 服务从辅助驾驶到自动驾驶的发展，其性能要求从可靠性，时延，移动速度，数据速率，通信范围以及定位精度等方面发生变化。与其他服务不同，定位信息是保证车联网业务安全的基本要素之一。

第二节　车联网产业发展现状

近几年，车联网产业作为未来智慧城市、智慧交通的重要组成部分，产业化进程提速，产业应用不断深化，商业化探索也已开启新的阶段。在此过程中，围绕车联网体系架构搭建逐渐成型，在产业链各个环节部署上都有所提速，产业在不断融合中向前发展。

在智能终端设备层面，车联网相关通信产品渗透率提升，包括通信芯片、通信模组、智能车载终端设备、路侧设备的部署。由于车辆控制对于时延的敏感性需求，除了智能终端以外，网络端产品的部署也是当前产业关注的焦点之一。在靠近数据产生的网络边缘提供数据处理的能力和服务，是推动车联网产业发展的另一重要驱动力；在核心网部署上，随着5G核心网的控制面和用户面彻底分离，用户面功能能够实现下沉和分布式部署，可灵活满足不同类型的车联网应用业务。

在此背景之下，车联网通信安全也被提至重要位置，它为车联网产业的发展保驾护航。目前有关车联网安全的政策不断落地，试点项目已经开展，基于车联网的整体信任支撑体系有待建成，提供结合具体示范项目积极探索跨行业的实体认证和安全信任服务支撑。

值得注意的是，为了保证 C-V2X 产品的互联互通和满足功能、性能等各方面要求，并为 V2X 大规模应用和商用部署做好准备，V2X 全协议栈的测试验证规范和环境建设也至关重要。截至目前，产业测试认证体系不断完善。

此外，高精地图、导航定位等方面的支撑体系的建设也逐步成形。它们是车联网产业发展的重要组成部分，为车联网实现提供了重要的支撑作用。

一、车联网通信产品发展现状

在智能终端设备层面，车联网相关通信产品渗透率提升，包括通信芯片、通信模组、车载终端、路侧设备等产品的部署正如火如荼。此外，在边缘计算和核心网的部署上也已进入新的发展阶段，车联网通信产品的发展已具备较为完备的商用落地条件，产业应用逐步步入正轨。

（一）通信芯片与通信模组

无线通信经过几十年发展，已渗透到工业、汽车、消费等各个领域。从技术上，无线通信的演进非常明确，但是具体到某些特殊领域，对无线通信产品的要求又各不相同，差异涉及成本、体积、处理能力、存储、电磁兼容、功耗等各个方面。在车联网领域，通信芯片和通信模组发挥着不可替代的作用，随着智能网联汽车产业的推进，产业需求不断旺盛。

1. 通信芯片

芯片是智能汽车中核心的数据通信、处理器件。部署于车联网中的智能汽车主要应用包括通信芯片、应用处理芯片、车身电子芯片等。通信芯片主要完成智能汽车通信功能，是车联网的关键支撑芯片。应用处理芯片主要完成数据分析与一般应用数据处理功能，是人工智能应用的主要支撑芯片。车身电子芯片完成汽车动力总成与车身控制等相关功能，是汽车电动化的主要支撑芯片。对于车联网而言，通信芯片至关重要。

一般而言，无线通信芯片具有研发周期长、投入大、难度高特点，为了扩大芯片的适用范围，通信芯片一般不会针对某个特殊领域进行针对性设计，而是仅实现基础的无线通信处理功能。但对于汽车领域而言，专用通信芯片正在成为汽车行业发展的重要组成部分。

传统的车载通信芯片主要是以蜂窝移动通信基带芯片为基础的简单移植。支撑蜂窝车联网通信的车载通信芯片需支持 Uu（蜂窝网络通信）模式和 PC5（直通通信）模式。但整车厂对 C-V2X 芯片除了常规的通信性能等指标要求外，还提出了严苛的车规可靠性指标要求，如 AEC-Q100、ISO26262 等规范定义的产品指标及研发过程质量要求，对 C-V2X 芯片厂商而言，需要从 IP 选型、芯片设计、生产制造等全过程严格遵守车规设计要求。车联网通信芯片在复杂通信芯片设计与车规级芯片设计方面的复合要求，形成了相较传统通信芯片显著提升的研发设计门槛。

当前拥有车规芯片设计能力的主要是国外厂商，国内厂商由于前期缺少积累，正借助 C-V2X 产业发展契机在车规芯片研发上加大投入，迎头赶上，不断提升车载芯片国产化占比。

目前中国信科集团、华为公司，美国高通公司，以色列 Autotalks 针对 C-V2X 通信芯片进行了积极部署。以下是布局情况。

表 2-9　部分代表企业芯片布局情况

芯片厂商	芯片型号	芯片特点
宸芯	CX1860	支持 4G 和 C-V2X，首个支持 LTE-V2X PC5 Mode 4 通信的车载通信芯片
	CX1910	为车载前装量身定做，在通信能力、应用处理能力、车路协同应用场景等方面有很大提升
华为	巴龙 765	支持 LTE Cat.19，峰值下载速率在 FDD 网络环境下达到 1.6Gbit/s，在 TD-LTE 网络下达到 1.16Gbit/s
	巴龙 5000	Balong 5000 是华为的 5G 基带芯片，支持 C-V2X，并做了专项优化

续表

芯片厂商	芯片型号	芯片特点
高通	9150 C-V2X	高通 9150 C-V2X 芯片组基于第三代移动通信合作伙伴计划（3GPP）的 C-V2X 标准，包括运行智能交通系统 V2X 堆栈的应用处理器以及硬件安装模块（HSM）
Autotalks	CRATON2	集成了针对流动性优化的 IEEE802.11p DSRC 和 C-V2X 直接通信（PC5）调制解调器、超低时延的 V2X 硬件安全模块（eHSM）、强大的线速消息验证硬件加速引擎、能运行全部 V2X 中介软件和应用程序的单 / 双核 ARM Cortex A7 处理器以及选装的安全 CAN MCU

2. 通信模组

基于通信芯片，融合必要功能元件形成的通信模组，是汽车感知层和网络层连接的关键环节。

对于主要关注具体应用的整机企业来说，直接采用无线芯片进行设计，技术难度仍过大，例如：①无线通信涉及高频射频前端的设计，射频电路设计涉及各类发射机指标和接收机指标的优化，需要对无线通信标准、芯片的软件/硬件设计有深刻的理解；②无线通信芯片的正常工作，一般需要二次设计与集成，且开发完成后，仍要保证芯片具有较高的可靠性，例如耐高低温、抗震动、EMC 等。即通信芯片产品无法直接满足终端多样化的应用需求，由于技术能力、成本等方面原因，终端厂家亦难以直接采用通信芯片开发产品，因此作为产业链中游的模组厂家应运而生。在车联网领域，专门的模组产品的研发与生产成为重要一环。

近些年，无线通信模组也不断演变。在早期，无线通信模组主要为蜂窝移动通信模组，仅支持车辆监控、影音娱乐、车身远程控制、OTA 等，但随着智能网联汽车产业的发展，C-V2X 直连通信技术成熟，具备 C-V2X 直连通信功能的模组获得了发展。

（1）通信模组产品构成与功能

从产品角度，C-V2X 通信模组的基本组成如图 2-21 所示，其中，通信处理器，负责无线通信的基带处理，取决于具体的功能定义，通信处理器支持的制式可能包括 LTE-V2X PC5、LTE Uu（4G）、NR Uu（5G）等；RF 收发信机用于完成射频信号的调制/解调；射频前端则负责完成射频信号的放大与滤波等。同样取决于具体的功能定义，C-V2X 通信模组支持的天线数各不相同，一般而言，LTE-V2X PC5 需要 2 个天线连接口、LTE Uu 需要 2 个天线连接口、NR Uu 需要 4 个天线连接口。应用处理器负责应用相关的处理，具体实现的功能取决于产品定义以及设计的处理能力。由于对于车联网应用，位置至关重要，因此，部分 C-V2X 通信模组会内置 GNSS，以提供定位和定时功能。

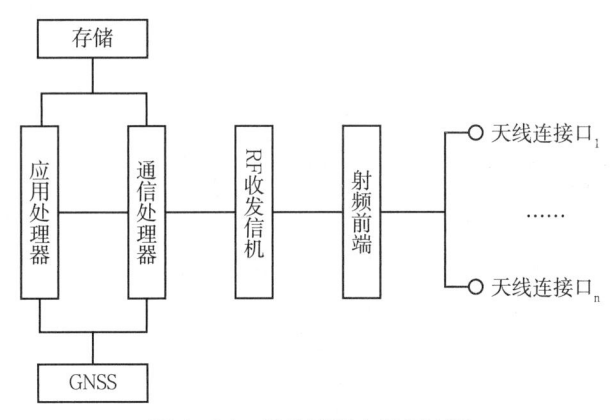

图 2-21 通信模组产品架构图

在功能表现上，随着 C-V2X 产业发展，车路协同技术对辅助驾驶和自动驾驶无法替代的作用已经得到业界普遍认可。在近几年的持续研发和验证下，具备 C-V2X 直连通信功能的模组实现了量产，并在前装 OBU、后装 OBU、路侧 RSU 中得到中小规模应用，车联网也从单一的 V2N 功能，扩展到 V2V 和 V2I，即 V2X。

无线通信技术在汽车和交通行业的应用，也从仅满足娱乐和监控的回传链路，扩展到驾驶安全和交通效率的提升，赋能辅助驾驶、自动驾驶和智慧交通。

具体而言，C-V2X 通信模组实现的功能如图 2-22 所示，最基础的功能级为无线通信相关处理，并提供相应的管理功能，例如参数配置、日志、故障管理等。取决于应用处理器的配置，应用处理器强大的模组，还可以提供 C-V2X 协议栈处理（包括适配层、网络层、信息安全、消息层）和 C-V2X 应用（涉及 CSAE 定义的第一阶段应用和第二阶段应用）的处理。

作为车联网应用的模组，除了满足业务方面的功能、性能要求外，在可靠性方面，还必须达到车规级要求。相关指标涉及环境适应性、机械适应性、电气适应性及电磁兼容/静电保护等各个方面。业内较为关注的典型的指标包括寿命（一般为 10 年）、工作温度范围（至少满足 $-40℃ \sim 85℃$）等。

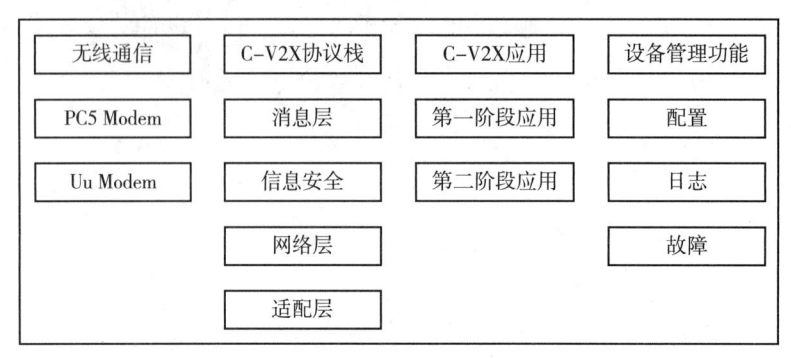

```
┌─────────────┐  ┌─────────────┐  ┌─────────────┐  ┌─────────────┐
│  无线通信   │  │ C-V2X协议栈 │  │  C-V2X应用  │  │设备管理功能 │
└─────────────┘  └─────────────┘  └─────────────┘  └─────────────┘
┌─────────────┐  ┌─────────────┐  ┌─────────────┐  ┌─────────────┐
│  PC5 Modem  │  │   消息层    │  │第一阶段应用 │  │    配置     │
└─────────────┘  └─────────────┘  └─────────────┘  └─────────────┘
┌─────────────┐  ┌─────────────┐  ┌─────────────┐  ┌─────────────┐
│  Uu Modem   │  │  信息安全   │  │第二阶段应用 │  │    日志     │
└─────────────┘  └─────────────┘  └─────────────┘  └─────────────┘
                 ┌─────────────┐                   ┌─────────────┐
                 │   网络层    │                   │    故障     │
                 └─────────────┘                   └─────────────┘
                 ┌─────────────┐
                 │   适配层    │
                 └─────────────┘
```

图 2-22 通信模组功能模块构成图

（2）通信模组市场格局

若按照产业链划分，汽车无线通信模组可以分拆为上中下游。上游主要是基带芯片供应商，中游是通信模组集成厂商，下游则是主机厂。目前，整个市场的竞争主要集中于中游环节的集成服务。

自从 2018 年，中国智能网联汽车创新联盟、上海国际汽车城（集团）有限公司、IMT-2020 推进组 C-V2X 工作组，在上海共同策划了"三跨"互联互通测试，C-V2X 通信模组得到了长足发展，包括华为、高鸿智联、移远、高新兴等业界领先的厂家，皆基于华为、大唐宸芯、高通等公司的通信芯片，设计了车规级模组，并实现了量产，具体参照表 2-10。

表 2-10 部分代表企业通信模组产品布局情况

公司	产品型号
移远通信	AG55xQ/AG52xR/AG15
高鸿智联	DMD3A
广和通	SC161/AX168
华为	MH5000
中兴	ZM9200/ZM8350
芯讯通	SIM8100

除了实现基本的 C-V2X 通信外，基于使用的基础芯片、对产业的理解、各自的特长，各公司对 C-V2X 通信模组亦进行了有差异的定义，主要体现在两个方面。①集成的通信制式不同：直通通信（PC5）单模模组，更适合 ADAS 或者自动驾驶控制器与

T-Box 分离式设计的应用；直通通信（PC5）与蜂窝通信（Uu）双模模组，更适合在 T-Box 上扩展 C-V2X 功能作为通信域控制器的场景。②集成的处理器类型不同：预置应用处理器的模组，可以依靠单颗模组完成 C-ITS 协议栈和应用场景的处理；仅集成无线通信调制解调器的模组，则可以更灵活的根据需求选择应用处理器型号。

以上述两方面因素为依据，典型 C-V2X 通信模组类型如表 2-11 所示。各种类型的产品中，C-V2X PC5 单模与 C-V2X PC5 + LTE Uu 双模模组的成熟度高，未来随着 5G 技术推广，产品还将在应用上获得进一步发展。

表 2-11　典型 C-V2X 通信模组类型

处理器＼通信制式	C-V2X PC5 单模	C-V2X PC5 + LTE Uu 双模	C-V2X PC5 + NR Uu 双模
强应用处理器	高鸿智联 DMD3A	/	华为 MH5000
弱应用处理器	移远 AG15	移远 AG52xR	移远 AG55xQ

从竞争态势来看，由于通信模组市场存在较高的进入门槛，主要表现为：技术/产品要求高、车规级认证难度大且周期较长、需要强大营销网络、建立车厂稳定合作以及先发卡位/规模优势等。所以，整个市场的竞争已经相对集中，市场内一些主要模组厂家正在通过价格优势扩张市场份额。

对比国内外企业发展优势，国产模组厂商纷纷推出了对应的 V2X 模组，在车规级模组产品上均有所布局。在国产替代浪潮之下，中国模组厂商正在凭借产业链集群效应/工程师红利/生产制造人口红利/规模效益带来的成本优势脱颖而出，未来整个产业有望表现出强者愈强的趋势。

（3）通信模组产品应用与推广

随着车联网的发展，基于 LTE-V2X 的通信技术的设备已经具备了量产的基础，相关通信模组获得率先发展，能够支持车载终端及路侧设备的部署。

自 2020 年，前装 C-V2X 通信产品的车型开始陆续推出市场，多家车企已积极布局具备 C-V2X 技术的智能网联汽车。部分 C-V2X 量产车型落地情况如表 2-12 所示。

表 2-12　部分 C-V2X 量产车型落地情况

车企	型号	发布时间
一汽	红旗 E-HS9	2020/12/4
上汽通用	别克 GL8 Avenir	2020/12/10

续表

车企	型号	发布时间
上汽 R	MARVEL R	2021/2/7
奥迪	A7L A6L	2021/9/26
广汽	Aion V	2020/12/25
福特	全新探险者	2020/12/22
	锐界 PLUS	2020/12/22
蔚来	ET7	2021/4
长城汽车	WEY 摩卡	2021/1/15
华人运通	高合 HiPhi X	2021/3/30
北汽蓝谷	极狐阿尔法 S Hi 版	2021/4/17

此外，从产业落地可能性来看，随着出货量的增加，C-V2X 通信产品的价格也出现了大幅下降，每制式的价格，皆降低至百元级。

因此，从技术、产品、成本等各个维度，C-V2X 通信模组都已经做好了支撑车联网产业规范化发展的准备。

（二）车载终端（OBU）

车载终端是安装在车辆上实现 V2X 通信的硬件设备，可实现和其他车辆的 OBU、行人 RSU 和 V2X 平台之间的通信。当车辆搭载 OBU 设备后，基于 V2X 协议与其他车辆进行交互及通信，保障车辆行驶安全。OBU 还与 RSU、云平台通信，获取路侧融合感知的信息、云平台协同信息等，最终实现人、车、路、云协同管理。

1. OBU 产品构成与功能

OBU 在硬件构成上，对应的功能模块如图 2-24 所示。主要包括运算单元、存储单元、加密单元、主通信单元、GNSS 单元及其他单元。对应的功能模块如图 2-24 所示。在通信能力上，它包括 LTE-V2X/NR-V2X 通信芯片和模块，4G/5G 蜂窝通信芯片和模块。

软件部分主要由平台软件、设备操作维护模块、V2X 协议层软件模块、V2X 应用软件模块组成。其中平台软件部分包括嵌入式操作系统等，实现设备的启动与硬件驱动管理；操作维护模块实现对设备的升级、故障监控与日志管理；V2X 协议软件模块实现接入层、网络层、安全层、消息层等协议；V2X 应用软件实现安全、效率、信息

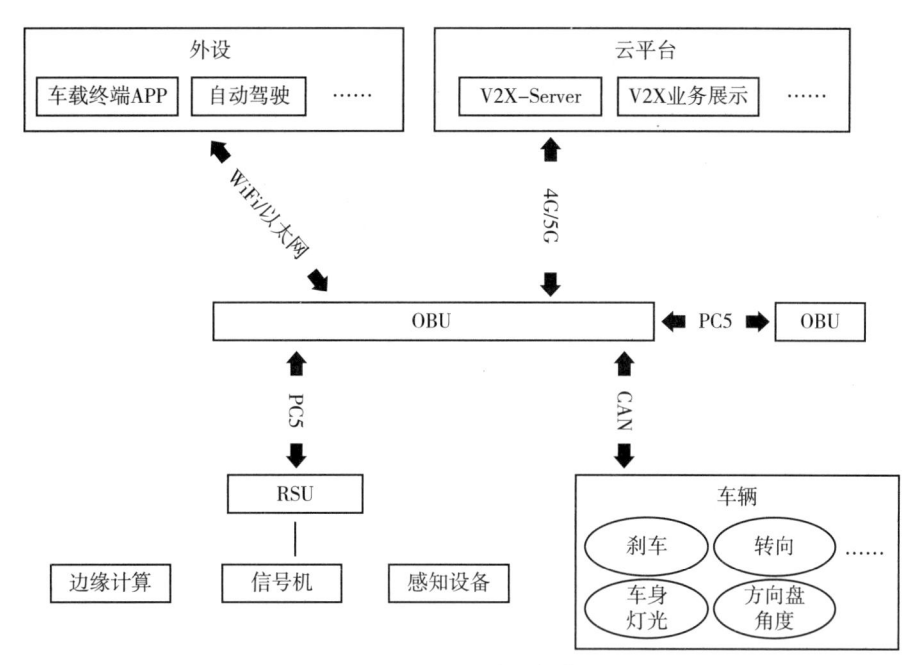

图 2-23 OBU 产品架构图

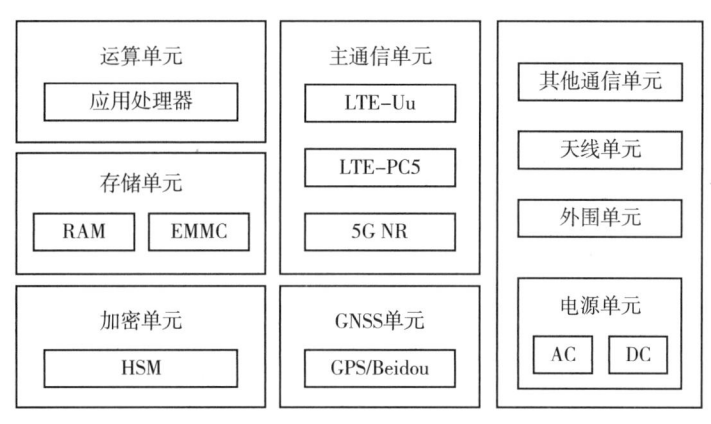

图 2-24 OBU 硬件架构

服务等各类应用。

OBU 通过直通通信（LTE-V2X PC5），提供车辆与车辆、车辆与路侧设施、车辆与行人的通信通路；通过蜂窝通信（LTE-Uu 接口）提供车辆与云平台的通信通路。为了实现车辆的智能网联，除车载通信单元（V2X/Uu 协议）外，OBU 还提供安全决策和告警提示的安全应用。OBU 设备及状态信息、事件信息等可通过 4G 网络回传到数据中心服务器，实现对设备数据的远程监控以及其他应用做数据支撑。

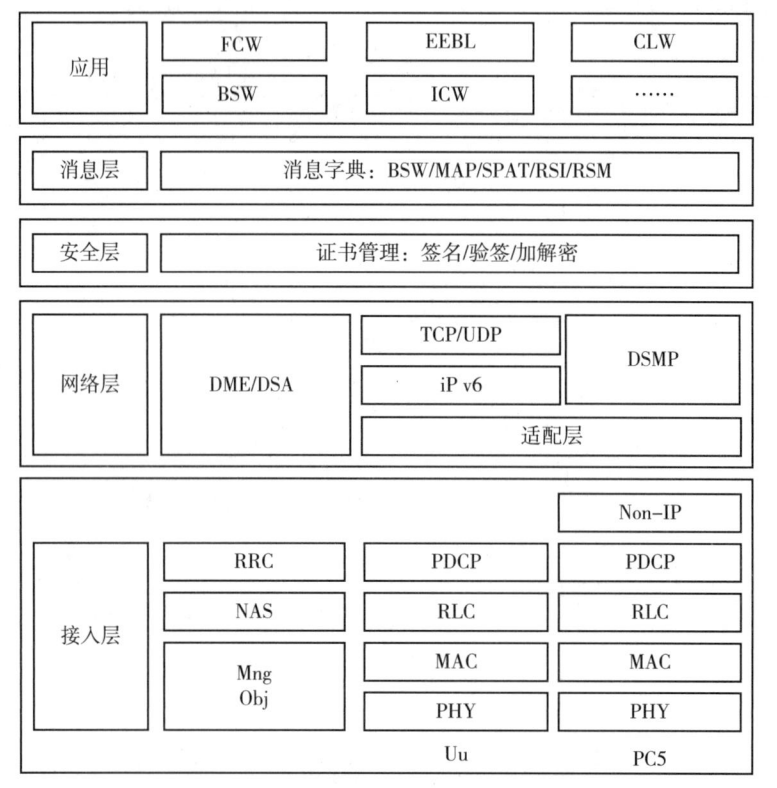

应用	FCW	EEBL	CLW
	BSW	ICW	……

消息层	消息字典：BSW/MAP/SPAT/RSI/RSM

安全层	证书管理：签名/验签/加解密

网络层	DME/DSA	TCP/UDP	DSMP
		iP v6	
		适配层	

接入层	RRC	PDCP	Non-IP
	NAS	RLC	PDCP
	Mng Obj	MAC	RLC
		PHY	MAC
			PHY
		Uu	PC5

图 2-25　OBU 协议软件模块架构图[1, 4]

总体而言，OBU 支持的功能主要包括：支持蜂窝网络通信、支持 V2X 通信、支持国内标准的 V2X 网络层传输协议、支持中国汽车工程学会 V2X 应用层消息集（T/CSAE-53 2020）、支持车载端应用（Day1、Day2）。

目前的 LTE-V2X OBU 主要做消息展示与提醒，对应前装和后装有不同的产品形态。在前装上，C-V2X 功能可集成至 T-BOX，消息显示与提醒可放置液晶仪表盘或中控显示屏。目前，有些厂商将设备安装在 C 柱后排座椅下方，天线部署在鲨鱼鳍内。在后装上，除了已有的产品形态，如智能后视镜、手机支架类的产品形态也日益涌现。

2. OBU 产品应用与推广

截至目前，OBU 产品形态相对成熟，大多数产品能够实现多模式交互，支持多种通信方式，支持驾驶安全、行车效率、信息服务等数十种 V2V、V2I、V2P 和 V2N 应用。且能够较好适应车载环境，时延、正常环境丢包率和错包率满足相应应用要求。

基于成熟的产品形态，OBU 产品逐步实现商用落地。在车联网产业整体推进下，

C-V2X 前装与后装形成两条并行路线，得到产业界人士拥护。在前装层面，多家设备厂商已经推出了适用于前装的 OBU 产品解决方案，适配于车厂需求，产品落地量产正在稳步推进中；在后装层面，OBU 产品在乘用车及商用车领域逐步得到应用，进入小批量发展阶段。如高鸿智联在智慧公交、智慧高速、智慧园区、智慧物流、矿区和港口等方面，协助多家合作伙伴实现 C-V2X 功能需求，提供了多种定制化解决方案。

3. OBU 产业格局

目前，国内主要 C-V2X 车载终端设备提供商主要有千方科技、高鸿智联、万集科技、金溢科技等。在智能网联示范区内，该产品已经得到测试验证，充分证明了产品在 C-V2X 方面技术可行性。

表 2-13 主要厂家 OBU 产品布局情况

厂商名称	OBU 产品 型号	通信模式
高鸿智联	VU4004 VU4005 VU4105 VU4105 增强	蜂窝 +LTE-V2X PC5
千方科技	QF-VX2000B QF-VX2000D	LTE-V2X PC5
万集科技	WV2X-L923	LTE-V2X PC5
金溢科技	CB-LS20B CB-LY15	蜂窝 +LTE-V2X PC5
星云互联	V-BOX-II V-BOX	蜂窝 +LTE-V2X PC5
东软睿驰	C-BOX	蜂窝 +LTE-V2X PC5
高新兴	GTX70	蜂窝 +LTE-V2X PC5
华为	5201	蜂窝 +LTE-V2X PC5
希迪智驾	OBU 2.0	蜂窝 +LTE-V2X PC5
华砺智行	MOCAR V-Classic OBE	蜂窝 +LTE-V2X PC5
海康智联	5G-OBU	蜂窝 +LTE-V2X PC5
中兴通讯	Y9000	蜂窝 +LTE-V2X PC5

截至目前，OBU 各厂商之间的竞争已经初步展开，各家企业纷纷围绕自身在技术、产品、应用方面的能力展开了角逐。比如，高鸿智联凭借其在通信领域的强大背

景,在产品方面表现出了一定的优势;千方科技在产业应用层面布局较为广泛。

但目前在 OBU 市场竞争格局中,受制于产品价格、安装、功能触发机制等难题,OBU 产品在前装与后装方面面临一定阻碍,产品商业体系有待进一步完善。为解决上述难题,行业内多家企业正在开展多种商业形式探索。在前装方面,加快与车厂合作。在后装方面,积极探讨技术融合,丰富产品形态与功能应用。比如,目前多家企业正在研究 V2X 与 ETC、T-box 的融合发展路线,探讨产品在技术集成上的发展思路。

(三)路侧设备(RSU)

路侧设备是智能网联路侧基础设施的核心设备。RSU 通过直通通信(PC5 接口)与车载终端等设备通信,通过蜂窝通信(Uu 接口)连接云端的 V2X 云服务平台。

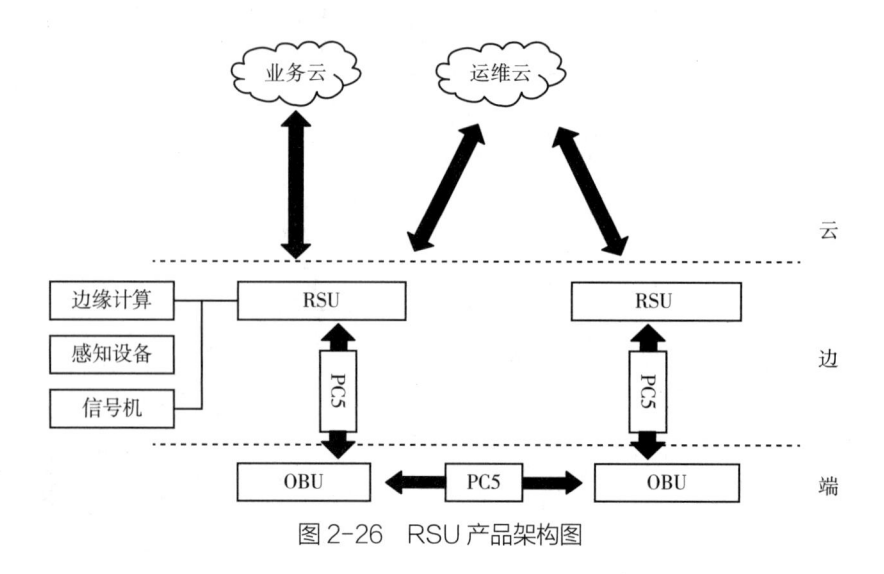

图 2-26 RSU 产品架构图

1. RSU 产品构成与功能

RSU 硬件架构可参考 OBU 硬件架构(图 2-24)。

RSU 主要由 V2X 模组、Uu 通信模组、GNSS 模组、安全芯片等组成。GNSS 模组使得 RSU 可以通过北斗等系统获取时钟同步信号,高精度的时钟同步是直通通信(PC5)口通信的基础。通过 Uu 模组,RSU 可以接入运营商 4G 或者 5G 网络,与 V2X 云协同中心连接,RSU 接收云协同中心的业务配置,并将路侧信息及时上传云协同中心。路侧设备通过搭载基于商用密码的安全芯片、软件模块等组件,实现安全凭证管理和数据处理功能。根据所采用的 V2X 模组不同,有的 RSU 还有单独的应用处理器,应用处理器主要实现应用层相关功能。

RSU 软件部分主要由平台软件、设备操作维护模块、V2X 协议层软件模块、V2X

应用软件模块组成。其中平台软件部分包括嵌入式操作系统等，实现设备的启动与硬件驱动管理；操作维护模块实现对设备的升级、故障监控与日志管理；V2X 协议软件模块实现接入层、网络层、安全层、消息层等协议；V2X 应用软件实现安全、效率、信息服务等各类应用。RSU V2X 协议软件模块可参考 OBU 协议软件模块架构图（图 2-25）。

RSU 作为路侧基础设施的核心设备，通常和感知设备、路侧计算设施（MEC）相连。路侧感知设备与路侧计算设备实时感知道路事件，将结构化数据发送给 RSU。RSU 通过直通通信（PC5）口发送给 OBU，通过路侧感知和 V2X 通信，让车辆具备了自身感知所不具备的上帝视角，可以更好的实现安全类应用，提高辅助驾驶或者自动驾驶的安全性。

截至目前，大多数 RSU 产品集 C-V2X PC5、4G/5G、GNSS、安全加密、多维数据采集与融合、数据解析与决策等多种功能于一身。但在数据解析与决策方面各类产品表现各异，因处于应用早期，所以仍然需要不断在落地中完善功能属性。

区别于 OBU 产品，RSU 在工作性能，包括故障时间、电源性能、射频性能、温度湿度、可靠性方面更为严格。目前，大多数产品均已能满足商用能力，RSU 产品基本能够满足 C-V2X 组网以及互联互通需求。

为了匹配功能需求，目前主流产品均支持二次开发、应用集成等定制化需求。此外，在技术规范性发展上，RSU 产品技术规范正不断确立，产品标准体系不断完善。

2. RSU 产品应用与推广

随着车联网技术的发展成熟，RSU 基础设施建设已经被提至发展日程。在技术规范层面，各行业标准组织针对技术规范、设备规范以及测试规范等，已经推出了相关的行业 / 团体标准。C-V2X 路侧设备，已经有《TCSAE 159-2020 基于 LTE 的车联网无线通信技术 直连通信系统路侧单元技术要求》《基于 LTE 的车联网无线通信技术 支持直连通信的路侧设备技术要求》等一系列标准定义，给 RSU 的实现提供了明确的技术要求和测试方法。

在验证产品与技术方面，多厂家、多款产品先后参与了三跨、四跨等互联互通测试以及大规模测试活动，证明了 RSU 与 OBU 的互联互通功能能够满足标准的定义，RSU 已经具备商用落地条件。

截至目前，支持蜂窝车联网的 RSU 已经进入初步部署阶段。目前，RSU 的部署正在围绕关键路口和重点路段展开。①关键路口：城市关键路口是交通状况较为混乱且事故多发的场景,通常行人、非机动车、机动车混行,车辆在通行时需要注意周边情况。在此场景下推进 V2X 应用,利用道路感知设备"天眼"的特性,监控路口情况并及时告知通行车辆,提升 V2X 应用效果。②危险路段:盲区较大的危险路段(如盘山路)一般视野较差,易发生严重交通事故。在此种危险路段和盲区较大的路段,一些相关改造已经开始。

此外,智能网联示范区的建设也不断实现进一步发展。截至目前,已经有多个项目正在进行 RSU 的规模化部署,如长沙、广州等多个智能网联项目等,部署规模均超过 100 台,在网运行周期也已经接近 3 年。

3. RSU 产业格局

截至目前,围绕 RSU 产品进行深度布局的企业梯队已经明显形成。其中,无论是互联网企业,还是通信企业、主机厂等已经纷纷入局。最具代表性的企业包括高鸿智联、华为、千方科技、希迪智驾、华砺智行、星云互联、万集科技等众多设备商,均推出了自主研发的 RSU 产品,并已投入实际应用。

表 2-14 主要厂家 RSU 产品布局情况

企业	型号	通信模式
高鸿智联	DTVL3110E DTVL5000E	4G/5G+(LTE-V2X)PC5
华为	RSU6201	4G+(LTE-V2X)PC5
百度	CIT-R100AS	4G/5G+(LTE-V2X)PC5
千方科技	QF-VX1000	3G/4G/5G+(LTE-V2X)PC5
金溢科技	LB-LD10	4G+(LTE-V2X)PC5
希迪智驾	CIDI RSU 2.0	4G/5G+(LTE-V2X)PC5
星云互联	T-STATION	4G/5G+(LTE-V2X)PC5
万集科技	WVR-9100 WVR-9110	(LTE-V2X)PC5
高新兴	ZLITS7900B1	4G/5G+(LTE-V2X)PC5
海康智联	5G-RSU	5G
中兴通讯	Y-2001	4G/5G+(LTE-V2X)PC5
华砺智行	HUALI RSU	4G/5G+(LTE-V2X)PC5

在商业形态组成上,目前可大致分为三种形式:①直接与地方政府或相关交通部

门合作，申请智能网联、智慧公路项目，提供产品及解决方案服务；②与示范区牵头企业达成合作意向，向其输出 RSU 系列产品；③与车企达成合作，提供相关产品服务等。

当前，C-V2X 路侧设备覆盖率提升，已经在政府推动交通基础设施数字化升级中实现了一定发展。随着新型商业模式探索，以合作模式推进共同建设形式也处于探讨中，产品落地进程不断加快。

（四）移动边缘计算

1. 边缘计算产品功能

由于车辆控制对于时延的敏感性需求，车联网产业的发展除了终端以外，网络端产品的部署也是当前产业关注的焦点之一。

边缘计算设备是指在靠近物或数据源头的网络边缘侧，融合网络、计算、存储、应用核心能力的开放平台。针对车联网应用的需求，在靠近数据产生的网络边缘部署边缘计算设备，对车联网终端和感知设备终端采集到的各种各样的信息进行实时分析和决策，以满足行业数字化在敏捷连接、实时业务、数据优化、应用智能、安全与隐私保护等相关方面的关键需求。

在产品架构方面，边缘计算产品提供"即插即用"的边缘一体化机柜资源，考虑到边缘计算产品通常部署在路侧等室外环境内，需要适应网络接入机房的恶劣环境，提高防护等级。边缘计算还需要面向客户提供网络分流、云 IaaS 及按需的各类增值、应用服务，满足客户物理隔离、数据本地卸载的高安全、低时延及多样化的应用需求。MEC 平台基于容器化、云原生态架构进行构建，能够实现数据的本地分流与计算、流量规则设置、服务注册等相关功能，从而进一步服务于车联网的相关应用。

在车联网的应用场景中，通过边缘计算设备部署及其与 C-V2X 的融合，可以对端到端的通信能力提供增强，也可以对各种应用场景提供辅助计算、数据存储等支持。边缘计算具备网络信息开放、低时延高性能、本地服务等特性。不同的车联网应用场景需要某一方面的能力，同一个场景也可以通过边缘计算与不同通信技术结合的组合来实现。

2. 边缘计算产业格局

目前，国内运营商、云服务提供商和设备商都在车联网的边缘计算领域布局相应的产品。

国内运营商（如中国移动、中国联通和中国电信等）都在与行业客户积极合作，通过建设示范性的实验环境，提供基于车联网应用的定制化解决方案，包括：成立边缘计算开放实验室，建立边缘计算设备的测试节点，面向边缘云计算、能力开放 API 部署相应车联网应用。

云服务公司（如腾讯、阿里等）基于本身具备的云计算能力，可以为车联网的数据流提供算力的支持，进一步渗透市场的占有量。

系统设备商（如华为、中兴、大唐等）正在积极研发边缘计算设备，结合厂商可以提供的车联网终端设备和感知设备，提供就近数据处理和融合的算力支持，以及提供对于车辆驾驶和建议的决策。各个厂商对于边缘计算的算力以及能力开发功能有差异，在基于 AI 的感知数据的处理方面，边缘计算产品的表现各不相同。

3. 边缘计算产品应用

在具体车联网应用中，通过在靠近终端位置部署边缘计算服务器与平台，可以显著提高业务质量、降低业务时延、提升道路安全性。

对于 V2V 或者 V2I 的信息转发、车辆与车辆之间的传感器共享、高精地图的下载更新与分发等业务，可以通过部署边缘计算产品与服务来满足车联网业务高可靠性、低时延的需求。

通过在边缘计算设备上部署数据融合分析软件，对感知设备收集到的信息进行低时延视频分析，提取相关特征进行数据匹配，识别路边行人、机动车、自行车及其动作，对交通参与者进行跟踪和道路安全预警。

利用边缘计算的存储和计算能力，可以对视频流进行实时的分析和处理，也可以引导在边缘计算覆盖范围内的区域整体交通态势的调整，进行全时空交通数据的整合与分析，对路口进行大范围协同调度。

（五）5G 核心网设备

为了向车联网应用提供更好的用户体验和定制化服务，移动通信系统的核心网也需要不断地适应车联网应用的不同需求。其中网络切片技术是业务应用热点研究方向。

1. 核心网产品功能

5G 网络具备 10Gbits/s 的峰值速率、低于 1ms 的空口传输时延以及每平方千米百万级别的连接能力，为车联网业务尤其是自动驾驶的发展奠定了坚实基础，成为经济社会数字化转型的重要支撑。

新一代 5G 核心网从以点到点的信令控制为主、各种业务紧密耦合、封闭的独立硬件设备体系，逐步演变成基于微服务架构的软件化功能形态。核心网借鉴 IT 领域中的微服务和服务化架构的成功理念，通过模块化实现了网络功能之间的成功解耦，它将网元功能分解成多个相对独立的功能模块，5G 核心网的控制面和用户面彻底分离，使得用户面实现功能下沉和分布式部署，可灵活满足不同类型的车联网应用业务。

不同类型的车联网应用对网络功能、系统性能、安全性、用户体验、服务质量、时延、带宽等提出了不同的要求。核心网作为移动通信网络重要的控制枢纽，如果按照统一的标准进行基础网络传输，网络控制系统会变得非常复杂和难以控制，并且会增大网络的相关维护费用和复杂的控制流程，这对于核心网的负荷也是非常庞大的。如果针对不同的车联网应用需求提供专有网络，固然可以保障应用服务的可靠性、安全性和鲁棒性，但是基于成本控制的因素考虑，绝大多数业务是不会选择用专有网络进行部署和维护。

保障网络针对不同业务性能需求的服务等级是 5G 核心网自治的重点方向。为了支撑自动驾驶网络以及车联网的应用，核心网需要具备以下能力：

1）增强型运维管理：面对 5G 网络多种接入方式、多种制式，网络功能虚拟化跨层故障定位、行业应用差异化服务等特性，需要运用增强型运维管理，利用人工智能技术建立实时的预防性、主动性运维机制，提升用户的业务体验。

2）敏捷业务支撑：网络支持多种车联网业务类型，按照不同的业务类型需求进行网络切片的快速发布和边缘计算节点的快速布局。

3）自学习 AI 应用：AI 作为车联网业务功能不可或缺的一部分，需要网络支持系统化，不断演进的 AI 框架，最终实现网络的泛在智能。

4）网络资产自治管理：在车联网业务应用需要紧急干预的前提下，支持人对网络资产的统一运维管理能力。

2. 核心网产品现状

5G 核心网基于服务化架构提供更泛在的接入，采用更加灵活的控制和转发，将用户面与控制面分离，用户面负责传输数据包，控制面负责处理会话连接的建立和断开。这种控制面与用户面分离的架构，允许分别增强控制面功能和用户面功能，更重要的是，可以将用户面下沉到离用户更近的地方，从而大幅降低车联网应用的网络时延。

根据不同车联网业务类型对 QoS 的不同要求，通过对车联网业务的精准分析，结合本地 5G 网络其他应用的负荷程度，对网络进行针对性的切片管理，从而保证服务质量并达到对网络资源最大化的利用。

核心网的切片需要具备快速部署的能力，以及部署后快速开通的特性。而且网络的负荷是随着车联网业务的部署程度而不断变化的，随着车联网应用越来越普及，网络运营商需要完善和优化网络资源不断满足车联网用户的需求。

基于 2020 年 6 月份冻结的 R16 相关的标准（TS22.283 网络切片角色模型的研究），国内三大运营商对于核心网切片的支持已经提到商用的日程上。由于标准中关于车联网和网络切片技术的最新发布内容到实际网络设备供货商及运营商的业务实现，需要具备完善的供应链和业务的开发实现，目前还没有比较成熟的商业产品出现在市场上。

二、车联网安全产业发展现状

车联网安全是车联网产业发展的关键要素。车联网部署运营中产生大量的数据信息，含有行车安全数据、隐私信息等。这些数据信息的通信、储存、处理、转发等环节的安全是车联网安全的重要内容。

在 2020 年中国汽车产业发展（泰达）国际论坛上，工信部指出，发现整车企业车联网信息服务提供商等相关企业和平台的恶意攻击，达到 280 余万次，平台的漏洞、通信的劫持、隐私泄露等风险十分严重，危害更加严峻。

同时，从车联网企业看，产业链相关企业，特别是传统车企，网络安全意识不强，防护能力不足，安全投入不够。其中，85% 的关键部件存在着安全漏洞，80% 以上的车联网平台和 App 存在缺乏身份鉴别、数据明文重组等隐患，近六成企业缺乏自动化的网络安全监测响应能力。

攻击者通过"不安全的生态接口"可以对云平台数据库进行非法访问，对车辆信息、车主信息等敏感数据进行窃取。进一步通过远程入侵服务器，登录到车联网服务云平台，实现对车辆的远程控制，严重影响驾驶员的行车安全，甚至生命财产安全。

车联网安全芯片、车联网云平台和车联网数据安全是车联网安全产业的重要组成部分。

（一）车联网安全芯片现状

当前车联网安全防护较多依赖软件化方式，基于安全芯片的基础性防护能力亟待提升。

首先是密钥易泄露、固件易篡改。主控芯片虽然处理能力不断提升，自身的软硬件防护能力却很弱，芯片运行的固件和存储的数据也很容易受到攻击，发生固件篡改、密钥泄露。而密码技术的核心在于密钥管理，一旦密钥泄露，或者通过篡改软件能随意的使用密钥，那么密码技术也就形同虚设了。主要的密钥保护技术有白盒技术、可信执行环境（TEE）密钥保护、安全芯片等，安全等级依次增强：车载设备的主控在采用 MCU 来实现的情况下，白盒技术、TEE 密钥保护因为需要占用大量资源难以部署；资源足以采用白盒技术、TEE 密钥保护的车载设备上，因为设备的复杂性容易受到更多的攻击，需要更高的安全性。因此随着车联网的发展，需要安全芯片和安全固件来保障密码技术在车联网行业的安全应用。

其次是密码技术影响业务的性能要求。车联网与 PC 和手机时代不同，后者还是信息层面的安全，而涉及车联网问题可能是车上乘客的生命安全。在高速移动的车联网环境中，其所处网络拓扑结构也随车辆位置不断变化。如何在平衡性能、功耗、成本的条件下，实现多场景的安全应用和高效密码算法，同样是具有挑战性的问题。这需要将更多的信息安全基于安全芯片的能力来实现，提升车联网中安全计算的性能，满足信息安全和功能安全两者的要求。

车联网安全芯片应具备防物理攻击、侧信道攻击、故障注入攻击、侵入式攻击等多种攻击手段的能力，提供一个封闭环境，以避免开放环境中的病毒攻击、植入木马攻击手段，从内部攻击无法实现，为敏感数据提供安全处理环境、安全存储环境。

通过车联网安全芯片内部进行完整性保护、数据加密，解决了数据的完整性以及安全性问题。数据安全存储在安全芯片中，通过安全的软硬件设计，不可篡改，可以承载安全证书、算法和密钥，解决数据的隐私性问题。

在芯片内操作系统方面，车联网安全芯片内的 COS 应有专项设计的车联网安全信息管理功能，实现对存储信息的严格管理。针对密钥信息应实现完整的生命周期管理，信息有读写使用的权限要求，只有满足权限要求后方可使用，尤其是私钥信息，不可被外部读取，只有符合访问权限的使用者获取了权限之后，才能在安全芯片内部使用。COS 内提供加解密、签名验签的功能，由此在适当的监管和密钥分发机制的保证下，能够防御外部攻击，保证访问者的合法性，数据加密性、不可抵赖性和不可篡改性。

在安全算法方面，车联网安全芯片应内嵌算法模块，作为算法协处理器完成身份认证以及数据加解密。

车联网安全芯片与传统的安全芯片相比，复杂度提升，针对车联网通信与信息安全的专项优化工作较多。从而在现实上造成车联网安全芯片仍存在较高门槛。国外厂商，如 NXP，在车身电子的安全芯片领域占有率较高，安全防护能力领先。国内方面，当前主要的车联网安全芯片厂商与产品型号如表 2-15 所示。

表 2-15　主要车联网安全芯片厂商与产品型号

厂家	芯片产品型号
信大捷安	XDSM3275 XDSM3276
芯钛	TTM20 TTM2000
国芯	CCM3310S-T/CCM3310S-H CCMP903T-L
华大	IS32U512B
大唐微电子	DMT-FAC-CG4Q2 DMT-TCP-VH1Q
紫光	THD89

（二）车联网云平台安全现状

车联网平台是提供车辆管理与信息服务的云端平台，负责车辆及相关设备信息的汇聚、计算、监控和管理，提供智能交通管控、远程诊断、电子呼叫中心、道理救援等车辆管理服务，以及天气预报、信息资讯等内容服务。

由于车联网平台大多是基于云计算技术的，因此云计算本身的安全问题会被引入到平台中。此外，平台也需要接入互联网，那么互联网相关的安全问题也需要关注；平台主机也需要运行操作系统，操作系统本身的漏洞带来的安全问题，平台也必须兼顾。

云计算大量使用虚拟资源，具有资源界面不确定、动态数据流等特性，相对于传统信息安全，云计算新的安全威胁主要来自硬件资源、软件资源、基础资源的集中，针对这些庞大的资源无法实现有效保护。例如，云平台使云上用户的重要数据和业务应用都处于云服务提供商或运营建设方的云平台环境中，云服务提供商如何实施严格安全管理和访问控制措施，避免内部员工或者其他使用云服务的用户、入侵者等对云内数据的窃取及滥用的安全风险。如何实施有效的安全审计、对数据的操作进行安全监控，以及开放环境中如何保证数据连续性，业务不中断等，这些都是需要重点考虑的问题。

在传统的信息服务平台中,安全管理主要负责监视和记录系统中的服务器、网络设备以及所有应用系统的安全状况。和传统平台相比,云安全管理需要进行的监管范围更大,所需要的监管力度也更强,它需要负责监视和记录云平台中重要的服务器、网络设备及所有应用的安全情况,也需要对所涉及的计算机、网络以及应用系统的安全机制实施统一管理、统一监控、协同防护,从而发挥安全机制的整体作用。

目前国内的大部分云平台都具备安全管理和安全防护能力,例如中国移动的云安全中心可以提供统一的资产安全状况展示,实时安全威胁检测与响应功能。通过在服务器安装Agent方式,供漏洞检测、异常登录、暴力破解、基线检查、云平台配置检测等多种安全检测能力,可以全方位保护云上资产安全并满足监管合规要求。腾讯云可以提供安全托管服务,为租户提供持续、高效的安全监控和运营管理服务。通过该服务,能够快速响应主机、网络、应用、数据等安全产品的各类安全风险事件,利用安全编排自动化与响应技术进行智能分类和高效运营处置,并针对云资产进行持续风险监视和泄露监控等,同时提供应急值守团队进行入侵事件分析及应急保障,提升用户运营效率。中国电信的天翼云安全服务平台是一个集预测、防御、检测、响应多功能于一体的综合服务平台。一方面,平台在建立异构设备资源池的同时,采用统一安全资源的智能管理算法与模型,实现了安全业务的分钟级开通;另一方面,平台基于AI技术和安全大数据,提出了新一代云WAF防护引擎架构,实现了系统自适应安全防御模型中安全服务能力填充。此外,该系统以云原生安全产品的全自助式SaaS服务模式,完成了安全服务产品线上自助开通。

(三)车联网数据安全现状

在传统环境下,用户的数据和业务系统都位于自己的数据中心,在其直接管理和控制范围之内。但是在车联网场景中,用户的数据和业务系统都迁移到了云上,使得数据的所有权和管理权分离。由于云计算技术架构在传统服务器设施上,所以传统IT架构上的数据安全问题都有可能在云计算中出现。因此,在云环境下,数据生命周期的每个阶段都会出现一系列新的数据安全问题。

车联网的数据安全通常存在以下风险:数据在传输过程中受到破坏而无法恢复;在虚拟环境传输的文件或者数据被监听;云用户从虚拟机逃逸后获取镜像文件或其他用户的隐私数据;因各种原因或故障导致的数据不可用;敏感数据存储漂移导致的不可控;数据安全隔离不严格导致恶意用户可以访问其他用户数据。

为了保护云端的数据，云服务提供商均提供了云端数据保护措施。例如，腾讯云提出了同等保护、数据私密、质量保障、最小授权、公开透明、安全审计等六大数据保护原则，并承诺将这六大原则贯穿于腾讯云数据安全实践的每一个环节。通过数盾产品，针对数据生命周期内的创建、存储、传输、访问、使用和销毁等每个阶段应用不同安全防护，还能通过专业的存储加密 / 密钥管理、身份 / 认证 / 授权等六把钥匙访问控制、AI 审计预警等功能，提供系统化的安全防护。华为数据安全中心为用户提供了可视可控可追溯的数据安全保护方案，让用户清楚知道自己的数据从哪里来、到哪里去、如何管理，保障云上数据从产生到采集到传输到存储到使用到交换到销毁的安全。对各种数据进行分级分类，快速识别敏感信息，支持如身份证、银行卡号、车牌号等 30 多种个人数据的识别，支持 doc、xls 等 200 种格式的文件识别，方便用户对不同重要程度的数据进行不同等级的保护。提供私有云证书管理和 SSL 证书管理服务，分别解决亿级海量终端提供专属安全认证和网站访问过程中传输数据被监听和嗅探的问题。用户在使用数据时，有时既要调用某些敏感数据如身份证、银行卡号等，又不想明文数据被其他人看到，这时可对敏感数据进行遮盖、变形等脱敏处理，既保障数据正常使用又保障数据安全性。

三、车联网云基础平台产业发展现状

目前，车联网云基础平台相关产品已加紧落实部署，主要涵盖 5G 通信与网络、人工智能、大数据等新兴技术，以带动生产基础设施向数字化、网联化、智能化转型，为车联网云基础平台产业发展和规模化应用提供了良好的契机。

（一）车联网云基础平台产品功能

基于智能车实际数据的大数据计算，可实现在物理空间和信息空间中汽车、交通、环境等要素的相互映射。二者利用标准化接口相互作用、高效协作以解决系统性优化资源和配置问题。最终实现超视距感知、驾驶环境感知、预测与控制、交通智能规划、系统性能优化（协同式无人驾驶）等高级功能。

例如，中国智能网联汽车产业创新联盟提出一种云控平台的架构。由中心 / 区域云、边缘云和车路协同三个层次的体系组成。中心 / 区域云体系通过搭载共性基础服务和标准化云 – 云协议，对接云控应用以及地图、天气等相关平台，支撑例如出行、急救、保险、动态地图等服务；边缘云体系是连接中心 / 区域云体系和车路前端的重要纽带，由边缘云和路侧协同设备单元组成，通过搭载高实时性共性基础服务和标准

化车、路、云协议，支撑高级别自动驾驶等服务；车路协同体系需要车辆和路侧系统配备具有一定 AI 计算能力的边缘智能计算机来完成环境的实时感知、数据预处理和实时上传功能。

另外，车联网云基础平台为智能网联汽车、智能交通系统等提供车辆运行、道路基础设施、交通环境、交通管理等实时动态数据与大规模应用实时协同计算环境的基础共性能力支撑。通过逻辑协同、物理分散的车联网云基础平台建设，以及采用标准统一、开放共享的数据交互形态，实现了车辆以及其他交通参与者、道路等动态数据信息的采集与处理，同时与其他行业服务与管理平台进行脱敏信息的交互，从而实现对智能网联汽车与交通系统的多维跨领域的数据协同。

（二）车联网云基础平台产业格局

近年来，华为技术有限公司、云控智行科技有限公司、北京四维智联科技有限公司等云服务和车联网解决方案提供商都纷纷推出了车联网云基础平台。车联网云基础平台旨在基于车辆及道路动态基础数据，构建起车联网云平台/大数据产品及运营平台，全方位挖掘车联网大数据价值，进行大数据增值运营服务，驱动互联网汽车业务创新，提升智能网联汽车行车安全和行驶效率，提升网联驾乘体验，提高智能交通基础设施监管能力，促进基础设施的最大化复用，通过基于云计算和大数据的车联网全方位解决方案、统一系统化部署以及人 – 车 – 路 – 云的智能互联，以期形成可以提高车、路、云系统协同性的综合解决方案。

其中，华为的车联网解决方案主要依托华为云、边、端协同优势，提供满足车联应用的云计算、大数据、人工智能、物联网等云服务，助力车企打造智能网联汽车。华为智能网联架构其主要从平台难以支撑高并发接入、海量数据难以挖掘价值、缺乏使能套件、开发效率低以及车联网安全难以保证等几个目前车联网云平台的痛点入手，分别提出了网联使能、数据使能、架构使能和演进使能的标准化解决方案。云控智行也提出了基于智能车端、边缘云、区域云和中心云的智能网联汽车分级云平台架构，并且在旗下的车联网云平台基础上开发了超视距感知平台、云控驾驶平台、网联驾驶开发平台和智能网联解决方案四项核心技术解决方案。四维智联则从底层车载操作系统入手，通过手机车机互联方案，推出车联网平台运营和云端车联网大数据中心融合了四维图新的核心地图、无人驾驶应用以及腾讯的账号、资源、支付体系等资源，形成了从"云"到"端"，从"入口"到"支付"的完整车联网方案。

（三）车联网云基础平台产品应用

车联网云基础平台汇聚车辆与交通大数据，可以支撑车辆后服务、研发测试、交通管理与其他政府事业等领域的服务，使其提升服务能力或产生新的服务形态，如：预测性故障诊断与预防性保养维护；基于驾驶特性或使用特性的定制化保险；精细化交通工况分析与预测、信控优化等交通管理服务；交通规划、城市规划、应急预案规划等政府事业服务。但目前相关产品多处于示范应用阶段，还未形成商业化运营模式。目前全国各地示范区和测试场正在积极践行国家战略建设车联网相关的云基础平台，如表2-16所示。下表列出了各示范区或测试场在《车、路、云一体化融合控制系统白皮书（2020版）》架构共识下拟建或在建的车联网云平台项目，虽然多以"云控平台"或"云控基础平台"命名，从面向的产业需求角度，本质上与本文所述"车联网云基础平台总体架构"是相通的。从各示范区建设现状来看，已有少数示范区（如北京市高级别网联云控式自动驾驶示范区一期）在此类架构下完成建设并投入试运行，但总体上车联网云基础平台产品仍有待加强基于C-V2X的边缘侧功能迭代和性能升级，以充分支持产品和应用的发展需要。

表2-16　全国各地示范区和测试场建设的车联网云平台

地区	示范区/项目名称	项目简介
上海	国家级云控示范区	建设内容：覆盖上海国际汽车城25平方千米、70千米各类型道路，汽车大数据云控基础平台 实现功能：车、路、云深度融合的标准化数据协议，提供包括感知能力、通信能力、计算能力在内的公开道路测试能力，提供自动驾驶测试示范所需的实时动态数字化环境
北京亦庄	高级别网联云控式自动驾驶示范区	建设内容：路侧设施、云控基础平台 实现功能：实现云端辅助自动驾驶、智慧交通、智慧园区等示范场景
北京海淀区环保园	车联网云控平台	建设内容：车联网设施配合云控平台，已在环保园内建成4.1千米的网联道路 实现功能：为园区内自动驾驶巴士接驳车、快递物流、外卖配送、环卫清扫等自动驾驶应用提供基础环境支撑、通信支撑和可持续运营保障
长沙	智慧公交	建设内容：完整的云控基础体系 实现功能：通过标准统一的数据开放接口，实现统一数据管理与开放数据服务
广州	云控示范区	建设内容：云控基础平台 实现功能：提供面向区域级交通监管、域内车辆管理、安全预警等服务

续表

地区	示范区/项目名称	项目简介
德清	智能网联云控平台	建设内容：智能网联云控平台项目，包含1个城市级系统平台、1套安全保障体系、测试服务和运营服务2个核心应用平台 实现功能：提供大数据服务，支撑应用场景创新及优化，支持协同感知、协同决策、协同控制，提升城市交通精细化治理水平
南京	公交都市先导区	建设内容：路侧设施，云控管理平台 实现功能：示范运营、智能网联汽车测试体系、优化出行服务，推进MaaS服务
苏州	市级车联网云控平台	建设内容：车联网云控平台 实现功能：车路协同基础模块、高精度时空信息模块、综合运营监控模块、车联网安全模块、公共服务能力测试模块、身份认证与安全模块、业务能力开放与共享模块等
杭州	高速公路云控系统	建设内容：大数据驱动的智慧云控平台 实现功能：支持具备车载控制功能的车辆实现控制环境下的自主运行、支持具备信息诱导的人驾驶车辆高效运行、支持自动驾驶车辆在队列控制和自由行驶功能间的自如切换。云控平台对自动驾驶车辆的监控，可以提高高速公路的安全性，一旦自动驾驶车辆出现问题，云控平台可以迅速介入接管
	自动驾驶微循环公交	建设内容：路侧设备（摄像机和激光雷达） 实现功能：基于5G的边缘计算，耗时不高于100ms，实现了基于5G的自动驾驶
安徽	无人驾驶5G示范线工程	建设内容：5G网络覆盖、道路感知设备安装、路边交通设施升级、云平台控制中心建设、5G场景应用建设、展示厅建设、安徽省道路交通大数据智能云控平台（规划） 实现功能：数字孪生；网联式自动驾驶的测试验证、能力训练、安全评估
天津	车联网先导区二期	建设内容：车路协同运营支撑平台，包括基础平台、运营平台、云控平台、应用平台 实现功能：车路协同运维管理和安全保障
重庆	两江新区车联网先导区	建设内容：近百千米城市示范道路（含智能网联测试道路）和i-VISTA智能汽车集成试验区，建设汽车智能化管理平台，计划实现车联网3.0全域感知云端控制网联环境 实现功能：碰撞预警、电子路牌、红绿灯警告、网上车辆诊断、道路湿滑检测等功能
无锡	先导区	建设内容："智慧路网"云控平台 实现功能：事故处置、恶劣天气、施工作业、突发应急事件、大流量管控与诱导、重点车辆监测、情报板联动信息发布场景

四、车联网测试评估产业发展现状

随着全球C-V2X标准化快速进展，为了快速推进C-V2X技术和标准的成熟化和商用化进程，验证 C-V2X 相关技术在车联网应用用例的实际性能表现，赋能智能网联汽车，测试评估技术将起到至关重要的作用。需要综合考虑信息通信、汽车、交通、公安等行业的需求，避免重复测试，在 C-V2X 商用之前构建跨行业跨平台的有效测试评估体系。

（一）车联网测试评估体系及相关标准规范

车联网的测试评估体系目前主要包括通信相关的测试、平台相关的测试以及安全相关的测试。通信相关的测试主要针对互联互通进行测试，包括互操作和协议一致性、功能和性能测试；平台相关的测试主要针对面向 C-V2X 的多接入边缘计算平台进行测试，包括平台的功能测试、性能测试、接口测试等。

中国通信标准化协会（CCSA）从互联互通和基础支撑方面研究制定较为完善的 LTE-V2X 相关测试标准规范，内容涉及接入层、网络层、消息层、核心网设备、车载终端设备、基站、路侧设备、安全认证、边缘计算平台等多个方面。具体标准名称及状态如表 2-17 所示。

表 2-17 车联网测试相关标准 [17-21]

类别	标准名称	标准类型 / 标准号 / 计划号	状态
通信	基于 LTE 的车联网无线通信技术 空中接口技术要求和测试方法	国家标准 / 行业标准 YD/T 3340-2018	已发布
	基于 LTE 的车联网无线通信技术 网络层测试方法	国家标准 / 行业标准 YD/T 3708-2020	已发布
	基于 LTE 的车联网无线通信技术 核心网设备测试方法	行业标准 2018-1405T-YD	推进中
	基于 LTE 的车联网无线通信技术 支持直连通信的车载终端设备测试方法	行业标准 YD/T 3848-2021	已发布
	基于 LTE 的车联网无线通信技术 基站设备测试方法	行业标准 YD/T 3629-2020	已发布
	基于 LTE 的车联网无线通信技术 支持直连通信的路侧设备测试方法	行业标准 YD/T 3847-2021	已发布
	基于 LTE 的车联网无线通信技术 消息层测试方法	国家标准 / 行业标准 YD/T 3710-2020	已发布
平台	基于 LTE 的车联网无线通信技术 MEC 平台测试方法	行业标准 2019-0007T-YD	推进中
	车路协同 路侧感知系统技术要求及测试方法	待定	推进中
安全	基于 LTE 的车联网无线通信技术 安全认证测试方法	行业标准 2019-0022T-YD	推进中

此外，各方力量在 IMT-2020（5G）推进组 C-V2X 工作组积极推动 LTE-V2X 相关测试标准规范的研究，目前已经形成针对接入层的《LTE-V2X 终端功能测试规范（实验室）》《LTE-V2X 性能测试规范（实验室）》《LTE-V2X 终端间互操作测试规范（实验室）》测试标准，以及针对网络层、应用层的《LTE-V2X 终端网络层一致性测试规范（实验室）》《LTE-V2X 终端应用层一致性测试规范（实验室）》和《LTE-V2X 终端安全一致性测试规范（实验室）》等文件，详细定义了测试结构、设备要求和测试内容。

（二）车联网实验室测试

1. 通信相关测试

车联网是信息化与工业化深度融合的重要领域，具有应用空间广、产业潜力大、社会效益强的特点，对带动汽车、电子、信息通信、交通等行业的产业转型升级具有重要意义。针对车联网领域，中国信息通信研究院、中国汽车技术研究中心有限公司、上海机动车检验认证技术研究中心有限公司等测试机构已建立实验室测试环境，对外提供 C-V2X 应用功能、通信性能、协议一致性等测试服务。各示范区、行业联盟也纷纷组织在外场环境下 C-V2X 通信相关性能测试。

罗德与施瓦茨、是德科技等公司已推出符合 3GPP R14 标准的 LTE-V2X 终端通信综合测试仪，进行 LTE-V2X 数据的收发，联合高通、华为、大唐等芯片模组厂商完成了底层通信性能和功能的测试验证。中国信通院具备完备的 C-V2X 测试验证环境，具备开展 C-V2X 端到端通信功能、性能、互操作和协议一致性测试验证的能力，并取得 CNAS 及 CMA 认证资质。IMT-2020（5G）推进组 C-V2X 工作组在中国信息通信研究院实验室组织华为、大唐电信、万集科技、金溢科技、星云互联、东软集团等 10 余家终端设备厂商，完成了网络层应用层互操作、协议一致性测试。同时，中国信通院联合泰尔认证有限公司，建设 LTE-V2X 通信设备协议一致性测试认证体系，促进我国车联网全系 C-V2X 标准协议的推广应用，提高我国车联网通信终端设备企业在产品协议一致性方面的质量保证能力，助力产业从测试验证阶段向实际应用阶段实现跨越。

2. 平台相关测试

MEC 与 C-V2X 融合是实现人-车路-云协同服务，提供低时延、本地化、高质量车联网应用商业化部署的关键前提和重要保障。通过推动 MEC 与 C-V2X 融合测试床工作，有利于探索基于 MEC 与 C-V2X 融合的跨厂家、多感知方式、多路侧终端类型和多应用服务的测试床环境，推进业界加快形成标准化 MEC 车路协同系统架构与解决方案，推动 MEC 边缘云生态体系构建。

中国信通院依托在 IMT-2020（5G）推进组，组织开展了 MEC 与 C-V2X 融合测试床建设。依据《IMT-2020（5G）推进组 MEC 与 C-V2X 融合测试床建设指南》《MEC 与 C-V2X 融合测试床结项评估方法》，中国信通院从 MEC 与 C-V2X 融合系统架构、MEC 平台功能与性能、应用场景支持等多个维度对开展了第一批 MEC 与 C-V2X 融合测试床验收工作。目前，第一批测试床结项验收工作已正式结束，共有 4 个测试床项目完成结项，包括中国移动、大唐移动、华人运通、中国电信。

为进一步推进探索 MEC 与 C-V2X 技术融合创新，中国信通院已启动了第二批 MEC 与 C-V2X 融合测试床立项指南的讨论，推动 MEC 与 C-V2X 融合形成更明确的体系架构、更详细的技术要求、更丰富的应用场景，并启动立项征集工作。

3. 安全相关测试

目前 C-V2X 直连通信使用数字证书保障消息的完整性，防止消息被篡改、伪造。CCSA 行业标准《基于 LTE 的车联网无线通信技术 安全证书管理系统技术要求》（YD/T 3957-2021）规定了基于 LTE 的车联网安全证书管理系统技术要求，主要内容包括安全证书管理系统架构和相关的显式证书格式及交互流程。面向 C-V2X 安全相关的测试主要包括安全机制测试、安全通信性能测试和安全管理测试。针对上述测试内容，中国信通院已建设了完备的 C-V2X 安全测试验证环境，并提供相应的测试能力和服务。

安全机制测试主要包括安全协议一致性测试、安全互操作测试、安全隐私保护测试。其中，安全协议一致性测试包括测试 C-V2X 终端安全协议的版本信息是否正确、消息签名是否正确、数字证书使用是否正确、网络层和安全协议应用标识是否一致等；安全互操作测试包括 C-V2X 设备使用相同或不同 PKI 系统签发的证书是否可以互通、使用异常证书是否可以互通等；安全隐私保护测试包括 C-V2X 设备使用证书是否满足切换要求、包含关键事件消息中携带完整证书、证书未改变时携带证书摘要信息、证书发生改变时 BSM 消息标识是否随机变化、历史轨迹是否清空等。

安全通信性能测试是在不同数量安全通信终端场景下，测试消息签名、证书轮换等系列安全操作对消息端到端发送时延、丢包率等影响，以及对车联网安全类、效率类和信息服务类等时间敏感型应用产生的影响。

安全管理测试包括安全证书管理系统（CA）测试和 C-V2X 终端安全管理测试。

其中，CA 安全管理测试包括签发的证书格式是否正确、证书签发接口是否符合标准等；C-V2X 终端安全管理测试包括证书申请、下载、验证流程是否符合标准，是否可以根据可信证书列表构建跨 PKI 系统信任链等。

（三）车联网外场测试

目前，国内政府和产业都在大力推动 C-V2X 产业的发展，随着车联网标准化、产业链、应用示范等方面日渐成熟，国内 C-V2X 产业正在向大规模商业化部署应用逐步迈进。然而在商业化应用之前，依然还有部分问题尚未彻底解决。

一是区别于移动蜂窝网络，车联网 C-V2X 在技术原理、部署方式、业务应用等方面存在差异性。车联网业务对通信可靠性、时延、覆盖等网络指标有较高要求，网络性能直接影响车联网业务的开展，如何在真实外场环境下对上述指标进行系统有效的测试评价直接影响到后期网络的建设。产业界目前正在加快研究车联网网络规划、建设、优化方法，以及车联网网络整体性能的量化评估手段和依据。二是基于真实交通场景下的大规模终端设备的通信性能测试，依然比较薄弱。低延迟、高可靠是保证车联网 C-V2X 安全类应用商业化应用的必要前提，而在高车辆密度情况下，无线传输信道拥塞将可能导致 C-V2X 消息传输延迟或失败率增高。因此，在车联网 C-V2X 规模化推广应用进程中，十分必要系统性地建立高终端密度的大规模通信测试环境，探究道路上规模化的终端设备同时通信的通信性能和变化规律，验证各类场景下的 C-V2X 通信性能和应用功能，保障 C-V2X 应用的有效性和可靠性。受实验室条件限制，单靠实验室测试不能很好地解决这些问题，需要在外场搭建测试环境进行实际道路环境下的测试。

国内目前已有多个测试场可进行车联网相关外场测试，例如国家智能汽车与智慧交通（京冀）示范区、国家智能网联汽车（上海）试点示范区、上海临港智能网联汽车综合测试示范区、重庆车检院自动驾驶测试应用示范基地、交通部公路交通试验场等，还有部分测试场在建设当中。测试场中部署了支撑测试的道路基础设施和测试应用场景，与车联网 C-V2X 相关的测试主要是通信功能和性能方面的测试，测试能力也在不断完善中。

（四）车联网测试示范活动

为进一步促进 C-V2X 产业相关整车、模组、终端、安全、地图、定位等企业的协同和跨界融合，加快推动 C-V2X 技术测试验证，促进技术完善，加速 C-V2X 规模化商用步伐，IMT-2020（5G）推进组 C-V2X 工作组联合 CAICV 等相关企业和组织，从 2018 年开始,在上海连续举办了"三跨""四跨"和"新四跨"等互联互通测试应用示范活动,进一步验证车联网通信、平台、安全等相关技术在规模化商用前的可行性。

1. "三跨"互联互通测试

2018 年 11 月,由中国智能网联汽车创新联盟、IMT-2020(5G)推进组 C-V2X 工作组上海国际汽车城(集团)有限公司举办 V2X"三跨"互联互通应用展示活动,实现了世界首例跨通信模组、跨终端、跨整车的互联互通参与此次活动的单位包括大唐、华为、高通共 3 家通信模组厂家,大唐、华为、星云互联、东软睿驰、金溢、SAVARI、华砾智行、千方科技共 8 家 LTE-V2X 终端提供商,北汽、长安、上汽、通用、福特、宝马、吉利、奥迪、长城、东风、北汽新能源共 11 家中外整车企业。中国信息通信研究院提供了实验室的端到端互操作和协议一致性测试验证。

V2X"三跨"展示底层采用 3GPP R14 LTE-V2X PC5 技术,选取了 7 个典型的车与车、车与路应用场景,包括车速引导、车辆变道/盲区提醒、紧急制动预警、前向碰撞预警、紧急特殊车辆预警、交叉路口碰撞预警和道路湿滑提醒。

"三跨"活动实现了不同产业环节、不同国家、不同品牌之间的互联互通,有助于验证我国 LTE-V2X 全协议栈标准的有效性,促进我国 LTE-V2X 产业各环节协同研发。"三跨"作为验证技术和应用成熟度、促进跨行业合作的重要实践,进一步推动我国 LTE-V2X 大规模应用部署和产业生态体系构建,对产业进展具有重大意义。

2. "四跨"互联互通测试

2019 年 10 月 22—24 日,C-V2X"四跨"互联互通应用示范活动在上海举办,首次实现国内"跨芯片模组、跨终端、跨整车、跨安全平台"C-V2X 应用展示。

该活动在 2018 年"三跨"互联互通应用演示的基础上,重点增加了通信安全演示场景。信息安全是车联网通信中至关重要的环节,基于国内已经完成的 LTE-V2X 安全标准,四跨活动验证了多家安全芯片企业、安全解决方案提供商、CA 证书管理服务提供商之间的互操作。

该活动共包含 4 类 V2I 场景、3 类 V2V 场景和 4 个安全机制验证场景:聚集了 26 家整车厂商、28 家终端设备和协议栈厂商、10 个芯片模组厂商、6 个安全解决方案厂商、2 个 CA 平台厂商。可以看到"四跨"的规模和参与度相对"三跨"都有了进一步的扩大,这也体现了 C-V2X 产业生态的蓬勃发展。

"四跨"活动对 C-V2X 技术标准完善、产品研发突破、应用模式落地起到了重要的阶段性作用，在实践中发现问题，持续迭代优化技术产品，不断提升行业创新能力，协力共促产业快速发展。"四跨"活动有效展示我国C-V2X标准协议栈的成熟度，为C-V2X大规模商业化应用奠定基础。

3. "新四跨"互联互通测试

2020年10月27—29日，在工业和信息化部指导下，IMT-2020（5G）推进组C-V2X工作组、中国智能网联汽车产业创新联盟等在上海成功举办了2020智能网联汽车C-V2X"新四跨"暨大规模先导应用示范活动。

本次活动在前两年"三跨""四跨"连续开展跨整车、跨通信终端、跨芯片模组、跨安全平台互联互通应用示范的基础上，部署了更贴近实际、更面向商业化应用的连续场景，采用《基于LTE的车联网无线通信技术 安全证书管理系统技术要求》（YD/T 3957-2021）定义的全新数字证书格式，并增加高精度地图和高精度定位。本次活动重点验证了车联网C-V2X规模化运行能力，充分验证了C-V2X技术在真实环境下的安全通信性能；验证了安全证书管理系统标准符合性和跨PKI系统互认互信能力。同时，针对车联网应用中安全机制、地理坐标使用等进行了探索，并进行了多厂家的综合测试，为后续规模商用提供了重要的技术依据。该活动参加单位超过100家，涵盖整车、模组、终端、安全、地图、定位等，产业参与度进一步扩展，通过跨行业的协同融合，促进了产业生态体系的构建，进一步促进了C-V2X技术的落地应用。

4. C-V2X"四跨"（沪苏锡）先导应用实践活动

2021年10月19—23日，C-V2X"四跨"（沪苏锡）先导应用实践活动举办。活动依据国内车联网标准体系实现技术开发，重点部署演示了C-V2X支持城市智慧交通车路协同应用，推动建立"车路-人-云"全面连接的高效、安全的城市智慧交通出行生态。

先导应用实践活动包括"跨芯片模组、跨终端、跨整车、跨安全平台的"车联网C-V2X"四跨"互联互通应用实践、5G赋能智能驾驶两大部分，共有20余家国内外整车企业、近30家终端企业、近10家芯片模组企业、近10家信息安全企业、10余家自动驾驶企业等参与，覆盖汽车、通信、交通、地图和定位、安全、密码、自动驾驶等各个领域。活动充分应用长三角地区车联网基础设施，从单车安全高效驾驶、多车协作通行、车路信息交互等多方面开展面向公众的实车应用演示，创新开展长三角跨省域车联网C-V2X协同应用实践。依托活动举办地5G网络、北斗高精度定位、边缘计算等基础设施，开展C-V2X车车、车路通信赋能车辆辅助和自动驾驶、5G远程遥控驾驶、边缘计算与 C-V2X 融合等应用实践和演示。

五、高精地图产业发展现状

随着人工智能技术的成熟以及各方面技术的全面发展，高精度地图强大的空间分析能力和决策支持功能，在具有强烈空间位置需求的无人驾驶领域具有广阔的应用空间，也是未来车路协同的重要载体。高精度地图产业正在逐渐由传统图商到车企、到互联网企业、到出行服务商转变，地图测绘技术也经历了模拟时代、数字时代、信息时代到智能时代的演变，并由纸质地图、电子地图、逐渐演变为导航地图、互联网地图和高精度地图，随着产业不断地发展，高精地图将成为巨头征战的新战场。

（一）高精地图产业发展现状

1. 国外发展现状

国内外越来越多的企业开始进行高精度地图领域的规划与布局。传统的地图厂商，如 Here、TomTom、Waymo、高德等，都早已拓展自身的业务，投入对高精度地图的研发和生产当中。对于主机厂和零部件等企业，大都以选择收购地图厂商的方式进入高精度地图领域，像奥迪、宝马、戴姆勒三大车企联合起来斥资 31 亿美元联合收购 Here，为研发高精度道路导航地图做准备。

为了满足产业对高精度地图的要求，国内外也建立了许多高精度动态地图平台，分别形成了各自的高精度动态地图采集、更新和应用模式，推动高精度地图的商业化进展。

Here OLP 平台采用自有测绘车辆 + 整车企业合作模式，利用大量的私家车数据，建立高精地图动态共享与循环体系，提供高精度动态数据处理（基础数据）的开放平台。Here 地图提供高精度动态数据处理（基础数据）的开放平台，覆盖里程总数在世界企业中名列前茅。其通过自有测绘车辆采集路面信息、坡度、车道线、路标等信息，并与整车企业达成技术合作关系。此外，Here 利用大量的私家车数据，建立起高精地图动态共享与循环体系。

TomTom 云端地图更新平台采用整车企业合作模式，为整车企业开放接口，车辆行驶过程中感知的地理信息上传更新平台，编译解读后回传给车辆，完成高精地图（定位和规划）实时更新，形成完整闭环。TomTom 的 Road DNA 技术来配合高精度地图使用，可以将原本的 3D 地图 Point 数据转换成 2D 视图，在对地图数据进行压缩的同时，还能保留道路上的关键要素（计算传感器获得的实时数据与 Road DNA 之间的相关系数来判断实时的车辆位置），从而节省空间，还能使自动驾驶汽车对道路信息的处理速度更快。

DMP 平台由日本政府主导，提供基础静态高精地图。高精地图静态和动态信息四层定义。基于整车企车辆数据进行地图更新，形成数据闭环。整车企业可以进行动态信息叠加。2016 年 9 月正式开发高清地图，提供基础静态高精地图，并对高精地图静态和动态信息赋予四层定义。其地图测量汽车装备移动地图系统 MMS–G220，配置使用 2 台激光雷达（收集公路标示和交通灯位置）、大量摄像机、GPS 和其他传感器（测量公路坡度等），以 40 千米的巡航速度测绘地图，它能以 10 厘米的绝对精度捕捉 7 米外的物体，每秒能收集 100 万个数据点。

2. 国内发展现状

国内很多互联网行业的企业也在通过收购或者合作的形式入局，例如百度不仅自己研发高精度地图，还与 TomTom 联合开发；腾讯收购四维图新的股份；阿里巴巴收购高德地图等。在近几年内，国内还涌现出了许多初创公司，如宽凳科技、Momenta、极奥科技等。由此可见，发展高精度地图产业已经是大趋势。电子地图的服务对象也不再仅仅是驾驶员，而是慢慢向机器过渡，所以对地图的精度、内容框架和计算形式等都提出了更高的要求。

百度 Apollo 平台由车辆平台、硬件平台、软件平台和云端数据服务四个部分组成。Apollo 平台获取的动态信息服务于高精地图的快速更新，静态高精地图叠加动态信息提供给智能网联应用，形成数据闭环。

四维图新 HDMS 平台，可实现多源数据更新，通过自有测绘车辆 + 合作伙伴数据 + 众包数据采集数据。它采用"地图 +Tier1+ 汽车"模式，基于 Tier1 和 OEM 上传的数据完成高精地图更新，更新后的地图下发给智能网联车辆，实现高精地图应用的循环。

Momenta 基于视觉的更新平台，采取众包数据方式，以低成本传感器方案，配合大数据、大规模计算和闭环自动化三大基础平台，能提供海量真实道路数据高度自动化地转换为高精地图的静态数据和动态数据，为智能网联提供高精地图服务。

在国内由于相关政策的限制，高精度地图的行业准入门槛非常高，同时受限于资质、资金、技术等方面因素影响，目前国内开展地图业务的企业很多，但拥有甲级导航电子地图制作资质的仅有 28 家企业，并且在获得甲级导航电子地图制作资质的企业中，具备采集高精度地图能力的公司并不多，百度、四维图新、高德地图、易图通等行业领先企业均具备完整的高精度地图采集、制作、生产、发布及更新流程，产业优势明显。

（二）高精地图产业应用现状

在国内由于相关政策的限制，高精度地图的行业准入门槛非常高，同时受限于资质、资金、技术等方面因素影响，目前国内开展地图业务的企业很多，但拥有甲级导航电子地图制作资质的仅有 28 家企业，并且在获得甲级导航电子地图制作资质的企业中，具备采集高精度地图能力的公司并不多，百度、四维图新、高德地图、易图通等行业领先企业均具备完整的高精度地图采集、制作、生产、发布及更新流程，产业优势明显。

1. 在自动驾驶仿真场景库中的应用

自动驾驶领域对于导航电子地图提出了更高的要求，需要每条车道线的详细信息以及可行驶区域内各类对象的信息，因此高精度地图可以很好地满足自动驾驶技术的要求。高精度地图数据可以提供给自动驾驶车辆多种道路交通信息，例如车道的曲率值、道路的坡度、路边交通标识牌、道路的限速信息、危险区域的提醒等。高精度地图的充分应用可以为自动驾驶提供众多数值化的决策依据。

用高精度地图数据，自动将其动态转换为静态场景描述文件。主要包括对路网的格式转换，如参考线、道路边缘线、车道线、行驶线等；还包括对结构物的格式转换，如红绿灯、路灯、标志标牌、龙门架、标线等。

自动驾驶仿真场景库为企事业单位、车厂、园区、测试场、科研机构提供场景库数据；为仿真测试平台提供场景库数据输入；为车厂、自动驾驶企业、相关机构提供训练算法服务；为园区、示范园等机构提供场景还原与控制服务；为评估、评测机构提供评估测评服务。

静态场景的加工工艺为数据预处理、场景编辑、格式转换、生成数据。在静态场景的基础上，动态场景的加工工艺为场景分割、特征识别、场景编辑、动态场景生成入库几个步骤。

自动驾驶仿真场景库用于自动驾驶仿真测试，其根本意义是保证自动驾驶车辆安全上路，是自动驾驶技术发展的必然结果。虚拟仿真技术可帮助认证机构去完善对汽车智能化软件产品的认证流程与监督方法，尤其从测试技术上，弥补目前偏重实车路测的不足和效率低。

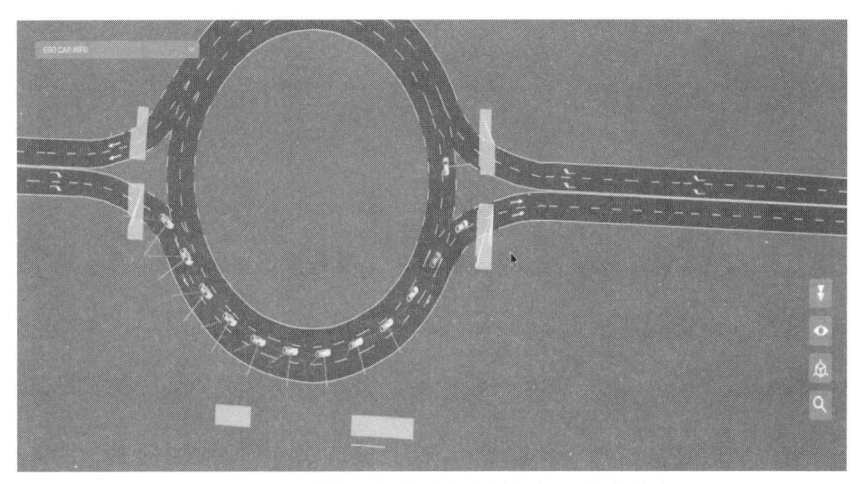

图 2-27　高精地图在自动驾驶仿真场景库中的应用

2. 在交通监管中的应用

随着城市道路环境越来越复杂，智慧交通的发展已经被社会所重视。智慧交通监管平台的搭建需要结合视频监控、云平台计算、高精度定位及高精度地图等多种技术，同时应用在特殊车辆监控、公交优先、车道自由流、道路交通事故等重要的场景中。因此，搭建高精度地图将更有利于交通监控部门对道路情况的全面掌控和监管。

在高速公路的基础设施资产数字化方面，进行数字孪生资产模型与实际高速公路静态资产属性关联可视化，将实际高速静态资产编码与数字孪生资产模型 ID 进行一一对应，实现对所有资产的可视化管理和资产属性、历史档案的检索和查询。使数字孪生具备为高速公路基础设施资产数字化提供应用服务的能力。

图 2-28　高精地图在交通监管中的应用

3. 在车路协同中的应用

在智能网联汽车系统中，v2x 是网联化方面的基础。车辆通过路侧基础设施能够直接获取到道路的基础环境信息，并利用基础设施进行高精度定位。但对于不能发射信号的基础设施来说，高精度地图就可以用于感知环境和车道规划。此外，高精度地图云端可以通过与基础设施中的道路边缘计算网格进行通信，来实现信息的收集与分发，并将可能引起道路交通问题的预测信息发送给边缘计算网格，并进一步通知车辆提前做出决策。

在云端，通过平台将地图进行切片分发给路侧 MEC 边缘计算平台，在路侧 MEC 边缘计算平台，用高精度地图对感知设备进行在线标定，实现多传感信息的自动化矫正与诊断，提高路侧感知设备感知精度。同时，路侧 MEC 边缘计算平台接收路侧感知设备感知的数据，使路侧感知设备感知的动态交通对象、识别的交通事件与高精度地图进行空间匹配，统一时空基准。最后，配准后的动态交通对象、识别的交通事件，通过路侧 RSU 的直通通信（PC5）协议，传输到车端 OBU，结合车辆自身定位和感知信息，实现车端 HMI 展示、车道级导航和协同交互。同时，路侧配准后的动态交通对象、识别的交通事件，还会通过专线、无线 Wi-Fi、4G/5G 网络等向上回传到云端，从而利用地图平台，进行交通云控应用，实现路产管理、车流量监控与统计、交通事件预警等应用服务。

图 2-29　高精地图应用于车路协同云平台

在车端，车端收到 V2X 事件消息后，数据源以经纬度坐标为主，涉及事件坐标、雷视融合感知坐标，其他 OBU 车辆坐标等，这些坐标由于定位精度、感知精度的误差，会引起展示效果失真，为了解决以上问题，需要使用地图 SDK 对感知事件与高精地图进行匹配，从而基于地图进行更加精确的计算，从而达到好的展示效果，因此，为了满足项目需要，基于地图引擎对以上坐标内容进行融合处理。

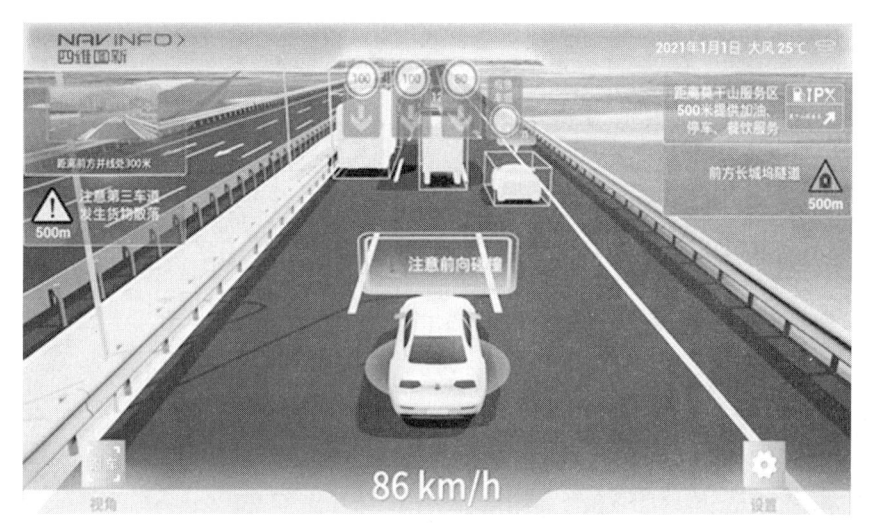

图 2-30　高精地图用于车路协同车端展示

六、导航/定位产业发展现状

2020 年 6 月 30 日，北斗"收官之星"成功定点，所有 30 颗北斗三号卫星也已全部转入长期运行模式，标志着我国北斗卫星导航系统向全球组网完成又迈出重要一步。根据中国卫星导航定位协会发布的数据显示，随着北斗性能以及覆盖范围的同步提升，北斗产业化显著提速。

目前我国卫星导航与位置服务产业链已形成完整的内循环。上游基础部件是产业自主可控的关键环节，主要由基带芯片、射频芯片、板卡、天线等构成。中游主要包括终端集成和系统集成，是产业发展的重点。下游的解决方案和运维服务提供众多行业应用。

伴随着我国北斗卫星导航系统的建设完善和应用开发，以北斗星通为代表的一批北斗上市企业获得了长足发展，我国北斗卫星导航产业链条日趋完善、产业规模持续扩大。

从业务构成上来看，各家企业都把卫星导航作为主营业务，并且都拥有含自身特点的其他业务作为辅助。其中，北斗星通布局的四大业务板块分别为基础产品、汽车智能网联与工程服务、国防装备、行业应用与运营服务，其大体量业务汽车智能网联与工程服务板块接近全年营收的50%；合众思壮的时空信息和通导一体化业务占全年营收的26%；中海达时空数据和行业解决方案占全年营收的28%。北斗主要企业基本情况见表2-18。

表2-18 北斗主要企业基本情况（内容摘自上市公司年报）

上市公司	主营业务
北斗星通	基础产品、汽车智能网联与工程服务、国防装备、行业应用与运营服务
合众思壮	北斗高精度业务、北斗移动互联业务、时空信息服务、通导一体化业务
中海达	精准定位装备、时空数据、行业应用解决方案
华测导航	数据采集设备、数据应用及解决方案
华力创通	卫星应用、雷达仿真测试、机电仿真测试、仿真应用集成、代理及其他轨道交通应用
振芯科技	元器件、设计服务、卫星定位终端、北斗运营、安防监控
星网宇达	材料类、测量类、导航类、稳控类、国防装备、技术开发、贸易类

同时各家企业都坚持国防、民用、海外三个方向共同融合发展。北斗星通的国防装备业务板块，合众思壮的通导一体化业务是各家在国防领域的布局。在民用领域，北斗星通持续加大在汽车智能网联与工程服务板块的投入，充分利用在基础产品领域的竞争优势，全面展开与车厂的合作，拓展业务渠道；合众思壮重点发展北斗移动互联业务，提供移动互联时空信息应用领域的解决方案。

高精度定位硬件、软件、位置校正服务是自动驾驶汽车的核心要素。恶劣天气、重复场景、非视距场景和车载传感器不稳定情况下，高精度定位在自动驾驶中起决定性作用。通过调查，车厂的需求见表2-19。

表2-19 车企对高精度定位的需求

车企	车企一	车企二	车企三	车企四	车企五	车企六	车企七
自动驾驶何时需要高精度地图	L3级及以上	L4级及以上	L3级及以上	L3级及以上	L3级+至L4级	L3级及以上	L3级及以上
自动驾驶预计产业化运用时间	2020年	2020年	2021年	2021年以后	/	2020年6月前	2020年

续表

车企	车企一	车企二	车企三	车企四	车企五	车企六	车企七
辅助驾驶定位精度要求	<1m	偏转后1.5m内	<50cm	<50cm	1m左右	<1m	1m左右
自动驾驶定位精度要求	<10cm	<10cm	<20cm	<20cm	<20cm	<10cm	<10cm

随着 ADAS 功能逐步成为新量产汽车的标配，而自动驾驶汽车的量产计划也会在未来 3~5 年内实现。高精度定位服务在汽车行业的应用具有非常广阔的前景。在星地基增强系统一体化建成后以及导航终端芯片化集成后，高精度导航设备技术方案必然会明显简化，当其形成明显规模优势后，成本将降到汽车市场认可的量产价格。

第三节 车联网技术发展态势

一、车联网通信关键技术发展态势

针对车联网应用在通信时延、可靠性和数据速率等方面的严苛需求，国际和国内多个标准化组织积极开展标准化工作，C-V2X 技术标准有着清晰的演进路径。目前 3GPP LTE-V2X 标准已发布，NR-V2X 标准的 R16 版本已在 2020 年 6 月完成，NR-V2X 演进版本正在研发制订中。我国 C-V2X 标准化工作取得积极进展，LTE-V2X 核心技术和设备标准制修订基本完成，行业应用类标准随产业发展持续完善，支持商用的系统要求和应用标准亟待制定；NR-V2X 已启动研究项目，后续将启动标准制订工作。

不断探索和研究新技术，持续提升系统性能并且创新性的解决问题，是车联网通信不断追求的目标。然而，车联网通信技术和标准研发过程中对关键技术的选取，从产品化、工程化和商业化的角度，更加看重技术的实用性。设备开发实现的复杂度、开发成本、开发难度和开发周期等因素，都将是新技术选择的重要影响因素。另外新技术引入需要充分考虑系统性，某个方向的技术升级或增强要能与已有系统良好兼容，避免对现有技术框架产生较大影响，避免对产业现状造成较大冲击。

蜂窝移动通信可为车联网通信提供技术基础和规划参考，但车联网通信的特殊性以及与蜂窝通信的差异性，必须在演进发展中予以重视。与消费级蜂窝移动通信技术相比，要求更高的车规级车联网通信技术对应的芯片迭代周期也相对较长，通常较手机芯片落后 2~3 年。车联网需要支持的应用场景丰富多样，在追求通信性能符合车联网应用严苛需求时，在技术先进性、实用性和经济性等方面应综合考虑，必须兼顾整体系统性能和局部设备性能，重视各场景的通信技术的适用性，降低车联网通信技术实施成本，利于商业推广落地。

C-V2X 通信技术作为支持自动驾驶和智能交通的关键车联网使能技术，以汽车、交通、信息通信等产业发展需求为导向，形成可迭代、可扩展、可闭环的发展路径，持续演进提供融合高效适宜的通信技术。

（一）直通通信与蜂窝通信融合的演进技术

面向自动驾驶和智能交通的增强需求和持续演进趋势，直通通信与蜂窝通信融合的 C-V2X 通信技术从以下方面持续演进。

1. 分阶段支持更多样化场景和多元化性能指标

蜂窝车联网及其应用是跨行业、跨领域、跨学科的前沿交叉创新领域，基于 C-V2X 的车路协同产业发展将经历近期和中远期两个发展阶段。近期通过车车协同、车路协同支持辅助驾驶和特定场景的中低速自动驾驶，以提升驾驶安全和交通效率为导向，基本实现人、车、路、云的信息共实时享与交互，实现车车与车路的协同感知及决策。已在厂区、机场、港口、码头等区域建设并成功落地，可减少人工、降低事故和提升生产效率。中远期将结合人工智能、大数据等新技术，融合雷达、视频感知

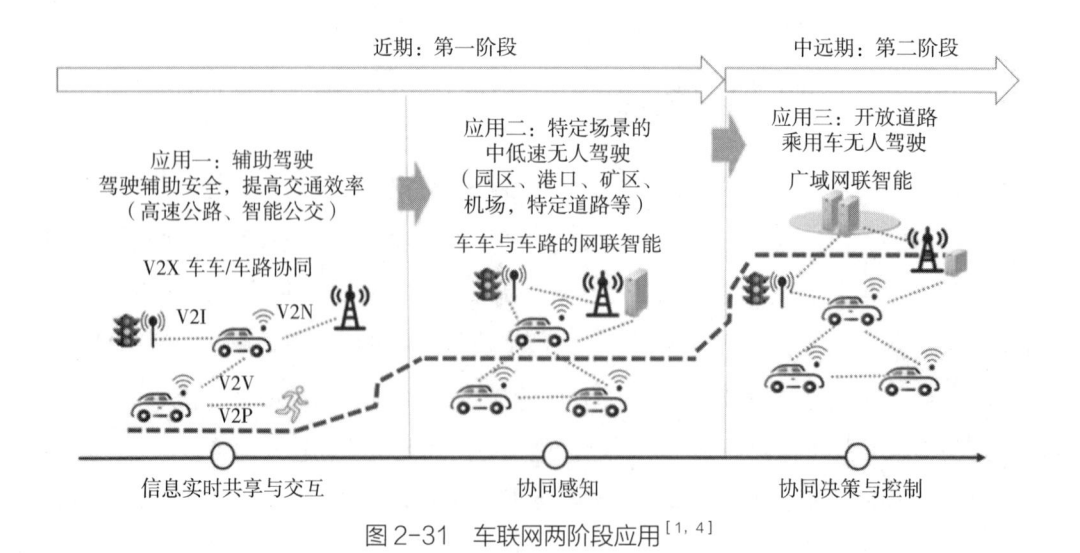

图 2-31 车联网两阶段应用[1, 4]

等技术，通过车联网实现从单车智能到网联智能。最终实现全天候、全场景的自动驾驶及高速公路车辆编队行驶，在广域范围内实现网联智能、进行决策和控制协同，对通信的要求最严苛。

C-V2X 具有清晰的技术和标准演进路线，LTE-V2X、NR-V2X 以及未来 C-V2X 演进技术可以支持车联网两阶段应用需求，选择适用的技术匹配。其中，未来 C-V2X 演进技术与蜂窝通信演进技术融合的技术增强可能包括以下两方面：①需要对空口物理层基础技术进行针对性的设计，如在调制编码技术方面，需要形成统一的编译码架构；在新波形技术方面，需要采用不同的波形方案设计，以便 C-V2X 通信演进技术满足更加复杂多变的应用场景及性能需求。②探索新的物理维度，除增强无线空口技术外，业界也在积极探索新的物理维度，以实现信息传输方式的革命性突破，如智能超表面技术、轨道角动量技术和智能全息无线电技术等。

包括 LTE-V2X、NR-V2X 及 C-V2X 演进技术的直通通信与蜂窝通信融合的 C-V2X 通信技术将分阶段演进，可支持更加多样化场景和多元化性能指标，满足相应场景对单车性能和系统性能的多维度需求。C-V2X 通信技术演进阶段总结如表 2-20 所示。

表 2-20　C-V2X 通信技术演进阶段总结

	LTE-V2X	NR-V2X	C-V2X 演进技术
关键技术	基于 LTE 的蜂窝通信和直通通信融合技术，分布式资源调度，直通链路同步和定位	基于 5G NR 的蜂窝通信和直通通信融合技术，分布式资源调度，直通链路同步和高精定位，直通链路的单播、组播和广播的通信模式管理，LTE-V2X 和 NR-V2X 设备内共存	基于蜂窝通信演进的蜂窝通信和直通通信融合技术，分布式资源调度，直通链路同步和高精定位，多接入技术设备内共存，C-V2X 与高级驾驶辅助系统（ADAS）融合，C-V2X 与 AI 融合，C-V2X 支持星地一体组网，C-V2X 支持通信感知一体化
支持应用	基本道路安全应用、智能辅助驾驶	车辆编队行驶、自动驾驶、传感器扩展、远程驾驶等增强应用	自动驾驶、智能交通

2. 从频率资源维度持续增强

目前中国和美国已分配 LTE-V2X 频谱，各国各地区的 NR-V2X 频谱未正式分配，对支持自动驾驶和智能交通的频谱研究仍在持续进行中。尽管已初步形成 LTE-V2X/NR-V2X 设备内共存的技术方案，但由于半双工的约束和最大功率的限制，直通通信的覆盖范围及传输可靠性都受影响。未来将充分考虑系统性能和设备实现研究同频/邻频干扰管理、先进射频发射机/接收机等关键因素对频谱分配的影响。

非授权频谱由于不需要向国家或地区主管频谱管理机构申请专有的频谱授权，只要满足该频谱设置的法规要求，即可使用该频谱。在 LTE 和 5G NR 蜂窝通信中，非授权频谱已作为授权频谱的补充频谱进行了技术标准研发。C-V2X 技术需要进行增强设计，高效利用非授权频谱支持多样化的车联网业务。毫米波信号具有穿透能力弱、易被阻挡的缺点，但毫米波频段的高带宽能够传输大量数据。毫米波技术实现需要依赖复杂的天线设计进行波束管理，高数据处理需求芯片需要优化设计，以保证在极低温和极高温环境的稳定运行。

（二）分布式资源调度演进技术

研究 NR-V2X 分布式资源分配机制，更好地适用于车联网增强应用中非周期业务的需求，降低资源冲突。后续演进主要从以下方面进行研究，持续提升系统性能。

1. 支持直通通信性能持续提升

因为系统级可靠性和延迟性能受无线信道状态、系统负载情况等通信条件的影响，在某些情况下，如信道相对繁忙时，可能无法满足低时延和高可靠的业务要求。因此需要进一步研究能够提高可靠性和减少延迟的解决方案。

考虑半双工限制、隐藏节点等影响，支持 UE 间通过交互资源协调信息；由于传输遮挡、业务分流等需求，UE 到 UE 中继传输也将研究完善，进一步提升系统可靠性。

后续考虑不同频段、不同带宽的频谱资源的高效利用，针对有高数据速率和高可靠性需求的增强应用，支持载波聚合技术。充分考虑频带内连续/非连续、频带间、不同的频率范围的特性和干扰情况。支持频域维度的资源扩展利用，支持毫米波及非授权频谱应用。

2. 支持节电方式的直通通信

NR-V2X 在研的节电解决方案适用于 V2X 用例中弱势交通参与者（VRU）以及公共安全和商业用例中需要省电的 UE 类型。主要包含三个主要的技术方向：节省功耗的资源选择方法、非连续接收（DRX）机制的设计和资源选择机制与 DRX 结合。后续将持续研究 C-V2X 增强型节电机制，在保证系统性能和节电性能进行合理平衡。支持不同的单播、组播和广播通信方式的节电处理。支持灵活的节电机制满足增强应用的节电需求，支持可配置的不同终端处理能力。

（三）直通链路同步及定位演进技术

1. 直通链路同步技术演进

3GPP 定义了典型场景下的同步技术，但对于隧道内、停车场和高架桥等特定场景，在无法获得 GNSS 信号或者蜂窝通信信号的场景下，直通链路仅依靠节点间同步，无法支持低时延高可靠的 C-V2X 通信需求。基于直通通信现有物理层信号和信道设计，充分考虑后向兼容性，采用尽可能少的改动设计，研究无 GNSS 信号场景的可靠同步机制。

未来新空口的无线传输机制，为直通通信同步提供基础。为支持更高同步精度、更快同步收敛、更高同步稳定度，将研究基于新空口技术的直通链路同步机制。

2. 直通链路定位技术演进

GNSS 不可用场景中，部署成本和互联互通问题成为制约现有技术的主要障碍。伪卫星定位、无线短距定位均需要提前高密度部署相应的定位系统，成本高、工程量大。采用无线短距定位系统，车辆需要额外装配定位模块，全国范围内难以确保定位信号的互联互通。

基于传感器和高精地图匹配的方式，车辆应额外部署传感器，为克服环境、天气等因素的影响，一般需要采用多传感器融合感知的方式。需额外部署计算资源，车载设备成本将显著提升。该方式还依赖于高精地图，需要考虑高精地图覆盖率以及动态更新发布等限制问题。

基于蜂窝网络的定位方案精度不能支持车联网的典型应用，蜂窝网络覆盖边缘或者部分覆盖时定位精度可能下降，蜂窝网络覆盖外无法进行定位。3GPP 已开展 C-V2X 直通链路定位技术的需求和架构的研究，能够与直通链路通信融合共存。未来预计将开展直通链路定位的技术研究和标准化，通过候选频谱研究和定位参考信号设计、交互流程、资源调度分配机制、测量和定位信令等关键技术研究，在 GNSS 不可用场景、蜂窝网络覆盖外场景均能够支持车联网定位，预期将成为全天候、全场景支持车联网高精定位的适用技术。

（四）异构融合的通信演进技术

1. C-V2X 与 ADAS 融合的演进技术

基于 ADAS 的单车智能，存在以下问题，如传感器没有超视距感知能力，受天气等影响大，限制感知范围和感知精度；缺乏关于路口全局的信息，单车感知存在死角或盲区；算法识别目标处理流程慢可靠性低；单车感知没有协同能力。

而 C-V2X 支持传感器共享应用，具有低时延高可靠大带宽通信能力，支持单播、组播、广播等传输模式，可进行更好的协同通信，解决单车智能的技术瓶颈问题。

C-V2X 作为低时延和高可靠的感知手段，未来与其他的单车感知设备协同，利用 C-V2X 的结构化的信息，可参与协同决策与协同控制，融合进入域控制器，通过对主控微控制单元（MCU）控制相应的执行器。

2. C-V2X 演进技术与多种技术融合

（1）人工智能（AI）与 C-V2X 的融合

基于 AI 的 C-V2X 物理层设计：目前 C-V2X 通信物理层沿用传统的物理层设计，通过分模块优化设计框架实现每个模块最优，但整体最优化设计在综合考虑编码、调制与波形等时，由于接收端复杂度太高而放弃，很难达到预期设计最优性能。内生智能的新型 C-V2X 通信需要深度融合人工智能、机器学习技术，将突破现有车联网无线空口设计框架，挖掘利用无线环境、资源、干扰、业务和用户等多维特性。C-V2X 通信的时变快速信道的物理层通信，需要进行端到端通信的联合优化，实现端到端信号重构。

基于 AI 的 C-V2X 链路层设计：C-V2X 通信的低时延、高可靠、大数据、快变化的特点，传统模型和算法难以提供高效可靠的技术支撑，需要精细化针对 C-V2X 通信的环境和交互信息特征，提供更高质量的定制化通信服务。C-V2X 通信状态多变，环境复杂，对训练网络的效率以及鲁棒性提出严峻挑战，基于人工智能通过与环境交互学习对应特征，可进行 C-V2X 资源调度、干扰管理等，将有效降低计算成本和提升服务质量，自适应实现 C-V2X 通信系统最优控制和决策。

（2）星地一体的融合组网

将实现地面网络、不同轨道高度上的卫星（高中低轨卫星）以及不同空域飞行器等融合而成全新的移动信息网络，利用天基、空基网络实现偏远地区按需覆盖，具有组网灵活、韧性抗毁等突出优势。星地一体的融合组网将不是卫星、飞行器与地面网络的简单互联，而是空基、天基、地基网络的深度融合，构建包含统一终端、统一空口协议和组网协议的服务化网络架构。在考虑 C-V2X 通信组网经济性的影响下，对特定场景利用星地一体融合组网提供通信服务，如沙漠、野外、地震灾区等。

（3）跨域融合的通信感知一体化技术

车联网通信中的无线通信和无线感知两个独立的功能在通信原理存在差异性，如果通过跨域融合共享资源、硬件及信息等，可在同一系统中实现且互惠互利。通信系统可利用相同的频谱甚至复用硬件或信号处理模块完成不同类型的感知服务；同时感知结果可用于辅助通信接入或管理，提高服务质量和通信效率。

在未来通信系统中，更高的频段（毫米波、太赫兹甚至可见光）、更宽的频带带宽，以及更大的天线孔径将成为可能，这些将为在通信系统中集成无线感知能力提供可能。但由于通信和感知的目的不同，如何实现功能融合和信号融合，在通信与感知一体化设计中还有很多技术挑战。

二、车联网网络技术发展态势

车联网的网络技术研究面临着多种业务的差异化性能要求、通信－计算－存储资源共存、车辆移动性和无线信道状态多变导致的高动态性等原因导致的灵活性、智能化、业务连续性等多方面的挑战。在此背景下，网络技术的发展呈现出以下发展态势：

（一）移动边缘计算

1. 资源的弹性部署和动态调度

考虑 C-V2X 应用中计算资源类型众多，度量方式差异显著，将采用"云－边－端"三级智能架构。如何结合车辆移动性特征及时空演化规律、车联网特有的计算任务特性，实现通信－计算－存储资源的弹性、按需部署和动态调度，是 C-V2X 与移动边缘计算融合中的重要挑战。

因此，通过云边智能协同，充分利用云、边的异构性和互补性智能能力，为车联网应用提供高效智能服务，是车联网网络技术的重要研究方向。云边智能协同可从计算资源协同、算法模型协同、业务管理协同、数据协同、安全策略协同等不同方面展开[153]。

计算资源协同强调的是算力的协同，即以网络与通信能力承载算力的网络化，可借鉴算力网络的概念，通过网络控制面分发服务节点的算力、存储、算法等资源信息，并结合网络信息和应用需求，提供最佳的计算、存储、网络等资源的分发、关联与调配，从而实现整网资源的最优化配置和使用。

算法模型协同是指人工智能算法模型在不同智能节点间的分布式部署和多节点智能训练算法联动，以解决深度学习等算法在算法性能与时延性能之间的矛盾。算法协同实现了不同智能计算节点上的智能推理加速和多节点智能训练算法联动。算法模型协同可通过迁移学习、协同推理、增量学习、联邦学习、模型分割与剪裁等技术，实现算法模型的云-边协同和边边协同。

在业务管理协同中，边缘节点提供 C-V2X 应用实例，云端提供 C-V2X 应用的统一业务编排能力，按需为客户提供相关 C-V2X。由于边缘侧的资源紧张，中心云可以对某些应用进行高优先级的处理，从而对业务进行不同优先级的分类和处理。

2. 车联网的联合移动性管理

由于车辆的不断移动，车联网应用需要移动性管理技术支持业务的移动性。在 C-V2X 与边缘计算的融合环境中，车辆移动不仅导致无线接入点的变化，还导致服务节点的变化。因此，车联网的联合移动性管理需要同时支持通信切换以提供通信连续性，以及支持计算迁移以提供服务连续性。

由于 MEC 服务器常常与提供通信接入的基站联合部署，此时，通信切换和服务迁移并非孤立问题，而是互相影响的。一方面，通信切换导致用户和服务实例之间的传输路径发生变化，服务响应时间受到影响，进而需要执行服务迁移，以满足服务响应时间的性能要求；另一方面，当服务迁移无法满足服务响应时间需求时，需寻找通信资源更加丰富的通信基站，或者是用户和服务实例之间传输路径更短的通信基站，进而触发通信切换。可见，C-V2X 与 MEC 融合中的移动性管理需要实现通信切换和服务迁移的协同管理。相应地，需要研究协同的移动性决策方法，包括通信切换与服务迁移的协同时序关系、基于移动预测的移动性目标选择策略、服务/应用上下文迁移与同步机制等。

（二）网络切片

车联网中的网络切片技术研究及部署仍需继续探索。虽然目前 3GPP 已经为车联网定义了可用的网络切片类型，业界和学术界也就车联网的网络切片架构、切片管理与编排、切片资源调度开展了有益的探索，但是，车联网的网络切片研究仍面临如下挑战：如何定义更加合理的切片类型及不同车联网业务到切片的灵活、高效映射方法；如何确定网络切片的粒度，以提升系统的灵活性；如何降低高动态、高复杂车联网业务环境下的切片管理复杂度和难度等。除此之外，车联网网络切片从架构设计到关键技术，其可行性和性能，均有待在具体网络环境中的验证。

（三）基于数字孪生的车联网网络技术

在车联网支持的车路协同各类应用中，车载和路侧部署的感知设备数量众多，设备缺少统一维护和管理，道路事件缺乏探测、交通行为难以有效监管，给车车和车路协同应用带来了较大的挑战，同时也导致车联网网络技术研究中存在网络灵活性不足、网络新技术部署难度大、网络运维复杂度高等问题。

数字孪生是物理实体在数字世界的实时镜像，具备虚实融合与实时交互、迭代运行与优化，以及全要素、全流程、全业务数据驱动等特点，通过对现实世界中的人、车、路等进行数字化构建，实现数字孪生系统，对交通仿真、道路拥堵预警、道路异常事件检测、道路应急处置与救援、车路协同等具有非常重要的价值。通过面向道路的数字孪生技术，在道路规划时开展仿真推演及方案论证，使道路规划建设更加经济、科学。在道路交通管理时可以实时展现交通流状态，预测可能出现的拥堵等问题，通过控制道路标识、标线、交通灯等提高道路通行能力。通过与车辆、人员的交互，提供超视距感知与预警等，提升道路交通安全性，有效降低事故发生率。另外，各种网络管理和应用可利用数字孪生技术构建的网络虚拟孪生体，基于数据和模型对物理网络进行高效的分析、诊断、仿真和控制[155]。

三、车联网安全技术发展态势

随着车联网技术的不断发展，车联网应用场景和车联网技术对安全提出了更高的挑战，边缘计算、车辆异常行为检测、车联网设备的统一管理和统一身份认证等新特性、新需求和新技术的引入对车联网安全带来了新的安全挑战。因此车联网安全技术需要进一步发展以适应车联网应用和技术的不断发展。

（一）边缘计算安全技术

车联网与边缘计算技术的结合，可以形成分层、多级边缘计算体系，满足高速、低时延车联网业务处理及响应的需要。

但是边缘计算的数据处理实时性、数据多源异构性、终端资源受限性和接入设备复杂性，使得传统云计算环境的安全机制不再适用于边缘设备产生的海量数据的安全防护，边缘计算的数据存储安全、共享安全、计算安全、传输和隐私保护等问题成为边缘计算模型必须面对的安全挑战。

车联网与边缘计算融合的体系架构需要针对数据安全、身份认证、隐私保护和访问控制提出相应的安全机制，保证车联网业务的安全开展。传统的网络与业务的信任模型不能适应新的业务模式，例如边缘计算与车联网应用之间的信任关系缺失会导致攻击者接管用户服务，因此需要研究车联网业务与边缘计算之间新的信任模式，满足边缘计算系统与车联网系统共生融合的部署方式。

(二）车联网安全管理系统增强技术

车联网安全管理系统支持对车联网设备进行证书的安全发放、使用和撤销，当车联网安全管理系统检测到恶意的车联网设备时需要将其证书撤销，或者当车联网设备发生故障或者报废时，需要将颁发给车联网设备的证书撤销。因此，车联网设备的异常行为检测和报告是车联网安全管理系统的重要组成部分。

异常行为检测包括本地的异常行为检测和后台安全运营中心的全局异常行为检测。本地的异常行为检测可以通过车联网设备检查接收到的安全消息的完整性、可靠性和正确性，以及结合车辆的传感器信息进行分析、判断。由于本地异常行为检测仅能在时间和空间上提供有限的信息，因此只依靠本地的检测不足以可靠地识别攻击者，因此需要依赖于后台安全运营中心的全局检测，后台安全运营中心的全局异常行为检测可以通过实时对车载智能终端设备的系统资源、应用行为、网络连接以及 CAN 总线接口的监测，结合云端的安全大数据进行分析，发现并定位车载终端中的异常行为，并根据预置策略执行阻断。车联网安全管理系统既可以识别、处置来自车联网设备的异常请求，也可以通过依靠威胁情报和大数据能力，创建并持续学习不同场景、不同工况下的车联网行为模型，根据行为模型对监测到的异常行为进行安全分析，对异常行为可造成的汽车信息安全事件进行告警、预测和处置，从而建立起检测车联网设备异常行为的能力。

（三）基于可信计算的车联网安全技术

车联网安全威胁主要来源于三个方面：车载终端设备安全、车联网通信安全以及车联网运营安全。车联网被攻击的核心是通过各种方式入侵车辆总线系统来实现对汽车的控制，因此车联网安全技术应从车载终端、车联网运营端及车辆通信三个层面进行安全布局。

可信计算体系架构以密码体系为基础、可信主板为平台、可信软件为核心、可信网络连接为纽带，为计算体系提供度量和控制服务，保障信息和网络环境的整体安全。引入可信计算体系架构可以从根本上解决车联网安全问题。同时针对车联网复杂多变的场景和车辆的不同的管理模式，建立统一的车联网设备可信身份体系，通过与车联网证书安全体系兼容的可信身份凭证技术实现车联网设备的统一管理和统一身份认证。

（四）基于区块链的车联网及安全技术

区块链作为分布式数据存储、点对点传输、共识机制、加密算法等技术的集成应用，被认为是继大型机、个人电脑、互联网之后计算模式的颠覆式创新，很可能在全球范围引起一场新的技术革新和产业变革。区块链技术的发展需要云计算、大数据、物联网等新一代信息技术作为基础设施支撑，同时它也对推动新一代信息技术产业发展具有重要的促进作用。

车联网存在数据来源广，多方参与，利益不一致且无单一可信方和大量流程交互等特点。可以发现，区块链技术所倡导的解决问题的场景和优势与车联网特征不谋而合。利用区块链，可以通过数据防篡改和可追溯的统一账本来记录车联网中各个参与方整个生命周期的信息，该账本在各参与方之间共享（参与方既可以是信息提供者，又可以是信息使用者），实现去中心化的信息互通。同时，结合智能合约、链上链下数据互通等更前沿的技术，可实现整个价值链上各种流程的自动化和智能化。

四、车联网云基础平台技术发展态势

（一）构建车联网云基础平台分层智能协同技术架构

基于云–边–端分级智能架构，构建车联网云基础平台分层智能协同技术架构。该技术架构的构建，以数据汇聚和计算协同为核心能力，支持车载智能计算平台、边缘云、区域云、中心云不同层级间的大数据交互与协同，支持应用的统一编排以消除应用间的行为冲突，支持大规模、高并发应用所需计算资源的协同调度以实现系统资源的高效利用，进而在此基础上提供车、路、云协同感知、决策与控制能力。

（二）边缘云实时性保障技术

分级的车联网云基础平台架构中，边缘云为实现车联网云基础平台高并发、按需运行实时类应用提供技术保障。实时类应用（如高级别自动驾驶）对信息传输的毫秒级时延和超高可靠要求远远超越了传统云计算架构的技术能力，亟须通过边缘云的能力设计与关键技术满足实时性要求。C-V2X 提供的低时延高可靠无线通信链路、车联网网络技术中的移动边缘计算相关标准与关键技术，是实现车联网云基础平台中边缘云实时性的重要保证，因此，应与 C-V2X 通信、移动边缘计算标准与关键技术研究密切结合，建设基于 C-V2X 等无线接入技术的边缘云，提供边缘云服务的实时性保障。

（三）完善车联网云基础平台相关标准

形成完备的车路数据采集标准、平台架构标准和技术标准。保障不同厂家的车路数据快速接入平台并进行处理，减少烦琐的接口协调开发工作和平台的开发工作。推

动车路原始数据和感知结果数据的质量检测工作，保证原始数据质量的精度和可靠性，保证平台输出的感知和决策数据的精度和可靠性。

五、高精地图技术发展态势

高精度地图作为车路协同的关键支撑，不仅能够让自动驾驶车辆提前感知前方超视范围内的动态信息，还能给驾驶员、道路管理者提供可视化的工具，更加便捷地参与交通和管理交通。伴随着自动驾驶等级的提升，高精地图与车载驾驶系统的关联度不断增强，作为车载感知的"容器"，需要提供更加详细的交通道路环境信息，并可以实现实时更新，以配合传感器和决策算法的成熟度，为决策层对应的集成提供支持。

高精地图所覆盖的数据比传统导航地图更加丰富和精细，由于其数据量庞大、更新频度和精度等级要求高。因此，高精地图的发展对通信技术、采集更新技术、制图技术、硬件及传感器技术等提出更高的要求。同时，高精地图除在车端应用外，还将搭载路侧端设备，成为覆盖智慧交通、车路协同领域各个终端设备的基础设施。高精地图市场涵盖诸多领域的技术，互相促进，共同发展。

高精度地图技术未来发展态势主要集中在以下几个方面。

（一）数据采集技术

在高精地图量产化数据采集过程中，地图生产效率和更新实时性是两个需要解决的重要难点。地图数据源获取上，主要分为专业设备集中采集和众包采集两种方式。未来，集中采集和众包采集相结合、采集高度自动化和数据共享将是解决生产效率和更新实时性的主流发展方向。

1. 集中采集／众包采集相结合，优势互补

集中采集精度高，但更新频率低、采集成本高；众包采集数据鲜度高、成本低，但采集精度低、可靠性和一致性较差。以集中采集为建图基础，在海量众包数据中快速提炼符合规范的静态图层变更信息和动态图层实况信息，两者深度结合、优势互补的技术模式成为目前主流的发展方向。目前，众包采集方式已成为初创公司弯道超车的最佳选择，很多采用众包方式的国内外地图企业组建了自主采集车队，专业的外包采集公司也应运而生。同时，通过用户车辆上传形成"用户使用－反馈－地图更新－价值提升－吸引用户"的正反馈链条，形成众包模式的网络效应。众包采集模式的发展进程将随着测绘、地图管理领域法律法规的逐步开放和发展不断加速。

2. 采集处理高度自动化，提升效率

覆盖全要素的自动化采集处理技术，是提升地图生产效率重要途径之一。在专业采集和众包采集模式下，关键要素的自动识别、提取和预判，可以随着准确性的不断提高，大幅降低人工参与程度，提升处理效率和实时性。采集内容全面化、通用化，采集处理智能化、自动化，信息数据标准化、精细化，将成为未来地图采集的重要发展方向。

3. 数据共享，降低成本

为满足高精地图更新的实时性要求，需要覆盖范围广泛、数量庞大的具备感知传感器的车辆和路侧设备。地图企业独立建设和维护成本很高，且各企业重复性基础建设也会带来资源浪费。未来，专业的外包采集公司、路侧设备建设及信息服务公司等，将会以第三方数据提供商的形式逐渐发展壮大，为各图商提供海量丰富的标准化采集数据，在一定程度上实现数据共享，降低采集成本。

（二）地图制图技术

高精地图在获取原始数据基础上，需要进一步绘图，更新和验证。

1. 绘图技术

高精地图提供精细的地图数据内容，需要更加真实的反应道路的实际样式，不仅包括传统路网信息，还包括高精度车道级及环境信息数据，同时还需兼容动态感知层和驾驶决策层部分信息，数据绘制的自动化和智能化成为重要的发展趋势。借助 AI 技术完成不同传感器数据自动融合识别，即把 GNSS/INS、点云、图像等数据叠加在一起，进行道路标线、路沿、路牌、交通标志等道路元素的识别。对于在同一条道路上下行双向采集带来的重复数据，也会在这一环节进行自动整合和删除。通过人工智能系统形成车道线识别、特征点提取、构建车道的网络拓扑以及制作各种地物的全栈工具链，简化高精地图数据处理流程并不断提高制图效率，对于复杂城区环境尤为重要。

2. 更新技术

高精地图数据的实时更新是自动驾驶领域关注的重要问题之一。未来高精地图会更多的借助大数据和地图云服务平台，自动化采集体系以及丰富的生态资源进行更新和分发，建立采集、绘制、审核、发布等一体的高精地图自动化采集更新发布流程。对于众包采集更新模式来说，低时延、高可靠的数据传输与处理技术将成为未来制约高精地图更新发展的关键技术之一。

3. 验证技术

高精地图数据质量验证目前多采用人工完成，自动化处理的数据还不能达到百分百的准确，需要人工进行最后一步的确认和完善。随着人工智能算法的发展及采集数据多源化，依靠数据源多源交叉验证高精地图数据的真实性成为必然趋势，同时，高精地图数据的质量评测体系，包括数据精度验证技术也必将得到长足发展，相关的标准体系规范也将逐步完善。

（三）新技术赋能

1. 车路协同相关

高精地图的"路侧"更新模式：随着城市智能网联交通体系的建设，路侧的传感器将成为高精地图更新的有效数据来源。对于高精地图静态及准静态层，路侧视觉、激光雷达等传感器可实时感知道路渠化、标志标线等变化，实时上报信息，助力高精地图更新；对于高精地图动态及准动态层，路侧感知能力与车端感知能力紧密结合，增加信息冗余度，互相校验及融合，可为高精地图提供更为精准丰富的动态信息。

高精地图赋能路侧感知体系：路侧感知体系在感知目标动态物理属性和种类属性的基础上，还需进一步赋予其地理信息属性特征，为智能交通或自动驾驶应用提供统一参考系及更为丰富的目标信息。例如，前端感知设备与高精地图结合，在设备部署阶段匹配各设备的高精度位置信息，实现前端感知数据附带地理属性，进而与平台地理信息系统地图无缝结合且可支持车路协同数据应用；路侧边缘计算单元内置搭载高精地图，一方面可将目标信息赋予位置属性，实时监测感知信息精准度并进行矫正，通过车端与路端地图的统一，进一步支持目标位置预测等应用；另一方面也可实现动态地图的快速分发，通过地图切片分发，既能获取实时地图，又能大大节省车机的存储空间。

2. 5G 通信技术相关

实时鲜活的高精地图：5G 网络带来数据传输速率的大幅提升，让高精地图的采集与更新变得更加实时动态。专业化高精度采集、众包采集和路侧采集等多种地图采集方式的动态信息，依托 5G 网络实时同步至云端进行加工处理；同时，更新后的高精地图及实时信息从云端对道路上行驶的车辆进行同步更新。这让实时鲜活的高精地图成为可能。

超远视距的高精地图：在车路协同场景中，利用 5G 网络及边缘计算能力，通过 Uu 接口将道路路况、天气等实时动态信息第一时间同步更新在高精地图上。自动驾驶车辆可以提前知道前方 5 千米发生了交通事故，10 千米处有临时施工，而在 20 千米以外已经开始下雨。

安全合规的高精地图："网络切片"是 5G 区别于 4G 的标志性技术之一，通过逻辑"专网"服务垂直行业。5G 网络切片技术从无线、传输、核心网和管理域的按需定制，实现业务隔离、安全等级、业务质量的端到端保障。而 MEC 边缘计算技术及分流服务将实现数据的本地处理、转发，分散计算压力，实现本地流量卸载，满足业务时延要求，同时实现本地数据终结，满足数据不出场要求。因此，利用 5G 的网络切片技术和边缘计算架构，结合车载硬件或者 OBU，可在现有测绘法律框架下，建立车用高精地图按照受控测绘成果的合法管理模式。目前，国家层面正大力进行基础设施建设。

3. 硬件及传感器技术相关

车联网在 2020 年作为"新基建"的重要板块被提出，高精地图作为车联网发展中的基石之一，其广泛的地理覆盖范围、庞大的采集和应用需求，必将带来相关硬件及传感器的新一波增势。车端和路侧端在高精地图采集及应用中，常见的传感器及硬件设备包括高清摄像头及控制单元、激光雷达、毫米波雷达、GPS 接收机、惯导设备、边缘服务器和数据存储设备等。在专业采集车辆、众包采集车辆和路侧设备上，各传感器的要求不同。专业采集车辆要求传感器成本适中、精度高、性能强，能够支持全天候、全方位的稳定采集；众包采集和路侧采集则要求相对降低，但传感器将朝着智能化的全要素信息服务发展。

同时，高精地图对动态信息的采集和更新需求，将带动行业周边的智能硬件发展。如带有定位功能的 IOT 设备将会逐步普及，这些设备通过联网发送加密处理过的实时位置信息，用于动态地图的构建。当施工单位在道路上施工时，可以利用智慧锥桶提供施工位置、施工范围等重要信息，大大降低动态信息采集和识别的难度。

六、导航/定位技术发展态势

车联网的主要应用场景大多涉及交通效率和交通安全，高精度定位的可用性是至关重要的核心指标。可用性对于基准参考站网的建设、运营、维护、后台数据中心的实时解算能力、服务稳定性以及通信链路的质量和覆盖都有较高的要求。

考虑到车联网的大规模应用必须基于良好的互联互通，并且各接入车联网相关应用的终端在位置数据上需要统一基准，高精度 GNSS 改正数据在生成和播发时也需要考虑到数据的一致性。数据不一致主要是由基准点坐标框架不一致，差分基准参考站的基准点坐标不精确，或差分改正数据解算方法不同造成的。由此，不建议差分基准参考站独立负责该站点周边的差分信息覆盖，而是进行云端组网解算，来消除站与站之间，以及不同数据解算之间的差异，并适当考虑多冗余的基准参考站备份，防止终端定位过程中由于匹配参考站不一致，运营商不一致等因素带来的定位数据偏差。

根据相关测绘法规，实时差分服务数据属于受控管理数据，需要采取用户审核注册的方式提供服务。其中提供优于 1 米精度服务的，基准站数据中心管理部门审核注册后应向省级以上测绘地理信息行政主管部门报备用户及使用目的等信息。且针对全国范围服务的服务提供商必须具有大地测量子项"全球导航卫星系统连续运行基准站网位置数据服务"甲级资质。

自动驾驶应用一般需要亚米级甚至厘米级的定位精度。在蜂窝基站辅助定位、北斗地基增强系统的支持下，未来北斗三号系统可满足车联网对高精度、高可用性定位的需求。

北斗产业链逐渐完备。作为国家战略新兴产业，北斗产业链从元器件供应商、产品制造商到集成商运营商，产业链上游的技术将随着市场规模的扩大逐步向深层次发展，并由此分化出更专业化的，拥有高、精、尖技术的龙头企业。北斗导航应用产业从国家安全战略的角度出发有很大的发展空间，可以形成独具中国特色的产业，在未来将是更深层次的技术专业化和更高层次的市场化的联合。

北斗未来发展前景光明。我国已具备完整的北斗高精度应用的技术储备，能满足从静态到动态、从事后到实时的多种高精度应用需求。随着 2020 年北斗系统服务范围覆盖全球，我国卫星导航与位置服务产业将迎来由技术融合创新和产业融合发展共同带来的升级变革。以北斗提供的时空信息为核心的导航定位授时服务产品，必将大规模进入到行业应用、大众消费、共享经济和民生服务等领域。

第四节　车联网产业发展态势

一、车联网通信产品发展态势

（一）通信芯片和模组

1. 通信芯片

当前 C-V2X 芯片厂商（大唐宸芯、华为、高通等）的 LTE-V2X 芯片都已经量产，采用相关芯片的模组、终端等产品也已大量量产上市。从 2020 年开始，逐步有支持 C-V2X 功能的新车上市，随着越来越多的汽车支持 C-V2X 功能，以及路侧设备的不断部署，LTE-V2X 产业将快速实现规模商用。

目前，各大芯片厂商逐步启动 NR-V2X 技术的研发，并将在未来 2~3 年启动 NR-V2X 技术的测试和验证。通过大规模的测试验证，将会有越来越多更明确定义的自动驾驶需求导入芯片厂商，NR-V2X 芯片的性能指标逐步达到产业化的要求。根据自动驾驶和芯片的发展进程分析，预计 2025 年左右 NR-V2X 芯片能够达到量产水平。

2. 通信模组

当前阶段，业界的主流厂家已经实现了 LTE-V2X PC5 单模模组、LTE-V2X+4G 双模模组的量产，LTE-V2X+5G 的双模模组已在 2021 年有量产产品。在车联网产业的起步阶段，C-V2X 的主要应用为标准定义的第一阶段应用场景，主要为面向提醒的安全和效率类应用，尚不涉及基于 C-V2X 的车辆控制。因此，当前 C-V2X 模组，能够满足汽车和交通产业的需求。

从汽车产业角度，车联网的目标旨在实现自动驾驶；从交通产业角度，车联网的目标实现智慧交通。基于这两个目标，考虑通信产业的技术演进，C-V2X 模组的演进主要涉及两个方向，一是通信技术的演进，即在芯片完成 NR-V2X 的支持后，推出支持 NR-V2X 的模组，以支撑更高速率、更低时延的数据传输能力；二是面向实现 C-V2X 与传统单车智能感知（如视觉、雷达等）的融合，从信息辅助，逐渐过渡到协同感知，最终实现协同决策与控制。涉及车辆控制，对 C-V2X 模组产品的可靠性、数据的可信度等要求将会更高。

一方面，C-V2X 模组需要将实现功能安全分解到 C-V2X 通信模组的相关功能。C-V2X 功能定义部分，需要满足的功能安全需求差异也会比较大。例如应用处理器相对弱的模组，则仅需要保证通信功能的功能安全需求；而配置更强应用处理器的模组，可以实现更高层面的数据处理，在业务层面，与辅助驾驶/自动驾驶的融合更加深入，需要承接的功能安全需求会更多。

另一方面，C-V2X 模组需适应汽车电子电气架构的演进。汽车电子电气架构将从分布式逐渐走向集中式已经成为产业共识。在不同的阶段，C-V2X 模组所在的控制器将存在差异，对 C-V2X 模组亦将不同。现阶段，C-V2X 主要面向提醒，因此 C-V2X 模组主要被集成在 T-Box 中。因为各大车企已经具备成熟的 T-Box 产品，在成熟产品中扩展 C-V2X 功能时，双模模组在技术方面更有优势，因此接受度更高。但是随着技术演进，蜂窝移动通信将更加偏重智能座舱相关功能，而 C-V2X 直连通信将更加偏重自动驾驶相关功能，因此，模组应该为单模还是双模，需要更多的技术探索。

（二）车载终端

1. 产品发展

（1）产品形态

随着车联网产业的发展，OBU 产品在产业应用需求不断增加。但与此同时也带来了新的要求，这使得 OBU 产品无论在尺寸、外观上，还是安装方式上都会发生变化，未来产品将朝小型化、集成化、美观化、安装便捷化方向发展。

小型化与集成化。据统计，目前后装 OBU 产品提及普遍偏大且厚重，有些厂家生产的产品功耗偏高。这也是产品演变过程的重要特征，后期通过不断迭代，产品将朝小型化发展，以适应用户需求，减少空间占用。在集成化方面，目前 LTE-V2X OBU 主要以消息告警为主。在后装，需要充分结合用户当下使用需求，丰富产品功能，以达到产品普及目的。在前装，未来随着 C-V2X 标准演进，C-V2X 有望实现协同控制功能。

美观化。在产品安装上，由于摆放、线束暴露等美观度问题，多数用户选择了放弃安装，这阻碍着产品普及率提升。数据显示，在 C 端用户调研结果显示中，有超过 60% 的用户由于安装不便捷和不美观选择不安装此款产品。

安装便捷化。OBU 产品在安装上较为复杂，导致市场发展缓慢。未来，OBU 设备安装位置也将固定。比如在乘用车上，安装在 C 柱后排座椅下方，天线部署在鲨鱼鳍内或成为主流。

（2）产品功能

随着自动驾驶产业的发展，车联网之间的功能属性将进一步融合已经成为必然趋势。其中，作为车载通信单元的 OBU 未来在产品设计上，也将充分考虑技术与技术之间的融合，以此在产品前装上获得进一步发展，使其在汽车上的功能得到强化，产品属性更强。

未来几年，随着芯片算力的提升，智能座舱集成度将得到进一步发展，智能车载终端设备也面临变革，C-V2X 或将与车载娱乐系统 TBOX、ADAS 或自动驾驶平台发生融合。未来随着 C-V2X 标准的演进，以及和自动驾驶车辆结合，助力自动驾驶。

2. 市场格局

目前，OBU 设备服务商较为集中，产业竞争优势明显，目前具有通信背景的企业正在凭借自身技术优势抢占市场,但产业总体竞争规模较小,围绕产业加速应用至关重要。此外,在竞争壁垒建设上,技术能力也将成为重要一环,未来产业竞争者将依靠产品功能的丰富去扩充市场,方能彰显竞争优势,建立竞争壁垒。

3. 市场应用

在 OBU 市场,C-V2X 技术前装量产成为多家车企布局的重要发展方向,这将推动 OBU 新车渗透率逐渐走高。短期内,OBU 渗透率的提高将主要依靠整车厂商前装方式推动。而随着 OBU 及 RSU 数量实现规模增长,后装 OBU 产品也将得到快速发展。在后装普及之前,营运车辆搭载也将成为重中之重,如出租车、公交车、物流卡车、矿卡、港口车辆等,会优先于乘用车部署 C-V2X 车载终端。这将推动 OBU 产品销量走高,解决营运车辆在实际运营过程中的互联互通问题,以此降低交通事故发生,提升交通效率。

(三) 路侧设备

伴随着新一代信息技术的发展和应用,车路协同成为实现智慧交通和智能驾驶的重要手段之一,智能路侧设备作为智能交通应用场景中极为重要的组成部分,承担着关键角色。

未来,随着车联网产业发展推进,在路侧能力建设方面也将逐渐步入正轨。总结来看,RSU 产品呈现如下发展态势。

1. 产品发展

目前,产品功能较为简单,未来将朝融合方向发展,与授时定位基础设施融合,成为支持高精定位、高精授时的 RSU,可以支持给路侧其他设备高精授时。且在功能匹配上,未来 RSU 产品将与感知设备逐渐融合,形成内置感知计算能力的 RSU,可直接完成感知计算。

在安全能力上将进一步获得提升,安全性逐步增强。未来通过内置安全芯片,RSU 产品能够进一步确保安全性;支持直通通信 (PC5) 口安全加密、支持 Uu 口安全加密,系统支持等保 2.0 三级。

2. 市场格局

RSU 市场参与企业众多,目前 RSU 供应商主要来自国内企业,已经凭借各自优势参与市场竞争。在未来市场竞争中,整个市场仍将保持群雄并起状态,企业与企业之间的竞争仍将各自为据。但随着产业规模化推进,未来市场将逐步向头部企业集中,具有资源优势和技术优势的企业将脱颖而出。

3. 产品应用

政策利好下，围绕基础设施建设的 RSU 产品将获得突破性发展。2020 年 3 月，国家提出新基建政策刺激国内经济发展。其中，信息基础设施的发展将推动 5G、北斗系统、人工智能等新技术在智慧路侧方面的发展。此外，2021 年，国家综合立体交通网和"十四五"规划政策相继出台，从国家政策层面推动公路智能化建设，加强在感知、终端联网、智能调度体系建设等。这意味着在未来发展过程中，RSU 产品发展在政府推动下将持续利好，在高速公路和城市主干道将成为布局重点。

此外，随着政策助推和智能网联汽车产业的发展，场景需求不断显现，未来，RSU 产品将依从从重点场景部署走向开放道路规模化部署。在辅助驾驶安全中，RSU 产品部署也将围绕重点场景加速布局，围绕物流等商用车环节将获得进一步发展；在自动驾驶产业发展过程中，半封闭场景如港口、矿山、干线物流、末端配送、园区、物流、环卫、自动驾驶出租车等多场景成为企业突围重点，但在自动驾驶发展陷入瓶颈后，路侧感知也成为布局的重要一环。所以，为解决相关技术难题，路侧部署也将成为企业发展的重要战略，很多自动驾驶解决方案提供商将目光聚焦于路侧建设，RSU 产品也将获得进一步利好。

RSU 的部署将从重点路段，包括高速公路危险路段、合流区、隧道等场景迎来加速布局，再走向全路段开放场景。

而随着产品实现规模化部署，产品价格也将从初期的十几万逐年降低，整个产业也将进入新的发展时期。

（四）移动边缘计算（MEC）设备

在车联网的产业实践中，有效利用边缘计算支持多类接入方式、可在网络边缘提供的数据分流、计算、存储等能力，将边缘计算和车联网紧密结合，成为车联网发展路线上重要的一项工作。可以将车联网业务直接部署在边缘计算服务平台上，从而降低数据端到端的传输时延，增强数据计算的能力，进一步支持高质量高需求的车联网应用。

1. 影响因素

2021 年 7 月 5 日，工信部等十部门发布《5G 应用"扬帆"行动计划（2021—2023 年）》，提出推动车联网基础设施与 5G 网络协同规划建设，加快提升端到端网络切片、边缘计算、高精度室内定位等关键技术支撑能力等车联网相关措施，并提出打造 IT（信息技术）、CT（通信技术）、OT（运营技术）深度融合新生态。而边缘计算作为连接这三个方面的纽带，必将在未来的几年得到大力的发展和支持。车联网作为 5G 垂直应用最有市场潜力的方向，路端和车端形成的数据可以通过部署边缘计算进行融合和处理，进行数据的本地分流，进一步降低端到端时延。在政策东风的加持下，边缘计算在车联网部署应用已经具备良好的环境。

2. 产品应用与部署

边缘计算在车联网应用中的部署地点可以分为三类，路侧级、接入级和边缘级。

路侧级：边缘计算部署在最靠近终端的位置，重点面向部署在路侧的车载、路侧设备以及其他智能设备（例如红绿灯，标示牌，摄像头、雷达等）。负责处理设备的一些感知和通信数据，以及做简单的融合处理。

接入级：边缘计算部署在本地接入级，主要面向接入网络。针对超低时延的车联网业务可以在这一层级通过计算和存储实现业务的要求。

边缘级：边缘计算部署在地市级，包括部分控制面功能以及和 5G 用户面功能结合，可以提升贷款，带给用户更好的业务体验。作为连接路侧感知设备和通信设备的路侧级边缘计算服务产品未来会面向轻量级、灵活部署等特点推出相应的产品。车联网应用 MEC 产品安装和部署非常方便，并且足够支撑路侧多源数据的计算和存储，实现数据的本地分流，而接入级部署的边缘计算服务未来考虑和基站一体化设计，进一步降低时延、增加对数据的处理能力。

基于 5G 边缘计算技术发展态势，在 2021—2022 年，边缘计算设备会在车联网应用区域内或者城市内进行部署，部署方式尽可能地下沉在路端边缘侧，在智慧路口做高算力融合处理，大大降低业务传输时延。由于 5G 的车联网应用还没有完全成熟，所以在这个阶段，边缘计算的运营成本将保持高位运行。

未来几年，随着 5G 商用技术的不断成熟应用，系统设备成本进一步降低，产业之间的深度融合将推动边缘计算部署规模进一步扩大，从先导区示范区过渡到开放道路及普通道路的应用，市场的接受度越来越广，商用产品普及度变高，边缘计算成本将大幅度降低。

3. 市场空间

中国车联网市场规模稳步上升，2020—2021 年虽受疫情的影响略有下降，但是随着疫情控制越来越稳定以及技术标准推动的作用下，车联网市场需求保持平稳的增速。随着市级、省级、国家级车联网示范区/先导区的建设，车联网商用项目的不断落地，车联网边缘计算的市场规模持续扩大。边缘计算作为路口传感设备和终端设备数据融合、计算和决策的处理中心，随着自动驾驶和车联网技术不断成熟，各地智慧路口建设处于上升趋势，未来将有很大市场需求，根据中信建投市场预测，到2025年，车联网覆盖的城市内交叉路口数量将新增5.2万个，车联网覆盖的高速/快速公路将新增10.94万千米，对应边缘计算设备的增量预计大于50万个。《智能网联汽车技术路线图2.0》报告中指出，智能网联汽车2025年渗透率将持续增加到50%，2030年达到70%；装备车载终端的新车2025年将达到50%，2030年基本普及。

4. 竞争格局

目前市场的主流提供边缘计算服务的服务商分为：运营商主要提供网络接入和数据中心服务；云服务公司基于之前的业务积累，可以很好地在边缘侧提供云服务以及高算力支持；设备提供商主要提供数据中心增值服务，以及应用结合的相关服务；未来会有一部分新的参与方，例如大数据等厂商将提供生态内和轻租赁等服务。目前主流的服务商还是有运营商和云服务公司组成，不排除随着车联网业务应用的不断升级，还会有其他服务商基于细分差分服务加入到边缘计算的市场中。

（五）核心网设备

目前5G SA核心网无论从硬件平台还是软件架构将继续沿着当前的架构不断进行升级演进。5G核心网采用了NFV技术，使用x86通用硬件平台，可以基于统一的云基础设施分布式、层次化、按需部署，更好地支持MEC等新应用，使5G核心网设备的云化成为可能。

1. 架构演进

未来在软件架构上，5G核心网引入了微服务架构，将业务进一步细化，部署起来更加灵活、敏捷。将来，5G核心网不仅能实现了全面的云化，还基于云的原生技术，实现了5G网络的服务化与能力开放，可以更灵活地实现高效网络切片，从而能够通过灵活的网络资源组合。5G核心网的切片技术在未来将会变得更加自动化，用来满足车联网业务定制化网络的不同需求。5G核心网的用户面和控制面彻底分离，用户面功能网元UPF能够实现下沉和分布式部署，因而能够很好的在边缘侧对路侧和车端的数据进行分流、处理、融合和决策。另外，边缘MEC计算能力的下沉、网络能力的开放以及共建共享等都会带来网络安全挑战，需要未来5G核心网提供更安全、高可靠服务保障体系，尤其对车联网数据安全保护。

2. 极简部署与运维

网络部署简化。当前，传统网络已经不适合当前的应用，已经不适合大规模投资；各大运营商都在积极推动虚拟化商用，通过虚拟化部署 5G 核心网，可以加速虚拟化建设速度。初期 5G 规模不大，用户面可以采用集中部署；中后期逐渐分层部署，根据业务按需部署，靠近接入部署，降低时延，提升客户体验。转发面采用虚拟化部署，跨层次共享资源，解决节假日潮汐效应。

运维智能化。核心网运维智能化是未来的重点发展方向之一。未来 5G 核心网，可以实现故障自动诊断与恢复，由大数据或 AI 对网络的参数分析，由系统进行诊断或者执行预定的操作，减少人工对网络的干预，提高效率。目前无线网络切片方面是网络切片的瓶颈，3GPP 正准备进行无线网络切片的增强研究，包括网络切片的快速接入、网络切片的业务连续性、无线资源调度方案以及与核心网配合实现端到端的 SLA 的保障等方向。在管理域，未来的方向是结合大数据和人工智能技术实现网络切片的自动化管理，提供智能化的编排管理能力，提升网络切片的运营技术手段。

未来车联网的大规模商用依托 5G SA 核心网，实现灵活部署，低时延、高可靠的业务，助力无人驾驶真正的商用化。

二、车联网安全产业发展态势

（一）车联网安全芯片

车联网将广泛采用安全芯片的方式来保证安全，安全芯片的发展趋势主要分为两个方面。

一是车联网安全芯片将成为智能网联汽车的标准化通用安全芯片。信息安全已成为智能网联汽车的通用必要功能需求，安全芯片将成为通用信息安全载体，作为安全能力硬件平台向各应用服务赋能；安全芯片将逐步融入汽车操作系统生态，成为通用平台的必要功能之一。

针对车联网安全技术的需求，需要基于资产定义、威胁分析及风险评估得到的初步的技术需求，然后不断细化，到软件代码和芯片级。由于硬件产品的周期较长，会出现软件产品先行的情况，最终还是会采取安全芯片的方式来作为最坚实的安全基础。

二是车联网安全芯片将融入更多智能网联汽车场景的特色信息安全需求，例如车联网设备统一身份标识及可信身份凭证、保障 V2X 高速通信要求的加解密及签名验签性能以及符合车内以太网架构的信息安全需求。

场景的变化，将给安全芯片在封装尺寸、算法强度、算法性能、功耗等不同方向带来更多的变化。

(二) 车联网云平台安全

随着车联网业务云化进程的不断深化和云安全挑战日益严峻，传统的安全架构已无法满足车联网业务的需求，改造或升级车联网云平台的安全架构以应对安全威胁挑战成为重要的安全举措。

云计算安全体系目前开始研究以信任机制为基础的安全体系。零信任理念和软件定义边界的模型，打破了传统的安全理念中信任模型，以适应云计算中安全边界模糊的现状。目前向云计算快速迁移是安全挑战之一，零信任网络访问将解决云计算迁移面临的安全挑战。随着车联网应用从集中式数据中心向边缘迁移，到2022年，可以预见零信任理念的软件定义安全解决方案将成倍增长。在国内，工信部发布的《关于促进网络安全产业发展的指导意见（征求意见稿）》中将"零信任安全"列入需要"着力突破的网络安全关键技术"。

目前零信任安全已经开始实施应用，产品生态不断丰富，逐渐得到用户认可，很多云服务商、安全厂商和安全服务商都提出了各自的零信任安全解决方案，实现了身份安全、网络安全、应用安全、数据安全、安全管理等，解决云计算平台面临的安全挑战，为车联网应用建立了新的信任体系。

随着零信任安全不断的与原生安全融合，云服务模式成为趋势，随着零信任解决方案的不断成熟，基于云计算的零信任服务成为云计算产业的主要发展趋势。腾讯云、青云、华为云、阿里云等云服务商均发布了SaaS版零信任服务。

(三) 车联网数据安全

车联网数据资源面临的安全威胁日益严峻，数据开放利用与数据安全治理成为车联网数据面临的两个重要问题。面对日益严峻的数据安全威胁，世界主要国家全面加强数据保护的立法和监管。2018年5月25日，欧盟的《一般数据保护条例》（GDPR）正式实施，成为全球数据安全保护的重要标杆。我国的《网络安全法》也将个人信息保护纳入网络安全保护的范畴，围绕数据保护的相关配套法规和管理标准相继出台，因此车联网产业的健康发展为车联网数据安全提出了更高的要求。

为了遵循合规，车联网平台需要识别出存储和流动的各类敏感数据，不仅包括个人基本信息，还包括一些个人敏感数据，比如用户行为的隐私等。根据不同的使用场景，数据脱敏分为静态脱敏和动态脱敏。静态脱敏一般用于非运行环境中（测试、统计分析等），动态脱敏一般用于运行环境中。目前静态脱敏技术已经发展较为成熟，而动态脱敏近年来也有相应的产品。

目前敏感数据识别和数据脱敏技术在国内外市场日趋成熟，国内外多家安全厂商均有所布局，如 Microsoft、IBM 推出了敏感数据识别和数据脱敏产品。国内绿盟科技推出了 IDR 产品，可应用在传统数据库和大数据平台的敏感数据发现与分类分级场景中，安华金和推出数据库脱敏相关产品，可应用结构化数据的脱敏应用中。

三、车联网云基础平台产业发展态势

（一）推动车联网云基础平台架构、数据标准与交互相关国家标准制定

尽管目前有部分地区和示范区已经开展车联网相关平台建设，但从建设效果而言，仍缺乏一个逻辑协同、物理分散、安全可靠的车联网云基础平台，尚未建立起统一分级的车联网云基础平台体系，还未能充分实现"端、边、云"协同，尚不能弹性支撑基于产业各类应用需求的差异化、定制化服务。车联网云基础平台架构、数据标准与交互均缺乏统一的标准。为了支撑未来多产业融合的车联网应用，为了支持车联网云基础平台从示范应用到区域级、国家级平台的建设，相关国家标准制定迫在眉睫，亟须统筹规划和推动。

（二）建立相关数据权属问题，清晰界定各类数据所有权和使用权

对于车联网云基础平台中极为重要的车辆及其行驶环境相关数据，目前我国在各类数据的权属、置信度等方面尚未形成明确的法规，目前车辆数据、乘客数据、道路数据等各类数据的归属问题不明确，各示范方案的推进者都难以获取自己产品以外的数据，获取数据的安全可信方面尚缺统一评估方法，对示范应用的推进造成了极大的阻碍，不利于技术方案的完善、技术发展趋势判断和相关产业环境建设，严重制约产业的发展。因此，需要相关部门进行专项梳理，清晰界定各类智能网联汽车数据的所有权范围，产业参与者将会针对所有权范围内的数据进行业务模式设计和合作，推动数据使用权的分级与数据共享，联动支持车、路、云一体化融合控制系统及应用生态的发展[141]。

（三）加强开展应用示范试点的统筹与部署

目前车联网云基础平台产品的应用还局限于示范应用阶段，大多在限定区域的示范区或先导区内，建设云平台，为园区内的自动驾驶巴士接驳车、快递物流、外卖配送、环卫清扫、车辆管理、安全预警等应用，以及智慧公交、智慧高速等示范性车、路、云协同应用，提供大数据服务、车路协同的感知与决策、运维管理等能力，存在

基础设施建设成本高、运维成本高、数据私有化等特点。因此，需要通过政府引导下的应用示范试点项目，积极探索商业模式，完善车联网云基础平台架构、平台建设技术方案及基础设施建设需求，推动从示范应用到区域级、全国级的车联网云基础平台建设。

四、车联网测试评估产业发展态势

全国车联网先导区、示范区建设取得了阶段性成果，从"先行先试、技术验证"进入"跨行业融合、商业化应用"过渡阶段，建成了覆盖测试园区、开放道路、高速公路等多种应用环境，部署了 5000 余台 RSU，支持开展车路协同、智慧公交、智慧出行、自动驾驶等创新应用。

目前的测试标准多针对单体设备提出技术测试方法，应用标准多从可支持场景提出要求，对于外场实际部署的批量设备、多级系统、应用缺少测试评价方法，先导区、示范区建设验收缺乏评价标准，有必要继续完善现有测试评价体系，能够针对外场实际部署的设备、网络、系统、平台、应用和安全进行测评，为实际部署的车联网环境建设和测评提供依据。

（一）车联网通信测试评估正在向大规模测试和网络与应用评测方向发展

随着实验室内一致性测试方案逐步成熟以及全国车联网先导区、示范区规模化建设，C-V2X 应用逐渐丰富，对 C-V2X 的测试需求逐步从设备协议一致性测试向 C-V2X 外场网络性能覆盖、应用效果测评发展。未来需从测评标准和测试能力构建两个方面开展测评体系建设，同时探索外场 C-V2X 标准化、成熟化、高效化的部署方案，为全国 C-V2X 网络部署和测评提供依据。

实验室内测试从功能和性能的角度来看，目前相对比较完备。外场测试需要系统的测试方法和规范，特别是规模性测试，设计并实现车联网大规模测试系统体系架构，建立大规模 C-V2X 应用层测试验证环境，能够构建复杂的道路交通和通信环境，搭建具有信息汇集、数据存储、数据管理、数据分析的车联网大规模测试系统，面向整车厂商、设备制造厂商形成完善、成熟的测试服务能力，能够对 C-V2X 产品和系统在大规模应用场景下进行功能、性能测试，助力 C-V2X 产品和系统解决技术问题，促进 C-V2X 产业链尽快实现商业化和规模化部署。

目前 IMT-2020（5G）C-V2X 工作组开展了车联网网络性能评估与无线信道研究，围绕 C-V2X 网络性能的覆盖需求、网络指标要求等方面开展研究和测试，总结形成具有可操作性的测试方法和数据分析方法，从实际应用层面建立车联网网络评价与验收体系，推动车联网规模化部署和应用。目前已立项制定《车联网 C-V2X 网络和应用测试评价体系规范（网络部分）—C-V2X 网络性能技术要求与测试方法》《车联网 C-V2X 网络和应用测试评价体系规范（应用部分）—C-V2X 路侧应用评估与测试方法》《C-V2X 规模化测试数据接口规范及数据格式要求》等测试规范，旨在研究 C-V2X 网联和应用测评方法，针对如下测试内容，完善测试评价体系。

C-V2X 网络质量评测：针对城区、高速、高架等场景下的 OBU/RSU 网络覆盖特性，进行实地采集和测试，进而形成 C-V2X 网络覆盖性能技术要求和测试方法，为车联网通信系统设计与优化、网络部署与规划提供技术基础和指导思路。

C-V2X 应用评测：验证 OBU/RSU 发送消息内容是否与实际道路环境、应用场景匹配，例如预警类型是否符合预期、消息是否与实际道路环境相匹配、限速信息是否与真实环境一致、红绿灯倒计时是否与实际红绿灯计时一致、路侧感知信息是否与实际环境中交通参与者信息一致等。从应用消息层面确保车联网场景应用部署的正确性。

C-V2X 终端大规模评测：低时延、高可靠是车联网 C-V2X 商业化应用的关键前提。搭建真实的 C-V2X 规模化应用环境，面向芯片模组、终端、整车、安全等全产业链形成系统的大规模评测方法和规范，开展车联网规模化功能和性能测试。

（二）车联网服务平台测试逐步转向系统级测试评估

车联网服务平台作为车路协同建设的重要支撑，支持交通融合感知、决策与控制，是提升车辆行驶和交通运行安全、效率等的重要实现方式。当前各车联网先导区、示范区等正在积极开展车联网服务平台建设，旨在提高车联网应用场景服务能力，缓解终端或路侧智能设施的计算与存储压力，减少海量数据回传造成的网络负荷，支撑车联网服务规模化商用。

目前各地平台建设均面临技术选型、功能持续扩展、与其他平台互联等问题，为有效建设平台，避免平台硬件不合理性扩展需求，平台功能接口二次开发等问题，需要建立系统性平台评测标准，为建设方提供平台选型，以保障平台产品的基本功能与性能完备，以及扩展功能的快速迭代能力。从平台产业发展趋势来看，平台无论在发展层面还是产品供应层面对于测试的需求愈加强烈。一是平台产品百花齐放。面向车联网行驶安全、实时效率、大数据流量等业务的平台建设仍处于先导验证阶段，各大互联网企业、智能交通集成商等借助其在城市大脑、传统智能交通平台等方面的积累,纷纷入局平台建设当中,快速演进出车联网与智慧交通融合的平台产品;二是在产业规模化建设进程中,平台对跨区域互联服务需求不断增强,因此平台需要提供统一的开放服务能力、跨平台信息互通共享、应用场景联动。平台产品需要建立相应的测试评估能力,为各地平台建设方提供建设参考,以规范化建设指标,保障平台产业的良性健康发展。

从技术层面来看,平台主要设计设备接入与管理技术要求、数据分析与管理技术要求、事件处理与管理技术要求、能力开放技术要求、支撑能力技术要求等。针对平台技术要求,测试内容相应包括:设备接入与管理测试、数据分析与管理测试、事件处理与管理测试、能力开放测试、支撑能力测试等。

(三)车联网路侧感知系统的测试评估需求日渐显著

"车路协同"正逐步成为我国推动车联网产业发展的核心技术路径,打造"智慧的路"成为非常重要的一环,当前四大国家级车联网先导区、各地的智慧高速试点工程以及测试示范区,正在逐步规模化地开展基础设施部署建设,为各类车联网应用场景落地、打造成熟商业模式提供高质量的基础环境。但单套完整路侧系统的造价高昂,要实现规模化部署建设,对建设方、业务方的投资压力较大,要避免投资失败,就需要在建设前对各供应商的产品进行细致的评测选型,但目前缺乏面向车联网路侧系统的标准化、整体性的评测手段,因为当前路侧系统的产品多样性强,加之感知设备差异、计算平台差异、算法设计的差异等,面向单个组成设备的实验室层面的测试,验证其基本参数性能、基本功能、可靠性测试,但单个设备如果组合起来就会呈现出更多的特性和功能,需要系统级、标准化的评测方案。

从测试环境的选择来看,考虑到路侧感知系统最终要服务于各类C-V2X应用场景,传统的实验室或者封闭测试场更多的是通过模拟仿真的方式创造场景,但在真实工况下很多未知的因素会影响系统的响应和感知结果,通过开放道路换进能更好的评测路侧感知系统的真实性能表现。通过选择交通流量大、交通参与者种类多、道路元素复杂的测试区域,可以通过交通环境的复杂性来检验路侧系统的真实性能。

针对路侧感知系统的全要素、全维度评测主要从系统性能检测、交通参与者感知、交通事件检测、交通流检测四个方面展开。为满足各地车联网先导区、示范区建设方、业主单位对基础设施建前选型,以及落地交付后测试验收的需求,未来亟待从标准研制和测试能力构建两个方面"双管齐下",优先探索构筑检测能力,以实践指导标准研制,标准助力测试方案迭代升级,不断将检测方案标准化、成熟化、高效化。

（四）车联网安全相关的测试评估正在支撑开展试点工作

车联网 C-V2X 系统，如果缺失数字身份认证机制，将面临伪造、篡改、重放等安全风险，无法可靠运行，在直连通信场景下，身份伪造等攻击轻则产生信息误报，重则影响驾乘人员及道路交通环境安全。在之前的"四跨"应用示范活动中，也重点验证基于身份认证的安全通信机制，如伪造限速预警、伪造红绿灯信息、伪造紧急车辆、伪造前向碰撞预警等，实现跨行业应用示范重点验证安全认证机制。

在网络安全方面，防攻击测试也是重中之重，如合法的设备进行了消息的伪造，伪装成一个正常的车辆，对外进行消息广播，依照车联网安全策略，通过专业的软、硬件系统，对设备的运行状况进行监视，尽可能发现各种攻击企图、攻击行为或者攻击结果，以保证车联网系统资源的机密性、完整性和可用性。对已建成 RSU 的安全机制、证书格式、安全消息正确性、跨 PKI 车路安全通信等开展测试，验证来自不同 PKI 系统的车辆是否与 RSU 交互数据。

目前工信部正积极开展车联网身份认证和安全信任试点工作，主要针对"车与云安全通信""车与车安全通信""车与路安全通信""车与设备安全通信"四个试点方向。入选试点的项目共 61 个，将有逾 300 家单位参与到试点项目建设中，涵盖了汽车、通信、密码、互联网等跨领域企业以及地方车联网建设运营主体等。未来，产业界也将针对该四个试点方向，进行全方位的测试与验证，推进车联网安全产业平稳、有序发展。

五、高精地图产业发展态势

近年来，汽车工业伴随着智能化、网联化的新技术浪潮进入了全新的迅猛发展阶段，充满机遇，也充满挑战。智能网联驾驶技术的研究逐渐受到各个科技强国的重视，美、日、德等传统汽车工业强国甚至将发展智能网联汽车提升为国家战略。高精度电子地图作为智能驾驶的重要支撑技术，有着广阔的发展前景，未来高精度地图技术发展总体目标可以概括为以下几个方面：

（一）政府许可

高精度地图技术以安全传输、偏转加密、快速审图为目标，兼顾国家数据安全及中国智能网联汽车行业需求，探索新传输、加密、审图方案，在符合政策情况下，建设适应政府部门监管的数据安全监管平台。

中国智能网联汽车产业创新联盟在《C-V2X产业化时间表》中对导入期（2020—2021年）和发展期（2022—2025年）的路侧、车载终端发展水平进行了描述，2019—2021年"在国家车联网示范区、先导区、特定园区规模部署路侧设施，形成示范应用"，2022—2025年"在全国典型城市、高速公路逐步扩大C-V2X基础设施覆盖范围"，2025年以后"在主要城市、主要区域、主要公路逐步实现C-V2X全面覆盖，C-V2X应用服务生态基本完善"。根据交通运输部公开信息，目前我国四级及以上等级公路里程469.87万千米，二级及以上等级公路里程67.20万千米，高速公路里程14.96万千米。参考主流投资机构评估数据，到2025年，若以C-V2X覆盖60%的重点城市道路及高速、快速路计算，保守估计搭载高精地图的边缘服务器MEC需求量将达到约50万台。中国广泛的地理覆盖需求，给予了高精地图与路侧设备广泛的市场空间和巨大的发展潜力。未来相关企业将会聚焦于V2X与高精地图的整合应用，合力推进智能网联背景下高精地图与车路协同的落地与实施，加快测试、验证更多场景下的服务能力，为高精地图更大规模的量产应用做准备。

（二）行业认同

高精度地图技术以打造行业基础平台为目标，建立主机厂、图商与相关政府部门的桥梁，弥补产业链的空缺，研究并实现产业链共性、关键技术。

中国汽车市场在全球汽车产业的发展中扮演着重要角色，拥有巨大的发展潜力。搭载高精地图的智能网联量产汽车规模将不断提升，成为未来汽车行业发展的助推器。国家发改委发布的《智能汽车创新发展战略》中提出，"到2025年，中国标准智能汽车的技术创新、产业生态、基础设施、法规标准、产品监管和网络安全体系基本形成。实现有条件自动驾驶的智能汽车达到规模化生产，实现高度自动驾驶的智能汽车在特定环境下市场化应用。"同时，《汽车产业中长期发展规划》中预期2020年底，我国市场中L1/L2/L3级别自动驾驶汽车新车装配率总计达到50%；到2025年，各级别自动驾驶新车装配率合计达到80%，其中L2/L3级别为25%，L4级别自动驾驶汽车开始进入市场。中国汽车工程学会预测，2025年、2030年我国联网汽车销售规模将分别达到2800万辆、3800万辆，智能网联汽车即将迎来快速发展。高精地图作为未来智能网联汽车的标配组件，将进一步推动汽车产业的智能化、网络化、平台化发展进程，助力人类出行方式和体验的不断进步。

进入自动驾驶时代后，车厂的自动驾驶系统将会与高精度地图深度融合。由于不同厂商的地图数据格式与精度不同，地图厂商将深度绑定车厂客户，议价能力与用户黏性双提升。同时由于高精度地图需要不断更新，传统的按装车系统套数收费的模式不能够有效绑定地图厂商利益，不能保证地图厂商提供持续高质量的服务，有望转为服务费模式，打开盈利空间。

自动驾驶汽车在2020年后的量产出现将迎来高速增长。由于国外高精度地图发展相对更为成熟，相关市场估算更具参考价值，预计未来的十五年高精度地图行业将迎来黄金发展期，到2025年高精度地图市场为94亿美元。相比而言，国内高精度地图商业模式尚未清晰，未来具体市场大小难以预判，然而根据国内汽车市场约占全球车市30%的份额，随着国内高精度地图技术和商业模式逐渐成熟，国内高精度地图市场也不容小觑。

（三）技术成熟

高精度地图技术以技术成熟为目标，需要高覆盖度和高频率更新，在技术方面，优化地图采集方式，实现智能网联汽车所需要的高频更新需求，采用低成本的采集系统及AI技术提升高精地图采集和更新成熟度。

未来，终端设备软硬件技术的发展为高精地图的消费级普及带来可能性。消费级终端设备，如手机、平板、车机等，将随着硬件及传感器技术的发展，具备更强的计算存储能力、更精准的定位能力和更真实的图形渲染能力。计算存储能力的不断进步，可以更好的满足高精地图信息丰富度、复杂度对平台的要求；同时，终端设备依托于卫星定位、网络定位、视觉定位以及路侧设施辅助定位等多种定位方式，可以不断提高自身位置精度；图形渲染能力的增强，可以带给终端用户更真实、直观的使用体验。

此外，高精地图的采集、制图、验证、更新等相关技术也不断趋于成熟，将有能力针对消费级应用进行信息分级，实现定制化服务，在终端设备能力范围内，提供更优质的地理信息服务。

（四）市场需求

高精度地图技术以满足市场需求为目标，结合智能网联车辆动态信息需求，完成动态数据融合、匹配计算，发布高精度动态地图服务。

高精地图除了作为地图参考工具应用于自动驾驶场景中，也将逐渐由行业级应用扩展到消费级应用，最终发展为未来数字世界、智能世界的基础底图。

未来，消费级终端用户也将可以享受高精地图带来的更精确的位置信息、更丰富的内容服务。同时，庞大的消费级终端用户群体，也将为高精地图带来巨大的市场空间和发展前景。

高精地图能够创建出与现实世界一比一的数字空间,即构建了一个真实的虚拟数字世界。高精地图将成为未来智能世界的基础设施,也是连接真实世界与虚拟世界的信息媒介。高精地图构建的数字世界,可以应用于游戏领域,为游戏玩家带来更真实的游戏体验。同时,结合实景三维测绘及 AR/VR/MR 技术的发展,高精地图将数字世界与真实世界连接在一起,将带来人人所见即所得的空间互联网服务,创造比移动互联网高十倍百倍的价值。在这个真实与数字的孪生平行世界中,人类的商业场景、生活模式等将发生深刻的变化。智能世界,未来可期。

六、导航/定位产业发展态势

在 5G 及 C-V2X 迅速发展和快速普及的背景下,基于车联网的应用业务在快速扩展。而高精度定位作为车联网整体系统中的关键部分,结合对车辆高精度定位的场景分析和性能需求,主要包括终端层、网络层、平台层和应用层,如图 2-32 所示。其中终端层实现多源数据融合(卫星、传感器及蜂窝网数据)算法,保障不同应用场

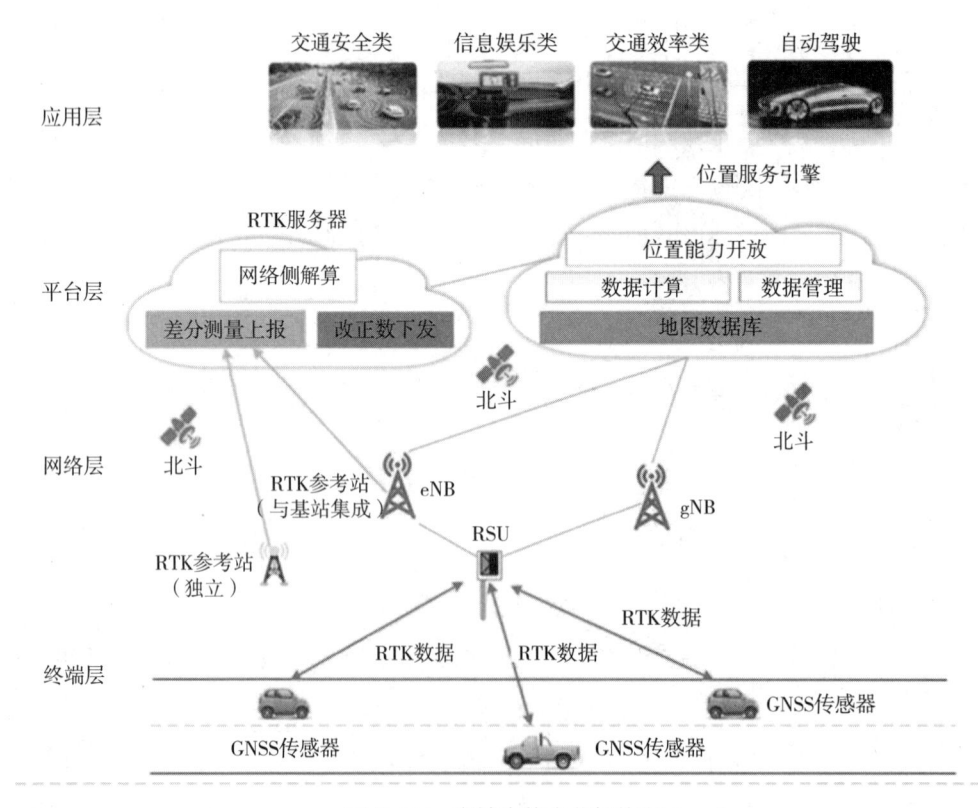

图 2-32 高精定位产业架构图

景、不同业务的定位需求；平台层提供一体化车辆定位平台功能，包括差分解算能力、地图数据库、高清动态地图、定位引擎，并实现定位能力开放；网络层包括 5G 基站、RTK 基站和路侧设备，为定位终端实现数据可靠传输；应用层基于高精度定位系统能够为应用层提供车道级导航、线路规划、自动驾驶等应用。

（一）终端层

为满足车辆在不同环境下的高精度定位需求，需要在终端采用多源数据融合的定位方案，包括基于差分数据的 GNSS 定位数据、惯导数据、传感器数据、高精度地图数据以及蜂窝网数据等。

（二）网络层

系统网络层主要实现信号测量和信息传输，包括 5G 基站、RTK 基站和 RSU 的部署。5G 作为更新一代的通信技术，可以保证较高的数据传输速率，满足高精度地图实时传输的需求。5G 基站也可完成与终端的信号测量，上报平台，在平台侧完成基于 5G 信号的定位计算，为车辆高精度定位提供辅助。基于 5G 边缘计算，可实现高精度地图信息的实时更新，提升高精度地图的实时性和准确性。地基增强站主要完成 RTK 测量，地基增强站可以与运营商基站共建，大大降低网络部署以及运维成本。同时可通过 5G 网络实现 RTK 基站测量数据的传输，可实现参考站快速灵活部署。RSU 一方面可实现 RTK 信息播发，避免传统的 RTK 定位中终端初始位置的上报，同时 RSU 可提供局部道路车道级地图、实时动态交通信息广播。

（三）平台层

高精度地图：静态高精度地图信息，如车道线、车道中心线、车道属性变化等，此外还包含道路的曲率、坡度、航向、横坡等参数，能让车辆准确的转向、制动、爬坡等，还包含交通标志牌、路面标志等道路部件，标注出特殊的点如 GNSS 消失的区域、道路施工状态等。

交通动态信息：例如道路拥堵情况、施工情况、交通事故、交通管制、天气情况等动态交通信息。

差分解算：平台通过 RTK 基站不断接收卫星数据，对电离层误差、对流层误差、轨道误差以及多路径效应等误差在内的各种主要系统误差源进行了优化分析，建立整网的电离层延迟、对流层延迟等误差模型，并将优化后的空间误差发送给移动车辆。

数据管理：例如全国行政区划数据、矢量地图数据、基础交通数据、海量动态应急救援车辆位置数据、导航数据、实时交通数据、兴趣点数据等，这里的数据是经过数据生产工艺，进行整合编译后的运行数据。

数据计算：包括路径规划、地图静态数据计算、动态实时数据计算、大数据分析、数据管理等功能。

（四）应用层

在应用层，为用户提供地图浏览、规划路线显示、数据监控和管理等功能，以及基于位置的其他车联网业务，例如辅助驾驶、自动驾驶等。

北斗卫星导航系统是中国自主建设、独立运行的卫星导航定位系统。作为世界三大导航定位系统之一，北斗系统的全面投入应用将为世界提供更多的中国技术和中国方案，不仅可以为全球用户提供更精准完备的导航定位服务，还可以带动相关产业链发展，创造巨大的经济效益，在国家安全、国际影响等方面更是具有不可估量的重大意义。作为北斗导航系统的垂直应用之一，车联网技术的高速发展无疑将全方位受益于北斗的全面布局和高精度定位。

北斗为道路上行驶的车辆提供了高精度定位服务，它可以实现端到端亚米级，甚至厘米级的动态定位。在极端恶劣的天气下，车载激光雷达和摄像头等融合感知设备会一定程度上会失效，从而影响车车、车路之间的状况判定，不能及时有效的传递信息，而北斗高精定位技术却不受天气环境等外界因素影响，在任何情况下，它都可以保证汽车的精准定位，可以充分保障车辆行驶安全，降低事故发生率。

第五节　车联网产业与应用实践

从车联网产业化角度来看，C-V2X 在我国得到系列政策支持，产业界积极推动产品研发、技术示范及应用。日前，由 IMT-2020（5G）推进组 C-V2X 工作组推进的"三跨""四跨""新四跨"、C-V2X "四跨"（沪苏锡）先导应用实践活动，展示了我国最新车联网 C-V2X 车辆在真实城市道路的应用效果及产业发展情况，推动车联网及智能网联汽车产业面向商用部署迈出更大步伐。

在实际产业实践中，车联网基础设施建设由点到面不断完善，与 5G、北斗等基础设施逐渐实现融合，形成车路网云协同应用环境，为智能驾驶和智慧交通新应用、新业态提供支撑。基于基础设施日渐完善，C-V2X 技术在车端形成成熟的辅助驾驶应用，对驾驶安全性及通行效率提升的价值逐渐显现。特定场景中，C-V2X 技术应用对于诸如矿区、港口、机场物流、园区、智慧公交、短途接驳小巴、自动驾驶出租车等中低速自动驾驶的发展也提供了深入支持,未来它还将深入支持全场景无人驾驶应用。对用户而言,基于逐步完善的 C-V2X 体系建设,车联网从示范应用逐渐走近人们日常生活,消费者对车联网产品和应用生态的认知度逐渐提升。

总体而言,基于完善的基础设施建设及 C-V2X 技术实施路径规划,车联网产业应用正式进入规模化运营阶段。

一、示范区及先导区建设

截至目前,我国在车联网产业实践上已经取得了一定进展,围绕测试示范区、先导区的建设初具规模,全国各省市已经开展了大规模、多场景的车联网应用,建设融入区域优势和特色的车路协同车联网应用示范基地。交通运输部数据显示,工业和信息化部、交通运输部、公安部等部门积极协同推动,并与地方政府合作,在全国先后支持建设上海、重庆、长春、北京等 16 个智能网联汽车测试示范区,还有多个城市级及企业级测试示范点及封闭测试场的建设也已经逐步展开。目前我国已经建设了四个国家级车联网的先导区,包括江苏无锡、天津西青、湖南长沙、重庆两江等地区。此外,交通部在全国九个智慧公路试点建设稳步推进,多段公路已经展开相关测试。在综合推进发展中,住房和城乡建设部、工业和信息化部分两批确定智慧城市基础设施与智能网联汽车协同发展试点城市。2021 年 5 月,北京、上海、广州、武汉、长沙、无锡 6 个城市,被确定为第一批试点城市。2021 年 12 月,重庆、深圳、厦门、南京、济南、成都、合肥、沧州、芜湖、淄博等 10 个城市被确认为第二批试点城市。经过近些年发展,车联网示范区已经覆盖全部一线和中东部二线城市,辐射效应已经形成。

(一)封闭测试场与测试示范区

随着智能网联汽车技术不断发展和测试验证体系的不断丰富,为满足智能网联汽车测试主体实际道路测试的需求,2018 年 4 月,工信部、公安部、交通部联合发布《智能网联汽车道路测试管理规范(试行)》,规范要求测试车辆在开展实际道路测试前应在封闭道路、场地等特定区域进行充分的实车测试,规定了 14 个检测项目(包括 9 个必测项和 5 个选测项),并由国家或省市认可的从事汽车相关业务的第三方检测机构进行检测验证。为此,各地政府积极推进封闭测试场的建设。

截至目前,工信部、公安部、交通部已单独或联合支持、授牌了 16 家封闭测试场,具体包括工信部支持 9 家(上海、浙江、京冀、重庆、吉林长春、湖北武汉、广东广州、四川成都、湖南长沙），工信部和公安部联合支持1家（江苏无锡），工信部和交通部联合授牌3家（上海临港、湖北襄阳、江苏泰兴），交通部支持3家（北京、重庆、西安）。

表 2-21　工信部、公安部、交通部单独或联合支持、授牌的16家测试场

序号	测试示范场名称	省/市	审批/支持方	支持时间/授牌时间	建设背景	实际建成时间	运营主体/建设主体
1	国家智能网联汽车（上海）试点示范区	上海	工信部	2015年7月	新建	2016年6月	上海淞泓智能汽车科技有限公司
2	浙江5G车联网应用示范区	浙江桐乡、杭州	工信部	2015年9月	新建	2018年9月	北京赛目科技有限公司
3	国家智能汽车与智慧交通（京冀）示范区	北京	工信部	2016年1月	新建	海淀2018年2月，亦庄2019年5月	北京智能车联产业创新中心有限公司
3	国家智能汽车与智慧交通（京冀）示范区	河北保定	工信部	2016年1月	新建	徐水2018年11月	长城汽车股份有限公司
4	国家智能汽车与智慧交通应用示范公共服务平台	重庆	工信部	2016年1月	新建	2016年11月	中国汽车工程研究院股份有限公司
5	国家智能网联汽车应用（北方）示范区	吉林长春	工信部	2016年11月	新建	2017年8月	启明信息技术股份有限公司
6	国家智能网联汽车（武汉）测试示范区	湖北武汉	工信部	2016年11月	新建	建设中	武汉市经济开发区政府（示范区工作专班）
7	广州市智能网联汽车与智慧交通应用示范区	广东广州	工信部	2017年4月	新建	规划中	广州市智能网联汽车示范区运营中心有限公司
8	国家智能交通综合测试基地（无锡）	江苏无锡	工信部 公安部	2017年8月	新建	建设中	公安部交通管理科学研究所
9	中德合作智能网联汽车车联网四川试验基地	四川成都	工信部	2017年11月	新建	建设中	成都紫荆花开智能网联汽车科技有限公司
10	国家智能网联汽车（长沙）测试区	湖南长沙	工信部	2018年11月	新建	2018年6月	湖南湘江智能科技创新中心有限公司

续表

序号	测试示范场名称	省/市	审批/支持方	支持时间/授牌时间	建设背景	实际建成时间	运营主体/建设主体
11	自动驾驶封闭场地测试基地（北京）	北京	交通部	2018年7月	改建	已建成	交通部公路科学研究院
12	自动驾驶封闭场地测试基地（重庆）	重庆	交通部	2018年7月	改建	已建成	重庆车辆检测研究院有限公司
13	自动驾驶封闭场地测试基地（西安）	陕西	交通部	2018年7月	改建	已建成	长安大学
14	智能网联汽车自动驾驶封闭场地测试基地（泰兴）	江苏泰兴	工信部 交通部	2019年9月	改建	2018年8月	中质智通检测技术有限公司
15	智能网联汽车自动驾驶封闭场地测试基地（襄阳）	湖北襄阳	工信部 交通部	2019年9月	改建	建设中	襄阳达安汽车检测中心有限公司
16	智能网联汽车自动驾驶封闭场地测试基地（上海）	上海	工信部 交通部	2019年9月	新建	2019年4月	上海临港智能网联汽车研究中心有限公司

其中，上海、京冀、重庆、长春、长沙等测试示范区，江苏泰兴、上海临港等测试基地起步较早，已经投入实际运营。其他测试示范区、测试基地也在积极开展规划建设。目前，相关运营主体不断完善场地建设和基础设施布局，强化软硬件部署，加快开展测试验证工作，在提供委托研发测试服务、为道路测试提供检测支撑等方面发挥了重要作用，为技术的成熟化商用奠定了坚实基础。

为解决智能网联汽车各个封闭测试场之间测试结果不互认、测试数据不共享等问题，提高测试效率，实现资源共享、结果互认，减轻测试主体负担。2019年10月，16家国家级智能网联汽车测试区（场）联合发出《智能网联汽车测试区（场）共享互认倡议》，推动测试区（场）测试结果互认，促进测试区（场）测试数据共享，加强测试区（场）交流与合作，提升测试区（场）测试和服务水平。截至目前，跨地区数据共享架构体系已经确立，进一步推动数据共享和业务协同。

（二）车联网先导区

车联网先导区建设过程中，各地均以车联网新型基础设施建设为主要抓手，力争形成以新基建建设为基础、以智能交通车路协同应用为牵引、以本地产业链条构建为导向的良性生态循环。

截至 2020 年底,江苏(无锡)、天津(西青)、湖南(长沙)、重庆(两江新区)四个车联网国家级先导区在 700 余千米的高速和城市道路上部署了 1200 余台 RSU,支持实现 40 余种基于 C-V2X 的车联网应用。除已批复的车联网国家级先导区外,广东(广州)、浙江(德清)、广西(柳州)、安徽(合肥)、广东(肇庆)等地也依据本地的特点积极开展布局。截至 2020 年 7 月,全国共有 20 余个省(区、市)出台了智能网联汽车道路测试实施细则,其中有 22 个城市发放道路测试牌照,牌照数量已超过 400 张。

从当前四个国家级车联网先导区建设情况来看:江苏(无锡)车联网先导区进行大规模试点验证,一期项目建设完成,目前在探索二期的商用化、可落地场景;湖南(长沙)车联网先导区,从立足"双 100"目标,构建 C-V2X 网络,优先推动公交、出租等公共服务车辆的应用场景创新,取得了阶段性进展;天津(西青)车联网先导区,2020 年 12 月开展协同环境构建,率先提出"运营指导建设"的思路,探索无人物流配送、无人环卫等创新应用场景,当前一期项目正处于建设实施阶段;重庆(两江新区)车联网先导区,2021 年 1 月获批建设,主打复杂道路交通特征和特殊路况的全场景测试和规模化商用,目前正处于起步建设阶段。

1. 已建车联网先导区发展情况

江苏(无锡)车联网先导区:先导区建设对主要道路近 300 个路口进行了红绿灯信号机升级改造,通过车联网开放多项交通管控信息,实现了红绿灯诱导通行、危险路段预警等应用服务,并计划在下一步继续扩大建设规模。通过建设车联网先导区,无锡市最大限度地开放了交管数据信息,首次打通了车联网跨行业数据交互的接口,推动不同行业标准的协同。

天津(西青)车联网先导区:天津市西青区积极促进车联网产业发展,聚集了部分车联网优势企业以及中国汽车技术研究中心等标准制修订、测试验证服务机构,加快智能网联汽车行业关键急需标准制定和验证,加强测试评价体系建设,促进行业管理制度和规范的完善。目前西青区已启动"智能基础设施及应用平台建设工程项目"建设,规模化建设部署车联网基础设施。

湖南(长沙)车联网先导区:长沙完成了约 100 千米高速公路、100 平方千米范围内城市开放道路的智能化改造建设;实现了 2400 余辆公交车的网联化、智能化改造,投入了 40 余辆高等级自动驾驶出租车在开放道路测试示范,通过在公交、出租等公共出行领域推广车联网应用，提升城市智能化水平，改善群众出行体验。招引并培育百度、星云互联、舍弗勒等企业为代表的产业生态，促进了长沙市车联网产业发展。

重庆两江新区国家级车联网先导区：先导区建设分成两个阶段进行，一阶段在2021年8月完成，二阶段计划在2022年12月份完成。在两江新区八大街道、悦来国际会展城、龙兴鱼复片区、协同创新区、保税港、果园港、水土开发区建设车联网先导区基础设施，覆盖319千米，改造470个路口，建设车联网大数据云服务平台，实现车联网和自动驾驶场景100余个，车端改造10000台以上。

2. 国内其他城市积极发展车联网产业，争创车联网先导区

部分城市例如广州、柳州、合肥、襄阳、宁波、郑州、成都等依托自身在汽车产业的基础优势，在汽车产业转型升级的迫切需求带动下，积极要求创建车联网先导区。浙江德清依托地理信息产业优势和政策基础，以高精度地图应用为突破口，期望打造车联网先导应用示范城市。北京、苏州、深圳、厦门和肇庆等城市本着以科技创新、教育培训助力车联网产业发展的理念，加大关键技术攻关的投入，以技术标准引领需求支持创建车联网先导区。

重庆市依托本地汽车检测（中国汽研）与整车制造企业（长安），打造智能驾驶测试与研发能力，并规模化部署了车联网基础设施。在石渝高速约130千米长度内建设350余台路侧设备，提供重点路段安全预警功能；在两江新区城市道路建设了70余台车联网路侧设备，可为150余辆经改造的公交、环卫车辆提供服务，提升城市公共服务效率。

广东省广州市依托本地5G基础好、公交集团集中运营、交管平台可互通等优势，推动C-V2X规模化部署与5G融合新基建协同发展。已在生物岛5.5千米12个智能化路口实现6个车路协同场景及20个自动驾驶类应用场景，在B27公交线路探索基于车路协同的智慧公交运营，补链强链吸引华为、百度落地，启动南沙大桥车路协同试点，黄埔区将在133千米城市开放道路，重点选择102个路口和路段，规模化部署面向高等级自动驾驶的C-V2X网络。

北京市拥有北汽、国汽智联等汽车领域优势企业，百度、大唐等ICT领域领军企业，以及丰富的高校科研机构资源，规划以北京经济技术开发区全域（60平方千米）为核心开展建设，支持L4级以上高级别自动驾驶车辆的规模化运行。计划到2022年，将完成"智慧的路、聪明的车、实时的云、可靠的网和精确的图"五大体系建设，打

通网联云控式自动驾驶的技术和管理关键环节，形成城市级工程试验平台，最终实现高速公路无人物流、L4级自动驾驶出租车、智能网联公交车、自主代客泊车等高级别应用场景。

浙江德清县立足地理信息产业基础和技术优势，结合车联网基础设施规模化建设，推动"车联网+地理信息"跨界融合发展。政策层面，在地图采集制作、地图数据保密和传输服务等管理机制改革上开展了积极探索；应用环境构建层面，目前已完成7.8千米道路智能化改造，并已全面启动二期197千米道路改造，范围覆盖城乡所有主干道，同时已完成全域高精度地图数据采集。

广东深圳市拥有腾讯、华为、中兴等代表性ICT企业以及比亚迪等新能源整车企业，龙头企业对于车联网基础设施建设需求迫切。已经在坪山区启动建设车联网开放测试区建设，在福田区对10余个路口进行了设备升级改造，结合公交车试点红绿灯配时优化与信息推送。

江苏苏州市拥有博世等国际头部零部件企业，政府多项政策并举大力吸引车联网新型技术研发企业落地，已落户了滴滴、华为汽车事业部、华砺智行、Momenta等。5G、智慧交通等新型基础设施建设部署政策好。目前，依托国家发改委5G新基建车联网项目，完成了一期8.4千米，二期55千米的车联网基础设施建设，推动智慧公交、智慧出租等应用示范，不断扩大车联网产业集聚。

安徽合肥市依托本地汽车（江淮、大众）、人工智能（科大讯飞）等产业基础，积极布局车联网领域，促进本地产业融合创新发展。已完成一期4.4千米应用示范路建设，规划开展100千米开放道路智能化改造，推广500辆车载终端，聚焦公共交通智慧出行、自动驾驶共享出行等车联网商业化应用领域，服务本地汽车、人工智能等产业融合发展。

广西柳州市有上汽通用五菱等整车厂商，汽车产业是城市主要支柱，五菱在柳州的普及率高。柳州已成立了市级车联网先导区工作小组，统筹制定顶层规划，明确了车联网基础设施投建与运营主体，已布局打造景区共享观光、无人物流等应用场景。

四川成都市正在建设中德车联网与智能网联汽车测试基地，围绕世界大运会场馆及周围道路规划路侧基础设施建设，打造智能公交与自动驾驶出租车应用。

湖北襄阳市依托本地智能网联汽车检测中心（襄阳达安）的产业服务能力，发展车联网测试示范应用。改造了总长37千米的试验道路，布设了9套车联网路侧设备，形成了集研发、生产、测试、体验、应用、配套于一体的车联网汽车产业生态圈。

福建厦门市厦门金龙具备 L4 自动驾驶能力，厦门公交集团已初步建成 BRT 5G+ 车联网系统，完成 50 辆智能网联汽车改造以及 60 千米 BRT 智慧道路改造，开展智慧公交业务应用。

浙江宁波市立足本地汽车技术研发优势（吉利研究院），积极探索车联网赋能汽车技术创新的产业路径。完成 5.5 千米城市道路及 2.7 千米封闭园区道路的智慧化改造，推广 10 辆智能网联汽车，支持实现自动驾驶、远程驾驶等应用。

广东肇庆市在 10 余千米道路建设了车联网基础设施并开展运营，支持自动驾驶汽车道路测试，结合驾校开展智能教练车应用。

河南郑州市依托本地汽车产业（宇通）生态，结合网络安全创新应用基础，着力发展安全可信的车联网网络体系，以及智能网联公交车等应用示范。启动 7.3 千米道路的车联网基础设施建设，结合本地信息安全产业基础，构建全面高效的智能汽车网络安全示范体系，助力车联网产业发展。

二、车联网应用实践

在目前车联网应用实践中，C-V2X 技术渗透逐渐增强，区别于单车智能路线，车、路、云一体化体系正在赋能辅助驾驶与自动驾驶。从功能发展属性来看，基于 C-V2X 的多种业务场景的发展处于层层递进中。

目前，全球主要汽车主机厂及零部件厂商通过自研及合作的方式，完成高等级的智能网联汽车技术布局及积累，部分智能驾驶、车联网技术已投入市场应用。用户已经感受到了技术带来的便捷、驾驶安全性和通行效率的提升。

（一）应用场景类别

针对 C-V2X 辅助驾驶典型场景，通过 C-V2X 工作组、C-SAE、C-ITS 等中国标准及产业组织共同研究，2017 年面向辅助驾驶阶段定义了 17 个 C-V2X 的基础应用场景（表 2-22）。2020 年面向高级别辅助驾驶发布了二阶段 12 个 C-V2X 增强型应用场景（表 2-23）。

表 2-22 辅助驾驶阶段 C-V2X 基础应用场景[81]

序号	类别	通信方式	应用名称
1	安全	V2V	前向碰撞预警
2		V2V/V2I	交叉路口碰撞预警
3		V2V/V2I	左转辅助
4		V2V	盲区预警/变道辅助
5		V2V	逆向超车预警
6		V2V-Event	紧急刹车预警
7		V2V-Event	异常车辆提醒
8		V2V-Event	车辆失控预警
9		V2I	道路危险状况提示
10		V2I	限速预警
11		V2I	闯红灯预警
12		V2P/V2I	弱势交通参与者碰撞预警
13	效率	V2I	绿波车速引导
14		V2I	车内标牌
15		V2I	前方拥堵提醒
16		V2V	紧急车辆提醒
17	信息服务	V2I	汽车近场支付

表 2-23 C-V2X 增强型应用场景[159]

序号	第二阶段应用	通信模式	触发方式	场景分类	主要信息
1	感知数据共享	V2V/V2I	Event	安全	Msg-SSM
2	协作式变道	V2V/V2I	Event	安全	Msg-VIR
3	协作式车辆汇入	V2I	Event	安全/效率	Msg-RSC Msg-VIR
4	协作式交叉口通行	V2I	Event/Period	安全/效率	Msg-RSC
5	差分数据服务	V2I	Period	信息服务	Msg-RTCM
6	动态车辆管理	V2I	Event/Period	效率/交通管理	Msg-RSC
7	协作式优先车辆通行	V2I	Event	效率	Msg-VIR Msg-RSC

续表

序号	第二阶段应用	通信模式	触发方式	场景分类	主要信息
8	场站路径引导服务	V2I	Event/Period	信息服务	Msg-PAM Msg-VIR
9	浮动车数据采集	V2I	Period/Event	交通管理	Msg-BSM Msg-VIR Msg-SSM
10	弱势交通参与者安全通行	P2X	Period	安全	Msg-PSM
11	协作式车辆编队管理	V2V	Event/Period	高级智能驾驶	Msg-CLPMM
12	道路收费服务	V2I	Event/Period	效率/信息服务	Msg-VPM

注：表中"主要信息"列给出了实现对应应用场景所需要的主要交互信息，但不一定是所有信息。实际现实中，可根据不同的需求和服务水平，使用更多的信息。

这些应用场景基于 C-V2X 信息交互，实现车辆、道路设施、行人等交通参与者之间的实时状态共享，辅助驾驶员进行决策。此外，5G 汽车联盟也定义了辅助驾驶典型应用场景，分为安全、效率、高级辅助驾驶、行人保护四大类，共计 12 个场景，具体场景与我国的定义类似。

5G 技术的更大数据吞吐量、更低时延、更高安全性和更海量连接等特性，极大地促进了智能驾驶和智慧交通发展。目前，产业各方开始了面向自动驾驶的增强型应用场景的研究与制定。一方面，从基础典型应用场景的实时状态共享过渡到车与车、车与路、车与云的协同控制，增强了信息交互复杂程度，可实现协同自动驾驶与智慧交通的应用；另一方面，基于通信与计算技术的提升，交通参与者之间可以实时传输高精度视频、传感器数据，甚至是局部动态高精度地图数据，提高了感知精度与数据丰富程度。3GPP 将增强的应用场景分为 4 类——车辆编队行驶、半/全自动驾驶、传感器信息交互和远程驾驶；5G 汽车联盟也针对面向自动驾驶的增强应用场景进行了定义，涉及安全、效率、自动驾驶、公共服务等方面。面向自动驾驶的增强应用场景，对数据交互技术、高精度定位技术、多传感器融合技术、高性能处理平台、高精度地图等提出了新的需求。

借助于人、车、路、云平台之间的全方位连接和高效信息交互，C-V2X 目前正从信息服务类应用向交通安全和效率类应用发展，并将逐步向支持实现自动驾驶的协同服务类应用演进。

（二）车联网典型应用

车联网应用与车路协同发展有三大类型。当前，C-V2X 网联智能当前支持智能辅助驾驶安全（与 L1 和 L2 结合），实现智能网联汽车，降低事故率并提高交通效率；同时，在具体部署上也支持特定场景的中低速无人驾驶（如矿区、港口、园区、机场物流、智慧公交、短途接驳小巴、自动驾驶出租车等）。中远期来看，能够支持全场景的无人驾驶。

1. 智能辅助驾驶

在城市道路和高速公路，面向乘用车和营运车辆，赋能车车、车路信息实时共享与交互，实现辅助驾驶安全、提升交通通行效率。

公安部道路交通事故统计年报数据显示，我国交通事故死亡人数居高不下。同时，随着城市人口不断增长，我国机动车保有量不断上升，很多城市在发展中都面临着拥堵问题，这严重影响着城市的经济与社会发展。

目前，在无锡、长沙等城市道路环境中，关于 C-V2X 的部署不断加速。无锡车联网先导示范区已建成覆盖 220 平方千米的车联网服务体系；长沙打造了丰富的封闭测试场景，开展智能网联汽车研发测试、功能场景认证测试等相关服务。

C-V2X 功能为车机导航带来更多有价值的信息显示，可以让车辆、信号灯、交通标识、骑行者和行人的通信设备实现互联，以图像和声音的形式提示车主前方红绿灯状态和倒数计时、限速和危险路段、临时施工等信息。结合算法、红绿灯信息和其他道路基础设施信息，可给车主提供最优行驶速度建议；通过电子路牌等功能，用户可通过车机实时知晓前方路况，避免因岔路口分心走错路口，实现安全驾驶。此外，车路信息融合可以为车辆智能驾驶辅助功能提供超越感知视野的认知能力，避免单车智能存在的感知局限，实现群体运行协同。

在高速公路环境中，车路协同成为智慧高速建设的核心内容，我国多个省市均在探索车路协同在智慧高速中的应用。一些场景能够为驾驶者提供来自路侧的感知精准信息，例如道路事件状况提示、合分流区安全预警，为高速公路运营者提供车道级精准管控、车流量统计、事件快速响应等服务，有效提升了道路行车安全与效率；有些地区甚至实现了基于车路协同的货车编队自动驾驶应用，包括形成编队、道路施工、拥堵、道路遗撒（轮胎）、匝道汇入、限速预警、交通事故预警等车路协同自动驾驶场景。

在车辆搭载上，围绕乘用车与营运车辆的布局应用也处于紧锣密鼓推进当中。福特汽车车路协同系统已经落地无锡、长沙、广州。实现的具体功能主要包括绿波车速、红绿灯信号、闯红灯预警、绿灯起步提醒、道路信息广播、电子路牌信息等，在提升行车安全性和通行效率上发挥了作用。奥迪汽车在无锡举行的 2021 世界物联网博览会上，进行了全球首次公开道路融合 V2X 信号的 L4 自动驾驶演示。基于 V2X 实现的功能包括感知驾驶员视线外的行人及车辆并自动减速、为紧急车辆自动变道让行以及动态 V2I 交通信号灯功能等。围绕营运车辆，无论是通过前装还是后装应用板块的探索也早已落地，一些企业着眼研究如何提升驾驶安全性的研究，C-V2X 技术对运营管理效能与乘客服务水平提升持续发挥价值。

2. 特定场景中低速无人驾驶

（1）矿区场景

矿区环境存在道路狭窄、陡峭等特点，考验自动驾驶技术，而单车智能的发展往往存在一定缺陷。由于矿区光照条件差、矿堆遮挡、车型大容易造成驾驶盲区，使得自动驾驶操作难度加大，生产效率低下，产业规模商业化发展缓慢。装卸环节也是矿区无人化作业的难点场景之一，需要矿车与其他机械设备进行交互，且对停靠精度的要求也非常高。在一些特殊的矿区内，自动驾驶车辆还要满足配矿的要求。此外，在车辆路径调度管理方面，目前产业已经过渡至编组智能化阶段，整个矿区正在向智能化方向迈进，但目前智能化水平依然较低。

在车联网应用环节中，矿卡搭载 OBU、矿区布置 RSU 与视觉传感器智能标杆，可通过云端对车辆进行统一管理，以此实现矿卡由控制中心管理控制，合理规划每辆车运输路线，车辆通过接收信号指令后，能够以合适的速度按照目标路线运行，根据行驶路线、自身位置、周围环境等信息实现自动驾驶，完成装载、运输、卸载的循环运作流程。通过全要素、全时空多源信息实时感知与智能化决策，矿区自动驾驶水平得到提升，在确保安全和效率的前提下，整体生产经营管理和决策水平也有所提升。

（2）港口场景

在港口场景下，自动驾驶实现存在一定挑战。一方面，运输车体较大，在装上集装箱后，车辆尾部或车辆侧面会产生大面积盲区。且众多集装箱堆叠起来，所形成的高度差会对自动驾驶集卡造成遮挡，带来安全隐患影响运行效率。另一方面，当车辆到达指定位置后，在每次装卸过程中要考虑准确停在指定位置，误差要求严苛，这阻碍着自动驾驶的发展。

自动驾驶集卡车辆依托 C-V2X 技术，可以实现：①龙门远程控制，通过部署

C-V2X 网络，基于龙门吊上多路高清摄像头在操作过程中的实时回传画面，同时采集龙门吊主要运行机构、吊具等关键设备运行状态数据，司机可在中控室远程控制龙门吊进行作业；②无人水平车运输，实现对港口 IGV、AGV、无人集卡自动路径规划、自动导航、精准定位、自动识别及自动避让等功能，根据港口生产管理系统指令实现岸桥设备与自动驾驶车配合装卸作业，实现运输智能调度，提高运输安全性。并帮助港口自动驾驶集卡车队在智能车管系统和码头操作系统管理下实现协同作业。

（3）机场物流

在面向机场场景中，无人物流车已经在实际的行李运输过程中，完美地融入了机场物流体系，实现了可观的经济及社会效益。其中，为解决机场环境下无人物流车安全高效运转问题。现有企业在项目中部署了 RSU 及云端智能运营管理平台，构成了完整的无人物流车方案。通过与 RSU 结合，无人物流车扩展了单车的感知便捷，为车辆安全行驶提供了更加广阔的视野。在云端智能运营管理平台的统筹管理下，无人物流车队可以以更加高效的方式进行调度，同时云端智能运营管理平台也为机场运营管理者提供了便捷、全面的无人物流车辆运维信息，并支持管理者快速决策。

（4）园区、居民区配送场景

在一些园区及居民区内，自动驾驶末端配送过程中同样面临着盲区问题。且未来要想规模化运营需要实现协同调度，在车与路之间的协同中，自动驾驶末端配送小车能够实时获取路面信息，并快速上传至云端，进行数据处理，并作出决策，以应对公开道路的复杂状况。其次，在路线选择上，其能够与云控平台打通，运营效率也更为高效。目前，一些园区引入了车路协同 + 自动驾驶的技术解决方案为自动驾驶汽车能更加高效、安全、稳定运行保驾护航。结合路边部署的摄像头、雷达、RSU、智能交通信号灯等设备，通过协同感知识别算法，实现路侧信息的智能感知和监测，并将相关信息通过 C-V2X 通信传输至车端，使得车端提前感知超视距交通对象与事件，让自动驾驶汽车运行更加安全。

（5）智慧公交

在智慧公交应用上，BRT 智能网联车路协同系统可重点解决当前城市公交场景中以下痛点问题：通行效率低，与私家车辆混行等待时间过长；车辆路线和调度配置信息化低，载客率低，运营成本高；面向用户的信息服务水平低；乘客乘车过程中上下车的安全问题。依托 C-V2X 技术的优势提供了实时车路协同、智能车速策略、安全精准停靠以及超视距防碰撞四大业务应用。

（6）短途接驳小巴

在部分园区、景区等场景，已经有多家企业正在展开接驳小巴形态的商业探索。由于直接面向乘客，这对自动驾驶技术的安全性提出了更高的要求。目前，面向园区、景区等场景，相关企业正在全面推动智慧出行产业车-路两端的智能化升级及场景应用，以此为市民提供安全、便捷的出行服务。具体场景应用中，自动驾驶接驳小巴可以在特定站点自动停留接驳乘客，并通过完全自主的导航和驾驶，沿固定线路将乘客点对点地安全送达至目的地。借助人脸识别和3D环境感知功能，接驳小巴还可以准确识别车内人员数量情况以及车内环境，辅助安全员进行管理。此外，它还能提供多样车载娱乐功能，丰富乘客的乘车体验。

（7）自动驾驶出租车

在自动驾驶出租车场景应用中，在某些示范区建设中，已经有多家企业正在尝试商业化探索。通过C-V2X技术，搭载无人驾驶系统的自动驾驶出租车能够应对多种复杂的城市交通场景，准确识别红绿灯，主动避让行人和障碍物，在拥堵路段始终保持平稳运行，给乘客带来安全、舒适的新出行体验。

3. 支持全天候、全场景的自动驾驶

这一阶段面临着需要与有人驾驶车辆、行人等并存以及应对中国的特殊交通环境等挑战。因此，更高级的自动驾驶还将需要我国的政策法规、交通管理和产业监管等方面的变革才能实现，需要长时间的跨界磨合、联合测试、实践去解决问题，达成共识。

目前，智能辅助驾驶与特定场景中低速无人驾驶已成熟，可在"新基建"下率先规模商用。智能辅助驾驶中城市交通和高速公路交通是车路协同的两大规模应用场景，先从营运车辆切入（包括智能公交、两客一危、工程车、货车、个人出行的网约车与出租车），加上特定环境（含特定区域和指定道路）下的中低速无人驾驶，丰富应用。目前，在前两类场景中，已经有较多典型的商业落地应用案例。

第三章

车联网发展路线图

本章围绕车联网产业与技术趋势，提出发展目标，规划分项发展路线图。实施车联网技术路线和规模化应用，将显著改善我国交通运行效率，丰富群众出行便捷与安全，促进人民获得感与幸福感水平提升，有效推动我国汽车产业转型升级，实现基础设施建设水平与关键技术能力的融合提升，打造我国新时代车联网新名片。

第一节　车联网技术发展路线图

一、C-V2X通信技术发展路线图

（一）存在问题

经过多年发展，C-V2X技术标准快速推进，目前已经初步建成了覆盖上下游的完整产业生态。从C-V2X通信技术发展角度看，仍存在以下问题。

1. 技术和标准研发工作待完善

国内LTE-V2X标准体系建设和核心标准规范建设初步完成，包括总体技术要求、空中接口技术要求、安全技术要求、网络层与应用层技术要求、设备要求和测试方法等各个部分。目前LTE-V2X技术和标准工作仍继续完善，行业应用类标准随产业发展持续完善，支持商用的系统要求和应用标准亟待制定。3GPP NR-V2X第一个版本R16标准已于2020年6月冻结，目前处于3GPP NR-V2X后续版本的技术研发和标准制定过程中。后续需要积极推动C-V2X的技术和标准形成完善的体系，推动LTE-V2X和NR-V2X融合发展，NR-V2X充分考虑对LTE-V2X的系统兼容。

2. 车路协同信息交互的通信性能待验证

2018—2021年，国内已进行"三跨""四跨""新四跨"等互联互通测试及大规

模测试验证，各地先导区、示范区等也都开展系列测试验证活动。依托 4G/5G 网络、北斗高精度定位、边缘计算等基础设施，已开展车车通信、车路通信赋能车辆辅助和自动驾驶、5G 远程遥控驾驶、边缘计算与 C-V2X 融合等应用实践和演示。但基于 C-V2X 的车路协同信息交互的通信性能在不同环境下的真实单设备和系统的通信性能仍需要充分验证，网联后车路协同的安全和效率提升效果有待数据积累及分析研究。由于政策法规等影响，C-V2X 支持的自动驾驶类应用目前主要在示范区等进行测试验证，后续需要分阶段、分步骤、分场景部署研究，深入推进测试验证与应用示范，推动商用落地。

3. 多领域深度融合应用待深入

C-V2X 与多个技术领域需要跨域融合，探索新的通信维度，挖掘利用多维特性，支持不断演进的自动驾驶和智能交通的应用需求，相关融合技术有待研究。C-V2X 与 ADAS 深度融合，需要与其他的单车感知设备协同，利用 C-V2X 提供的结构化信息，参与协同决策与协同控制。C-V2X 与人工智能、机器学习、深度学习等技术深度融合的内生智能的新型 C-V2X 通信，将突破现有 C-V2X 设计框架，显著提升 C-V2X 通信的高效性、可靠性、实时性和安全性。C-V2X 与空基、天基、地基网络深度融合的星地一体融合组网，提供全球覆盖和按需覆盖的能力。C-V2X 将融合感知和通信两大功能，形成通信感知一体化技术方案，提供完善的感知能力。

4. 自动驾驶安全评判准则体系待完善

C-V2X 的复杂系统和自动驾驶车辆带来许多安全问题，关键系统功能安全和预期功能安全同 C-V2X 的技术融合得到产业界的广泛关注。功能安全是专门针对车辆的功能安全规范，解决由电子/电气系统功能异常表现引起的危害而导致不合理的风险，避免系统失效和随机失效，提出汽车安全性等级（ASIL）划分，严格区分产品安全等级。预期功能安全是面向自动驾驶的功能安全规范，解决电子/电气系统（传感器、算法、执行器等）设计不足或性能局限引起的危害，并将相关风险控制在合理范围内。功能安全和预期功能安全的本质都是控制安全风险，但依靠传统的以质量保障为中心的车辆安全体系，已经不能完全满足面向自动驾驶的车辆安全保障需求，全球汽车工业领域亟须建立全新的自动驾驶安全评判准则体系。通过 C-V2X 通信进行信息交互，可实现智能网联汽车协同感知、协同决策和协同控制等操作支持自动驾驶，未来将依托《道路车辆功能安全》和《道路车辆预期功能安全》给出的方法论，推进该方法论逐步向智能网联汽车整车和关键电控系统的正向开发进一步落地应用，提出具体可操作的功能安全要求和测试评价方法。目前处于 C-V2X 和汽车功能安全和预期功能安全融合研究的前期，仍有大量关键难题和挑战待解决，如何能有效落地仍处于探索阶段。

（二）预期目标

到 2025 年，完成 LTE-V2X 的技术研究和标准体系建设。3GPP NR-V2X 完成技术研发和标准制定工作，国内 NR-V2X 标准体系初步形成。LTE-V2X 技术普遍应用；NR-V2X 技术逐步成熟。支持蜂窝通信与直通通信融合，形成 C-V2X 直通通信与蜂窝通信融合的系统架构，支持车联网快速时变、功率突变的物理信道和信号设计，支持 LTE-V2X 和 NR-V2X 设备内共存，分阶段支持多样化场景和多元化性能指标，支持频域维度持续增强；分布式资源调度技术支持基于感知的半持续调度和单次传输以及随机选择机制，有效支持低时延高可靠的周期和非周期业务，支持直通通信性能持续提升如中继和协调信息交互等，支持节电机制；异构多源的同步机制支持不同的蜂窝网络覆盖内外、GNSS 覆盖有无等不同的车联网部署场景，形成了包括 GNSS、基站、终端等多种同步源的多优先级的完整同步系统。同时异构多源的定位机制通过直通链路定位参考信号交互和测量，支持多种场景下的高精度定位。初步形成 C-V2X 与 ADAS 融合的技术方案，支撑低级别自动驾驶。

到 2030 年，完成国内 NR-V2X 标准体系建设，形成支撑高级别自动驾驶的 C-V2X 技术的完整技术标准体系。基于 C-V2X 通信演进技术的标准体系开始讨论。形成中国特色的车路协同发展模式，即基于 C-V2X 的"聪明的车 + 智慧的路"的车路协同发展模式，推动车联网的规模商用。C-V2X 通信演进技术对空口物理层基础技术完成初步设计。C-V2X 通感算融合演进，内生智能的新型 C-V2X 通信深度融合人工智能、机器学习技术。初步形成 C-V2X 星地一体的融合组网，基于空基、天基、地基网络的初步融合。初步形成通信感知一体化技术方案。

（三）实现路径

1. 加强基础研究

自动驾驶和智能交通的不断演进的应用需求，对 C-V2X 提出了严苛的通信需求。C-V2X 针对通信感知融合、星地一体通信融合、人工智能与 C-V2X 融合、汽车预期功能安全等领域，进行跨学科、跨领域的基础研究，推动形成面向极低时延、极高可靠、极高精度、极高效率的 C-V2X 通信体系，实现基础理论突破。

2. 加快关键技术研发

加快研究支持直通链路高可靠性和低时延等性能持续提升的分布式资源调度技术。充分考虑频带内（连续/非连续）、频带间、不同频率范围的特性和干扰情况，加快 NR-V2X 频谱研究，推动形成完善的 LTE-V2X/NR-V2X 设备内共存的技术方案。加快与直通链路通信融合共存的直通链路定位技术研究，在 GNSS 不可用场景、蜂窝网络覆盖外场景均能够支持，成为全天候、全场景支持车联网高精定位的适用技术。

3. 推动与测试验证、实际工况工作，形成闭环研究开发模式

通过与虚拟仿真测试、测试场测试场景测试、不同类型实际道路测试，验证 C-V2X 系统性能和支持应用的实施效果。对测试验证中出现的问题漏洞等不足，进行技术方案设计，关键技术攻关，克服 C-V2X 技术落地实施中的各种实际难题。

4. 发挥产、学、研各自优势，加强跨行业合作，形成中国特色的 C-V2X 技术发展路径

C-V2X 是汽车行业和交通行业关键使能技术，推动智能化和网联化协同融合发展。C-V2X 除了提供自动驾驶和智能交通所需的低时延、高可靠、大带宽、高精度和高效率的信息交互需求，C-V2X 技术将与网络、安全、定位、地图技术共同构建完善的技术体系。通过产、学、研各方合作推进，充分发挥我国产业领先优势和体制制度优势，加强推动跨行业联合协作，培育产业创新生态，形成具有中国特色的 C-V2X 技术发展路径。

（四）发展路线图

1. C-V2X 通信标准发展路线

到 2025 年，完成 LTE-V2X 技术研究和标准体系建设，国内 LTE-V2X 标准体系建设和核心标准规范建设完成，包括总体技术要求、空中接口技术要求、安全技术要求、网络层与应用层技术要求、设备要求和测试方法等各个部分。3GPP NR-V2X 标准完成技术研发和标准制定工作，国内 NR-V2X 标准体系初步形成，部分核心标准完成研发，如设备要求和测试方法等标准待完善。到 2030 年，完成国内 NR-V2X 标准体系建设，包括总体技术要求、空中接口技术要求、安全技术要求、网络层与应用层技术要求、设备要求和测试方法等各个部分。形成支撑高级别自动驾驶的 C-V2X 技术的完整的技术标准体系。基于 C-V2X 通信演进技术的标准体系开始讨论。

2. C-V2X 通信关键技术发展路线

直通通信和分布式通信融合的 C-V2X 通信机制。到 2025 年，形成完善的直通通

信和分布式通信融合的 LTE-V2X/NR-V2X 通信机制，包括系统架构、物理信号和物理信道设计、资源分配、LTE-V2X 和 NR-V2X 设备内共存等。到 2030 年，C-V2X 通信演进技术对空口物理层基础技术完成初步设计。

分布式资源调度机制。到 2025 年，支持 LTE-V2X/NR-V2X 分布式资源调度机制。支持 NR-V2X 重评估和抢占机制，UE 间交互资源协调信息，支持 UE 到 UE 以及 UE 到网络中继传输。到 2030 年，初步支持 C-V2X 通信演进技术的通感算控等多维度分布式资源调度。

直通链路同步技术。到 2025 年，支持多种不同优先级的异构多源统一可靠的 LTE-V2X/NR-V2X 同步方案。支持无 GNSS 场景下的较高精度的 LTE-V2X 同步方案。到 2030 年，支持全场景的 LTE-V2X/NR-V2X 同步方案。初步支持 C-V2X 通信演进技术的融合同步方案。

直通链路定位技术。到 2025 年，支持无 GNSS 场景下的较高精度的 LTE-V2X 定位方案。支持 NR-V2X 直通链路高精度定位，在无 GNSS 场景、蜂窝网络覆盖外场景均能够支持车联网定位。到 2030 年，支持全场景的 NR-V2X 通感算融合高精度定位方案，初步支持 C-V2X 通信演进技术的融合定位方案。

支持节电需求的 C-V2X 通信。到 2025 年，支持 LTE-V2X 单独配置发送资源池，通过随机选择机制或者部分感知机制达到节电效果。支持 NR-V2X 增强的满足节电需求的资源分配机制。支持更灵活的终端唤醒和休眠模式，支持收发协调的非连续接收机制，支持不同的单播、组播和广播通信方式的节电处理。到 2030 年，支持灵活的节电机制满足增强应用的节电需求，支持可配置的不同终端处理能力。

频谱高效利用。到 2025 年，支持 6GHz 以下的不同频段、不同带宽的 LTE-V2X/NR-V2X 载波聚合方案。支持多载波重复传输，提升传输可靠性。支持扩展频域维度资源利用，初步支持非授权频谱应用。到 2030 年，支持各种频带内连续/非连续、频带间、不同的频率范围的等不同频率组合的不同频段、不同带宽的频谱资源的高效利用，支持载波聚合和多载波重复传输。支持扩展频域维度资源利用，支持毫米波及非授权频谱应用。

C-V2X 和多种技术融合。到 2025 年，初步形成 C-V2X 与 ADAS 融合的技术方案。初步形成 C-V2X 通信融合人工智能、机器学习等技术方案。到 2030 年，C-V2X 与 ADAS 跨域深度融合；C-V2X 通信深度融合人工智能、机器学习等技术；初步形成 C-V2X 星地一体的融合组网，基于空基、天基、地基网络的初步融合；初步形成通信感知一体化方案。

表 3-1　C-V2X 通信关键技术发展路线图

技术分类	技术名称	2025 年	2030 年
C-V2X 通信标准		完成 LTE-V2X 的技术标准体系建设，3GPP NR-V2X 完成技术标准制定工作，国内 NR-V2X 标准体系初步形成	完成国内 NR-V2X 标准体系建设，形成 C-V2X 完整技术标准体系，基于 C-V2X 通信演进技术的标准体系开始讨论
C-V2X 通信关键技术	直通通信和蜂窝通信融合的 C-V2X 通信机制	形成完善的直通通信和蜂窝通信融合的 C-V2X 通信机制	C-V2X 演进技术的空口物理层基础技术完成初步设计
	分布式资源调度机制	支持 C-V2X 分布式资源调度	支持通感算控多维度分布式调度
	直通链路同步技术	支持异构多源的 C-V2X 同步	支持全场景的 C-V2X 同步方案，初步支持全场景的 C-V2X 通信演进技术的融合同步方案
	直通链路定位技术	支持无 GNSS 场景下 LTE-V2X 较高精度定位，支持 / NR-V2X 高精度定位	支持全场景 NR-V2X 通感算融合定位，初步支持 C-V2X 通信演进技术的融合定位
	节电机制	支持 LTE-V2X 节电机制，支持 NR-V2X 增强节电机制	支持灵活节电机制，支持可配置的不同终端的处理能力
	支持频谱高效利用	支持 6GHz 以下载波聚合，支持多载波重复传输初步支持非授权频谱应用	支持各种不同频率组合的频谱资源高效利用，支持载波聚合和多载波重复传输，支持毫米波及非授权频谱应用
	C-V2X 和其他技术融合	初步形成 C-V2X 与 ADAS 融合的技术方案，初步形成 C-V2X 通信融合人工智能、机器学习等技术方案	C-V2X 与 ADAS 跨域深度融合，C-V2X 通信深度融合人工智能、机器学习等技术，初步形成 C-V2X 星地一体的融合组网，基于空基、天基、地基网络的初步融合，初步形成通信感知一体化方案

二、网络技术发展路线图

移动边缘计算、网络切片等车联网网络技术对于 C-V2X 通信技术及其对智能交通、智能驾驶应用的支撑，具有重要意义。目前移动边缘计算已经在各类示范应用和产业实践中得以应用，网络切片虽已有相关标准定义和技术探讨，但尚缺乏实际应用部署和验证。随着未来车联网应用实践的持续开展和规模部署，车联网网络技术仍需进一步的研究、探索与实践。

（一）存在问题

1. 网络技术需与其他技术深度融合

在引入移动边缘计算并形成云－边－端分层智能架构后，车联网网络技术成为各类车联网应用所需的网联协同感知、决策和控制能力的重要基础性支撑。目前移动边缘计算虽已在各类示范应用和产业实践中得以应用，但其大多部署于封闭环境用于特定示范应用所需的计算与存储能力提供，面向未来开放道路、全场景的规模应用，在灵活性、实时性、智能化、业务连续性等多方面仍面临诸多挑战，需与计算、人工智能、大数据等技术深度融合以实现云－边－端智能协同。

2. 网络切片关键技术研究及部署仍有待继续探索和验证

虽然目前3GPP已经为车联网定义了可用的网络切片类型，业界和学术界也已开展了一些车联网的网络切片架构、切片管理与编排、切片资源调度等关键技术研究，但如何为高动态、高复杂车联网业务环境设计灵活、高效、低管理复杂度的切片架构和管理方法，仍需进一步的探索。另外，目前尚没有比较成熟的商业产品出现在市场上，车联网网络切片从架构设计到关键技术，其可行性和性能均有待在实际网络环境中应用、部署和验证。

3. 数字孪生在车联网网络技术中的研究与应用仍处于起步阶段

将数字孪生应用于网络技术，有助于网络实现低成本试错、智能化决策和高效率创新。对于设备数量众多、应用场景丰富、跨行业交叉创新等因素导致的车联网网络灵活性不足、网络新技术部署难度大、网络运维复杂度高等问题，数字孪生在应用具有重要的意义。但是，目前数字孪生网络的研究和应用仍处于起步阶段，如何将其应用于车联网实现网络的高效分析、诊断、仿真和控制，有待进一步研究。

（二）预期目标

到 2025 年，分层、分布式云体系架构已逐渐成熟，建设较为广泛部署的云边协同基础设施，提升路侧的智能处理能力，形成区域化的协同感知、决策和控制能力，为限定区域商用车辆的车路协同广泛应用提供弹性、分布式算力资源和按需的智能处理能力。

到 2030 年，形成感知、通信、计算深入融合的车联网网络系统，具备计算资源协同、算法模型协同、业务管理协同、数据协同等智能协同能力，实现分层、分布式云体系架构对全场景车路协同应用的支持能力；实现针对局部典型业务的智能化切片处理，如切片自动化部署，故障定位；以数字孪生技术为基础，网络具备一定的自动化、智能化等自治能力。

（三）实现路径

1. 加强与计算、控制领域的融合研究

网络技术领域的研究与发展呈现出数字化、智能化、自动化的发展趋势，车联网网络技术将为车联网应用提供车路协同的感知、决策和控制能力支撑。相应地，车联网网络技术的发展也需要与计算和控制领域开展融合研究，包括与计算技术领域结合，研究计算资源协同、算法模型协同等云边智能协同方法；与控制领域结合，研究基于数字孪生的网络的自动化与智能化控制、基于车联网网络的网联化决策与控制方法等。

2. 构建云边协同的分级、分布式云架构

根据面向智能驾驶和智能交通的车联网应用需求，构建中心－区域－边缘－终端四级体系架构，搭建5G＋边缘云的云边协同基础设施，将容器、微服务等能力扩展至边缘侧，在边缘侧提供弹性分布式算力资源，同时在云端向边缘侧进行远程资源业务调度、数据处理分析、服务编排、运维指令下达等操作，形成分级、分布式云架构。通过对软硬件接口进行解耦，构建涵盖硬件资源层、虚拟化层、平台能力层、应用层、应用安全和运维的一体化的服务能力。通过分布式云管理平台和边缘节点软件相互配合，对边缘侧计算资源进行远程管控、数据处理、分析决策等操作，提供完整的云边协同的一体化服务。

3. 开展面向车联网的网络切片部署与验证并结合推进技术研究

目前关于面向车联网的网络切片仍缺乏实际部署与技术验证。因此，将推进网络设备供货商及运营商面向车联网的网络切片业务开发和实现，开展网络切片支持智能驾驶和相应车联网业务的部署与技术验证，并结合实际网络环境中的验证，持续开展车联网网络切片架构设计、切片高效映射与管理方法及智能化切片处理等技术研究。

（四）发展路线图

1. 车联网边缘计算技术发展路线

到2025年，在面向车联网的边缘计算体系结构方面，将形成中心－区域－边缘－终端四级体系架构，分级为车联网应用提供所需的计算、存储能力；在云边智能协同技术方面，将以容器等虚拟化技术的发展为基础，形成计算资源的云－边协同方法，包括通信－计算－存储资源的区域化弹性部署与联合调度，以及支持边缘服务连续性的联合移动性管理方法；在应用支持方面，将以上述架构和云边协同技术为基础，提供区域化协同感知、决策和控制能力，支持区域化车路协同应用。

到 2030 年，在面向车联网的边缘计算体系结构方面，将形成感知 – 通信 – 计算 – 控制一体化的车联网网络系统；在云边智能协同技术方面，将以数据协同分析与处理、云边端协同推理与训练技术为基础，形成算法模型的云 – 边协同和边边协同方法；在分级的体系结构基础上，形成分级、分布化部署的业务处理功能的智能化编排方法，满足不同业务的网络和处理能力需求；在应用支持方面，将以上述技术为基础，提供广域协同感知、决策和控制能力，支持全场景车路协同应用。

2. 车联网网络切片技术发展路线

到 2025 年，形成车联网网络切片架构设计；定义针对车联网不同类型应用的切片类型，以及不同车联网业务到切片的灵活、高效映射方法，支持基于网络切片的车联网业务灵活、快速部署及服务质量保障。

到 2030 年，实现针对局部典型业务的智能化切片处理，如切片自动化部署，故障定位。

3. 基于数字孪生的车联网网络技术发展路线

到 2025 年，构建面向车联网的数字孪生网络，定义其物理网络中的网元对象、虚拟网络构建方法、虚拟网络与物理网络的映射方法等；在此基础上，形成基于数字孪生的车联网网络分析、诊断与仿真方法。

到 2030 年，形成基于数字孪生的车联网网络自动化、智能化控制方法，实现网络的自治属性和快速迭代能力。

表 3-2 车联网网络技术发展路线图

技术分类	技术名称		2025 年	2030 年
车联网网络技术	车联网边缘计算技术	体系架构	形成中心 – 区域 – 边缘 – 终端四级体系架构	形成感知 – 通信 – 计算一体化的车联网网络信息系统
		云边智能协同	计算资源的云 – 边协同	算法模型的云 – 边协同和边边协同；分级、分布化业务处理功能的智能化编排方法
		应用支持	支持区域化智能驾驶和智能交通应用	支持全场景车路协同应用

续表

技术分类	技术名称	2025 年	2030 年
	支持车联网应用的网络切片技术	支持车联网应用的网络切片架构设计；不同车联网业务到切片的高效映射方法	针对局部典型业务的智能化切片处理
	基于数字孪生的车联网网络技术	面向车联网的数字孪生网络构建；基于数字孪生的车联网网络分析、诊断与仿真	基于数字孪生的车联网网络自动化、智能化控制；自治属性和快速迭代能力

三、车联网安全技术发展路线图

（一）存在问题

1. 适合车联网应用的边缘计算安全需要进一步研究

传统云计算安全机制不适用于边缘设备产生的海量数据的安全防护，边缘计算的数据存储安全、共享安全、计算安全、传输和隐私保护等问题成为边缘计算模型必须面对的安全挑战。因此，需要深入研究车联网与边缘计算融合的体系架构的数据安全、身份认证、隐私保护等关键技术，保证车联网业务的安全开展。同时，也要根据车联网场景研究车联网业务与边缘计算之间新的信任模式，满足边缘计算系统与车联网系统共生融合的部署方式。

2. 车联网安全管理技术和系统需要进一步增强

车联网设备的异常行为检测和报告是车联网安全管理系统的重要组成部分，异常行为检测包括本地的异常行为检测和后台安全运营中心的全局异常行为检测。车联网安全管理系统需要进一步增强，识别和处置来自车联网设备的异常请求，通过大数据分析和人工智能，根据行为模型对监测到的异常行为进行安全分析，对异常行为可造成的汽车信息安全事件进行告警、预测和处置，从而建立起检测车联网设备异常行为的能力。

3. 可信技术在车联网安全中的应用需要进一步研究

可信计算体系架构以密码体系为基础，通过可信硬件、可信软件、可信网络，保障信息和网络环境的整体安全。通过研究车联网中的可信计算架构和关键技术可以从根本上解决车联网安全问题。同时，针对车联网复杂多变的场景和车辆的不同的管理模式，建立统一的车联网设备可信身份体系，通过与车联网证书安全体系兼容的可信身份凭证技术实现车联网设备的统一管理和统一身份认证。

4. 区块链在车联网安全中的应用仍有待标准化和技术研究

区块链通过分布式记账、多节点共识、非对称加密和智能合约等多种技术，能够实现分布式数据一致存储、难以篡改、防止交易抵赖，作为一种在不可信的竞争环境中低成本建立信任的新型计算范式和协作模式，是未来发展共享生态、构建新型信任体系不可或缺的技术之一，可以应用于车联网的访问控制、通信安全、数据安全等方面。但是，目前区块链在车联网安全中的应用还没有形成完善的标准，技术研究也有待从动态访问控制、安全数据传输、分布式密钥分配、轻量级共识机制等方面继续完善。

（二）预期目标

到 2025 年，将完善边缘计算安全的系列标准，并研发出边缘计算安全产品，实现边缘计算安全。同时将完善异常行为检测的标准，并形成相应的产品以满足车联网安全管理的需要。

到 2030 年，随着区块链技术的不断发展，实现网络攻击的自我发现、自我修复、自我平衡，针对车联网业务特性，建立自主的安全能力，实现安全能力的动态提升。区块链由于其自身具有匿名性、防篡改性、去中心化等特征，无论是对于数据完整性的保护，用户个人隐私保护，还是利用数字化识别技术来防止设备免受 DDoS 攻击，都能发挥关键作用，实现分布式安全可信的网络。

（三）实现路径

1. 构建"端、边、网、云"全面覆盖的安全标准体系

重点研制边缘基础设施安全、边缘应用可信部署与安全管控、边缘节点网络安全防护、边缘数据安全保护、边缘流量安全监控、端边协同安全、边云协同安全等安全技术和测评标准，为边缘计算相关方在研发、测试、生产和安全运营等环节中采取的风险控制措施提供参考。

2. 加强车联网安全能力建设

加强边缘计算与 5G、区块链、人工智能等新技术融合应用的安全风险分析和方案研究，加快研发多类型多用途的边缘计算安全产品；针对边缘节点下沉引入的业务风控和信息安全管理问题，升级网络监控能力部署模式，构建云、边、端联动的安全能力系统防范安全风险。

（四）发展路线图

为了应对车联网技术不断发展带来的安全挑战，车联网安全技术应该在边缘计算、车联网安全管理技术、可信技术和区块链等新技术方向进行深入研究，通过引入

新的安全技术，提升车联网安全能力，为车联网业务提供安全保障。

1. 边缘计算安全

到 2025 年，针对蜂窝车联网架构，针对性的研究适用于车联网场景的边缘计算安全方案，制定标准，在实际环境中进行技术验证。

到 2030 年，完成端、边、云协同的车联网边缘计算安全体系建设，为车联网业务和车路协同业务提供安全保障。

2. 车联网安全管理系统

到 2025 年，构建符合车联网安全标准的车联网本地的异常行为检测和后台安全运营中心的全局异常行为检测能力。

到 2030 年，结合人工智能、大数据分析形成车辆风险的预警系统，减少车联网安全风险。

3. 可信计算

到 2025 年，将可信计算技术用于车联网安全中，将可信硬件和可信软件用于车联网设备中。

到 2030 年，将可信网络、可信硬件、可信软件有机融合，形成车联网可信体系。

4. 区块链技术

到 2025 年，在车联网数据共享等方面运用区块链技术，实现分布式的数据安全。

到 2030 年，在车联网设备认证、数据管理、数据溯源等方向使用区块链技术提高车联网数据安全能力。

表 3-3 车联网安全关键技术发展路线图

技术分类	技术名称	2025 年	2030 年
车联网安全关键技术	边缘计算安全	形成适用于车联网业务的边缘计算安全标准，在实际环境中进行技术验证	"端、边、云"协同的车联网边缘计算安全体系建设，为车联网业务和车路协同业务提供安全保障
	车联网安全管理系统	构建车联网本地的异常行为检测和后台安全运营中心的全局异常行为检测能力	结合人工智能、大数据分析形成车辆风险的预警系统，减少车联网安全风险
	可信计算	将可信硬件、可信软件用于车联网设备中	将可信网络、可信硬件、可信软件有机融合，形成车联网可信体系
	区块链技术	将区块链技术用于车联网数据共享等方向	在车联网设备认证、数据管理、数据溯源等方向使用区块链技术提高车联网数据安全能力

四、车联网云基础平台技术发展路线图

(一)车联网云基础平台技术现状与问题

当前,车联网云基础平台由边缘云、区域云与中心云三级组成,形成逻辑协同、物理分散的云计算中心,标准统一、开放共享的基础数据中心,风险可控、安全可靠的基础软件。车联网云基础平台以车辆、道路、环境等实时动态数据为核心,结合支撑车联网应用的已有交通相关系统与设施的数据,为车联网与产业相关部门和企业提供标准化共性基础服务,以支持提升行车安全和能效的车联网驾驶应用、提升交通运行性能的智能交通应用,以及车辆与交通大数据相关应用。

现阶段的车联网云基础平台技术为车联网技术与产业发展提供了一定的支撑,但也面临一些亟待解决的问题。

1. 现有数据标准难以满足车联网与基础平台中大数据采集和处理加工的需求

目前,车辆动态数据、车路协同数据、道路基础设施数据和交通管理数据有限,尚无统一的标准在车、路、云各端之间进行交互,难以满足云基础平台对车辆自动驾驶功能的需求。

2. 现有的车联网云基础平台协同感知精度和时延难以满足高级别自动驾驶的需求

由于平台将融合多源感知数据,引入时间同步误差和空间对齐误差,降低感知精度;由于尚无大量、高质量的车路数据接入,平台的协同决策算法还未经过实际场景的大规模验证;现有的云平台部署方案和无线接入技术带来的额外时延和多源数据融合感知算法实时性不足等问题,造成平台的感知数据很难满足高级别自动驾驶的实际需求。

3. 协同感知和协同决策数据缺少可用性评价标准

由于缺少对所采集的数据进行质量评估的标准法规,缺少对平台所形成的协同感知和决策数据进行精度测试的标准,缺少可靠性测试和可用性评价的标准,缺乏与单车感知与决策进行比较的大规模验证,难以被车辆信任而发挥车联网云基础平台的作用。

4. 各行业的垂直型平台建设或引起重复投资的问题

当前,车联网服务、监管服务、自动驾驶等都开始建设以云平台为核心的基础设施体系和相关的通信及应用标准,但是因为各行业多为垂直型平台,所建设的基础设施无法共用,迫切需要建设标准统一、开放共享的云平台,以提供基础共性服务

能力。

（二）车联网云基础平台技术发展目标

到 2025 年，建成区域级车联网云基础平台，建成标准化的车联网通用数据集和数据共享模型，包括标准化的智能网联汽车数据分类代码、数据资源分级、平台接口协议、数据安全管理等。形成标准化的平台效用评价指标体系，满足政府监管和基础数据采集的要求。平台融合感知精度较高，平台融合感知规模达到单区 20 万辆水平。

到 2030 年，建成国家级车联网云基础平台，建立起平台数据标准化运营服务机制、数据质量控制机制、数据安全管理机制，打破壁垒满足数据开发与流通，形成与其他行业平台数据交换的标准化机制。平台融合感知精度很高，时延达到 10ms 级。平台融合感知规模达到单区 200 万辆水平及支持不低于 50 个单区接入。

（三）车联网云基础平台技术发展路径

1. 促进形成完备的车、路、云数据交互标准、基础平台架构标准和技术标准

保障不同厂家的车路数据快速接入平台并进行处理。推动车路原始感知数据质量检测工作，保证原始数据质量的精度和可靠性，保证平台输出的感知和决策数据的精度和可靠性。

2. 构建多层级协同技术架构

建设中心云，用于大范围、准实时的全局数据管理，用于动态全局路径规划、交通控制与诱导、区域数据协同等，通过大数据分析优化边缘云的业务规则或模型并动态更新；建设边缘云，作为数据的采集和计算单元，用于小范围、实时数据的处理与分析，支撑局部区域交通事件协同分析和匹配转发、车端与路侧智能设备的接入，高效支撑实时感知与决策。

（四）车联网云基础平台技术路线图

1. 云基础平台能力共享标准化

到 2025 年，形成标准化的车联网汽车通用数据集、数据共享模型和共性基础服务列表，形成标准化的平台效用评价指标体系。

到 2030 年，形成较为完备的、标准化的全国车、路、云一体化自动驾驶与智能交通实时大数据共享与服务体系；形成全国一个平台、一个网络的标准化运营服务机制，具备较为成熟的跨省份、跨城市的自动驾驶与智能交通全过程服务能力。

2. 云基础平台感知计算高效化

到 2025 年，感知数据采集与下发时延各小于 20ms，感知协同计算时延小于

30ms，时延抖动小于 10ms，交通多目标感知准确率形成基准。

到 2030 年，感知数据采集与下发时延各小于 10ms，感知协同计算时延小于 20ms，时延抖动小于 5ms，交通多目标感知准确率显著提升；平台协同决策计算时延小于 30ms，具备高级别自动驾驶支撑能力。

3. 云基础平台接入与服务规模化

到 2025 年，区域级平台可支持实时采集不小于 20 万辆汽车的行驶数据和不小于 1000 套的路侧系统感知数据，区域内具备车联网设备的汽车接入率超过 10%。

到 2030 年，国家级平台可支持单区实时采集不小于 200 万辆汽车的行驶与感知数据和不小于 10000 套路侧系统感知数据，单个城市具备车联网设备的汽车接入率超过 50%，可支持接入不支持 50 个城市。

表 3-4 车联网云基础平台技术发展路线图

技术分类	技术名称	2025 年	2030 年
车联网云基础平台技术	平台能力共享标准化	标准化车联网通用数据集和数据共享模型	全国一个平台、一个网络的标准化运营服务机制
	平台感知计算高效化	感知数据采集与下发时延各小于 20ms，感知协同计算时延小于 30ms，时延抖动小于 10ms	感知数据采集与下发时延各小于 10ms，感知协同计算时延小于 20ms，时延抖动小于 5ms，平台协同决策计算时延小于 30ms，交通多目标感知准确率显著提升
	平台接入与服务规模化	区域级平台可实时采集 20 万辆汽车数据和 1000 套路侧系统数据	国家级平台可支持单区实时采集 200 万辆汽车数据和 10000 套路侧系统数据，可支持接入不低于 50 个城市

五、高精地图技术发展路线图

（一）高精地图现状与问题

高精地图是提高自动驾驶安全性的有力工具，具有复杂的多层数据结构，能够通过数据的逻辑结构描述道路环境，从而实现地图数据的多尺度标定和高效存储，为自动驾驶的车辆定位、路线规划和决策控制提供支持。高精地图是实现高阶智能驾驶（L3-L5）的重要底层技术，可行性也已被验证，但目前仍存在以下问题。

1. 高精度地图还没有统一的标准

高精度地图现阶段还没有统一的标准，都是各车厂对各自的高精度地图进行信息采集，相互之间无法共用，这就增加了车厂的采集成本。建立统一高精地图的数据模型与交换格式，将有助于减少汽车制造商的开发时间和不必要的成本，同时保证未来跨品牌车辆使用的高精地图都可以不断共享刷新数据。

需要针对普通路特有要素及特征，如普通路路口、环岛、主辅路出入口等，定义数据模型和数据交换格式，为城市道路的高精度地图制作提供标准规格，有利于解决不同城市道路不同地图之间数据不兼容、服务水平不一致的问题，为城市道路自动驾驶提供有力保障。

针对特殊车道包括限制车道和可变车道。限制车道场景是车道上存在某一时间段或特定车种禁止通行的交通限行场景，车道限制信息主要包含车辆类型、天气状况、通行时间等；可变车道场景是车道行驶方向可根据实时交通流量变化的场景，由行驶方向变化范围可分为常规可变车道与潮汐车道。这些限制信息和可变信息对于自动驾驶车辆的自动驾驶是非常关键的信息，需要清楚的设计定义，并且需要一个统一的方式来表达。因此，对于特殊车道场景，包括限制车道和可变车道的属性、与道路的关联关系和表结构等信息需要在统一的标准下尽可能详尽表达。

2. 高精度地图生产制作技术水平研究需进一步提高

从技术硬性标准的角度看，高精地图的落地直接用于自动驾驶，其生产制作对技术水平和服务质量的要求很高。电子导航地图导错了路，司机可以自己纠正，司机没及时发现顶多绕个远路，但自动驾驶对地图的精确度要求极高，误差要控制在亚米甚至厘米级别，如果技术不过关有引发事故的风险，技术是质量的保证。

就高精地图采集而言，道路路面提取中，经常会出现车辆的遮挡，形成较大的雷达盲区，使得道路路面的提取出现较大的缺失与空洞。同时，优化道路边缘部分中的聚类簇激光点数目阈值的选取，需要多次实验以确定最佳阈值。道路标示线提取中，虽然使用分段阈值与灰度拉伸法修正了反射强度的变化，并使用DBSCAN算法分离噪声点，但仍存在噪声点干扰与道路标示线部分缺失的问题，需进一步研究高精地图采集的道路缺失问题。

3. 高精度地图精度需进一步突破

为了保证自动驾驶的安全与高效，需要精度更高的地图。高级自动驾驶要求高精地图精度达到厘米量级，以地图匹配方式实现高精度局部定位，提供超视距感知，降低自动驾驶对昂贵传感器的依赖，帮助自动驾驶汽车实现车道级规划决策和控制，如精准的车道线可以为车辆横向控制提供帮助。

4. 高精度地图要素分类需进一步研究

高级自动驾驶要求高精地图具有更丰富的要素图层信息和属性信息，如要素种类方面，除包含简单的道路网信息以外，还需包含自动驾驶所需的车道网、交通标牌、道路拥堵、信号灯等信息，如车道网可辅助自动驾驶车辆完成车道级路径计算，交通标牌等特征性要素可用于自动驾驶车辆的辅助定位，道路拥堵、信号灯等动态信息可以用于自动驾驶车辆的路径规划与决策辅助。要素属性方面，除包含车道位置、类型、宽度等属性以外，还需要坡度、曲率和高程等属性信息，用于自动驾驶汽车实现车道级规划决策和控制，如车道高程能够帮助自动驾驶车辆判断行驶在高架之上还是高架之下，车道曲率能够帮助车辆在弯道处实现纵向控制，从而减速到正常通过的速度，车道坡度能够帮助车辆节油系统上坡提前换挡，下坡提前收油，从而达到节油的目的。

高精地图中最重要的部分就是高精地图交通要素数据。然而，目前的高精地图研究重点仍面向各大公司的自动驾驶应用，高精地图交通要素的分类略显简单，各要素之间的关联关系描述不够，数据组织倾向于快速且便于存储，但是忽略了用户需求，无法从多粒度、多维度对高精地图交通要素进行描述和表达，且静态的高精地图大多以传统矢量数据描述高精度的道路和车道，对具有复杂形态（如三维模型）、复杂关联关系和动态的交通要素表达支持不足且冗余较大，对于交通要素的更新和生命周期也无法准确描述。

（二）高精地图技术预期发展目标

到 2025 年，高精度地图采集、处理及制作流程更加成熟，逐渐建立统一高精地图的数据模型与交换格式。采用智慧生产线，利用大数据分析、众包采集和人工智能等新型制图技术，满足自主泊车、V2X 及智慧城市等多种场景的高精地图需求。为自动驾驶提供更加有利的支撑。

到 2030 年，在保留原有地图检索、道路规划、渲染、引导等基础上，继续丰富地图丰富性、提升高精地图的精度，提升计算机器及汽车智能化，完善高频更新、标识横纵向定位、坡度曲率等要素。实现针对典型业务场景的智能化识别和处理，能够对自动驾驶现有传感器进行有效补充，从而提升车辆定位精度、感知可靠性以及路径规划能力。

（三）高精地图技术发展路径

1. 构建高度自动化的采集模式

覆盖全要素的自动化采集处理技术，是提升地图生产效率重要途径之一。在专业采集和众包采集模式下，关键要素的自动识别、提取和预判，可以随着准确性的不断提高，大幅降低人工参与程度，提升处理效率和实时性。采集内容全面化、通用化，采集处理智能化、自动化，信息数据标准化、精细化，将成为未来地图采集的重要发展方向。

2. 构建数据实时共享机制

为满足高精地图更新的实时性要求，需要覆盖范围广泛、数量庞大的具备感知传感器的车辆和路侧设备。地图企业独立建设和维护成本很高，且各企业重复性基础建设也会带来资源浪费。未来，专业的外包采集公司、路侧设备建设及信息服务公司等，将会以第三方数据提供商的形式逐渐发展壮大，为各图商提供海量丰富的标准化采集数据，在一定程度上实现数据共享，降低采集成本。

3. 提升自动融合绘图技术

高精地图提供精细的地图数据内容，需要更加真实地反映道路的实际样式，不仅包括传统路网信息，还包括高精度车道级及环境信息数据，同时还需兼容动态感知层和驾驶决策层部分信息，数据绘制的自动化和智能化成为重要的发展趋势。借助AI技术完成不同传感器数据自动融合识别，即把GNSS/INS、点云、图像等数据叠加在一起，进行道路标线、路沿、路牌、交通标志等道路元素的识别。对于在同一条道路上下行双向采集带来的重复数据，也会在这一环节进行自动整合和删除。通过人工智能系统形成车道线识别、特征点提取、构建车道的网络拓扑以及制作各种地物的全栈工具链，简化高精地图数据处理流程并不断提高制图效率，对于复杂城区环境尤为重要。

（四）高精地图技术路线图

1. 自动融合绘图能力

到2025年，形成除包含高精度车道级及环境信息数据外，还兼容动态感知层和驾驶决策层部分信息的高精地图，借助AI技术实现不同传感器数据自动融合识别。

到2030年，形成较为完善、自动化程度较高的高精度地图采集及制图体系，形成统一的标准化数据规范，具备较为成熟的高精度地图跨企业之间的高效服务。

2. 高精地图动态基础平台

到2025年，基于高精地图应用示范项目及示范区域建设，构建高精动态地图基础平台，形成动态数据汇聚、数据推送、服务监管支撑、数据合规处理等技术体系并完成技术论证。

到 2030 年，实现高精地图应用示范模式的全面推广，基于高精动态地图基础平台，进一步完善动态数据汇聚、数据推送、服务监管支撑、数据合规处理等技术体系。

3. 数据更新能力

到 2025 年，提供数据安全存储、数据安全传输等服务，支撑以专业采集为主要数据来源，动态数据生成为补充的地图数据更新模式。实现静态数据周更新，局部静态数据和动态信息小时级更新。

到 2030 年，依托高精动态地图基础平台，结合实时车端动态数据和专业采集数据等进行数据快速更新，实现静态数据日级更新，动态信息分钟级更新。实现高精地图的自动化生产和数据更新发布，形成自动驾驶高精地图规模化应用。

表 3-5 高精地图关键技术发展路线图

技术分类	技术名称	2025 年	2030 年
高精度地图技术	自动融合绘图能力	借助人工智能技术完成不同传感器数据自动融合识别	通过人工智能系统形成车道线识别、特征点提取、构建车道的网络拓扑以及制作各种地物的全栈工具链
	高精度地图动态基础平台	建高精动态地图基础平台，形成动态数据汇聚、数据推送、服务监管支撑、数据合规处理等技术体系	进一步完善动态数据汇聚、数据推送、服务监管支撑、数据合规处理等技术体系
	数据更新能力	实现静态数据周更新，局部静态数据和动态信息小时级更新	实现静态数据日级更新，动态信息分钟级更新

六、导航/定位技术发展路线图

从卫星导航视角来看，一是标准定位精度向高精度发展，产品定位精度从双模单频的米级定位精度，向多模多频的厘米级定位精度演进；二是集成度进一步提升，射频基带一体化，向通信导航一体化，导航二次开发一体化等的方向，芯片工艺进一步提升，从目前的 22 纳米向 14 纳米演进。

从多源定位视角来看，一是室内定位和室外定位融合进一步加强，UWB 和 Wi-Fi 等的定位方式与卫星定位充分结合，室内外无缝定位产品和终端是发展趋势；二是纯卫星定位向组合定位和融合定位演进，与惯性定位的组合，与视觉定位的融合，绝对定位和相对定位相结合，定位鲁棒性和可靠性进一步提升。

表 3-6　导航/定位技术发展路线图

技术分类	技术名称	2025 年	2030 年
导航/定位技术	定位精度	支持多模多频的厘米级定位精度，实现 20cm 以内的融合定位精度	向更高精度、更高可靠性、大跨度高可用性发展
	集成度	支持通信导航一体化	支持导航二次开发一体化
	多源定位	UWB 和 Wi-Fi 等的定位方式与卫星定位充分结合，支持卫星定位与惯性定位的组合、与视觉定位的融合	支持室内外无缝定位，定位鲁棒性和可靠性进一步提升

第二节　车联网产业发展路线图

一、车联网通信产品发展路线图

（一）通信芯片

伴随着汽车"四化"的发展趋势，新型汽车架构和中高端车型上的智能驾驶（自动驾驶及高级辅助驾驶）功能逐渐变为标配。智驾系统装车比率和使用率逐年提高，其功能完整性和可靠性方面的问题也开始显现。尽管车机 AI 芯片算力在以每年数倍的速度提升，基于单车智能这条路线的"长尾效应"仍然不可回避。在此背景下，车路协同技术面临着重要的机遇窗口：如果它能够提升智驾系统的可靠性和信任度，C-V2X 芯片将会跟随车端市场获得大规模量产的机会。

基于 3GPP R14 协议的 LTE-V2X 通信芯片已经在产业链的芯片厂商、模组厂商、汽车 Tier1 厂商、整车厂各个阶段完成了小规模的量产，部分车型在 2021 年完成了 LTE-V2X 芯片的前装形态的验证及小规模出货；预计在 2022 年将有更多款车型前装 LTE-V2X 芯片。基于 3GPP R16 的 NR-V2X 芯片尚处于开发及验证状态，未来主要面向自动驾驶应用场景。

1. 存在问题

C-V2X 通信可用度低。从消费者和车厂角度看，C-V2X 芯片如果作为汽车通信组件，其功能需要在可见的时间内体现其价值。当前的情况是车端 C-V2X 前装刚刚起步，安装率无法在几年内迅速提升，导致 V2V 功能难以体现；对于路网，目前还是以示范区和先导区为主的小区域覆盖，V2I功能可用范围很小，全覆盖的网络尚无建设和运营计划。占据汽车产品最大比例的乘用车作为消费类产品，虽然目前"硬件预埋"导向推动C-V2X小规模装车，但C-V2X芯片必须经历在路网和车端规模使用，才能体现其真正价值。

4G/5G（Uu）与C-V2X耦合更紧密。对于新型架构下的高集成度T-BOX方案，尤其是安装在车顶夹层的"智能天线"方案集成了所有通信功能，其走线、T-BOX空间、布线、散热等都出现了更大挑战。无论从标准体系和技术实现上，5G（Uu）与C-V2X关系将会更加紧密。一方面，具备5G（Uu）与C-V2X双通能力的单模组甚至单芯片会为T-BOX节约更大空间，为多天线布局留下余量；另一方面，T-BOX小型化（包括厚度）也会为车辆安装带来更多灵活性。

芯片可靠性不足。目前装车的4G/5G/C-V2X芯片，作为新功能单元，并非都满足车规要求，甚至部分品牌走量车型直接使用消费级的手机芯片承担座舱和通信功能。无论对于路侧设备还是车载终端，C-V2X芯片承载的信息都与交通安全和人身安全相关。对于C-V2X芯片，在车端作为功能安全组件需要满足车规相关规范（如AEC-Q100认证；ASIL B/D认证）；在路网大规模覆盖阶段，与消费等级的公共蜂窝网络不同，C-V2X设备也应该具备更高的可靠性。要满足车规要求，芯片从设计流程、IP选择、生产、封装、测试、认证等环节都需要考虑更高要求。对于宽带通信类大规模芯片，这将带来周期和成本的显著增加。

产品价格竞争激烈。目前C-V2X芯片尚未大规模量产，但价格已经开始承受来自产业链下游（模组、Tier1、车厂）的压力，加之C-V2X芯片竞争者增多，在未来2~3年芯片的成本会进一步被推动降低。

2. 路线图

LTE-V2X到NR-V2X的演进。基于3GPP R16的NR-V2X标准已于2021年冻结，除了网络建设和运营，C-V2X产业链已基本完善。伴随着5G蜂窝网络建设和5G（Uu）功能在车端安装率提升，C-V2X也将跟随5G标准演进到NR-V2X，LTE-V2X和NR-V2X针对不同应用场景，考虑成本因素，可能较长时间内会共存；另外区别于消费类小型产品对通信芯片的要求，车机作为长周期产品需要为销售后数年预留可升级的能力，因此新型汽车架构都要求芯片（车控、智驾和通信芯片等）都具备"硬件冗余"，以便满足未来软件升级的可能；另外自动驾驶系统对于C-V2X的通信要求，也存在提升通信能力的潜在可能。

C-V2X 芯片走向多模。C-V2X 芯片从 LTE-V2X 演进到支持 NR-V2X，不仅要考虑兼容 LTE-V2X，而且要考虑与 4G/5G（Uu）结合，更高的集成度才具备竞争力。

芯片可靠性提升。伴随着车端前装量产，对 C-V2X 芯片的安全等级和可靠性要求会进一步规范化。C-V2X 芯片需要从研发到验证整个体系考虑车规相关规范，满足可靠性和相关功能安全相关要求，并进行 AEC-Q100 及 ASIL B/D 相关认证。

芯片成本进一步降低。参照一些机构预测，在 2023 年后，5G Uu 模组售价不高于 30 美元，芯片套片不高于 20 美元；支持 5G Uu 和 NR-V2X 双连接的模组，价格不高于 40 美元，预计套片不高于 30 美元。

表 3-7 通信芯片发展路线图

产品分类	产品特征	2025 年	2030 年
通信芯片	通信能力	C-V2X 从 LTE-V2X 演进到 NR-V2X	伴随 5G 全面渗透，车联网全面应用 NR-V2X
	多模通信	芯片支持 LTE-V2X/NR-V2X/LTE（Uu）/NR（Uu）多模	多模可能简化为 NR-V2X/NR（Uu）
	功能安全	满足车规相关要求和认证	
	低成本	芯片成本降低到 20 美元以内	

（二）通信模组

截至目前，C-V2X 通信模组已经经过了定义、样机到量产的各个阶段，可以满足 RSU、后装 OBU 以及前装 OBU 的量产要求。尽管业界已针对 C-V2X 支撑 L4 级自动驾驶展开了探索，但从量产角度来看，C-V2X 对车辆自动驾驶功能的支持仍处于网联辅助信息交互阶段，以信息告警为主。未来，要想实现高等级自动驾驶，网联化功能也需持续升级，这对 C-V2X 模组提出了更高要求，包括在通信能力、功能安全、产品价格、渗透率等层面。

1. 存在问题

通信能力有待提升。基于 LTE-V2X 的通信技术，通信模组在传输速率、通信时延、单播支持等多个能力上无法满足高级别自动驾驶的要求，需要随通信芯片的研发进展，逐步向 NR-V2X 演进，获得上述通信指标的全面提升，以支持更丰富的数据传输、更高频率的交换以及特定车车或者车路之间的信息交互。

功能安全问题亟须解决。当汽车网联化功能逐步演进至协同感知或协同决策与控制后，C-V2X 的数据将不仅用于信息提醒，在车辆规划与控制方面的功能也将逐步实现。因此，C-V2X 产生的失效将对驾乘人员的安全产生更大的威胁，即要求 C-V2X 模组支持更高的可靠性，例如采用功能安全设计，提升安全保障能力。而目前业内的通信模组，大部分不具备此功能。

产品渗透率较低。目前车联网产业尚处于规模化初期阶段，路侧的覆盖率、前装车与后装车的渗透率仍然较低，随着各大示范区探索成果的呈现，商业模式逐渐清晰，路侧 RSU 部署与车端 OBU 装备的力度有望同步加强，通信模组的渗透率亦可得到显著提升。

产品价格较为高昂。从量产角度，无论是前装形式还是后装形式，车端对产品价格更加敏感。目前 C-V2X 通信模组价格普遍在数百元的价格，在行业看来仍然过高。未来随着出货量增加，LTE-V2X 和 5G 芯片的成本将逐渐降低，C-V2X 通信模组的价格亦有望继续下降。

2. 路线图

通信能力演进路线。随着 NR-V2X 芯片推出，通信模组将逐渐在目前通信制式上，增加对 NR-V2X 的支持。由于直连通信广播的特点，当 NR-V2X 推出市场后，LTE-V2X 与 NR-V2X 仍需长期共存，C-V2X 通信模组的支持的通信制式将更加丰富。未来预期主要的产品形态为：LTE-V2X PC5 + NR-V2X PC5、5G Uu、LTE-V2X PC5 + NR-V2X PC5 + 5G Uu。到 2025 年，LTE-V2X 依然占据主流位置，NR-V2X 将形成初步支持产业发展。到 2030 年，支持 NR-V2X 的通信模组将成为必选支持的通信制式。

功能安全和预期功能安全发展。随着 C-V2X 技术对辅助驾驶及自动驾驶应用，C-V2X 重要意义凸显。未来，C-V2X 对车辆驾驶的参与将不仅局限于信息交互，而至少达到协同感知等级，C-V2X 的感知数据还与其他传感器数据深度融合，决策结果将直接参与到车辆规划与控制。另外，C-V2X 为车车、车路之间的协同技术，RSU 广播的路侧信息，也影响车辆的驾驶决策。因此，RSU 与普通的通信设备不同，预计也需考虑功能设计。到 2025 年，将有支持功能安全的模组推出，渗透率达到 15%。到 2030 年，高等级自动驾驶将获得进一步发展。C-V2X 对车辆驾驶的参与将更进一步，从协同感知演进到协同控制，即可支持车车之间通过 C-V2X 进行路径规划级的协同，或者 RSU 将直接为车辆发送路径规划建议。因此，对 C-V2X 的功能安全等级要求将逐渐提高、功能安全要求的范围亦将逐渐扩大。届时，C-V2X 的预期功能安全分析和设计将成主流方案，渗透率有望达到 50%。

集成度。随着标准和产品的逐渐成熟，C-V2X 集成的功能有望持续提高，简化 C-V2X 终端的设计，提高产品集成度，降低整体成本。到 2025 年，产品集成度不断提高，将有更多的功能支持选配，例如 GNSS、惯导、HSM 等 C-V2X 工作必需的功能模块将被逐渐集成；内置应用处理器的模组，计算能力将逐渐增强。到 2030 年，通信模组产品集成度持续提高，定位模快的定位精度将达到厘米级，技术方案亦将增强至双频 RTK+ 惯导。HSM 的验签能力和内置应用处理器的处理能力亦将显著提高。

表 3-8 通信模组产品发展路线图

产品名称	产品特征	2025 年	2030 年
通信模组	通信能力	LTE-V2X 是主流，NR-V2X 初步支持	NR-V2X 成为必选，网联新车渗透率接近 100%
	功能安全	推出支持功能安全的模组，渗透率达到 15%	支持功能安全的模组渗透率达到 50%
	集成度	集成 GNSS、惯导、HSM 等，定位精度亚米级，安全验签能力 1K-2K 条/秒	定位精度厘米级，安全验签能力 3K-5K 条/秒

（三）车载终端

近些年，随着车联网产业推进，车载终端的发展已经从技术验证进入逐步落地应用阶段。

1. 存在问题

功能特性有待进一步融合。目前，OBU 产品形态虽然已经成熟，具备了商用能力，但在实际部署上，产品市场面临着一定的阻碍。从前装部署上，由于目前的 OBU 厂商多数为新进入汽车供应链的企业，普遍缺乏对整车集成的深入认知。未来，从功能演进来看，OBU 设备需要与整车智能化、网联化的演进紧密契合，匹配整车电子电器架构的发展。在后装部署上，目前 OBU 产品功能较为单一，用户对于 C-V2X 的功能感知偏弱，产业整体发展缓慢。总体来看，无论在前装还是后装部署上，未来 OBU 在功能属性方面需要进一步加强，其在辅助驾驶与自动驾驶中的作用有待通过功能融合加强，为用户提供切实的服务体验。

产品渗透率依然偏低。针对前装市场，目前车企对 C-V2X 功能仍抱观望态度，主要原因在两方面。其一，考虑到现阶段公开道路上路侧设备的布设率不足，仅能实现个别 V2X 辅助驾驶及安全预警功能，小幅度提升购车者的使用体验，功能价值无法高度展现；其二，车企面临非常大的整车成本压力，尤其是国产品牌车企，即使在新车预研阶段考虑增加 C-V2X 模块，在实际研发过程中，也很有可能因为成本问题而放弃。面对规模庞大的存量市场，当前后装产品形态和价格因素制约着产品渗透率提升；目前市场上的后装 OBU 产品主要面向演示、测试需求，重点考虑功能性。在产品尺寸、安装方式、布线美观度、交互体验、售价等方面的设计还远远达不到私家车后装的市场要求。另外，要想尽快切入后装市场，只具备单纯 C-V2X 功能的 OBU 设备很难提升车主的消费或安装意愿。如何集成车主的其他刚性需求，也是未来后装 OBU 产品应该考虑的方向。

2. 路线图

通信能力演进路线。产品通信能力得到进一步提升，更好匹配产业发展的阶段需求，对车联网不同时期的发展需求起到良好支持作用。到 2025 年，支持 5G/4G+LTE-V2X PC5，开始支持 NR-V2X PC5。到 2030 年，支持 5G+NR-V2X PC5+LTE-V2X PC5。

功能特性演进路线。产品性能得到进一步提升，产品功能日益丰富强大，用户对 C-V2X 功能体验感进一步增强。到 2025 年，在前装上，C-V2X 技术开始与 ADAS 协同感知，在车辆控制层面起到作用；在后装上，具有 C-V2X 功能的诸如后视镜、手机支架等多种类型产品出现。到 2030 年，在前装上，C-V2X 在车辆整体架构中的融合程度得到深化，部分具备控车功能的车型率先量产，辅助高级别自动驾驶智能协同；在后装上，集成度进一步提升，C-V2X 功能成标配，消费者感知增强。

场景应用。在产品应用上，OBU 将形成阶段发展，从支持封闭场景应用走向普及。在部署初期率先考虑提升辅助驾驶安全、效率为主；随着车联网产业推进，面向智慧城市、智慧交通发挥作用。到 2025 年，以提升安全、效率为主，支持低速、低级别自动驾驶应用。到 2030 年，支持城市治理、安全高效出行，面向高级别自动驾驶，参与一定的控制、决策。

渗透率。在产品渗透率方面提升上，注重前装与后装协同发展。在后装层面，到 2025 年，两客一危营运车辆渗透率达到 90%，普通营运车辆渗透率达到 70%，私家车渗透率达到 20%。到 2030 年，两客一危营运车辆实现 100% 安装，普通营运车辆渗透率达到 100%，私家车渗透率达到 85%。在前装层面，到 2025 年，开始实现新车前装，渗透率按照超 5% 的增长率实现逐年递增。到 2030 年新车前装渗透率达到 90%。

表 3-9 OBU 产品发展路线图

产品名称	产品特征	2025 年	2030 年
OBU 产品	通信能力	5G/4G+LTE-V2X PC5，开始支持 NR-V2X PC5	5G+NR-V2X PC5+LTE-V2X PC5
	功能特性	前装辅助车辆 ADAS 功能协同感知 后装集成度增强，消费者感知个性化功能	前装辅助高级别自动驾驶智能协同 后装集成度进一步提升，C-V2X 功能成标配，消费者感知增强
	场景应用	以提升安全、效率为主，支持低级别、低速自动驾驶	面向高级别自动驾驶，参与一定的控制、决策
	渗透率	新车开始前装；两客一危营运车辆后装预计达到 90%，普通营运车辆预计达到 70%，私家车达到 20%	新装车辆前装渗透率达到 90%；两客一危营运车辆后装接近 100%，普通营运车辆接近 100%，私家车预计可达 85%

（四）路侧设备

1. 存在问题

车联网基础设施建设加快推广，车联网量产车型陆续发布，RSU 已经在国内众多的试验区、先导区规模建设，随着 C-V2X 产业链的逐渐成熟，RSU 供应商也不在少数。C-V2X 相关技术标准逐步成熟发布，"四跨""新四跨"等活动有力促进了不同厂家设备间的互联互通，产业发展正步入快车道，但是更大范围商用部署，全面支持自动驾驶还存在一些问题。

产品覆盖率较低，建设进程缓慢。在 RSU 产品部署上，无论在城市还是高速公路都尚未形成规模，覆盖率整体偏低。这主要由于车联网基础设施建设与运营收入之间存在较大偏差，影响路侧实施部署。

产品处于商用早期，相关工程存在建设难题。RSU 产品部署时需要考虑与交通设施之间的工程安装、运维难题。但不同场景的建设存在差异，包括交通设备配置、施工条件不同，及树木、灯杆等环境因素影响，导致设备在工程安装时，需要考虑多种工程建设方案。在与路侧对接标准化上，RSU 作为路侧系统的重要网元，需要与 MEC、感知设备等互联互通，不同产品之间的接口目前基本都是厂家自定义，带来较大的定制开发工作。在无线组网部署上，C-V2X 网络建立后，如何结合具体业务需求，对网络覆盖情况进行验收，目前还未形成统一的技术要求。此外，产品后期维护难度大。RSU 规模组网，数量巨大，它们分布在高速、城市、隧道等，部署范围广阔且不易接触，而设备管理、配置、升级需要保证网络正常工作的情况下高效进行，这也是一种考验。

产品安全性有待进一步提升。相关技术要求路侧设备按照有关标准与车载设备、证书管理系统、相关车联网安全信任根和工信部车联网安全信任根管理平台实现数据交互，目前已经形成了比较完善、详细的技术要求。但在 RSU 与 CA 服务器之间存在接口不统一情况，导致 RSU 在对接不同厂家 CA 服务器时，需要二次开发；RSU 与 OBU 之间直连通信消息传输的安全性需要通过数字证书实现，这要解决初始状态下，如何为终端配置安全参数及安全凭据的问题。目前很多项目的实现依靠离线灌装形式，仍非量产解决方案。

对于部分场景支持的通信能力有待进一步增强。C-V2X 当前阶段是 LTE-V2X，RSU 产品在性能、时延、数据吞吐量等方面有待进一步加强，尤其针对自动驾驶场景。NR-V2X 已经在标准制定中，标准成熟至可商用推广尚需多年时间。

2. 路线图

通信能力演进路线。产品性能得到进一步提升，产品通信能力得到进一步提升，更好匹配产业发展需求，起到良好的支撑作用。到 2025 年，支持 5G/4G+LTE-V2X，开始支持 NR-V2X PC5。到 2030 年，支持 5G+NR-V2X PC5+LTE-V2X。

功能特性演进路线。在功能特性方面，不断丰富强化，产品与其他技术之间的壁垒逐渐被打破，产品功能更强大。届时，多种设备建设及后期运维成本也将得到缩减。到 2025 年，RSU 集成感知程度不断加深，与其他智能传感设备融合，例如与摄像头融合，成为路侧融合感知设备。到 2030 年，集成度进一步提升，成为路侧智能协作设备。

场景应用发展路线。在产品应用上，RSU 部署将形成阶段性，满足不同应用场景下的发展需求。在部署初期，以重点路段和场景布局为主；随着推广逐步扩展至城市及高速道路全覆盖。到 2025 年，以提升安全、效率为主，支持低速、低级别自动驾驶应用。到 2030 年，支持城市治理、安全高效出行。面向高级别自动驾驶，在通信能力上增强特性等。

覆盖率。在产品覆盖率提升上，到 2025 年，高速公路覆盖率接近 100%；二级以上普通路覆盖率在 50% 左右；城市路口覆盖率接近 100%。到 2030 年，覆盖率达到 100%。

表 3-10 路侧设备发展路线图

产品名称	产品特征	2025 年	2030 年
路侧设备	通信能力	支持 5G/4G+LTE-V2X，开始支持 NR-V2X	支持 5G+NR-V2X+LTE-V2X
	功能特性	形成路侧融合感知设备	形成路侧智能协作设备
	场景应用	以提升安全、效率为主，支持低速、低级别自动驾驶	实现高度网联，支持高级别自动驾驶，深度支持智慧城市发展
	覆盖率	高速公路接近 100%；二级以上普通路 50%；城市路口 100%	实现 100% 覆盖

（五）移动边缘计算

当前，移动边缘计算还处在初步应用阶段，面临一些共性问题，比如平台与应用设备接口不够标准化、多种体系架构并存、产业协作方式不明确、平台缺乏规模化推广能力，产业呈现分散化、碎片化。未来移动边缘计算将是整个车联网产业链发展的重要推动力量。

1. 存在问题

MEC 标准尚未成熟。MEC 设备需要连接多种外设如摄像头、雷达感知设备，RSU 和基站等通信设备和交通系统设备（包括信号机机和电子标识等）等，需要配置多种不同类型的外设接口，并且支持相应的接口通信协议，目前感知设备厂家众多、协议不统一，对接时间长。

MEC 设备的适应性需要改进。需要克服恶劣的环境影响增强坚固耐用性，路侧设备需要支持在广大地理区域的室外部署，部署的环境有时极为恶劣，温度和湿度存在巨大差异，该类设备具有极强的环境适应能力，具备防水、防尘。

2. 路线图

组网能力。移动边缘计算设备在数据采集、协议转换等方面是车路协同的基础功能，到 2025 年，边缘计算网关具备异构 LAN 侧接口，支持多种主流协议。到 2030 年，边缘计算的网络连接面向新架构、新协议、新技术探索，网络将计算任务报文路由到相应的计算节点，实现用户体验最优、计算资源利用率最优、网络效率最优。

场景应用。在边缘计算产品的应用上，大量需要本地计算或者分流的数据需要在产品中做部署。前期，移动边缘计算对路侧融合应用场景相对多些。预计到 2025 年，产品应用可以满足车用通信系统 DAY1 场景与 DAY2 场景，包括交通效率类、安全类、协作类、感知数据共享、信息类等服务要求；预计到 2030 年，边缘计算与人工智能等技术的结合，可以满足 L4 级自动驾驶车辆的需求。

安全可靠。在产品安全方面，到 2025 年，产品建立包括防火墙和安全网关、安全路由器/交换机、入侵检测、病毒查杀、用户认证、访问控制、数据加密技术、安全评估与控制、可信计算、分级保护等多层次的防御体系，通过不同类型传统安全技术的综合应用来提升网络及其应用的安全性。到 2030 年，产品具备主动防御的能力，能够在主动或者被动触发条件下动态的、伪随机的选择执行各种硬件变体以及相应的软件变体，使得内外部攻击者观察到的硬件执行环境和软件工作状态非常不确定，无法或很难构建起基于漏洞或者后门的攻击链，以达到降低系统安全风险的目的。

表 3-11 移动边缘计算设备发展路线图

产品名称	产品特征	2025 年	2030 年
移动边缘计算设备	组网能力	多种协议多接口，异构融合组网	全新架构，网络松耦合，泛连接
	场景应用	为辅助驾驶、低级别中低速无人驾驶应用提供低时延、高可靠业务性能，满足安全、效率、信息服务类场景需求	与 NR-V2X、AI 技术深度融合，提供超低时延、超高可靠业务性能，满足高级自动驾驶应用的需求
	安全可靠	建立多层次、多维度防御体系	构建全面、主动安全防御体系

（六）核心网设备

5G 网络的商用使得大家享受到了全连接、全业务的服务。区别于 4G 核心网的支持增强移动宽带（eMBB）服务能力，独立组网的 5G 核心网能够同时提供增强型宽带、低时延高可靠、海量机器类通信服务，实现一网万用、使能行业数字化转型。一方面，屏蔽接入方式的差异，实现以用户体验为中心的多接入网络；另一方面，网络切片和边缘计算为各行各业提供按需服务的可能性。核心网的以上特点也赋能了车联网的应用。

1. 存在问题

核心网成本过高。5G 核心网基于云化的部署方式，但是在很多应用上还需要采用专用的设备，这样使得核心网的复杂性和成本都处在比较高的水平。核心网的云化是技术不断的革新来驱动的，云计算技术的复杂性，以及技术迭代周期缩短，都使得核心网面临越来越复杂的技术问题。这样的问题对网络迁移和新网络的部署带来很重的成本压力。当前的云操作系统以及 SDN 等技术，存在一定程度的封闭性，难以实现网络架构部署的灵活性。基于当前的网络架构是基于 NFV 的方案，基于保证网络性能和可靠性考虑，虚拟化软件在各个厂商之间不具备通用性，这样也加大了对于核心网成本的压力。

网络切片通用性需要改进。切片服务是 5G 核心网在各行各业的得到不同 QoS 服务的保障。核心网支持的架构分为云化和服务化，这样的架构可以提供多种切片组网方式。不同的业务切片对网络的隔离性和差异性有不同的要求，有的业务可以允许网络切片实例共享，通过 QoS 调度实现不同网络切片之间的差异化，实现控制面共享，媒体面独立。有部分业务对隔离性要求中等，根据切片用户的实际部署需求，用户面网元就近部署满足数据不出园区或者对时延要求比较严格的业务，实现部分控制面共享。部分业务对隔离性要求比较严苛，切片用户需要独占核心网网元，这样需要实现完全独立的组网方式。完全独立的组网方式可以满足核心网网元所使用的物理资源也被切片实例独占。在 4G 网络时代，网络切片是不支持的。所以在 4G 核心网和 5G 核心网互通的时候，为了减少对 4G 网络产生影响，如何选择合适的 5G 网络切片是亟待解决的问题。为此，现有的网络切片技术需要进行增强。另外，在接入网络切片时，如何保证网络安全性也是核心网在未来发展需要考虑的问题。这其中涉及终端的认证、鉴权等方面。当前，网络切片是网络端到端的解决方案，所以对于不同切片的协同管理要求也不同，需要制定 5G 垂直商业发展规划。另外，切片管理标准规范还不成熟，不同的厂家对于切片的实现方式不同，很难达到互联互通，所以，会影响到网络切片进行快速的商用部署。

核心网复杂度高。当前核心网的高成本和技术复杂度使得核心网在车联网的应用中具有很大的限制。极简核心网通过对于网元的融合以及功能和接口的简化等技术减少部署的工作量，提高对于车联网应用的效率。在 5G 行业应用遍地开花的时代，核心网的简化可以更加方便应用场景的部署。

2. 路线图

核心网设备在未来将向极简化、智能化、松耦合化的方向发展，具体从以下几个方面阐述。

部署方式。未来，5G 核心网建设将以 EPC 与 5G 核心融合组网架构为基础，推进 EPC 云化转型，实现核心网的成熟商用，优化网络架构，实现云化融合核心网。到 2025 年，在用户面分层部署。网络自动化能力在 L3 的基础上，在网络规划、部署场景中，能够实现全场景自决策，网络容量精准预测。在优化和维护场景中，网络能够自监测、故障自发现、自诊断、自恢复，人工参与决策只是辅助。到 2030 年，实现控制面集中部署。便于全网业务统一，切片业务开展，易于实现智能运维。逐步演进到 L5 完全自治网络。基于 L3 和 L4 的技术积累和运营商市场的检验，逐步演进到意图驱动的全自治核心网络。

运维智能化。在核心网的运维方面，未来的发展方向是让数据和人工智能相结合，采用基于人工智能的技术监控核心网数据，减少人为的干预。到 2025 年，实现有限人员干预的核心网自动扩缩容，对于故障信息通过大数据和算法做到自动分析，基于训练模型实现主动干预和处理。到 2030 年，实现全面人工智能运维处理，核心网具备云的监控能力和 AI 的分析能力，实现全自动扩缩容。

安全可靠性。在核心网安全方面，到 2025 年，将在管理安全、网络安全域隔离、网络定义软件安全分析等方面不断完善。实时监控系统资源的利用情况，减少网络被攻击的风险。到 2030 年，对网络功能虚拟化进行安全保障，确保实例化进程中，对文件的完整性和权限进行验证，避免被篡改。

表 3-12 核心网设备发展路线图

产品名称	产品特征	2025 年	2030 年
核心网设备	部署方式	云化部署，用户面分层部署	控制面集中部署，全自治核心网络
	运维智能化	初级人工智能操作与维护	全自动、极简的人工智能运维
	安全可靠	实现管理安全，网络定义软件安全分析	实现网络功能虚拟化的安全

二、车联网安全产业发展路线图

（一）存在问题

1. 车联网安全芯片需要适应车联网业务需求和安全需求

由于车联网安全芯片集车规要求和安全要求于一身，对企业技术和质量体系的要求较高，确保在车联网的复杂环境下，安全芯片安全特性的正常工作。在部分场景下使用时，要求安全芯片有更高的运算性能，这就需要轻量级的密码技术和更高效率的安全芯片。而汽车的使用场景也决定了需要对物理接触方式的攻击具有更高的防御性。

2. 车联网云平台安全需要引入新的理念和新的安全技术

随着车联网业务云化进程的不断深化和云安全挑战日益严峻，传统的安全架构已无法满足车联网业务的需求。云计算的安全边界越来越模糊，因此有必要引入零信任安全理念和架构实现车联网云平台的安全。

3. 车联网数据安全治理是车联网产业健康发展面临的重要挑战

车联网数据资源面临的安全威胁日益严峻，数据安全治理成为车联网数据面临的重要问题，用户隐私和车联网业务的敏感数据的保护需要研究新的机制和技术，因此车联网数据治理需要新的手段和新的机制。

（二）车联网安全产业发展路线图

为了应对车联网面临的安全挑战，在车联网安全芯片、车联网云平台安全和车联网数据安全方向需要加大研究和研发力度，提高车联网整体安全能力，促进车联网安全产业的健康发展。

1. 车联网安全芯片产业

到2025年，车联网安全芯片在功能安全设计上满足国际标准的要求，成为具备一定竞争力的可实用核心产品。

安全芯片的功能安全和信息安全的标准体系形成统一技术框架；第三方的测试手段和评价与认证能力能满足整车企业判断国内自主研制安全芯片的安全性；同时建立健全完善的自主研制车联网安全芯片产品的应用体系，实现供应安全。

到2030年，云边协同安全、零信任安全理念等新的技术将实现安全芯片普及。车联网智能终端中增加安全芯片，提供系统可信根、数据安全存储，保障安全运行以及安全连接，从硬件层面对智能终端产品进行了完整保护，从根本上解决智能终端和车联网系统的安全问题。安全芯片可以是具有安全密码功能和片上存储功能的SOC芯片，本身保持算法、工艺等的多样性和先进性，保证安全方案达到"技术""安全""成本""便捷"几方面的平衡。

2. 车联网安全管理系统产业

到2025年，构建符合车联网安全标准的车联网安全管理系统，为车联网提供安全保障。

到2030年，结合异常行为检测、安全态势感知分析技术，进一步提高车联网安全证书管理的能力。

3. 车联网云平台安全产业

到2025年，在车联网云平台引入零信任安全理念和架构用于车联网云平台的建设，提高车联网云平台的安全，保证车联网业务的安全运行。

到 2030 年，随着云计算安全技术和产业的不断发展，云边协同的安全、零信任安全理念、软件定义安全等新的技术将在车联网云平台上使用。

4. 车联网数据安全产业

到 2025 年，数据治理中的静态脱敏和动态脱敏技术将日趋成熟，将用于车联网数据的脱敏和隐私保护，提高车联网数据安全水平。

到 2030 年，隐私计算等新的数据治理机制将应用于车联网数据安全，实现车联网数据的安全跨域流动。

表 3-13 车联网安全产业发展路线图

产业分类	产业特征	2025 年	2030 年
车联网安全产业	车联网安全芯片	功能安全设计上满足国际标准的要求	云边协同的安全、零信任安全理念等新的技术将实现安全芯片普及
	车联网安全管理系统	构建符合车联网安全标准的车联网安全管理系统	构建融合异常行为管理和安全态势感知技术的车联网安全管理系统
	车联网云平台安全	零信任安全理念和架构将用于车联网云平台的建设	云边协同的安全、零信任安全理念、软件定义安全等新的技术将在车联网云平台上使用
	车联网数据安全	静态脱敏和动态脱敏技术将日趋成熟	隐私计算等新的数据治理机制将应用于车联网数据安全

三、车联网云基础平台产业发展路线图

（一）存在问题

当前，政府管理类应用、行业服务类应用以及车企智能化应用都可以基于车联网云基础平台的基础数据与计算协同，获取其应用所需的基础支撑。此外，车联网大数据云基础平台可以基于行业不同的信息安保要求，确保不同业务领域数据交互的权限可控、数据安全与可靠。

现阶段，我国车联网平台初步形成了多个云基础平台与各类车、路、云协同应用平台融合发展的方式，为各级各类车联网应用提供了一定平台化支撑。但尚未建立起统一分级的车联网云基础平台体系，还未能充分实现"端、边、云"协同，尚不能弹性支撑基于产业各类需求的差异化、定制化服务。

（二）发展目标

到 2025 年，建成区域级车联网云基础平台，平台能够服务多个城市级测试路段

和高速公路测试路段并开展探索性运营，能够为接入车联网平台的智能汽车提供有效的预见感知能力，平台能促进交通运行效率提升。

到 2030 年，建成国家级车联网云基础平台，平台能够服务主要城市交通与高速公路全路段，能够为接入平台的智能汽车提供全方位的感知能力，平台具备特殊场景下自动接管车辆的能力，平台能显著提升交通整体运行效率一倍以上。

（三）发展路径

1. 大力发展与边缘计算技术的融合

加强运营商、交通管理部门、设备商协作，建设基于 C-V2X 等无线接入技术的边缘云，部署自动驾驶感知、决策和交通控制的应用服务，广泛进行测试，对车联网汽车制造者和交通管理者所关注的问题进行探索并解决。

2. 大力发展端云融合应用

一是将部分算力从车端转移到云端，降低车载计算平台的计算需求和功耗需求；二是将基于全局的云端协同感知与决策引入车端产品，提高车端产品的感知和决策能力；三是向车端提供交通信号灯信息和动态交通态势信息。

（四）发展路线图

1. 平台运营服务能力

到 2025 年，建成区域级车联网云基础平台，在多个城市测试路段和多个高速公路测试路段进行探索性运营示范。

到 2030 年，建成国家级车联网云基础平台，实现全国一、二线主要城市全区域和主要高速公路全路段的运营服务。

2. 交通效率提升能力

到 2025 年，城市交通管理实现网联车辆个体状态与交通综合状态相结合的交通流诱导和交通信号灯动态配时，交通运行效率提升不小于 5%。

到 2030 年，结合交通环境的驾驶效率提升不小于 10%。通过对单车与多车驾驶过程的决策引导，服务城市交通整体运行效率的提升，主要干路拥堵指数相对降低 30% 以上。

3. 智能网联驾驶支撑能力

到 2025 年，平台协同感知的时延及精度可作为单车感知的冗余，具备预见性感知和超视距感知能力，满足有条件自动驾驶（CA 级自动驾驶）要求。

到 2030 年，平台的协同感知数据满足 CA 级与 HA 级自动驾驶要求，平台的协同决策有效支撑高度自动驾驶（HA 级自动驾驶），单车自动驾驶相对成本降低不小于 10%。

表 3-14　车联网云基础平台产业发展路线图

产业分类	产业特征	2025 年	2030 年
车联网云基础平台	平台运营服务能力	建成区域级车联网云基础平台，开展城市与高速公路测试路段运营示范	建成国家级车联网云基础平台，一、二线主要城市全区域和主要高速公路全路段运营服务
	交通效率提升能力	交通运行效率提升不小于 5%	交通运行效率提升不小于 10%，主要干路拥堵指数相对降低 30% 以上
	支撑智能网联驾驶能力	满足 CA 级自动驾驶要求	满足 CA 级与 HA 级自动驾驶要求

四、车联网测试认证产业发展路线图

（一）存在问题

测试评估是车联网全产业链必不可少的关键环节，尤其随着车联网 C-V2X 产业链条逐步完善，在研发生产、商业化应用等阶段均对于测试评估提出明确需求。车联网测试评估经过探索，目前已经取得了初步的成效，但从支撑车联网技术发展及产业规模化部署的角度仍存在以下问题。

1. 部分 C-V2X 测试评估规范需进一步完善

当前针对 C-V2X 通信技术自身的测试规范陆续完善，包括针对通信空口的测试规范《基于 LTE 的车联网无线通信技术 支持直连通信的车载终端设备测试方法》《基于 LTE 的车联网无线通信技术 支持直连通信的路侧设备测试方法》；针对通信消息协议的《基于 LTE 的车联网无线通信技术 网络层测试方法》《基于 LTE 的车联网无线通信技术 消息层测试方法》；以及针对通信安全认证的《基于 LTE 的车联网无线通信技术 安全认证测试方法》。但上述标准规范仅能支持对 C-V2X 通信协议、通信功能、通信安全、互联互通等完成测试，C-V2X 实际应用需要 C-V2X 通信设备与定位系统、边缘计算系统、路侧感知系统等融合实现，当前面向定位、边缘计算、路侧感知等系统的测试规范仍需完善制定，在此基础上，C-V2X 赋能车辆安全预警和交通效率提升的应用标准和测试方法仍然处于缺失状态，亟须加快制定完善。

2. 实验室、小规模外场和大规模环境下的测试评估环境仍需加快建设

当前通信行业和汽车行业相关检测机构、部分汽车制造企业正在积极建设 C-V2X

测试环境，普遍优先在实验室环境建设通信功能性能测试环境以及应用功能仿真测试环境，陆续面向外场实车应用功能测试开展场地环境和测试设备搭建。据广泛调研，目前各机构测试能力普遍相对单一，例如，硬件在环仿真测试环境仅支持对碰撞预警等功能进行简单场景仿真测试，与其他传感器多融合以及复杂场景的仿真测试能力仍需探索提升。中国信息通信研究院等机构正在积极建设面向未来规模化应用场景下的外场压力测试环境，提出了大规模通信性能测试方法，但面向应用功能的测试环境仍需进一步完善建设。

3. 车联网测试评估环节的划分尚需进一步明确

车联网系统级应用需要各层级协同实现，对应的测试评估同样需要划分层级。最底层是对通信技术本身的测试，需要对通信设备（车载、路侧）功能、性能、协议、安全和互联互通进行测试，这是车联网系统级测试的核心基础。中间层是对与通信设备协同实现应用功能的部件测试，包括对时钟同步和定位系统、车辆状态信息提供系统、路侧感知信息提供系统、边缘计算系统的功能、性能、接口等进行测试。最上层是对应用功能的测试，需要对部件级或整车级安全类、效率类应用功能的有效性、可靠性等进行测试。

4. 车联网海量测试场景需形成标准化测试方法

当前，面向各类车联网应用功能的测试方法仍然较为欠缺，且缺乏统一的标准化方案。一方面，因为各类车联网应用功能的技术要求标准仍然未制定或处于制定中，亟须参考高级驾驶辅助系统（ADAS）产品的标准化方式，加快对 C-V2X 支持辅助驾驶类应用功能进行标准制定；另一方面，行业普遍参考自动驾驶仿真和实车测试方案，对车联网 C-V2X 应用场景进行测试方法研究，但鉴于技术实现方式的差异性，仍需行业针对 C-V2X 的适用场景和运行条件进行测试方法设计，并加快形成行业共识的标准化方案。

（二）预期目标

1. 2025 年预期目标

完善 C-V2X 相关测试标准规范，包括测试组件、测试环境、测试实施要求等。开展 C-V2X 互联互通、协议一致性、功能性能、定位信息安全以及融合应用的路侧感知系统、边缘计算等方面的测试评估应用实践。建立初步的产业链上下游认可的车联网测试评估体系。

2. 2030 年预期目标

伴随新技术的成熟，自动驾驶技术的突破发展，汽车电子电器架构的革新，路侧感知、计算一体化以及云网一体化的发展，融入新的测试能力和测试方法，建成完备的车联网测试评估体系。

（三）发展路线图

1. 通信测试评估发展路线图

2025 年，LTE-V2X 形成完备的测试评估体系，产品形态涵盖通信模组、终端零部件、网络、整车和路侧，NR-V2X 主要测试标准规范基本完成。

2030 年，NR-V2X 形成完备的测试评估体系，产品形态涵盖通信模组、终端零部件、网络、整车和路侧，对 C-V2X 后续演进技术的测试评估方法逐步完善。

2. 安全测试评估发展路线图

2025 年，初步建立车联网安全测试体系，建立车联网信息安全测评服务平台，为智能网联汽车、车联网服务平台、车载/移动应用等提供安全测评服务。针对车载信息交互系统、汽车网关、电子控制单元等关键设备和部件建立完备的实验室安全检测能力；针对车联网身份认证和安全信任，建立成熟的安全协议、安全机制验证和安全认证性能测试评价能力；针对车联网服务平台的主机、数据存储系统等设施建立完善的安全测试和评估能力；针对车载应用、移动应用建立完善的个人信息保护能力测评能力；针对车联网安全建立完善的漏洞库和漏洞管理机制。

2030 年，形成完善的车联网安全测试评价体系，涵盖"车路-云-网"全要素安全测试，可对在用设备、网络、系统平台等开展安全测试评估。建立全国车联网安全态势监控平台，对智能网联汽车、服务平台、应用安全、关键设备和部件、通信安全等全产业链要素进行全面态势监测，形成集车联网安全检测、风险管理、安全防护于一体的纵深测评与防御体系，提供车联网安全测评与防护服务。

3. 平台测试评估发展路线图

2025 年，形成对多级服务平台的测试评估能力，支撑各地平台技术选型，保障平台基础功能服务的标准化互联互通能力和对外可持续扩展能力，保证平台的业务安全、数据安全、网络安全。该测试体系既可在实验室内开展平台基础服务软件的互联互通标准化测试，也可在外场对各地平台开展的对外服务能力开放、设备接入与管理、平台安全等平台建设能力进行评估评测。

2030 年，建成完备的车联网多级服务平台准入测试认证体系，对车联网平台所有对外服务的数据、功能、业务等进行准入合规性测试，进而保障全国所有已建或在建的车联网平台能够符合公共服务功能标准要求、信息安全可信要求、服务业务流程合规要求等平台准入体系要求。

4. 路侧感知系统测试评估发展路线图

2025年，面向系统共性指标、交通参与者感知、交通流及交通事件检测四个维度测试方法固化，相关测试能力建设完成，行业标准发布冻结。具备可移动性强、部署便捷的测试系统，完善真值工况下的外场系统级测试能力，提供多路口的测试服务；建立实验室层面的"回灌测试"能力，建立开放完备的真实场景库；初步构建路侧感知系统测试设备计量标准，提升测试系统的产品及技术成熟度。

2030年，制定分场景分类别的路侧感知系统分级分类标准，构建较为完备的测试认证体系。基于已成熟落地的应用场景梳理路侧感知系统的功能界面，形成面向不同功能应用的产品名录，并完成相关分级分类标准，建立相关测试认证体系。

5. 数字孪生测试评估发展路线图

2025年，伴随着自动驾驶对网联化需求的明确，以及虚拟现实（VR）/增强现实（AR）技术的逐步成熟，统一车联网数字孪生测试场景库建设原则，并形成车联网数字孪生测试基础场景库，建立真实道路场景测试与虚拟场景测试之间可信的映射关系，初步形成统一的基于数字孪生的车联网测试方案。

2030年，基于车联网数字孪生测试基础场景库形成标准化的车联网数字孪生测试场景、测试环境和测试方法。

表3-15 车联网测试评估发展路线图

产业分类	产业特征	2025年	2030年
车联网测试评估	通信测试评估	LTE-V2X形成完备的测试评估体系，NR-V2X主要测试标准规范基本完成	NR-V2X形成完备的测试评估体系，C-V2X演进技术测试评估方法逐步完善
	安全测试评估	初步建立车联网安全测试体系	建成完备的车联网安全测试体系
	车联网服务平台测试评估	车联网多级服务平台测试评估能力建设完成	建成完备的车联网多级服务平台准入测试认证体系
	路侧感知系统测试评估	路侧感知系统测试能力建设完成，行业标准发布冻结	构建较为完备的测试认证体系
	数字孪生技术	形成车联网数字孪生测试基础场景库，初步形成统一的基于数字孪生的车联网测试方案	形成标准化的车联网数字孪生测试场景、测试环境和测试方法

五、高精地图产业发展路线图

(一) 高精地图产业现状与问题

高精地图当前的实际发展状态与应用需求之间仍然存在较大的差距,主要体现在以下几个方面。

1. 地图生产效率偏低,成本居高不下

高精地图精细程度高,动态要素丰富,传统地图生产方式难以满足其量产应用的需要。因此,相比于导航地图,基于测绘方法高精地图的制图成本更是高得多,而且图商要支持地图的有效更新,就需要庞大的采图车队、制图产线、数据管理与云服务。这些成本都会对目前OEM与消费者的商务模式构成挑战。对于图商来说,想仅在高精地图数据产品上就实现盈利极度困难,目前还是要靠烧钱和其他产品捆绑等方法。众包地图是提高生产效率的一个思路,但保证地图采集质量的可靠性、一致性,并在海量众包数据中快速提炼生产高精地图以满足实时性要求,仍是一个难题。

2. 地图的实时性与可靠性仍难满足快速提升的需求

高精地图的数据范围是图商根据OEM的需求进行采集生产的,目前国内图商的高精地图范围都只是针对全国的高速和城市快速路,并没有扩展到全部道路。即使是全国高速和城快这样有限的里程(截至2019年,单向约33万千米),OEM也难以对地图数据的可靠性进行全部验证。同时,智能网联应用要求作为先验感知的车载高精地图需要具备实时更新能力。对于ADAS级别应用,要求车辆控制系统不停机完成地图的在线更新;对于高度智能网联应用,则要求地图完全实时化。如何在车辆行驶中完成高频率的地图在线更新,也将是量产应用的一个关键问题。

3. 偏转及定位的相关要求一定程度上影响地图精度的提升

受国家地理测绘相关法规的限制,民用商用地图上不能够使用真实的WGS84坐标,所有的地图数据都要经过偏转插件加密后才能够使用,通常为几百米的非线性偏转+随机扰动。而定位也要经过相同的偏转才能够在该地图上使用,由于随机扰动的影响,会引起约20厘米的精度损失。通常高精地图的绝对精度在1米以内,相对0.5米以内,这20厘米的偏转插件损失还是很大的,也会影响到高精地图和高精度定位的使用范围。

4. 地图存储容量存在短期瓶颈

车载地图的体积受到嵌入式系统的存储容量限制。一般来说,车载导航用地图(米级精度)的存储密度约为每千米道路0.01MB,ADAS用地图(分米级)则提高到

每千米10MB，无人驾驶用地图（厘米级）在量产后，存储密度预计可达每千米1GB。GB级别的存储需求，已远远超出目前主流控制器方案的存储容量，这意味着必须考虑云存储方案。从以上问题可以看出，高精地图在智能网联汽车中的量产化应用，必须基于车联网的架构，以实现地图的云存储、实时更新和众包采集。这套架构实际上构建了一套实时地图应用与生产的闭环，通过提高云服务端自动化程度，提升车联网通讯效率（如5G应用），完善传感器融合识别算法，不断提高MCU向总线提供地图的实时性、丰富性，最终实现可满足L5级别的完全实时化高精地图。

（二）高精地图产业发展目标

根据海外高精地图单车价值约200美金测算，由于预计未来5~10年将出现智能驾驶需求爆发期。目前国内高精地图的商业模式仍未完全成型，按照3亿辆汽车保有量及高德地图于今年四月确定的单车百元年服务费测算，未来国内高精地图市场潜在规模约为300亿元。

根据高盛对全球高精地图市场的预判，到2025年，市场规模会扩大到94亿美元。行业普遍认为，未来15年高精地图行业将进入黄金发展期。另外，据全球智能网联3D高精地图市场的预测，2020年到2030年，全球智能网联汽车3D高精地图数据市场的年均增长率（CAGR）将达到36.2%，全球市场预计2030年将增长到204亿美元。

（三）高精地图产业发展路径

众多主机厂规划，2020年将是L3级智能网联集中规模测试验证时间，2025年前将规模化集中上市，鉴于高精地图是L3及以上级别智能网联技术的重要组成部分，高精地图也会随之进入规模化应用阶段。因此，智能网联系统需在全球范围内加快高精地图业务布局，为智能网联技术规模化量产做好准备。而随着L4、L5级智能网联技术的发展，未来智能网联汽车高精地图将在更新方式、商业模式、信息丰度、运营理念等方面不断变革，支持并推动智能网联汽车产业的发展。

（四）高精地图产业路线图

1. 静态地图产业

到2025年，根据《智能网联汽车技术路线图2.0》规划，到2025年L2/L3级自动驾驶新车渗透率将达到50%。2021年L3自动驾驶汽车进入量产元年，高精地图作为L3及以上自动驾驶感知层核心技术之一，因此，随着L3级别自动驾驶的量产落地，其市场规模不断扩大，预计2025年高精地图市场规模将达到89.6亿美元。

到2030年，随着高精度地图国内市场日益成熟，自动驾驶大规模落地，市场规模持续扩大,预计到 2030 年高精度地图市场规模将达到 201 亿美元。

2. 动态地图产业

到 2025 年,有效扩展传感器的视野,实现高精度地图动态地图和静态地图有机结合,保证自动驾驶的安全性、平稳性、舒适性。

到 2030 年,随着高精地图产业发展日趋成熟,动态地图要素及信息愈加丰富,动态场景库更加完善,形成完整的高精度地图及自动驾驶生态。

3. 基础地图平台产业

到 2025 年,基于高精地图应用示范项目及示范区域建设,构建高精动态地图基础平台,智能路侧基础设施建设进程加快。

到 2030 年,基础平台产业标准和规范日趋完善,基于车路协同技术,建立高精地图的车端应用、路侧端应用、云端服务的生态循环,实现智慧交通"云－管－端"全链路建设。

表 3-16　高精地图产业发展路线图

产业分类	产业特征	2025 年	2030 年
高精地图产业	静态地图产业	L2/L3 级自动驾驶新车渗透率将达到 50%	L2/L3 级自动驾驶新车渗透率将达到 80%,L4 级自动驾驶新车渗透率将达到 30%
	动态地图产业	扩大传感器视野,提升自动驾驶安全性、平稳性和舒适性	丰富的动态场景库,形成完整的高精度地图及自动驾驶生态链
	基础地图平台产业	推广高精地图应用示范项目及示范区域建设,路侧基础设施建设进程加快	建立高精地图的车端应用、路侧端应用、云端服务的生态循环

六、导航/定位产业发展路线图

卫星定位产品的发展趋势将是从注重"端"侧技术和产品实现,到"云＋端"的商业模式;从标准精度产品占主要销量,到高精度产品占主要销量;从单独的多系统多频卫星定位产品,到组合定位,再到融合定位的实现,多源感知将成为未来发展的重点。

(一)存在问题

1. 实时性与可靠性偏低加之成本高昂,不利于规模应用展开

目前产业发展的瓶颈已经是生产生活对于高精度定位的需求和高精度定位产品从成本到技术方案的支撑不足之间的矛盾。高精度定位从终端产品到云端服务,成本与

规模化应用的需求仍有较大差距；技术方案层面，从大跨度的增强技术，地基到星基，从 RTK 到 PPP-RTK 等的技术演进还不能满足对于高精度定位实时性、可靠性的要求。

2. 车规级产品能力尚不完善

新兴应用领域的还需要进一步适应和磨合，比如对于智能网联汽车应用，特别是前装规模化应用。目前相应的模式和产品形态还有较多的不确定性，车规级产品的支撑还不足，与车上单元深度耦合的开发能力还不足。

（二）预期目标

1. 定位精度

到 2025 年，"云+端"的模式成为智能网联汽车的应用常态，全国乃至覆盖境外的增强网络部署完善，国内主要经济活动区域实现 20 厘米以内的融合定位精度，多源技术融合成为赋能智能网联汽车的主要手段。

到 2030 年，高精度融合定位基本在新车，特别是乘用车得到普及，大多数车辆可视可控，L3 以上级别的智能驾驶车辆占比 30% 左右。

2. 可靠性

到 2025 年，车上定位应用的定位精度都在 20 厘米以内甚至更低，融合定位成为位置感知的主要方式，系统的鲁棒性大大提升，功能安全的要求得到满足，整体的精度和完好性指标匹配车规要求。

到 2030 年，多种产品形态覆盖智能网联汽车，智能一体天线，车路协同综合产品，大算力中央处理器，域融合高精度定位产品等。智能网联汽车可靠度、冗余度以及体验感都大大提升，真正实现新的生活空间延伸。

（三）发展路线图

表 3-17　导航/定位产业发展路线图

产业分类	产业特征	2025 年	2030 年
导航定位	渗透情况	高精度卫星定位产品和位置云服务成为量产车型的标准配置，融合定位基本得到完善	高精度融合定位基本在新车，特别是乘用车得到普及
	可靠性	整体的精度和完好性指标匹配车规要求	可靠度、冗余度以及体验感都极大提升
	多源融合	通信导航相结合，实现 5G 定位、卫星定位结合，室内外无缝定位开始应用	室内外无缝定位实现，支持 AVP 等场景的大规模落地

第三节　车联网产业与技术发展总体路线图

一、车联网技术发展总体路线图

表 3-18　车联网技术发展总体路线图

技术分类		技术名称	2025 年	2030 年
车联网技术	C-V2X 通信技术	通信标准	完成 LTE-V2X 的技术标准体系建设，3GPP NR-V2X 完成技术标准制定工作，国内 NR-V2X 标准体系初步形成	完成国内 NR-V2X 标准体系建设，形成 C-V2X 完整技术标准体系，基于 C-V2X 通信演进技术的标准体系开始讨论
		通信技术	形成完善的直通通信和蜂窝通信融合的 C-V2X 通信机制，支持 C-V2X 分布式资源调度，异构多源的 C-V2X 同步	C-V2X 通信与感知融合技术初步设计，支持通感算控多维度分布式调度，支持全场景融合同步方案
		直通链路定位技术	支持无 GNSS 场景下 LTE-V2X 较高精度定位，支持 / NR-V2X 高精度定位	支持全场景 NR-V2X 通感算融合定位，初步支持 C-V2X 通信演进技术的融合定位
		节电机制	支持 LTE-V2X 节电机制，支持 NR-V2X 增强节电机制	支持灵活节电机制，支持可配置的不同终端的处理能力
		支持频谱高效利用	支持 6GHz 以下载波聚合，支持多载波重复传输，初步支持非授权频谱应用	支持各种不同频率组合的频谱资源高效利用，支持载波聚合和多载波重复传输，支持毫米波及非授权频谱应用
		其他技术融合	初步形成 C-V2X 与 ADAS 融合的技术方案，初步形成 C-V2X 通信融合人工智能、机器学习等技术方案	C-V2X 与 ADAS 跨域深度融合，C-V2X 通信深度融合人工智能、机器学习等技术，初步形成 C-V2X 星地一体的融合组网，基于空基、天基、地基网络的初步融合，初步形成通信感知一体化方案
	车联网网络技术	体系架构	形成中心 – 区域 – 边缘 – 终端四级体系架构	形成感知 – 通信 – 计算一体化的车联网网络信息系统
		边缘计算技术 云边智能协同	计算资源的云 – 边协同	算法模型的云 – 边协同和边边协同；分级、分布化业务处理功能的智能化编排方法
		应用支持	支持区域化智能驾驶和智能交通应用	支持全场景车路协同应用

续表

技术分类		技术名称	2025 年	2030 年
车联网技术	车联网网络技术	支持车联网应用的网络切片技术	支持车联网应用的网络切片架构设计，不同车联网业务到切片的高效映射方法	针对局部典型业务的智能化切片处理
		基于数字孪生的车联网网络技术	面向车联网的数字孪生网络构建，基于数字孪生的车联网网络分析、诊断与仿真	基于数字孪生的车联网网络自动化、智能化控制；自治属性和快速迭代能力
	车联网安全关键技术	边缘计算安全	形成适用于车联网业务的边缘计算安全标准，在实际环境中进行技术验证	端、边、云协同的车联网边缘计算安全体系建设，为车联网业务和车路协同业务提供安全保障
		安全管理系统	构建车联网本地的异常行为检测和后台安全运营中心的全局异常行为检测能力	结合人工智能、大数据分析形成车辆风险的预警系统，减少车联网安全风险
		可信计算	将可信硬件、可信软件用于车联网设备中	将可信网络、可信硬件、可信软件有机融合，形成车联网可信体系
		区块链技术	将区块链技术用于车联网数据共享等方向	在车联网设备认证、数据管理、数据溯源等方向使用区块链技术提高车联网数据安全能力
	车联网云基础平台技术	平台能力共享标准化	标准化车联网通用数据集和数据共享模型	全国一个平台、一个网络的标准化运营服务机制
		平台接入与服务规模化	区域级平台可实时采集 20 万辆汽车数据和 1000 套路侧系统数据	国家级平台可支持单区实时采集 200 万辆汽车数据和 10000 套路侧系统数据，可支持接入不低于 50 个城市
	高精度地图技术	自动融合绘图能力	借助 AI 技术完成不同传感器数据自动融合识别	通过人工智能系统形成车道线识别、特征点提取、构建车道的网络拓扑以及制作各种地物的全栈工具链
		高精度地图动态基础平台	建高精动态地图基础平台，形成动态数据汇聚、数据推送、服务监管支撑、数据合规处理等技术体系	进一步完善动态数据汇聚、数据推送、服务监管支撑、数据合规处理等技术体系
		数据更新能力	实现静态数据周更新，局部静态数据和动态信息小时级更新	实现静态数据日级更新，动态信息分钟级更新
	导航/定位技术	定位精度	支持多模多频的厘米级定位精度，实现 20 厘米以内的融合定位精度	向更高精度、更高可靠性、大跨度高可用性发展
		多源定位	UWB 和 Wi-Fi 等的定位方式与卫星定位充分结合，支持卫星定位与惯性定位的组合、与视觉定位的融合	支持室内外无缝定位，定位鲁棒性和可靠性进一步提升

二、车联网产业发展总体路线图

表 3-19 车联网产业发展总体路线图

产品分类			产品特征	2025 年	2030 年
车联网产业	通信产品	通信芯片	通信能力	C-V2X 从 LTE-V2X 演进到 NR-V2X	伴随 5G 全面渗透,车联网全面应用 NR-V2X
			多模通信	芯片支持 LTE-V2X/NR-V2X/LTE（Uu）/NR（Uu）多模	多模可能简化为 NR-V2X/NR（Uu）
			功能安全	满足车规相关要求和认证	
		通信模组	通信能力	LTE-V2X 是主流,NR-V2X 初步支持	NR-V2X 成为必选,网联新车渗透率接近 100%
			功能安全	推出支持功能安全的模组,渗透率达到 15%	支持功能安全的模组渗透率达到 50%
			集成度	集成 GNSS、惯导、HSM 等,定位精度亚米级,安全验签能力 1K~2K 条/秒	定位精度厘米级,安全验签能力 3K~5K 条/秒
		OBU 产品	通信能力	5G/4G+LTE-V2X PC5,开始支持 NR-V2X PC5	5G+NR-V2X PC5+LTE-V2X PC5
			功能特性	前装辅助车辆 ADAS 功能协同感知	前装辅助高级别自动驾驶智能协同
				后装集成度增强,消费者感知个性化功能	后装集成度进一步提升,C-V2X 功能成标配,消费者感知增强
			场景应用	以提升安全、效率为主,支持低级别、低速自动驾驶	面向高级别自动驾驶,参与一定的控制、决策
			渗透率	新车开始前装；两客一危营运车辆后装预计达到 90%,普通营运车辆预计达到 70%,私家车达到 20%	新装车辆前装渗透率达到 90%；两客一危营运车辆后装接近 100%,普通营运车辆接近 100%,私家车预计可达 85%
		RSU 产品	通信能力	支持 5G/4G+LTE-V2X,开始支持 NR-V2X	支持 5G+NR-V2X+LTE-V2X
			功能特性	形成路侧融合感知设备	形成路侧智能协作设备
			场景应用	以提升安全、效率为主,支持低速、低级别自动驾驶	实现高度网联,支持高级别自动驾驶,深度支持智慧城市发展

续表

	产品分类		产品特征	2025 年	2030 年
车联网产业	通信产品	RSU产品	覆盖率	高速公路接近 100%，二级以上普通路 50%，城市路口 100%	实现 100% 覆盖
		移动边缘计算设备	组网能力	多种协议多接口，异构融合组网	全新架构，网络松耦合，泛连接
			场景应用	为辅助驾驶、低级别中低速无人驾驶应用提供低时延、高可靠业务性能，满足安全、效率、信息服务类场景需求	与 NR-V2X、AI 技术深度融合，提供超低时延、超高可靠业务性能，满足高级自动驾驶应用的需求
			安全可靠	建立多层次、多维度防御体系	构建全面、主动安全防御体系
		核心网设备	部署方式	云化部署，用户面分层部署	控制面集中部署，全自治核心网络
			运维智能化	初级人工智能操作与维护	全自动、极简的人工智能运维
			安全可靠	实现管理安全，网络定义软件安全分析	实现网络功能虚拟化的安全
	车联网安全产业		车联网安全芯片	功能安全设计上满足国际标准的要求	云边协同的安全、零信任安全理念等新的技术将实现安全芯片普及
			车联网安全管理系统	构建符合车联网安全标准的车联网安全管理系统	构建融合异常行为管理和安全态势感知技术的车联网安全管理系统
			车联网云平台安全	零信任安全理念和架构将用于车联网云平台的建设	云边协同的安全、零信任安全理念、软件定义安全等新的技术将在车联网云平台上使用
			车联网数据安全	静态脱敏和动态脱敏技术将日趋成熟	隐私计算等新的数据治理机制将应用于车联网数据安全
	车联网云基础平台		平台运营服务能力	建成区域级车联网云基础平台，开展城市与高速公路测试路段运营示范	建成国家级车联网云基础平台，一、二线主要城市全区域和主要高速公路全路段运营服务
			支撑智能网联驾驶能力	满足 CA 级自动驾驶要求	满足 CA 级与 HA 级自动驾驶要求

续表

产品分类		产品特征	2025 年	2030 年
车联网产业	车联网测试评估	通信测试评估	LTE-V2X 形成完备的测试评估体系，NR-V2X 主要测试标准规范基本完成	NR-V2X 形成完备的测试评估体系，C-V2X 演进技术测试评估方法逐步完善
		安全测试评估	初步建立车联网安全测试体系	建成完备的车联网安全测试体系
		服务平台测试评估	车联网多级服务平台测试评估能力建设完成	建成完备的车联网多级服务平台准入测试认证体系
		路侧感知系统测试评估	路侧感知系统测试能力建设完成，行业标准发布冻结	构建较为完备的测试认证体系
		数字孪生技术	形成车联网数字孪生测试基础场景库，初步形成统一的基于数字孪生的车联网测试方案	形成标准化的车联网数字孪生测试场景、测试环境和测试方法
	高精地图产业	静态地图产业	L2/L3 级自动驾驶新车渗透率将达到 50%	L2/L3 级自动驾驶新车渗透率将达到 80%，L4 级自动驾驶新车渗透率将达到 30%
		动态地图产业	扩大传感器视野，提升自动驾驶安全性、平稳性和舒适性	丰富的动态场景库，形成完成的高精度地图及自动驾驶生态链
		基础地图平台产业	推广高精地图应用示范项目及示范区域建设，路侧基础设施建设进程加快	建立高精地图的车端应用、路侧端应用、云端服务的生态循环
	导航定位	渗透情况	高精度卫星定位产品和位置云服务成为量产车型的标准配置，融合定位基本得到完善	高精度融合定位基本在新车，特别是乘用车得到普及
		可靠性	整体的精度和完好性指标匹配车规要求	可靠度、冗余度以及体验感都极大提升
		多源融合	通信导航相结合，实现 5G 定位、卫星定位结合，室内外无缝定位开始应用	室内外无缝定位实现，支持 AVP 等场景的大规模落地

第四章
我国车联网发展的问题与建议

近年来，在国家顶层政策持续引领下，我国车联网发展趋势逐渐明朗，行业发展明显驶入快车道。在技术路径选择上，C-V2X 通信技术标准已经获得了全球主要国家的认可，成为全球车联网通信唯一事实国际标准。目前，基于"聪明的车、智慧的路、协同的云"的车、路、云一体化发展路径，我国车联网产业发展独具特色，即将投入商用。

2020 年我国加速"新基建"部署，明确提出促进 LTE-V2X 规模部署，车联网基础设施建设成为新基建的重要组成部分。基础设施方面，智能网联建设初见成效，为大规模产业化及商业化奠定了基础；车辆终端方面，一汽红旗、上汽通用、上汽奥迪、长城汽车等多家车企宣布 C-V2X 量产车型计划。总体而言，基础设施建设形成规模化和 C-V2X 前装形成明显趋势驱动产业发展，使我国车联网产业化进程加速。

未来，智慧城市和智能网联汽车将在基础设施、城市平台、应用场景等方面实现最大化协同。届时，C-V2X 价值将依靠规模效应，助力智能辅助驾驶安全，并作为单车智能的补充，推动自动驾驶应用落地。长远来看，C-V2X 还是智慧城市的重要组成部分，为双碳战略实现做出贡献。

本章基于目前我国车联网技术与产业发展现状提出发展建议，以期助推产业快速发展，进入规模商用。

第一节 主要问题

我国车联网快速发展的同时，面临着诸多亟须解决的问题，包括跨部门、跨行业协同，路侧基础设施建设，车端渗透率、商业模式及运营主体确认，网络安全保障机制，面向产业发展的技术创新和集成应用等。

一、跨部门、跨行业协同仍需加强，产业实施路径需进一步明晰

车联网全面发展是一项复杂的"系统工程"，目前在产业发展上仍然面临着跨部门、跨行业协同问题，产业融合程度有待进一步加强。在具体发展路径上，怎样有节奏建设部署的问题依然困扰着行业发展，需要出台产业化发展的实施路线和详细任务目标以推进计划，促进标准、测试验证和产业化的有效衔接，明确各方职责，建立有效的沟通机制，促进产业协同融合发展，实现共建共享。

二、车联网产业发展处于探索阶段，先导应用难以规模复制

从目前各地区车联网推进情况来看，一些地区为发展当地经济，已将车联网作为重要抓手，加强当地政府与相关企业创新发展。在国家相关政策推动下，全国范围内多个示范区、先导区已经建立，并积极展开商业模式探索。但在具体部署过程中，示范区或先导区之间发展不平衡较为突出，且存在碎片化建设、难以规模复制等问题。

在各地建设当中，产业规模化应用仍存在顾虑，受制于应用创新和推广普及困扰，多个地区在发展车联网上难以形成规模化。甚至有些地区支持缺乏连续性，导致项目中断，造成资源浪费严重，产业发展止步不前。在不同地区发展过程中，车联网融合应用产业支撑体系碎片化严重，各层级合作互动难，示范区难以规模化运转。

三、商业模式尚不完善，产业发展运营主体及运营机制亟须明确

目前，车联网产业商业模式尚不完善，产业内尚未发展出具有规模收益的商业模式，各种场景下车联网应用的运营主体尚不清晰。这主要由于车联网跨行业、跨领域的属性导致产业参与主体多元化，使得建设运营呈碎片化发展。当前，政府独资/合资企业、高速公路业主、运营商等参与主体在建设运营方面各具优劣势，但均面临运营模式不清晰的问题，未来车联网业务及商业模式仍需探索。从经济价值来看，目前行业在发展建设过程中需要不断投入，包括交通基础设施、通信基础设施、安全运行管理等多方面规模较大的投资建设，在其应用场景"经济价值"尚未充分挖掘情况下，尚未形成明显的"投资-回收"市场内在需求驱动的良性循环，表现出以下系列问题：基础设施投资建设主体不明确；投资建设需求不强烈；投资回收效益不明显。

四、基础设施建设推进缓慢，车端渗透率较低，用户感知程度弱

在基础设施建设方面，车联网路侧设备改造升级建设有别于传统的交通路侧标识建设，也与传统的通信设备建设不同，呈现出明显的跨界特点；且城市道路与高速公路运营主体不同，存在着来自多方面的制约和不确定性。具体建设过程中，无论是交通信号灯的改造还是路侧设备的铺设，都面临着规模投资，产业在未形成规模应用时，商业体系运转面临困难。未来大规模推广时，基础设施建设谁来买单尚无定论，若想长期获得资本加持，需要有明确的社会、经济价值支撑。

从车端而言，面向乘用车，车载终端前装会抬升车辆价格，车厂认为目前 C-V2X 应用效果尚不足以获得普通消费者的高度认可，所以在规划前装车型装配 C-V2X 终端时，抱有观望情绪。面向商用车，单车价格提升影响相对较小，但整体车队的综合成本提升却较为显著，商用车所有方对于支持车联网车型投入的收益要求在实现上仍有瓶颈。对于数目庞大的存量车，后期改装的成本投入较大，也对不同场景商业模式的运营收益提出很高的要求。

另外，由于各城市车端渗透率低（低限 15%），用户体验感弱。对于用户而言，需要解决终端用户的痛点问题，提升大众对 C-V2X 的实用价值，形成良好的用户感知。

五、面向产业发展的关键技术创新及基础支撑能力有待提高

低时延高可靠的无线通信、基础设施数字化与智能化、车辆智能化、边缘计算与云控平台等系列关键技术是车联网产业发展的基础与前提，如何实现以上技术与相关产品的创新突破及自主研发，进而形成车路协同自动驾驶的自主研发技术体系，是核心与关键。产业融合程度需要进一步提升，信息通信技术需要结合行业具体需求，协同融合创新，构建道路基础设施数字化、通信感知融合、北斗卫星协同定位等关键能力。此外，车路协同内容及其对应的车路协同技术手段、控制策略需深入探索研究，形成跨行业技术发展共识。车联网涉及跨技术领域协同，需要交通管理服务与车辆控制有效匹配衔接，需要做好多项技术协同融合。

在基础支撑能力方面，包括人工智能、高精度地图和定位、测试认证等技术对产业应用层面的支撑能力有待提升。在人工智能技术层面，缺乏自主可控的原始创新，缺乏与控制类产品结合的经验；在高精地图与定位技术层面，与自动驾驶匹配程度有

待提升。在测试认证层面，存在数据采集标准、接口规范不统一，场景数据库标准架构缺失等问题。在仿真测试方面，我国在实车在环方面与国外有一定差距。在测试设施和装备方面，国内测试场缺少完善的管理运营流程和发展模式。在评价与认证层面，主要集中在辅助驾驶和环境感知系统层面，尚未形成一套通用的从功能到系统集成与验证的评测体系。

六、C-V2X通信安全保障机制有待进一步完善

在 C-V2X 通信中，安全保障能力仍然有待提高。目前，国内 C-V2X 安全保障实现产业化目标存在如下问题：C-V2X 所涉及的通信、终端、业务应用的安全标准体系尚未完成；安全检测能力有待提升，针对 C-V2X 通信证书格式、身份认证管理平台、隐私保护等方面的检测能力尚待完善；安全管理实体有待明确，C-V2X 证书管理架构缺乏统一管理、协调、互认机制。针对车联网通信面临的安全威胁，国内已达成共识，使用 PKI 公钥体系建立车联网直通通信安全体系架构。但在实际部署中，路侧设备、车载终端、手持设备，这三大类设备对应的管理机制和部门需要进一步明确。特别是车载终端方面，如何与现有车辆的生产、销售、上牌、年检、保养等全生命周期阶段的政府监管结合起来，如何与现有各个行政区划层级下的管理实体结合起来，如何与相关主管部门现存或者规划中的电子密码管理体系结合起来等方面仍需研究与规范。

第二节 发展建议

从车联网产业发展演进路径来看，我国车联网产业已具备全球引领优势，迎来了支撑我国汽车和交通产业变革与跨越式发展的重大战略机遇期。我国要抓住当前关键时间窗口，统筹推进车联网规模商用，从提升驾驶安全、交通效率起步，逐步拓展深化更高效率的智能网联汽车产业，为未来引领全球全场景自动驾驶奠定基础。

未来，我国要着力夯实基础设施数字化与网联化，打造低时延高可靠的无线通信技术、边缘计算与云平台、高精地图及导航定位技术等车联网技术体系，推动规模商用测试验证，探索成熟可商用模式不断落地，加快产业进程，促进产业发展。

一、加强国家战略层面的引导和协调,构建统筹高效的跨部委、跨行业组织协同机制

车联网产业发展涉及通信、交通、汽车等多个行业,车联网产业化推进需要强化国家顶层设计的指导,进一步形成产业发展共识,由国家层面牵头形成车联网汽车产业生态,加强跨部委、跨行业合作。发挥好"国家制造强国建设领导小组车联网产业发展专委会"的领导责任,凝聚政产学研用各方力量,组织制定车联网发展规划、政策和措施。做好政府部门协同、社会组织协同、产业链协同与市场协同。在产业推进过程中,明确产业推动责任主体部门和分工,构建起统筹协同的管理机制,督促检查相关工作落实情况,推动车联网产业高质量发展。

实施路径方面,加强基于C-V2X的车联网基础设施部署的顶层设计,"条块结合"推进高速公路车联网升级改造和国家级车联网先导区建设。协同发展智慧城市基础设施与智能网联汽车,积极开展城市试点,推动多场景应用。推动C-V2X与5G网络、智慧交通、智慧城市等统筹建设,加快在主要城市道路的规模化部署,探索在部分高速公路路段试点应用。推动车联网关键技术研发及测试验证,探索车联网运营主体和商业模式创新。推进车联网产业化应用的策略,分层次、分场景、分阶段推进车联网商用落地,将应用场景、技术要求、数据需求等按发展策略分成不同层级,实现跨部门、跨产业发展。

二、加快C-V2X技术路线实施,占据车联网产业战略制高点

坚定不移推进 C-V2X 技术发展路线,依托我国蜂窝网络建设优势,加强 C-V2X 通信基础设施部署建设。结合蜂窝通信与直通通信融合优势,更好支持多样化车联网应用需求。在 C-V2X 技术标准研制上,持续发挥我国在 C-V2X 技术标准上的引领作用,稳固国际市场话语权。加强国家标准和行业标准体系建设,更好支撑 C-V2X 产业落地实施。

从产业推进节奏来看,LTE-V2X 已经具备产业应用基础,应大力发展技术落地应用,支持当前在辅助驾驶安全和中低速场景的自动驾驶的应用;未来发展,针对车辆编队行驶、自动驾驶等增强应用需求,需跨界协同,持续开展 NR-V2X 车联网增强应用的频谱需求、NR-V2X 关键技术等方面的研究,为 C-V2X 产业可持续发展提供保障。

在支持 C-V2X 产业发展的生态能力上，应着重建立覆盖核心技术和零部件等在内的产业体系。行业骨干龙头应带头进行基础平台建设，加强基础共性技术的共建共享，推动核心技术集体攻关，减少重复投资，最终实现核心技术产品国产替代。此外，为进一步推动产业商用进程，相关产品规范、互联互通接口需要进一步规范，相关测试认证体系需要进一步完善，加快实现产业互联互通融合发展。

三、确立商业运营主体，加强产业协同

运营主体是车联网建设和服务的提供商，将搭建起车联网用户与设备商的桥梁，是车联网产业实现商业化运作的关键环节。为便于中国车联网商用化推进，要落实商业运营主体，以进一步发挥组织机制作用，探索车联网商业模式创新，协同通信、汽车、交通等行业融合发展。

建议根据我国车联网商用化推进需要，尽快研究并发放车联网运营牌照，落实和明确商业运营主体，形成产业发展的牵引力，打造正向商业运营闭环。基于车联网产业涉及多个管理部门，产业内尚未形成明显优势运营方，应该结合现有车联网产业特点，确认产业定位，并结合产业发展实际，思考产业发展经济价值。从短期来看，实现以政府发挥主导作用，并启动市场化工作，探索出车联网产业带来的实际经济价值，构建起可持续发展的商业模式，为长远的车联网服务运营奠定基础。

四、加速提升路侧设备覆盖率及车载终端渗透率，加强互联互通

路侧设备覆盖率和车载终端渗透率决定了应用效果和用户体验，应着力提升加强部署，并不断增强车联网安全保障能力。一方面，需要提升路侧设备覆盖率，在 2~3 年内，分阶段、分步骤对关键路口及高速公路路侧基础设施改造，提升 RSU 产品覆盖率。在公路建设上，推动全国二级及以上等级公路（二级、一级和高速）的全覆盖。到 2025 年，信息通信行业整体规模进一步壮大，其中，重点高速公路、城市道路、交通路口和事故多发路段实现蜂窝车联网（C-V2X）规模覆盖。另一方面，加速提升车载终端渗透率。目前我国智能网联汽车（L1/L2）量产车型占比已达 40% 左右，建议该类量产新车前装 C-V2X OBU，提升车载终端渗透率。建议规定所有营运车辆均需安装 C-V2X OBU，存量营运车辆通过后装方式加速渗透。车辆后装 C-V2X OBU 时，建议地方政府给予一定政策补贴支持，发挥政府"有形的手"的推动作用，促进渗透率达到一定规模（15% 左右），应用效果得以体现，用户买单意愿增强，形成清

晰的商业模式，以市场"无形的手"推动市场良性发展。

五、加大规模化示范应用，推动产业落地

结合示范区、先导区建设情况，将示范区、先导区建设经验成功复制至其他地区，形成规模商用，精准集约部署路侧基础设施，扩展延伸 C-V2X 网络覆盖。针对交通安全、交通效率等痛点问题，加强 OBU 与 RSU 协同应用，提升用户对于车联网应用价值的体验感。

结合目前智能网联汽车示范区及先导区情况，充分发挥车联网规模和集群效应，并在相当长一段时间内保持产业政策的持续性。当示范应用一段时间后，通过大数据和人工智能等技术对车联网集成系统的效能进行全面评估，根据评估结果对存在的问题进行系统化的整改和优化，促进感知、计算、通信、服务、应用各个层级的产品和技术升级、迭代和优化，从而形成体系化的车联网应用标准，最终将成功经验在全国进行大规模推广部署。

结合重点工程建设，以 2022 年北京冬奥会、雄安新区建设等重大标志性工程为契机，进行重点工程应用推广，形成全国性示范成果。优先探索在港口、码头、封闭园区等场景推广示范，适时推动 C-V2X 在开放道路的客货运输示范应用，在高速公路干线物流、公交专用线、出租车等场景应用，打造商业模式。

地方政府在建设过程中，应不断加强产业理解，在具体部署过程中，地方政府作为招商引资工作中的协调者，充分发挥宏观调控作用，努力创设服务型政府，充分联动产业各方，明确建设与运营机制，促进产业协同推进。

六、加强融合创新，推动车联网基础支撑技术深层次应用

车联网发展涉及车载终端、路侧设备、通信系统、边缘计算、云平台等多个子系统的开发和商业化部署。构建统一系统架构，在整体上实现车联网的协同感知、计算、通信、服务、应用各个层级之间，以及同一层级不同模块之间的信息互联互通。

在基础支撑技术层面，加强人工智能、高精度地图和定位技术、测试认证技术对车联网产业的支撑。要以先进信息技术深度赋能交通基础设施，实现精准感知、精准分析、精细管理和精细服务。在高精定位、精细化信息服务和新一代传感网络构建等方面，加速技术融合，建立统一的高精地图的数据模型与交换格式。通过标准统一道路、车道及路侧设施的表达、模型及交换格式，实现不同车辆和不同图商数据的交

互，最大化利用成果数据。在测试认证层面，通过大量采集我国路况信息，实现具备中国特色的测试场景覆盖。丰富和完善模型在环、硬件在环、实车在环等场景，提升场景覆盖率。完善测试场设计运营及开放道路认定分级等标准规范，研究细化我国车联网产品评价体系、认证流程。

七、重视信息安全，推动安全解决方案的应用部署

加快建立车联网网络安全保障体系，尽快确定安全证书管理机制及主体。扎实推进车联网卡实名登记管理，制定车联网身份的PKI统一管理办法，实现证书互认。建立完善车联网卡安全管理技术手段，尽快构建主动安全控制与信息安全协同的安全防护体系。加强数据安全和用户个人信息保护管理，规范数据有序开放共享。积极探索适应智能网联汽车出行需要的车辆监管制度和标准规范。健全车联网网络安全防护、检查、通报、处置等制度，建设车联网产品安全漏洞专业库。构建覆盖车辆、基础设施、交通环境的车路协同自动驾驶防护网，充分利用秘钥防护等各类安全技术，建立事前准入、事中核查监管、事后应急响应的车路协同安全机制。实时搭建分类管理、分级服务、开放共享、安全可靠的基础数据平台，保护自动驾驶汽车、路侧基础设施、云控管理平台的各子系统、各子系统间、外部系统间的终端安全、系统安全、通信安全、数据安全与隐私保护。

附　录

附录一　车联网标准化组织及产业联盟

一、国际标准化组织

国际或地区性标准化组织主要包括：第三代移动通信合作伙伴计划、国际电信联盟、国际标准化组织、欧洲电信标准化协会、美国汽车工程师学会等。

第三代移动通信合作伙伴计划（3GPP）：蜂窝车联网是 3GPP 主导推动的基于 4G/5G 蜂窝网通信技术演进形成的车联网技术，可实现蜂窝通信和直通通信的融合，在技术先进性、性能及后续演进等方面，相对 IEEE 802.11p 具有优势，在 3GPP 的标准化发展可以分为 LTE-V2X 和 NR-V2X 二个主要版本。国际上，蜂窝车联网技术标准由 3GPP 主导制定。2015 年 2 月，3GPP 正式开始 LTE-V2X 技术标准化工作，各工作组主要从业务需求、系统架构、安全研究和空口技术 4 个方面开展工作。附表 1-1 展示了负责空口物理层技术的 3GPP RAN1 工作组的标准化进展。

附表 1-1　3GPP RAN1 工作组 C-V2X 标准化进展

版本	阶段	起止时间	项目名称	标准化内容	主要输出
LTE-V2X	R14	2015 年 6 月至 2016 年 6 月	RAN1 Study on LTE-based V2X Services（FS_LTE_V2X）	确定 LTE-V2V 工作场景、仿真假设以及需要增强的技术特征	TR 36.885
		2015 年 12 月至 2016 年 9 月	Core part：Support for V2V Services Based on LTE Sidelink（LTE_SL_V2V-Core）	研究 LTE-V2V 的 PC5 接口相关技术	技术规范 36 系列 R14 版本

续表

版本	阶段	起止时间	项目名称	标准化内容	主要输出
LTE-V2X	R14	2016年6月至2017年3月	Core part: LTE-Based V2X Services（LTE_V2X-Core）	研究 LTE-V2V 的 Uu 接口相关技术，解决上一阶段遗留的问题	技术规范 36 系列 R14 版本
	R15	2017年3月至2018年9月	Core Part: V2X Phase 2 Based on LTE（LTE_eV2X-Core）	研究基于 LTE-V2X R14 增强的 LTE-V2X R15 相关技术	技术规范 36 系列 R15 版本
		2017年3月至2018年6月	Study on Evaluation Methodology of New V2X Use Cases（FS_LTE_NR_V2X_eval）	研究支持 V2X 增强应用的评估方法	TR 37.885
NR-V2X	R16	2018年6月至2019年3月	Study on NR Vehicle-to-Everything（FS_NR_V2X）	研究基于 5GNR 的 V2X 通信机制可行性	TR 38.885
		2019年3月至2020年6月	Core Part: 5G V2X with NR Sidelink（5G_V2X_NRSL-Core）	研究基于 5GNR 的 V2X 通信机制	技术规范 38 系列 R16 版本
	R17	2019年12月至2022年6月	Core Part: NR Sidelink Enhancement（NR_SL_enh-Core）	研究 VRU 增强机制，如省电机制、节点间协调等	技术规范 38 系列 R17 版本

电气与电子工程师协会（IEEE）：电气与电子工程师协会是国际性的电子技术与信息科学工程师的协会，致力于电气、电子、计算机工程和与科学有关领域的开发和研究。IEEE 802.11p 技术在 2010 年完成标准化工作，该技术支持车辆在 5.9GHz 专用频段进行 V2V、V2I 的直通通信。应用层部分标准由 SAE 完成，包括 SAE J2735、J2945/1 等标准。2018 年 12 月，IEEE 802.11p 的演进版本 IEEE 802.11bd 开始标准化研究工作。

国际电信联盟（ITU）：国际电信联盟是联合国负责电信事务的专门机构，是各国政府间国际组织。ITU 成立于 1865 年 5 月 17 日，现有 193 个成员国，700 多个部门成员。ITU 由全权代表大会、理事会、总秘书处和无线电通信部门（ITU-R）、电信标准化部门（ITU-T）、电信发展部门（ITU-D）组成。其中 ITU-R 和 ITU-T 涉及车联网相关的研究工作。ITU-R 对智能交通系统的使用场景、技术标准以及全球各国频率使用情况进行了充分的研究，形成了三份关于智能交通系统的使用频率、部署案例、技术标准及应用情况的建议书和报告。在 ITU-R 的 M2121-0 建议书中，明确了 5.9GHz 或其中部分频段用全球统一智能交通频率的观点。在 2019 年世界无线电通信大会（WRC）期间，在亚太、非洲国家的主要支持下，最终以 WRC 建议书的方式处理此议题，即：各国主管部门在规划和部署不断演进的 ITS 应用时考虑最新版建议书，如 ITU-R 建议书所列的全球或区域统一频段或其部分，同时还要考虑 ITS 台站与现有卫星固定业务（地对空）共存问题。WRC-19 设立了 1.12 议题，并最终以建议书的方式鼓励各国主管部门在规划和部署不断演进的智能交通系统应用时，将 5.9GHz 频段或其部分作为智能交通系统的全球或区域统一频段。

国际标准化组织（ISO）：国际标准化组织是负责除电工电子领域外的国际标准化工作的非政府性国际组织。ISO 目前主要有道路车辆技术委员会（TC22）和智能运输系统技术委员会（TC204）两个技术委员会涉及车联网相关标准。TC22 主要关注车辆用通信协议、网联车辆本身方法论、车内网络以及以车为核心的车外网络等相关标准；TC204 主要关注通信协议、网联道路设施、智能交通管理等相关标准。2017 年 4 月，中国主导在 TC204 立项的"ISO 17515-3：2019 Intelligent transport systems-Evolved-universal terrestrial radio access network Part 3：LTE-V2X"正式立项，并于 2019 年 8 月正式由 ISO 发布，标志着 C-V2X 技术纳入 ISO 定义的智能交通通信框架，从而支持各设备之间基于 C-V2X 技术实现及时可靠通信。

欧洲电信标准化协会（ETSI）：ETSI 智能交通系统技术委员会（ETSI TC ITS）负责开发与整体 V2X 通信体系结构、管理和安全性相关的标准。ETSI 已将 DSRC 的物理层和接入层相关协议开发为 ITS-G5 通信标准。为了提供 C-V2X 通信，2018 年 ETSI 加快了 C-V2X 标准化进程，相关的标准工作已经完成。已经定义了 ETSI 中 C-V2X 的接入层、网络和传输层以及应用层协议，提供 C-V2X 协议栈的可用性。2020 年 1 月，ETSI 正式发布 EN 303 613 标准，定义 C-V2X 作为 ITS 的接入层技术。

美国汽车工程师学会（SAE）：为了推动美国 C-V2X 相关标准和产业化进展，SAE 于 2017 年成立了 C-V2X 技术委员会，对 C-V2X 制定类似 J2945/1 的车载 V2V 通信技术要求标准（SAE J3161/1），包括标准定义的参数集，功能需求和性能需求。J3161 定义基于 C-V2X 技术的参考系统架构，基于 3GPP R14 和 R15 的 PC5 接口。J3161/1A 定义了支持 LTE-V2X V2V 安全通信的测试验证过程。

二、国内标准化组织

2018 年 11 月，全国通信标准化技术委员会、全国汽车标准化技术委员会、全国智能运输系统标准化技术委员会以及全国道路交通管理标准化技术委员会共同签署了《关于加强汽车、智能交通、通信及交通管理 C-V2X 标准合作的框架协议》，推进 C-V2X 标准制定和产业落地。

全国通信标准化技术委员会（TC485）：全国通信标准化技术委员会于 2009 年 5 月 15 日由国家标准化管理委员会正式批准成立，主要负责通信网络、系统和设备的性能要求、通信基本协议和相关测试方法等领域的国家标准制修订工作。TC485 由国家标准化管理委员会主管，工业和信息化部作为业务指导单位，中国通信标准化协会（CCSA）作为秘书处承担单位。TC485 的运作与中国通信标准化协会的运作机制相统一，协会各组成机构均作为 TC485 的组成机构；在 TC485 内开展国家标准制修订工作，遵循中国通信标准化协会相关工作程序和管理办法的规定。

中国通信标准化协会（CCSA）：CCSA 于 2002 年 12 月 18 日在北京正式成立。该协会是国内企、事业单位自愿联合组织起来，经业务主管部门批准，国家社团登记管理机关登记，开展通信技术领域标准化活动的非营利性法人社会团体。协会的主要任务是为了更好地开展通信标准研究工作，把通信运营企业、制造企业、研究单位、大学等关注标准的企事业单位组织起来，进行通信标准制定、协调、把关，并将高技术、高水平、高质量的标准推荐给政府，把具有我国自主知识产权的标准推向世界，支撑我国的通信产业，为世界通信做出贡献。在车联网标准体系中，CCSA 负责与移动通信接入技术相关的车联网标准制定。

全国汽车标准化技术委员会（NTCAS）：NTCAS 是 1988 年由国家技术监督局批准成立，由中国汽车工业联合会主管，委员来自汽车产品相关的各政府部门及汽车行业骨干单位。NTCAS 下设 30 个分技术委员会，目前是分技术委员会最多的全国专业标准化技术委员会。为便于开展和进行国际合作，近年来，NTCAS 会秘书处陆续组织了汽车碰撞试验标准研究工作组、汽车安全气囊标准研究工作组、商用车标准研究工作组、汽车噪声标准研究工作组、电动汽车电机标准工作组、电动汽车电池标准工作组等进行重点领域的标准研究制定工作。

全国智能运输系统标准化技术委员会（TC-ITS）：TC-ITS 由国家标准化管理委员会直接管理，对口国际标准化组织智能运输系统技术委员会（ISO/TC204），具体从事全国性智能运输系统标准化工作的技术组织工作，负责智能运输系统领域的标准化技术归口工作。其主要工作范围包括：地面交通和运输领域的先进交通管理系统、先进交通信息服务系统、先进公共运输系统、电子收费与支付系统、货运车辆和车队管理系统、智能公路及先进的车辆控制系统、交通专用短程通信和信息交换，以及交通基础设施管理信息系统中的技术和设备标准化。

全国道路交通管理标准化技术委员会（NTCTM）：2018年成立的全国道路交通管理标准化技术委员会，主要负责道路交通管理领域国家标准制修订工作，由公安部科技信息化局负责日常管理，公安部交通管理局负责业务指导，公安部交通管理科学研究所承担秘书处工作。是在道路交通管理领域内，从事国家、行业标准起草和技术审查等标准化工作的非法人技术组织。

三、车联网有关产业联盟

蜂窝车联网应用涉及汽车、交通等多个行业领域，不同应用提出了不同业务需求和通信需求。汽车行业、交通行业、通信行业、信息服务以及跨行业产业联盟纷纷开展业务应用以及需求的研究。2018年11月，全国汽车标准化技术委员会、全国智能运输系统标准化技术委员会、全国通信标准化技术委员会以及全国道路交通管理标准化技术委员会共同签署了加强汽车、智能交通、通信及交通管理C-V2X标准合作的框架协议，推进C-V2X标准制定和产业落地。在技术标准研究的基础上，汽车、交通、信息等行业也成立了多个产业联盟，通过跨界平台的形式，协同解决产业化过程中的关键问题。国内主要有以中国汽车工程学会智能网联汽车产业创新联盟、车载信息服务联盟、IMT-2020（5G）推进组C-V2X工作组、中国智能交通产业联盟等；国际上5G汽车联盟致力于推动C-V2X技术在全球的产业化落地，成员覆盖全球主要车企、电信运营商、芯片供应商、汽车电子企业、电信设备商及信息服务企业等。

MT-2020（5G）推进组C-V2X工作组：IMT-2020（5G）推进组于2013年2月由我国工业和信息化部、国家发展和改革委员会、科学技术部联合推动成立，基于原IMT-Advanced推进组，是聚合移动通信领域产学研用力量、推动5G技术研究、开展国际交流与合作的基础工作平台。C-V2X工作组成立于2017年5月，专注于研究V2X关键技术，开展试验验证，进行中国自主知识产权的C-V2X技术产业与应用推广。C-V2X工作组目前承担组织LTE-V2X技术测试验证工作，已发布一系列测试规范及测试结果。该平台已经汇聚了国内外整车厂商、信息通信服务企业、交通企业共168家，积极部署推进C-V2X技术研究、测试验证和应用推广等工作。

中国智能交通产业联盟：中国智能交通产业联盟由国内智能交通相关的知名企业、科研院所、高等院校等45家单位自愿发起成立，以标准制定为抓手、测试检测为基础，开展智能交通相关标准制定、技术测试检测、项目申报、科技成果转化、知识产权交易与保护、国际交流与合作等相关工作。负责制定车联网网络层及应用侧技术标准。

中国智能网联汽车产业创新联盟：为贯彻落实《中国制造 2025》战略部署，跨行业整合资源，促进两化深度融合，推动产业协同创新，加强国际交流合作，中国汽车工程学会、中国汽车工业协会联合汽车、通信、交通、互联网等领域的企业、高校、研究机构，发起成立中国智能网联汽车产业创新联盟，工业和信息化部为该联盟的指导单位。目前，联盟已经成为国内推动智能网联汽车发展的重要平台，为我国智能网联汽车技术和产业的发展发挥重要引导作用。

车载信息服务产业应用联盟：现有来自汽车、电子、软件、通信、互联网、信息服务六个领域的 600 多家成员。设立了市场、技术、标准、知识产权（法务）等 10 个委员会，承担国际电联智能交通全球频率统一等 40 多项中国政府部门委托任务，发布、立项、在研 50 多项标准。联盟负责组织推进车联网频谱测试。

5G 汽车联盟：以欧美主流车企、全球主流电信运营商及通信芯片厂商发起，于 2016 年 9 月成立的 5G 汽车联盟，致力于推动 C-V2X 技术在全球的产业化落地（现阶段是 LTE-V2X），该联盟成员覆盖全球主要车企、电信运营商、芯片供应商、汽车电子企业、电信设备商及信息服务企业等，我国主要的通信设备制造商（华为、大唐、中兴）及电信运营商（中国移动、中国联通）也是其成员，目前成员已达 128 家。5G 汽车联盟组织各成员深入研究，推动了第一阶段和第二阶段 V2X 应用的研究，并发布相关白皮书。研究了 C-V2X 的技术支撑及产业发展情况，发布了规模部署 C-V2X 的时间表计划。5G 汽车联盟对 C-V2X 的关键技术，如系统架构、移动边缘计算、高精度定位、功能安全、频谱研究、测试方法、安全机制等组织成员进行研究分析，形成技术报告或技术文档。从测试推动，频谱规划，需求导入等各方面与 3GPP 以及我国的 IMT-2020 5G 推动组 C-V2X 工作组等组织进行了广泛深入合作。

附录二　国外车联网发展情况

一、美国

美国车联网发展主要以区域试点的形式，全面推进多模式车联网和完整出行服务一体化。

美国是最早开展车联网技术研究和应用的国家，早在1950年便有相关研究，近十年相关技术更是得到大规模应用，在车联网、自动驾驶等领域已处于全球领先地位。美国重视顶层设计的延续性和继承性，滚动式制定车联网战略规划。1995年，美国推出《智慧交通系统项目规划》，明确智能交通系统框架的七大领域和30种用户服务。此后，美国以五年规划为蓝图布局车联网产业发展，使其智能交通系统愿景和使命具有很好的延续性和继承性。其中，2010—2014年强调交通的互联性；2015—2019年重视载运工具高级自动化和互联互通；2020—2025年强调基于技术生命周期的发展策略，着重推动新技术在研发－实施－评估全流程示范应用。

附表2-1 美国智慧交通系统项目规划的发展历程

	2010—2014年	2015—2019年	2020—2025年
愿景	为美国提供一个全国性的互联交通系统	改变社会的运转方式	加快普及智能交通系统的应用，以改变社会的前进方向
使命	为国家提供具有互联性的交通基础系统、技术和应用程序	进行智能交通系统研发和推广，促进信息和通信技术应用，社会更加安全有效地推进	推进智能交通系统的开发和使用，从而更安全、有效地运送人员和货物
技术生命周期	无	三阶段：研究，发展，应用	五阶段：确认和评估，协调和牵头研发，价值阐述，应用推广，智能交通系统应用维护
战略重点	交通互联性	实现载运工具高级自动化和互联互通	基于技术生命周期闭环的五阶段策略

对于车联网技术的两大标准流派——DSRC和C-V2X，美国政府的态度是保持技术中立，让车企自由选择。

DSRC方向，美国高速公路安全管理局力推DSRC。目标是为消费者提供安全、效率、便捷三大方面的优质服务：安全方面，中轻型车辆将避免80%的交通事故，重型车避免71%的事故；效率方面，交通堵塞将减少60%，短途运输效率提高70%，现有道路通行能力提高2~3倍；便捷方面，停车次数将减少30%，行车时间降低13%，油耗降低15%。美国共有35万个交叉口，在26个州大约部署约5315套DSRC路侧设备，覆盖率超过50%，总共大约1.8万套车载终端（包括前装设备和后装设备）。美国在加利福尼亚州、密歇根州建立了自动驾驶试验场和车联网测试平台，于2015年9月开始启动俄亥俄州、纽约、佛罗里达州坦帕市三地的DSRC试点示范工作。2016年12月完成第一阶段概念设计，2018年5月完成第二阶段设计/建造/测试，目前进入第三阶段运营和维护验证。

C-V2X方向，福特公司从技术、持续演进和商用三个角度进行评估，最终选择从DSRC转向C-V2X。2018年4月在华盛顿召开的5G汽车联盟会议上，福特发布了与大唐、高通的联合测试结果，给出DSRC和LTE-V2X实际道路测试性能。结果显示，在相同的测试环境下，通信距离在400~1200m之间，LTE-V2X系统的误码率明显低于DSRC系统，而且LTE-V2X的通信性能在可靠性和稳定性方面均明显优于DSRC；从持续演进角度看，C-V2X包含Rel-14 LTE-V2X、Rel-15 LTE-eV2X和向后演进的NR-V2X，也比DSRC有明显优势；从商用角度看，DSRC经过多年的测试与验证，可行性得到验证，同时网络、芯片等产业链相对成熟。但是C-V2X具备后发优势，5G汽车联盟自2016年9月创立以来，已经有超过120家运营商、车企、芯片商、设备厂商等产业链各环节企业加入。

C-V2X已经在加利福尼亚州圣迭戈和密歇根州底特律进行初步试验。2018年，科罗拉多州首次部署C-V2X，目的是拯救生命以及帮助自动驾驶汽车优化燃油效率和整体操作体验。

2020年11月18日，美国联邦通信委员会决定将5.9GHz频段（5.850~5.925GHz）划拨给Wi-Fi和C-V2X使用。根据新通过的频段划分计划，将把该频段上较低的45MHz频谱分配给Wi-Fi免授权设备使用，并将较高的30MHz频谱划拨用于C-V2X技术来提高汽车安全。

产业化方面，以网联式自动驾驶技术政策为引领，美国全面推进多模式车联网综合运输一体化发展。以提升交通安全和运输效率为核心目标，2010年以后全面推进车联网产业发展。近年来，美国交通运输部又将自动驾驶上升为国家重要战略，连续发布了四部自动驾驶指导政策，从自动驾驶1.0到自动驾驶4.0，始终坚持开放性的原则，政府与市场的职责分工愈加清晰，逐步弱化政府监管，提供政策扶持、技术孵化和标准制定等保障服务。自动驾驶技术应用从小汽车自动化延伸至公交、货运物流，并逐步推动港口、公路多模式多场景示范运营。未来新阶段车联网的发展将会与智慧城市紧密融合，通过加强智慧交通与城市其他智能设施和智能应用的交互和集成，一站式地解决城市交通的效率、安全和环境问题。

(a) Waymo 无人驾驶汽车　　　　　　(b) Nuro 自动送货车

附图 2-1　美国自动驾驶应用

以服务全人群、打通全链条为目标，美国全面推进"完整出行"服务部署。"完整出行"是一项智能交通系统部署计划，旨在通过车联网新技术、鼓励公私合作等措施消除"交通荒漠"，为所有的出行者提供可选择的、全链条的智能出行服务。美国交通运输部在 2020 年 3 月正式启动完整出行项目（ITS4US），计划投资 4000 万美元在全国范围内开发和部署满足不同群体的智能出行解决方案，重点在行程规划、无障碍公交、户外导航、室内导航、路口安全等方面形成可复制的出行模式，预计未来三年实现无障碍公交的残疾人出行满意度达 80%，预约出行者的时间减少 40%，路口事故率减少 20% 等目标。

二、欧洲

欧洲通过道路设施升级和服务整合推进车联网产业协同发展，促进标准一体化、设施一体化和服务一体化。欧盟认为以协作、网联、自动化为特征的出行模式将是未来趋势，欧洲车联网产业从各国单独建设自身系统逐步走向依托欧盟制定统一标准和战略规划。近年来，欧洲开始重视协作式智慧交通系统出行服务推广应用，通过区域道路网络设施升级和服务整合推进欧洲交通协同发展。

由各国单独建设逐步走向欧盟统一规划指导，构建了欧洲智慧交通统一发展框架体系和标准规范。欧洲早期车联网产业发展规划不一致，各国无法形成综合效应，以致发展进度缓慢，直至 1991 年，欧洲才形成了统一领导车联网产业发展的组织机构。2001 年，欧洲颁布了第一个智能交通系统框架体系版本（EITSFA），后相继推出了《欧洲智能交通系统准则》《欧盟 2020 智能交通系统》《出行即服务（MaaS）》等规划和手册。鉴于欧盟各国车联网产业发展阶段不一，为更好的引领欧洲车联网产业发

附图 2-2　完整出行服务

展,欧盟委员会于 2009 年开始委托欧洲标准化委员会、欧洲电工标准化委员会和欧洲电信标准化协会制订一套欧盟层面统一的标准、规格和指南来支持合作性 ITS 体系的实施和部署,要求各欧洲标准化机构制定并采纳欧洲标准,以确保该框架体系在各国适用。

2013 年,德国、荷兰和奥地利在一条连接三国的高速公路上部署测试 C-ITS。2014 年 11 月,欧盟委员会交通运输总局创建了 C-ITS 平台,并于 2016 年 1 月发布了第一份报告,讨论了相关的技术问题(频谱、混合、通信、安全)以及法律问题(责任、数据保护和隐私),坚持技术中立原则。C-ITS 平台的成员包括整车制造商、一级供应商、消费者协会、保险公司、道路基础设施运营商、电子通信厂商以及欧盟成员国、地方政府、C-ITS 相关的欧洲行业协会等。2016 年 4 月,欧盟 28 个成员国的交通部部长共同签署了"阿姆斯特丹宣言",这份宣言概括了欧盟发展自动驾驶技术的必要步骤。该文件承认车对外界的信息交互(V2X)是 C-ITS 的关键推动因素。2016 年,欧盟委员会通过了一项关于 C-ITS 的战略方案,推动合作、互联、自动化的交通出行体系建设。2019 年,欧盟委员会宣布出台新规,计划全面在欧洲道路部署 C-ITS,在欧盟范围内的车辆、交通标识和高速公路将配备智能化技术,以便与所有的交通参与方实现信息共享。

欧洲重视车联网发展顶层设计和新技术研发，将车联网技术视为关系未来国家核心竞争力的重点技术，欧洲各国政府大力投入资金引导车联网产业发展，形成了三纵四横的发展战略，通过强化基础设施互联互通建设，着力打造跨国合作式 ITS 走廊工程。为进一步推进交通基础设施的互联互通，欧洲在 2012 年开始大范围推进路网管理与服务（EasyWay），以协调欧洲道路出行服务，并力图消除欧洲范围内电子收费系统的互操作障碍，打造欧洲一体化收费服务。为进一步实现跨国界互联互通，荷兰、德国和奥地利在 2013 年启动了合作智能交能项目"联合智能交通走廊"（Cooperative ITS Corridor），该走廊从荷兰鹿特丹开始，途经德国法兰克福最后到奥地利首都维也纳，成为欧洲首个跨国建设的协作式智慧交通系统走廊。未来，该走廊将会与其他欧盟国家已建智能道路相连，共同促进欧洲交通基础设施互联互通，同时各国积极推动车路协同、自动驾驶在该走廊的测试应用。

提倡绿色出行与可持续发展理念，不断推广出行即服务新型出行模式。欧洲国家相较于其他地区更加重视交通可持续性，早在 2009 年便提出可持续性城市移动性规划（SUMP）理念，倡导多种交通方式协调发展以满足出行需求。继 SUMP 后，2014 年欧盟 ITS 大会创新性地提出出行即服务（MaaS）理念，着力撮合多模式交通资源，为民众提供"门到门"公共交通出行服务。为进一步在欧洲各国推广 MaaS，欧洲于 2015 年率先成立全球首个区域 MaaS 联盟，同年 12 月 MaaS Global 公司正式注册，

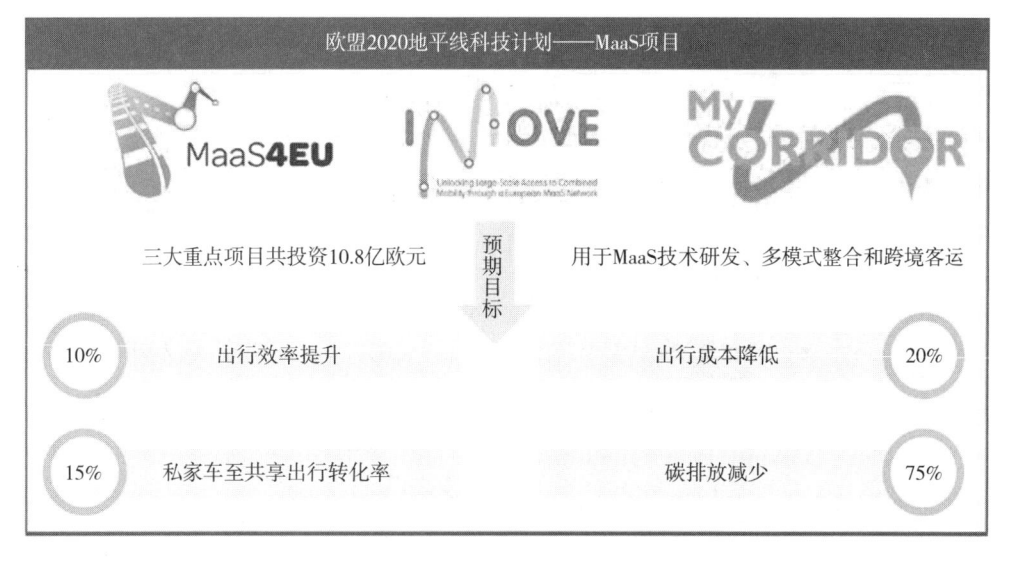

附图 2-3　欧洲推进 MaaS 研发提升交通运营服务水平

于 2016 年推出应用软件 Whim 并在赫尔辛基进行了示范应用。为了加快建立完善的 MaaS 体系，欧盟委员会在"地平线 2020"资助计划下启动了 MyCorridor、IMOVE、MaaS4EU 和 MaasiFIE 四个重大研究项目来探索不同的 MaaS 组织架构，并制定了相关法规保障项目实施。预计至 2025 年，MaaS 的市场规模将以 35%~40% 的年复合增长率增长，不仅可以给用户提供"一站式"出行服务，还将提供智慧停车、电动汽车充电等其他增值服务。

三、日本

日本从系统整合到车路协同大规模实证应用，重点推行全国高速公路网车路协同一体化。

日本的车联网产业发展采用产、学、官、商的合作开发机制，发展特点是单点突破、系统整合。日本的发展路线呈现从单个应用的开发推广、道路基础设施信息化、车辆系统、路侧系统研究到车路协同、合作式智慧交通研究的趋势。

日本政府通过编制系列手册和规划，将智慧交通作为 IT 国家战略的重要组成部分，推动车联网的发展：一是发起自动驾驶和车路协同技术联合研发倡议，多部门合作推动高精度地图研发和实际道路测试应用；二是持续推进 ETC 2.0 服务，通过智慧收费站、智慧物流管理等措施，提升道路运行效率；三是依托车载导航系统、公交优先系统、安全辅助驾驶系统等智慧应用，构建车联网服务生态。1996 年，日本推出《推进 ITS 总体构想》，提出 ITS 框架的九大服务领域。

2013 年，日本内阁发布日本《世界领先 IT 国家创造宣言》，其中智能网联汽车为核心之一。基于该宣言，日本内阁制定国家级科技创新项目《SIP 战略性创新创造项目计划》，自动驾驶系统的研发上升为国家战略。发布了《ITS 技术发展线路图（2014—2030）》，提出 2020 年建成世界最安全道路，2030 年建成世界最安全和最通畅道路。2014 年发布的《国土交通政策基本规划》提出打造便捷、安全、可持续的交通系统，推动节能环保技术及新能源设备的应用，通过加快充电桩、加气站建设，推动机场、车站、景点等区域的新型基础设施更新。2017 年，日本内阁发布《2017 官民 ITS 构想及线路图》，提出 2020 年在高速公路上实现自动驾驶 3 级，2 级以上卡车编队自动驾驶，以及特定区域内用于配送服务的自动驾驶 4 级。2019 年发布的《ITS 指导手册》提出重点推动无人驾驶、ETC 2.0 服务，构建车联网服务生态体系。

日本以高速公路和重要交通枢纽为载体，推进道路基础设施更新升级，推动基于 ETC 2.0 的高速公路网需求管理精准调控和出行信息服务应用。一是推出道路交通信息通信系统（VICS）系统，VICS 作为日本最初的 ITS 系统，从 1996 开始运用，该系统是一种把交通拥堵和交通管制等实时道路交通信息，以文字、图形等方式通过无线通信发送给装有车辆导航器的车载器的实时交通信息通信系统。二是推出"SmartWay"（智慧公路）系统，将 VICS、先进安全车辆（ASV）、不停车收费（ETC）、专用短程通信技术（DSRC）和自动公路系统（AHS）与基础设施整合，逐步构建高速公路车路协同体系。三是推出 ETC 2.0 服务，在融合 VICS 和 ETC 系统功能基础上，完成世界首款 DSRC 大容量双向通信设备的 1700 个路侧设备部署，提供拥堵预测及路径规划、特殊车辆运行规律及轨迹追溯、动态费率调整等智能出行引导及运营管理服务。截至 2020 年 3 月，日本全国安装 ETC 的车辆（包括 ETC 和 ETC 2.0）累计达到 7053 万台，高速公路 ETC 使用率约为 92.9%。

产业化方面，日本推出 MaaS 出行模式试点，打造新型交通模式范例。为尽快推进 MaaS 落地，日本国土交通省选择了 19 个重点扶持项目，重点围绕无人驾驶快速公交系统的手机应用、网站开发和最优游览线规划等内容开展示范。另外，国土交通省制定了《关于 MaaS 数据协同的联合指南》，以推进 MaaS 交通运营数据的整合与协同应用。为进一步推动交通与观光、零售、医疗、教育等其他社会行业融合，调动社会整体的参与积极性，日本政府专门制定了相对灵活的出行费用浮动机制，以鼓励新型出行模式的发展。

四、韩国

韩国积极部署自动驾驶试点地区和安全运行准则，加大技术开发和基础设施投入，力争 2028 年成为全球首个自动驾驶国家。

韩国政府制定了《基于 CoRE 的智能交通系统（2040）》长期车联网发展规划：短期计划到 2020 年重点解决交通事故多发地段，部署智能道路交通试点，交通事故 100% 现场处理，交通事故伤亡降低 50%；中期计划到 2030 年在重点高速公路和城市实现智能道路交通，实现 100% 动态环境检测，实现零交通事故伤亡；长期计划到 2040 年在高速公路全网实现智能道路交通，城市全域实现 100% 智能交通，实现零交通事故。

2019 年 1 月，韩国第一大移动通信运营商 SK 电讯宣布与韩国首尔市政府合作，将在首尔建设基于其 5G 移动通信网络的下一代 C-ITS，计划于 2020 年底建成。其将在首尔的主要道路上安装5G传感器，并为公共汽车和出租车提供5G车载终端设备，同时建立车联网控制中心，负责收集道路与汽车数据并为交通领域客户提供安全相关的信息。配备5G终端的公共汽车和出租车将与车站和交通信号灯通信进行实时通信并收集相关数据，如果发现任何危险因素，控制中心会分析相关数据并及时向公共汽车和出租车发出警告，相关警告信息还将通过SK电讯的导航应用提供给其他汽车，以减少事故发生的可能性。即使在恶劣的天气条件下或者在夜间，系统也会向司机发出告警，告知他们行人的行走动态；此外，该系统还提供事故信息，并警告后续的其他汽车，以防止发生"堆积事故"。

2020年1月，韩国发布L3级自动驾驶安全标准，成为全球首个为L3自动驾驶制定安全标准并制定商用化标准的国家。2020年11月，韩国国土交通部表示，将首尔、忠清北道、世宗、光州、大邱和济州6个地区指定为自动驾驶试点地区，将支持民间企业在上述地区开展自动驾驶服务验证项目。首尔将试点运行往返上岩洞DMC站、商业区和住宅区的自动驾驶区间车，忠清北道和世宗将运行往返五松站和世宗客运站的自动驾驶快速公交车。光州将运行自动驾驶路面清扫车和废物回收车，大邱和济州将分别运行自动驾驶出租车和机场大巴。民间企业在获得政府批准的前提下，可在上述地区试点运行旅客及货物运输收费服务等收费项目。

2020年12月，韩国国土交通部发布自动驾驶车辆安全运行准则。该准则主要包括伦理准则、网络安全准则、生产与安全准则三大部分。伦理准则以确保生命安全为核心，要求自动驾驶车辆在设计和生产时遵循"生命重于财产""无法避免事故时应尽量减轻人员伤亡"等原则；网络安全准则要求汽车厂商建立安全管理体系强化网络安全，根据风险评估流程识别、分析风险，采取相应措施降低风险水平，并检验安全措施是否妥当；生产与安全准则由系统安全、行驶安全、安全教育与伦理思考三部分组成。系统安全部分旨在最大限度地减少设计缺陷和操作失误，防范网络威胁；行驶安全部分主要涉及车辆在行驶过程中与各种路况、行人及其他车辆间的相互安全作用；安全教育与伦理思考部分则涵盖了自动驾驶汽车在生产与运行方面的合规准则。

2021年1月，韩国政府官员表示，该国将在2027年前向自动驾驶技术开发和相关基础设施建设项目投资1.1万亿韩元（合9.99亿美元）。韩国贸易、工业和能源部，科学和信息通信技术部，土地、基础设施和运输部以及韩国国家检察厅表示，将共同资助这些项目，以推动自动驾驶汽车的商业化。当地汽车制造商和汽车零部件制造商预计将参与政府的资金支持项目。据交通运输部介绍，这些预算将主要用于开发自动驾驶汽车计算技术和全球自动驾驶标准,将道路交通基础设施与自动驾驶汽车结合起来。韩国政府的目标是在 2027 年实现 L4 级自动驾驶汽车的商业化。

附录三　国内车联网示范先导区情况

2018 年 4 月,工业和信息化部、公安部、交通运输部联合印发了《智能网联汽车道路测试管理规范(试行)》,对测试主体、测试驾驶人及测试车辆、测试申请及审核、测试管理、交通违法和事故处理等进行了明确规定。由工信部支持推动 10 个国家级智能网联(车联网)测试示范区,包括国家智能交通综合测试基地(无锡)、国家智能网联汽车(上海)试点示范区、浙江 5G 车联网应用示范区、国家智能网联汽车(长沙)测试区、武汉智能网联汽车示范区、国家智能汽车与智慧交通(京冀)示范区、国家智能网联汽车应用(北方)示范区、广州智能网联汽车与智慧交通应用示范区、智能汽车集成系统实验区(i-VISTA)、中德合作智能网联汽车车联网四川试验基地。另外,还有超过 30 个城市级及企业级测试示范点,遍布我国华东、华中、华北、东北、华南、西南、西北地区,初步形成封闭测试区、半开放道路和开放道路组成的智能网联汽车外场测试验证体系。除此之外,还有 10 多个智慧高速公路开展智能网联试点工作。

一、东北、西北地区示范区

东北和西北地区智能网联(车联网)示范区主要包括吉林省长春的国家智能网联汽车应用(北方)示范区、一汽大众汽车农安试验场、琼海汽车试验场智能网联示范项目、辽宁省的北汽盘锦无人驾驶汽车运营项目、陕西省西安的长安大学车联网与智能汽车试验场、宁夏回族自治区的中国银川智能网联汽车测试与示范运营基地。

以吉林省国家智能网联汽车应用(北方)示范区为例。2018 年 4 月,长春市发布《长春市智能网联汽车道路测试管理办法(试行)》,对测试主体、测试车辆和测试驾驶人等提出要求。

2018 年 7 月,由国家工信部、吉林省政府、中国一汽共同启动国家智能网联汽车应用(北方)示范区运营,该示范区由启明信息技术股份有限公司承建。示范区封闭场地面积 35 万平方米,封闭道路里程 3 千米,具有六类 99 个测试场景,通过行驶场地和驾驶情景的组合可以扩展到 300 余个场景,智慧交通设施共有四类 100 余个,实现了高精地图和5G信号的全覆盖。测试场地可同时容纳10辆车测试，涵盖了弯道、隧道、坡道、十字交叉口、环岛、林荫道场景、砂石路、水泥路、铁路道口（模拟）。

国家智能网联汽车应用（北方）示范区具有三特色、三功能、七能力。在特色方面，一是依托中国第一汽车集团；二是包括北方冰雪寒区的四季气候环境；三是满足乘用车和重型卡车等商用车的试验、测试需求。在功能方面，一是满足智能网联汽车开发试验需求；二是成为有资质的专业检测机构；三是为开放道路测试提供服务的第三方机构。在能力方面，一是联合一汽试验场地及东北地区现有资源，形成1+4完整场地条件（启明核心试验区+卡车试验区+高环等特殊场景试验区+海南热带试验区+东北冰雪寒带试验区）；二是具备基本齐全的试验场景；三是基于5G环境的能够满足智能网联汽车试验、检测的智慧交通设施；四是封闭场地及开放道路的高精地区；五是融合数据集成、试验和检测、评价评估、车辆管控、运营管理和对外宣传的信息化管理平台；六是具有支撑试验和检测的标准体系；七是具备完善的服务运营能力。

示范区分为三期建设，区域面积将覆盖净月核心区100平方千米以上，示范道路累计增加到约100千米，包括商业住宅区、商业中心、旅游中心、工业园区、城乡结合区、客运中心、货运中心以及城市快速道路、城市轨道交通、城区道路、乡村道路、隧道、桥梁、立交桥路、山地、环湖、坡路等道路环境。

2018年7月，长春市智能网联汽车道路测试推进工作小组决定选取"紫杉路（欧李街至聚业大街段）、聚业大街（绿柳路至福祉广场段）、福祉大路（福祉广场至福祉立交桥段）、欧李街（紫杉路至百合街段）、百合街（欧李街至银杏路段）和银杏路（百合街至聚业大街段）"作为开放测试道路，总长约8千米。

二、华东地区示范区

华东地区智能网联（车联网）示范区主要包括：①江苏的国家智能交通综合测试基地（无锡）、南京秦淮区/溧水区/江宁区智能网联开放测试区、苏州工业园区和相城区智能网联汽车公共测试道路、常熟中国智能车综合技术研发与测试中心、国家智能交通测试及应用推广基地（常州）、盐城汽车试验场等；②上海的国家智能网联汽车（上海）试点示范区、同济大学智能网联汽车测试评价基地、临港智能网联汽车综合测试示范区等；③浙江的5G车联网应用示范区（杭州云栖小镇和桐乡乌镇）、杭州余杭区未来科技城和萧山区、宁波杭州湾新区智能网联汽车试验平台、嘉兴嘉善产业新城智能网联汽车测试场、湖州德清自动驾驶与智慧出行示范区等；④安徽的合肥自动驾驶 5G 示范运行线、芜湖奇瑞汽车 V2X 示范场地、新能源与智能网联汽车综合测试研发基地（池州）等；⑤福建的福州市平潭县无人驾驶汽车测试基地、福州市罗源县 5G 车路协同自动驾驶联合实验基地、厦门 BRT 5G 公交站系统等；⑥江西的南昌市、上饶市、赣州市、九江市、鹰潭市、新余市、景德镇市和赣江新区等地开展智能网联汽车试点。

华东地区智能网联（车联网）示范区从数量上领跑全国其他各个区域。

以国家智能交通综合测试基地（无锡）为例。无锡于 2017 年开始选取小范围区域开展车联网通信技术验证，并进行应用场景测试。覆盖无锡太湖博览中心周边 3.7 千米开放道路 6 个路口，涵盖 9 个 V2I 场景和 3 个 V2V 场景。

2018 年，构建城市级 LTE-V2X 车联网应用测试验证环境，进行平台建设、规模化应用验证。大范围改造了 240 个交叉路口路侧管控及通信设施，覆盖主城区、太湖新城近 170 平方千米范围，道路总长 280 千米，面向普通用户提供覆盖 V2I/V2V/V2P/V2N 的交通红绿灯信号信息推送、交通事件提醒、主动安全预警、周边交通状况实时获取等 12 大类 26 项应用场景的信息服务。面向全市急救车、消防车、公交车等社会服务车辆，测试验证了优先通行服务场景。发展车载前后装用户、手机 App 用户、行业用户等约 1.2 万。

2019 年 5 月，工业和信息化部办公厅正式批复支持无锡创建全国第一个国家级车联网先导区，将部署 1 条省级公路、1 条高速公路、5 条主城区高架桥、400 个交叉路口路侧管控及通信设施，覆盖 260 平方千米范围。确定以无锡市民中心、太湖博览中心等 6 平方千米重点区域为核心创新示范区，提供基于 C-V2X 开放式的增强场景服务，设计 3 大集中应用测试区和多条专项测试线路。具体包括前向碰撞预警、交叉路口碰撞预警、紧急制动预警、车辆盲区 / 变道预警、异常车辆提醒、交通标识数字化、公交优先自主控速场景、V2X 接驳巴士等。

2020 年到 2021 年上半年将进入大规模建设阶段，计划完成 1000 个交叉路口路侧管控及通信设施，覆盖面积达到 500 平方千米。完成全部 C-V2X RSU 的双模（Uu+PC5）升级，开展特定场景 5G 车联网验证，在桥梁道路等关键节点覆盖 NB-IoT 等窄带物联网。开展碰撞预警、车速引导、编队行驶等特定场景的 5G-V2X 测试验证。进一步开放数据共享，开展大规模 V2X 应用，渗透率达到 30% 以上，基本完成基于人 - 车路 - 云协同的城市智慧交通体系建设。

2021 年下半年到 2022 年底进入全区域覆盖阶段，计划完成 2000 个交叉路口路侧管控及通信设施，覆盖面积达到 1200 平方千米。全部部署 5G 基站，开始规模化车联网，渗透率达到 50% 以上，实现"城城"高速公路、快速路、国省道交互协同（无锡新吴区 – 苏州相城区）。引导保险、融资、出行等社会资本投入，培育上游车联网企业，做强做精车联网产业生态，为全国范围内推广做好准备。

无锡作为全国第一个国家级车联网先导区，在车联网产业发展的各个方面做出了大量创新和实践：①打通了公安交管信息通信数据管道。无锡公安交管部门共享开放 40 余项交管信息，通过中心平台能力升级、路侧管控设备改造、增加 RSU，打通公安交管中心平台、路侧管控设备与车联网通信管道，覆盖车辆、驾驶人、交通管控、交通事件、交通管制、信号灯灯色、交通状态等数据；②提升出行服务水平。通过车路协同为驾驶者提供更加精准、实时、主动的路况信息，动态实时获取前方路况、道路施工情况，在出行之前或者过程中可以第一时间获取可变车道、潮汐车道、可变限速等动态信息。实现公交车、120 救护车等特种车辆优先通行；③助力自动驾驶。通过推送红绿灯信息起到车速引导作用，作为自动驾驶的一种辅助性支撑信息；路侧斑马线上的摄像头检测到有行人，即时推送信息至车辆，提前进行避让决策；提前获取交通事故等事件信息，选择最佳通行路线；路口盲区会车 / 变道时，发送预警信息，为车辆自动驾驶提供支撑；④终端类型多样，应用场景丰富。包括车企前装终端、后装车载智能终端、手机 V2X-App、互联网出行服务 V2X 定制版在内的多厂家、多渠道、多类型终端，适配不同类型 V2X 应用场合、服务对象及业务场景。

三、华南地区示范区

华南地区智能网联（车联网）示范区主要包括广州智能网联汽车与智慧交通应用示范区，深圳智能网联交通测试示范区，惠州智能网联示范区，肇庆自动驾驶城市路测示范区，柳州智能网联汽车示范区，博鳌乐城智能网联汽车示范项目，琼海汽车试验场智能网联示范项目等。

2018 年 12 月，广东省工信厅、公安厅、交通运输厅制定了《广东省智能网联汽车道路测试管理规范实施细则（试行）》，该文件明确了测试主体、测试驾驶人及测试车辆、封闭道路、场地和测试道路、测试申请及审核等方面的细则。各有关地市封闭道路、场地，除了隧道、林荫道、加油 / 充电站、地下停车场、十字路口、丁字路口、圆形环岛等通常交通场景的搭建外，还要充分利用特殊地形坡度等建设特色场景。

2019年8月，广西壮族自治区印发《广西加快5G产业发展行动计划（2019—2021年）》，在5G+智能出行领域：开展无人驾驶、无人物流配送试点，发展车辆编队自动行驶、高级别自主驾驶、远程遥控驾驶等新模式；结合环境感知、车载操作系统、高精度导航等核心技术，研发具备自动驾驶功能的智能网联汽车，实现"5G+智能网联汽车"融合发展；积极推进柳州5G-V2X车路协同示范项目，探索形成广西特色的智慧公路运营管理新模式，2021年底前，实现智能网联汽车商用。

海南省致力于打造成为全球智能网联汽车开发和应用基地，创建国际智能网联汽车产业园区，并引入车联网通信设备商、汽车电子、交通信号、高精地图、北斗定位、边缘计算等相关服务产业行业巨头，推动成立国际智能网联汽车协同创新中心，推进智慧交通与车联网技术协同研发，打造千亿级具有影响力的智能网联新能源汽车产业集群。

四、华中地区示范区

和华东地区智能网联（车联网）示范区遍地开花相比，华中地区的智能网联（车联网）示范区相对更加集中。主要包括：湖南国家智能网联汽车（长沙）测试区，湖北国家智能网联汽车（武汉）测试示范区，郑州航空港实验区智能网联示范区，许昌芙蓉湖5G自动驾驶示范区。其中长沙和武汉投入力度巨大。

长沙已经初步形成"国家级测试区+智慧公交示范线"的"封闭+开放"测试场景格局；通过100平方千米城市范围开放道路和100千米高速开放道路"双百计划"，打造"城区+城际"多层次开放测试场景体系；通过智能系统设备检测仿真实验室，探索"物理+虚拟"智能测试场景。

2019年9月22日，国家智能网联汽车（武汉）测试示范区正式揭牌，是全国首个基于5G通信技术V2X车路协同系统全覆盖的智能网联汽车示范区，已建成28千米开放测试道路，部署5G和C-V2X路侧通信设备，全景摄像机、枪型摄像机、雷视一体机、高清摄像机等监控设备，以及激光雷达、毫米波雷达、气候传感器、路面传感器等感知设备，通过测试示范区指挥调度中心平台，可以观察每一辆自动驾驶测试运营车辆状态。同期武汉市交通运输局正式颁发了国内首批智能网联汽车载人试运营许可证，获得许可的无人驾驶车辆除了可以在开放道路上进行载人测试，也可以进行商业化运营探索。

以国家智能网联汽车（长沙）测试区为例，测试区位于湖南湘江新区，2016年起开始建设，规划控制范围约为 9.6 平方千米，一期用地面积为 1232 亩，总投资约 18.96 亿元，分为管理研发与调试区、越野测试区、高速公路测试区、乡村道路测试区、城市道路测试区 5 个主要功能分区，于 2018 年 6 月 12 日正式开园。

2018 年 8 月湖南湘江智能科技创新中心有限公司成立，负责测试区运营及场景拓展。2018 年 11 月 28 日，测试区获"国家智能网联汽车（长沙）"牌照。

测试区建设 8 条主要测试道路和场地工程，12 千米测试里程，228 个智能网联汽车测试场景，唯一国内高速公路及无人机测试区。其中高速区横跨长潭西高速，全长 3.6 千米，双向 6 车道，用作全封闭式的高速测试。可实现进出服务区、进出收费口、路边紧急停车等 6 个高速环境模拟测试。

建设国内首条开放式智慧公交示范线，全长约 7.8 千米，共设置 11 组站点，可实现"车–路–云"一体化协同。车的层面，部署基于 L3 级别的自动驾驶公交车辆。路的层面，实现全息乘客信息感知；首创数字化虚拟公交站点，引导智能公交车安全平稳停靠公交站点；运营全周期视频监控，实现全方位立体监管。云的层面，建立综合一体调度平台；实现智能公交状态及道路网联信息共享发布系统。

2018 年 4 月发布《长沙市智能网联汽车道路测试管理实施细则（试行）》，2019 年 7 月发布《长沙市智能网联汽车道路测试管理实施细则（试行）V2.0》。测试区已为 38 家企业 86 款车型提供 1800 余场测试服务，累计测试里程达 6 万千米，成为国内测试场景复杂程度最高、测试道路总里程最长、研发办公配套最齐全、5G 覆盖范围最广的测试区。

五、示例：重庆智能汽车试验区及国家级先导区

（一）i-VISTA 智能汽车集成系统试验区

i-VISTA 智能汽车集成系统试验区是 2016 年 11 月，在国家工信部及重庆市政府支持下，由中国汽研承建，聚集国内外众多智能网联汽车优势资源，共筹、共建的具有国际领先水平的智能汽车和智慧交通应用示范工程。

i-VISTA 已建成先进的辅助驾驶系统、V2X、自动驾驶、智慧交通的虚拟仿真测试以及开放道路测试环境，满足安全舒适、节能环保、道路交通状况适应性、信息服务娱乐、交通管理等 5 大类应用测试示范的需求，覆盖西部地区 90% 以上特殊路况以及全国 85% 以上的道路环境、通信环境等。目前已经在中国汽研封闭园区、垫江试验场、大足试验场等封闭试验场、仙桃数据谷半开放道路、两江新区礼嘉智慧园开

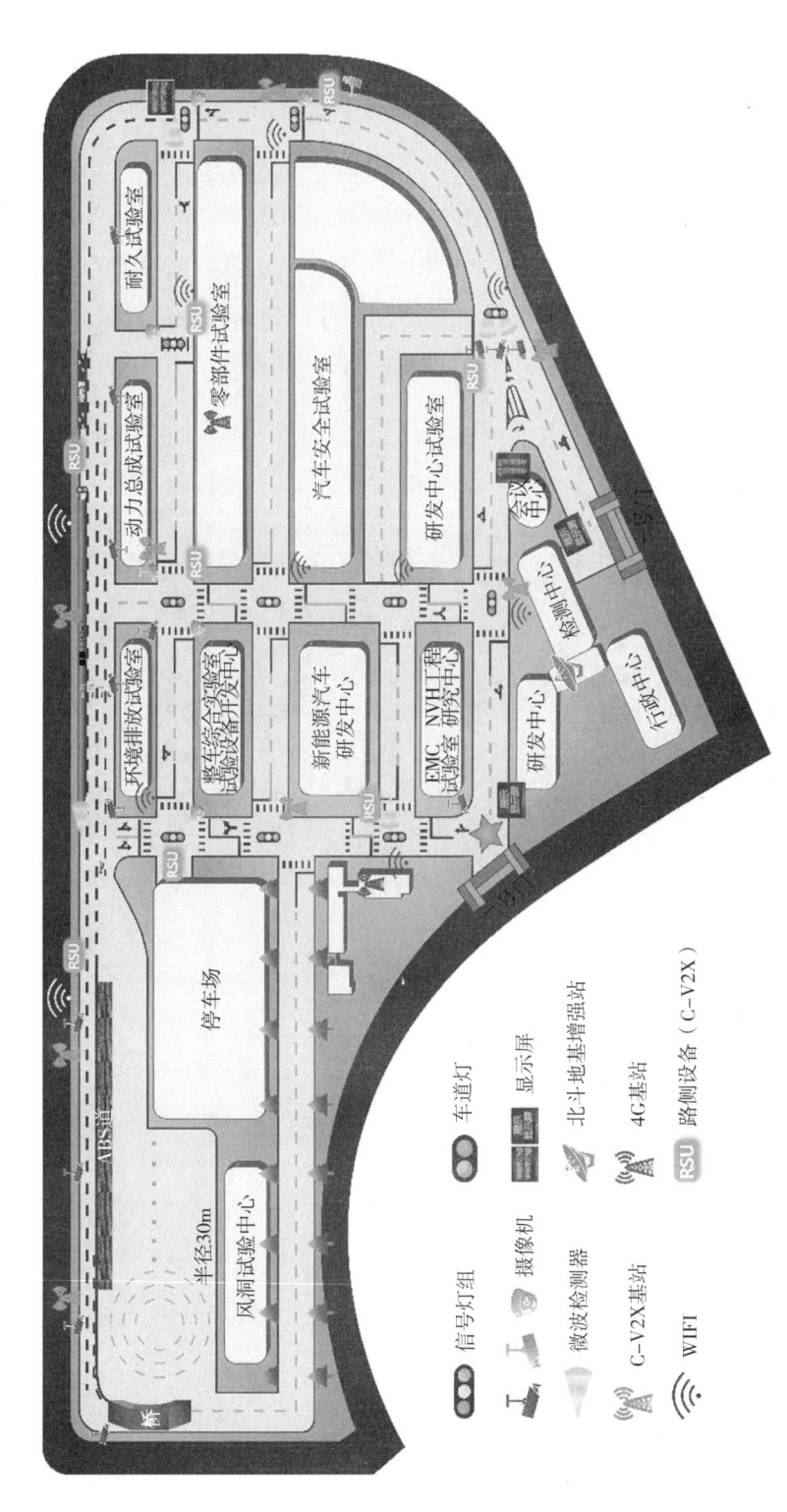

附图 3-1　智能网联封闭试验场城市试验区

放道路进行车联网测试示范环境的搭建,已经建设封闭、开放区域面积达 5.3 平方千米,道路里程总计约 134.4 千米,其中路侧设备 70 余套,车载终端 200 余套,新建用于测试监控的摄像头百余个,积累了深厚的建设经验和测试经验,形成了面向智能网联汽车测试、示范、商业模式探索的封闭、半开放、开放道路环境和支撑平台。拥有桥梁、隧道、林荫道、淋雨道,高速公路、停车场、加油站、充电站等基础设施,具备多模式通信、北斗高精度定位等关键支撑设备,能够实现 200 余种车联网信息服务、车路协同应用、5G 自动驾驶、路侧感知等应用服务,建立了智能网联示范区大数据云平台,支撑万辆级规模化示范运行,已完成 5000 余辆次的 V2X、自动驾驶的测试评价。

附图 3-2　智能网联封闭试验场高速道路试验区

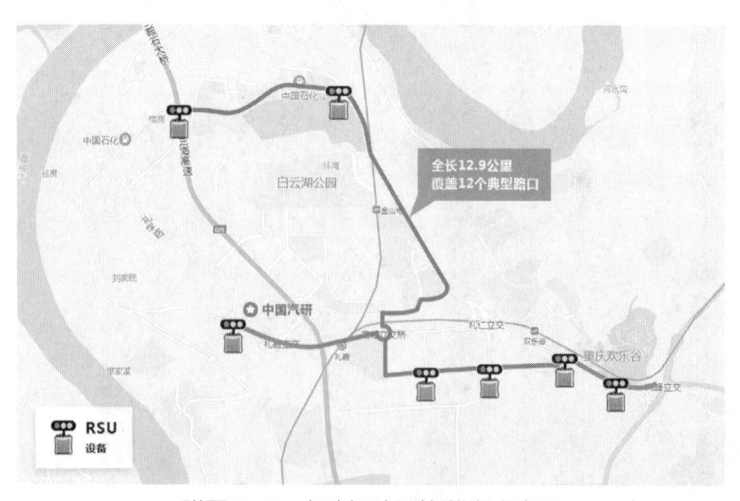

附图 3-3　自动驾驶开放道路试验区

i-VISTA 智能汽车集成系统试验区封闭试验场由中国汽研自建并运营,主要以车企、自动驾驶科技企业的自动驾驶测试业务为主,按照中国汽研的测试服务收费标准进行收费。开放道路建设由中国汽研投入部分资金,在中国汽研周边 12 千米的道路搭建智能网联公共示范区和大数据云平台,为行业提供公共示范平台。

(二)重庆两江新区国家级车联网先导区

在国家及政府各项政策大力支持下,V2X、车联网应用技术不断成熟,但基于 V2X 车联网应用商业模式、运营主体、利益相关方协同合作机制尚未清晰,存在车联网应用服务受众认识度和接受度不高,车联网产业链条信息缺失、知识产权体系不健全,跨行业间数据不能互联互通,核心技术大范围可靠性验证不足等一系列问题。

2019 年 5 月,工信部启动车联网先导区建设,明确先导区主要任务和目标是实现规模部署 C-V2X 网络、路侧设备,装配一定规模的车载终端,完成重点区域交通设施车联网功能改造和核心系统能力提升,丰富车联网应用场景。

依托中国汽研丰富的汽车行业资源以及前期 i-VISTA 国家智能网联汽车示范区基础和建设经验,建设具有重庆多隧道、多立交、多山路复杂山地特色、多雨、多雾、高湿、高温复杂气候环境的"西部车联网先导应用及规模化测试验证公共服务平台"。先导区建设结合国内最复杂的山区道路、城市道路、高速公路与港口区域,建设完善的"人、车、路、云"网联化交通设施和完整的车联网应用场景,以车联网商业化应用为目标,开发跨领域、互联互通的车联网大数据云平台与用户交互应用软件,开展基于车路协同的万辆级山城智慧城市公共交通/个人交通规模化测试与应用示范,千辆级高速公路/快速路自动驾驶/车联网信息服务规模化测试与应用示范,以及百辆级水陆空智慧物流一体化自动驾驶规模化测试与应用示范,结合应用场景开展自动驾驶高精度地图试点,实现高速公路车路协同应用、城市公交汽车/出租车车路协同应用以及港口物流无人驾驶等应用场景商业落地,以重庆市打造"智慧两江"为契机,提高车联网应用渗透率,推动车联网、智慧交通的规模化应用,形成可复制、可持续的车联网商业运营模式,重点提升城市交通智能化、管理水平、车辆智能安全和居民出行效率与便捷性。

先导区建设分成两个阶段进行,在两江新区八大街道、悦来国际会展城、龙兴鱼复片区、协同创新区、保税港、果园港、水土开发区建设车联网先导区基础设施,覆盖 319 千米,改造 470 个路口,建设车联网大数据云服务平台,实现车联网和自动驾驶场景 100 余个,车端改造 10000 台以上。

重庆两江新区先导区于 2021 年 8 月完成礼嘉 - 悦来区域、协同创新区等区域 57.7 千米城市道路建设 C-V2X 网络和 5G 网络，完成路侧设备智能化、网联化改造，建设车联网大数据云服务平台，打通交管系统，实现基础信息采集与分发、网联式辅助驾驶、智慧站台、自动驾驶公交车、自动驾驶微循环小巴、自动驾驶出租车、智能展示中心等应用场景。

车联网大数据云服务平台以车联网数据场景应用为导向，搭建车联网大数据云服务平台以及展示中心，实现整个车联网先导区的统一监管、运维和运营功能。

礼嘉 - 悦来片区目前已完成金山大道 4 千米道路以及金渝大道 10 千米道路的路侧设备智能化、网联化改造，智博会前再完成礼嘉环线 6 千米、悦礼路路线 10 千米、国博环线 5 千米的路侧设备智能化、网联化改造、智慧公交站台和充电桩建设，在礼嘉悦来区域实现包括公交、公务车、环卫车、私家车的网联式辅助驾驶应用场景，在礼嘉和国博环线实现自动驾驶公交车及自动驾驶微循环小巴应用场景。

协同创新区片区目前已完成 4.4 千米道路路侧设备智能化、网联化改造，智博会

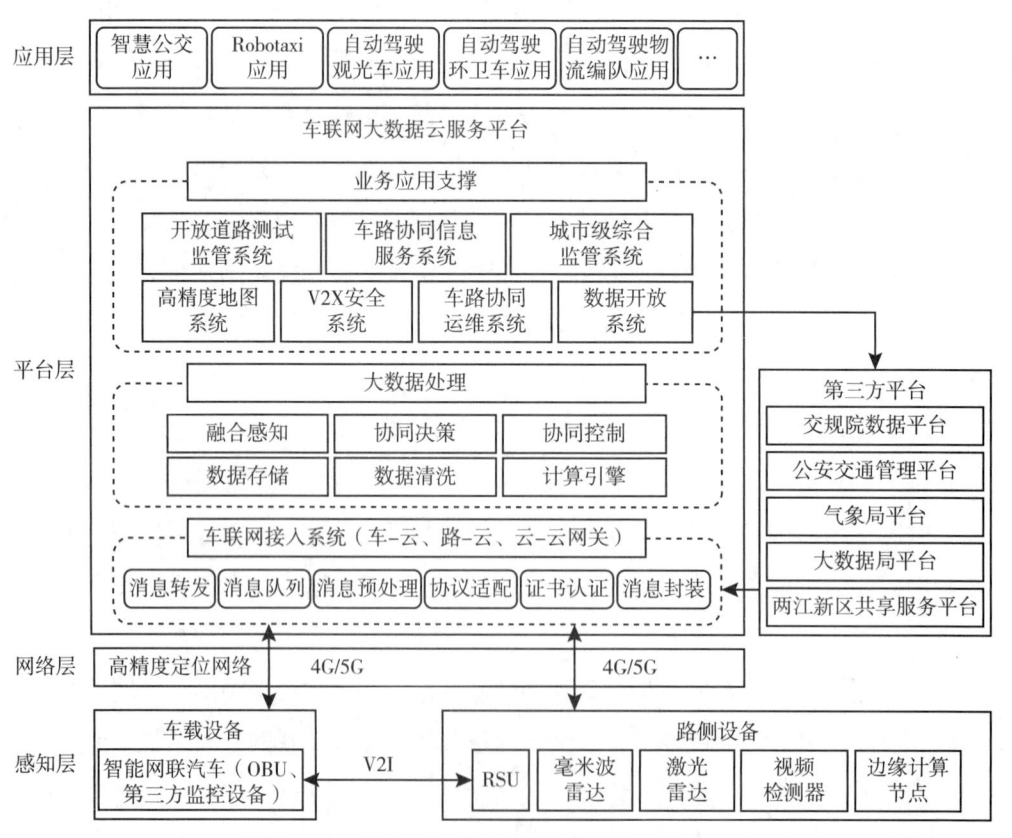

附图 3-4　重庆两江新区车联网大数据云服务平台

附图 3-5　礼嘉－悦来片区建设道路

前再完成 6 千米的路侧设备智能化、网联化改造、智慧公交站台和充电桩建设，实现基础信息采集与分发、自动驾驶微循环小巴等应用场景。基于车联网先导区环境，打造 i-VISTA 国际自动驾驶挑战赛。

二阶段建设内容计划在两江新区直管区八大街道、保税港、协同创新区、渝广高速、鱼复片区规模部署车联网路侧基础设施，覆盖道路里程 260 千米，改造路口 370 个，扩大车联网应用场景规模，实现多种自动驾驶功能车（环卫、物流、观光、派送、巡逻）在区域内落地运营。

先导区由两江新区政府出资，建设开放道路智能网联环境，计划开展自动驾驶微循环小巴、自动驾驶出租车、智慧公交等系列应用场景。目前处于示范测试阶段，暂未进入运营。

附图 3-6　协同创新片区建设道路

附录四　车联网典型应用案例

在目前车联网应用实践中，蜂窝车联网技术渗透逐渐增强，车、路、云一体化体系正在赋能辅助驾驶与自动驾驶。从功能发展属性来看，基于蜂窝车联网的多种业务场景的发展处于层层递进中，从告警提醒到协同感知，再到协同控制。

车联网应用与车路协同发展大致有三大类型：一是辅助驾驶，在城市道路和高速公路，面向乘用车和营运车辆，赋能车车、车路信息实时共享与交互，实现辅助驾驶安全、提升交通通行效率；二是支撑封闭/半封闭特定区域、特定场景中商用车的中低速无人驾驶，例如用于矿区、港口、园区、机场物流等场景；三是支持全天候、全场景的自动驾驶，这一阶段面临着需要与有人驾驶车辆、行人等并存以及应对中国的特殊交通环境等挑战。因此，更高级的自动驾驶还将需要我国的政策法规、交通管理和产业监管等方面的变革才能实现，需要长时间的跨界磨合、联合测试、实践去解决问题，达成共识。借助于人、车、路、云平台之间的全方位连接和高效信息交互，蜂窝车联网目前正从信息服务类应用向交通安全和效率类应用发展，并将逐步向支持实现自动驾驶的协同服务类应用演进。

类型一与类型二的车路协同已成熟，可在"新基建"下率先规模商用。类型一中城市交通和高速公路交通是车路协同的两大规模应用场景，先从营运车辆切入（包括智能公交、两客一危、工程车、货车、个人出行的网约车与出租车），加上类型二中的特定环境（含特定区域和指定道路）下的中低速无人驾驶，丰富应用。目前，在前两类场景中，已经有较多典型的商业落地应用案例。

一、城市交通辅助驾驶

蜂窝车联网功能为车机导航带来更多有价值的信息显示，可以让车辆、信号灯、交通标识、骑行者和行人的通信设备实现互联，以图像和声音的形式提示车主前方红绿灯状态和倒数计时、限速和危险路段、临时施工等信息。结合算法、红绿灯信息和其他道路基础设施信息，可给车主提供最优行驶速度建议；通过电子路牌等功能，用户可通过车机实时知晓前方路况，避免因岔路口分心走错路口，实现安全驾驶。此外，车路信息融合可以为车辆智能驾驶辅助功能提供超越感知视野的认知能力，避免单车智能存在的感知局限，实现群体运行协同。

（一）厦门：快速公交系统车路协同应用

大唐移动通信设备有限公司与厦门市交通运输局、厦门公交集团联合打造了国内首个面向5G的城市级智能网联应用，对厦门市60千米BRT道路和5个红绿灯路口的智慧化改造以及50辆BRT公交车的智能网联改造，并通过了验收，正式成为国内第一个经过成熟商业模式验证的智能网联车路协同项目。该项目可实现实时车路协同、智能车速策略、安全精准停靠、超视距防碰撞等功能，重点解决当前城市公交场景中的以下问题：通行效率低，与私家车辆混行等待时间过长；车辆路线和调度配置信息化低，载客率低，运营成本高；面向用户的信息服务水平低；乘客乘车过程中上下车的安全问题。

该项目依托5G+C-V2X技术的优势提供了实时车路协同、智能车速策略、安全精准停靠以及超视距防碰撞四大业务应用。

实时车路协同：通过部署激光雷达、高清摄像头、MEC边缘服务器并接入信号机系统，实现交叉路口的智能网联升级，在此基础上可交付两大服务。一是实现交叉路口360°盲区检测。通过激光雷达、高清摄像头等设备对交叉路口进行全天候全息感知，并获取路口行人、机动车及非机动车等交通参与者的详细信息进行行为预测，有效降低BRT车辆在路口交通事故的发生率。二是实现绿波通行，路侧设备在接入路口信号机系统后可实时获取路口信号灯的灯态信息和时长信息发送给车辆，同时系统也可对前方路口的信号灯进行控制，从而保证BRT车辆在路口的优先通行，提高公交运输效率。经测算，平均可减少15%以上的线路通行时长。

智能车速策略：结合当前路端各种传感器和车端传感器等智能设备，实时监测道

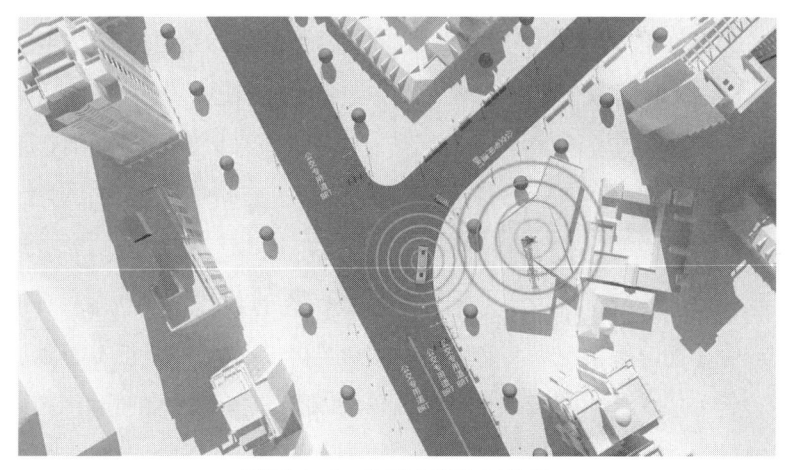

附图4-1　实时车路协同业务

路交通数据状况并通过 5G 网络将这些信息上传至 MEC 边缘计算服务器，利用在 5G MEC 上部署智能车速策略，结合车辆历史交通数据和司机驾驶行为进行大数据分析，计算出不同路段路况下车辆的最优车速再反馈给车辆，从而使得 BRT 车辆一方面可以以更合理的车速行驶，另一方面也减少了紧急加减速和急停等行为的发生，达到节能减排目的，百千米能耗可节省约 10%，大幅降低运营成本。

附图 4-2 智能车速策略业务

安全精准停靠：厦门 BRT 公交站站台较高，驾驶员驾驶车辆入站时一旦停靠站台过远就极易发生行人下车踩空的事故。通过在 MEC 平台上部署高精度地图、融合感知算法、路径规划等策略，MEC 将这些大数据量的信息实时下发给车端，车辆根据这些策略，进站时调整行驶轨迹，实现厘米级的精准停靠站台。为了保证项目中 MEC 平台获取的定位信息的精度，在 BRT 沿线还部署了一台高精度定位基站。经测算车辆入站时车门与站台间距可控制在 10 厘米以下，保证乘客上下车辆的安全。

超视距防碰撞：在同一条车道同向行驶的两辆 BRT 公交车辆，车车之间实时交互通信，实现彼此的速度、位置、航向角等驾驶信息的共享。当存在前车慢速、紧急制动、停止或后车加速等情况下，且两车行驶间距小于定义安全行车距离，存在发生碰撞危险时，后车基于 TTC 碰撞时间，提前主动采取平缓刹车减速或刹车停止，同时车内显示装置伴有语音提示安全预警，保障车辆行驶安全。基于车车通信的防碰撞可以不受视距的影响，不受雨、雪、雾霾天气对能见度的影响，同时相较于依靠单车传感器实现的防碰撞，一方面大幅提高了感知距离，最远超过 450 米，另一方面也可降低单车实现防碰撞的成本。

附图 4-3　安全精准停靠业务

附图 4-4　超视距防碰撞业务

在项目运营方面，作为全国首个大规模智能网联车路协同项目，在开始全面运营后面临了诸多挑战。

首先，单车运营方面，每一辆车在经过智能网联升级之后为驾驶员带来各种便利的同时也需要重塑驾驶员的驾驶行为和驾驶习惯，这方面目前已经制定了相关的培训课程并已经完成了 150 余位 BRT 公交驾驶员的培训。不但提高了驾驶员的整体业务水平，也为未来相关单位制定智能车辆驾驶员认证标准积累了丰富的经验。

其次，整体线路运营方面，规模化运营的实现加之 5G、C–V2X、高精度定位技术的引进使得公交系统的调度员随时可以掌握车辆、线路运行状况和客流信息，这使得调度员可以根据具体情况快速调整调度计划、实时发布车辆运营信息、实时与单一车辆交互信息，可以说为调度员的日常工作带来了革命化的变化。目前也在这方面与业主单位展开深入合作，一方面逐步完成公交大数据云平台的优化建设，从而实现公交线路的自动化、智慧化调度；另一方面针对调度员进行相关培训，为业主单位储备能承担新型调度工作的合格人才。

（二）长沙：基于智能网联的公交信号优先系统

2020 年，湖南省长沙市推广普及车路协同、智能驾驶辅助等先进技术，对全市 2000 余辆公交车辆智能化改造和 100 余个路口进行了网联化升级，在车路协同、互联互通的基础上，实现了包括主动式公交信号优先在内的多项功能。目前长沙市在三条公交线路上实现了基于智能网联的公交信号优先，通过车端与路侧交通控制系统的实时联动，在科学的多维调控机制下实时调整路口信号控制状态，减少了公交车在路口的等待时间，明显提升了公交通行效率和准点率，受到了广大市民的一致好评。车路协同技术的持续应用，可进一步强化公交安全驾驶，服务运力合理调度，支撑政府实时监管，从而持续提升公交服务水平，改善城市交通状况。

公交信号优先系统由网联公交车和路侧设备、信号控制系统组成，其中路侧设备和信号控制机通过有线通信，网联公交车和路侧设备通过智能网联无线通信，从而实现了公交车辆与信号控制系统的数据交互。同时，网联公交车、路侧设备和信号控制机均可与云平台通信。

基于如附图 4–5 所示的系统架构，可实现两大基本功能——公交信号优先和尾屏红绿灯实时透传共享。

路口级和区域级的公交信号优先，一方面可通过车路直连通信模式，结合路口当前交通运行状态和车辆到达状态，实现路口级最优的公交优先控制；另一方面，结合智能网联云控管理平台，在多维数据交互的基础上，对多个路口进行联动调控，实现路线级和区域级的最优调控。尾屏红绿灯实时透传共享是通过路侧设备实时广播路口信号灯信息，网联公交车接收信号后发送至公交车尾屏，尾屏实时显示当前路口红绿灯信息，从而解决公交车后方车辆被公交车遮挡无法观察到红绿灯信息的问题，降低

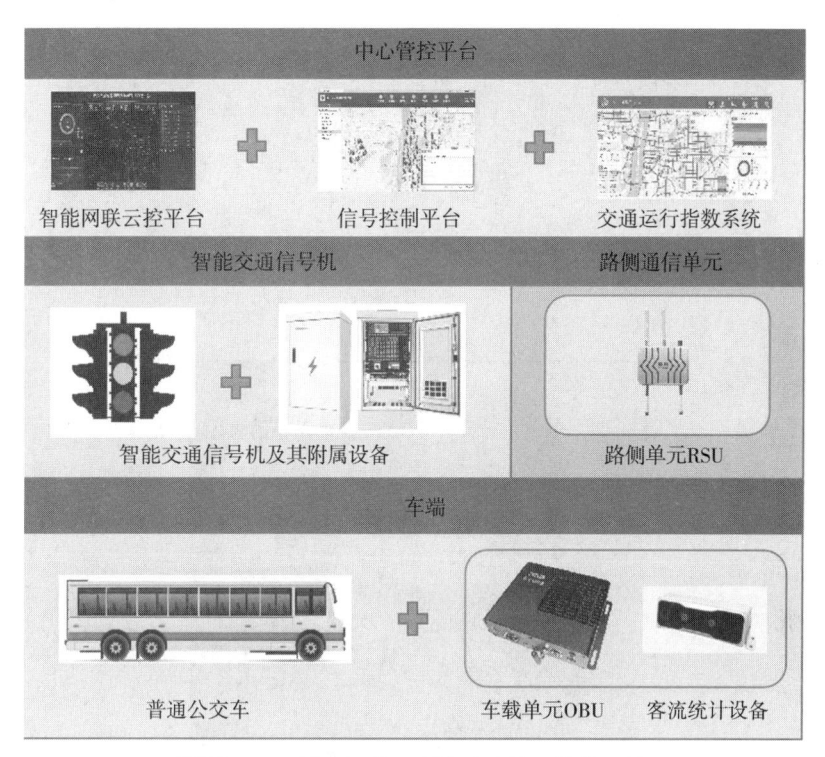

附图4-5 基于智能网联的公交信号优先系统

安全风险。

基于C-V2X技术的公交优先功能是在公交车与信号机双向通信、公交车位置高精度检测、路口信号优先配时等的基础上实现的。当公交车接近交叉路口时，通过车载终端和路侧设备的信息交互，由RSU将公交车状态数据进行处理后生成优先请求发送至信号控制机，信号控制机根据公交车优先请求信息，优化控制路口信号配时方案，执行包括绿灯延长、红灯早断或直接通过等几种优先策略，同时将优先策略信息和信号灯态信息通过路侧设备传输至车载终端，实现车内灯态信息和优先执行信息的共享，如附图4-6、附图4-7、附图4-8所示。

通过上述的公交优先机制减少了公交车在路口的等待通行时间，在保障公交优先通过路口的同时能够兼顾其他社会车辆以及行人的通行权益，实现路口通行整体利益最大化。

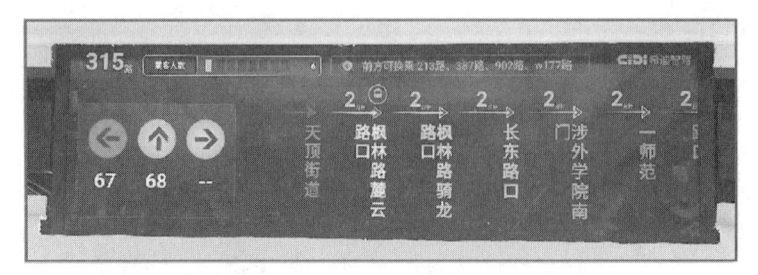

附图 4-6　车内屏乘客信息提示

附图 4-7　尾屏红绿灯实时透传共享

附图 4-8　路侧屏显示公交优先功能触发状态

目前，长沙开放道路开通了多条搭载"公交优先"功能的公交线路（附图 4-9），明显缩短了公交往返通勤时间，缓解了城市交通拥堵，提高了公共交通通行效率，获得广大用户的一致好评。项目解决了传统公交优先技术中的数据检测精度低、检测范围有限等问题。利用 C-V2X 技术可实现车端与路侧设备间低时延、远距离、高稳定的信息传输和数据交互，结合多维公交优先控制算法，可有效提高公交优先控制效果。

以长沙 315 智慧公交为例，实行公交优先后，行程时间和车速均有明显优化，行程时间平均优化约 12%，行程速度平均提升约 13%；各站点的平均到站准点率明显提升，优化率可达 50%（附图 4-9，附图 4-10）。

同时，项目实施方案较为简单，无需大规模土建施工，经济轻便，具有很强的可复制性和可推广性，现已在重庆协同创新区、湖南省常德市等地陆续落地。

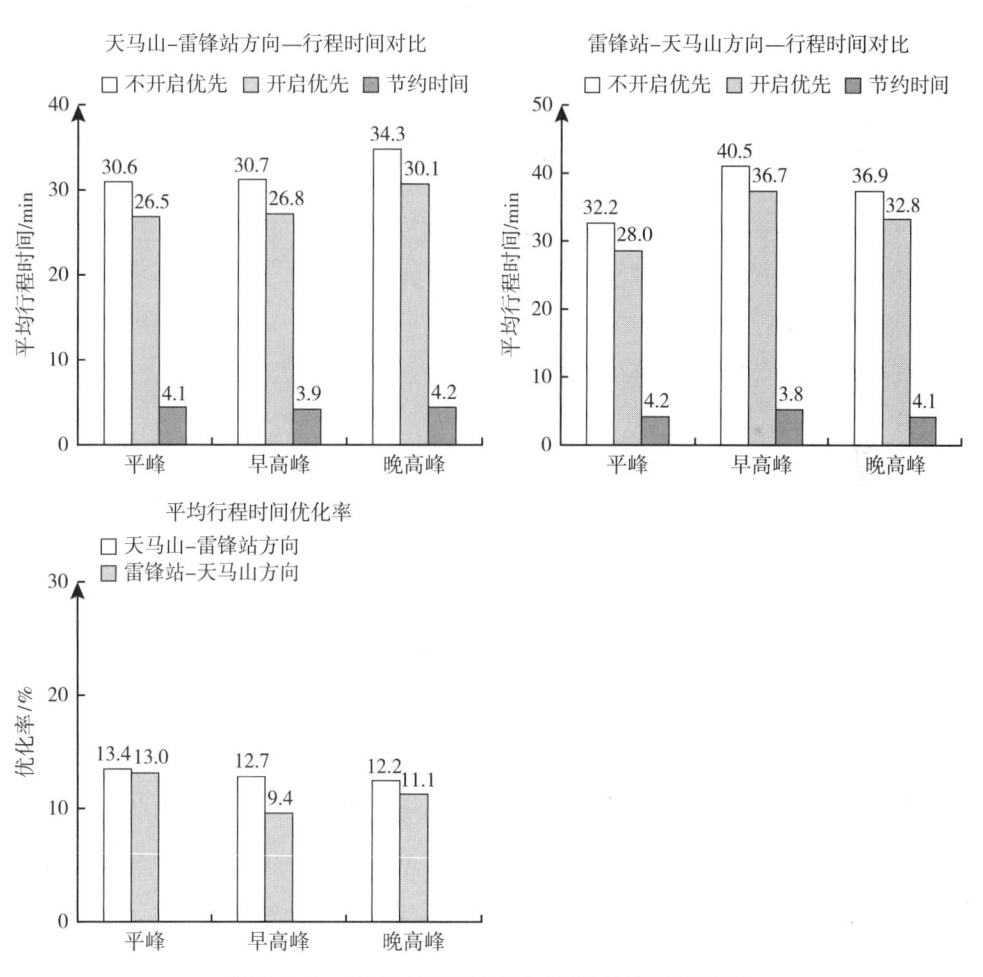

附图 4-9　长沙 315 智慧公交行程时间优化对比图

附图 4-10　长沙 315 智慧公交行程车速优化对比图

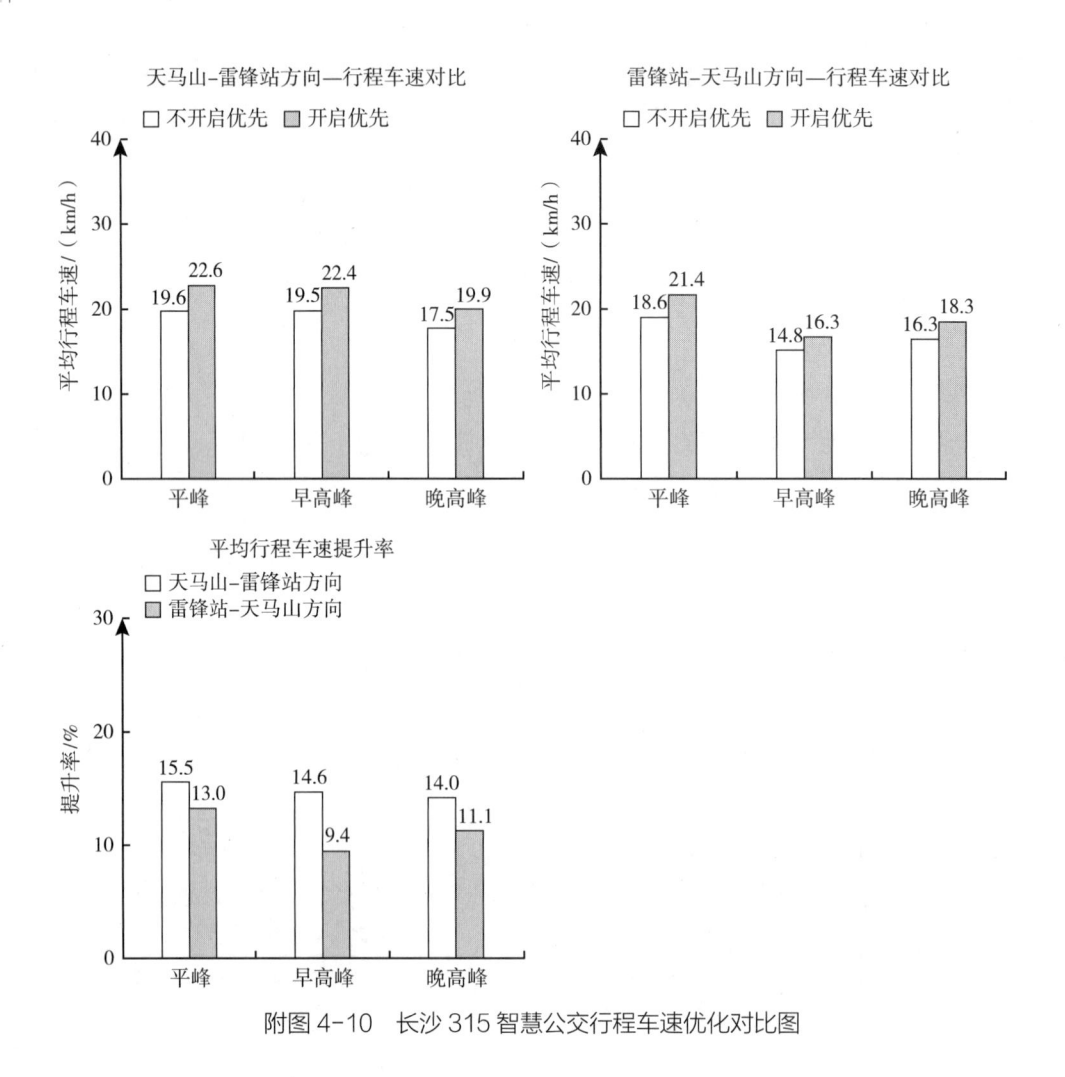

（三）杭州：城市道路车路协同应用

杭州市萧山区智能网联车路协同系统项目于 2019 年 8 月立项，于第二届浙江国际智慧交通产业博览会期间正式对外发布并演示。

整个项目一期覆盖从奔竞大道沿市心北路至振宁路往返全程 7 千米的路段，涉及 7 个路口、2 个公交站台的智能化改造，中国信科配合萧山公交集团改造交付了三辆智能网联公交车，并配合中通物流、牧月科技改造完成了一辆智能驾驶物流车。同时在路侧部署摄像头、雷达、车联网路侧设备、边缘计算平台等智能设备，打造智慧路口。同时项目涉及的智慧路口、智能网联公交及物流车、智慧公交站台均完成了与中国信科自主研发的"何方"5G 智能公交车路协同分析平台的对接。其主要应用场景如下。

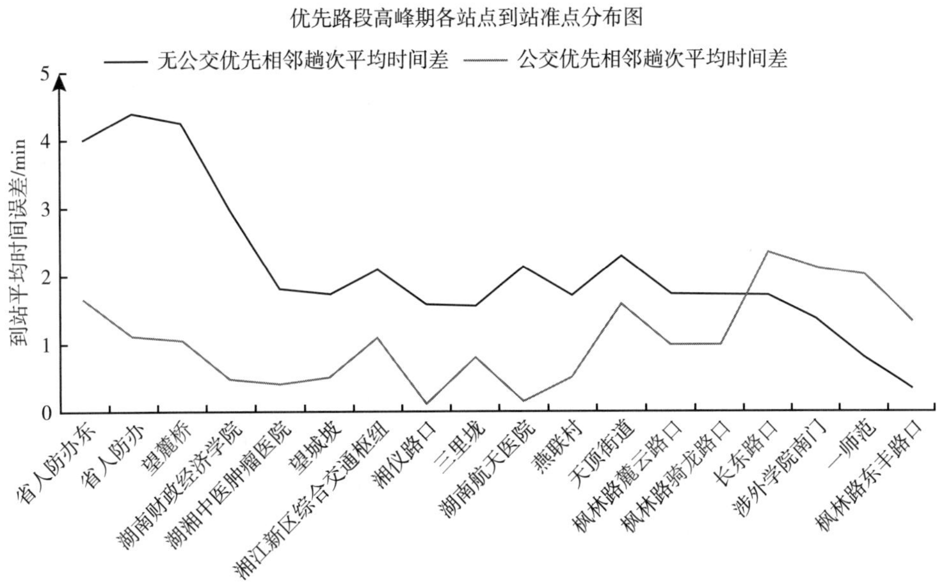

优先路段高峰期各站点到站准点分布图

附图4-11 长沙315智慧公交各站点到站准点分布图

车路协同,超前感知:通过车联网通信,公交车实时接收远处路口红绿灯信息,同步反馈至驾驶室。还可以通过车尾智能LED反馈给邻车,解决因遮挡或天气造成的红绿灯不可见。

绿波引导,一路畅行:智慧公交通过车联网提前获前方红绿灯信息,为车辆提供当前路段通过红绿灯路口的最优行驶策略。

智慧路口,安全出行:通过部署路侧感知设备实时精确获取路口行人、机动车、非机动车的信息,反馈给路口通过车辆,可有效降低由于行人闯红灯、盲区等原因造成的路口交通事故发生率。

智能巡航,绿色环保:车辆可根据路口、天气等环境因素,自动调整发动机输出效率,使得车辆以最节电方式行驶,预计可节省约10%的电能。

车车互通,无忧驾驶:通过车车直连的通信获取彼此的位置、速度、航向角等信息,预判碰撞风险,提前减速防碰撞。

智能站台,e站服务:打造一体化的便民智能公交站台,站台可以实现与公交车的互动,电子站牌可展现公交车的实时信息,站台内还设有5G VR设备实时了解公交车内状态,在实现车路协同的同时,公交站台还提供恒温候车区、自动售货机、只能揽件机器人等便民设施。

项目运营方面,单车运营角度,每一辆车在经过智能网联升级之后为驾驶员带来各种便利的同时也需要重塑驾驶员的驾驶行为和驾驶习惯，驾驶员经过培训后不但提高了驾驶员的整体业务水平，也为未来相关单位制定智能车辆驾驶员认证标准积累了丰富的经验。

整体线路运营角度，规模化运营的实现加之 5G、C-V2X、高精度定位技术的引进使得公交系统的调度员随时可以掌握车辆、线路运行状况和客流信息，这使得调度员可以根据具体情况快速调整调度计划、实时发布车辆运营信息、实时与单一车辆交互信息，可以说为调度员的日常工作带来了革命化的变化。

（四）天津：车路协同开放平台

天津市西青区车联网先导区作为第二个国家级车联网先导区，旨在探索跨行业标准化工作新模式，实现车联网功能改造和核心系统能力提升，探索丰富车联网应用场景，构建开放融合、创新发展的产业生态，并探索形成可复制、可推广的先导区运营模式。作为全国车联网先导区中首个以运营为目标的先导区，对于推广车联网落地和运营具有典型参考意义。

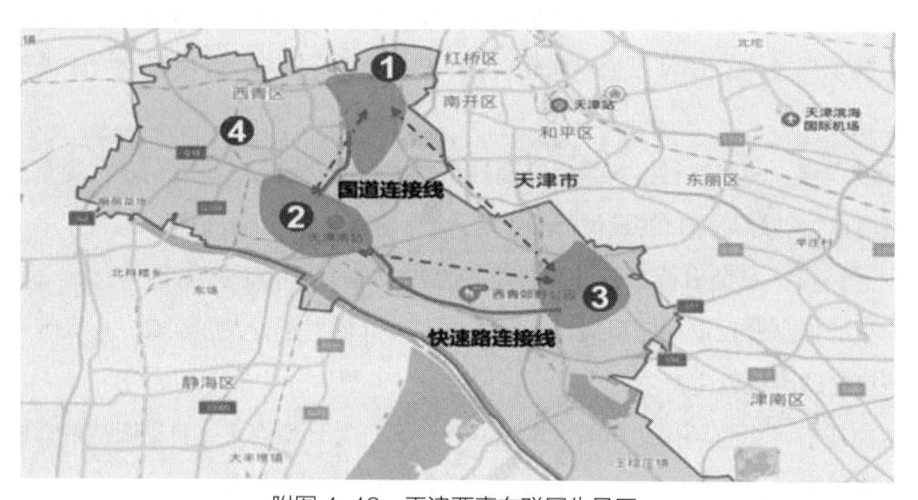

附图 4-12　天津西青车联网先导区

腾讯公司深度参与了天津西青国家级智能网联示范区建设项目，搭建了车路协同、V2X 数据服务、数字孪生以及中微观一体化仿真和预测等平台，在重点区域进行交通基础设施网联功能改造和核心系统能力升级，实现城市级车路协同平台建设、推动车联网安全管理、通信认证鉴权体系和信息开放、互联互通的云端服务平台建设，实现 V2X 车路协同全业务场景服务和业务运营合作，打通了人、车、路、云的数字闭环，通过车路协同服务让决策者在做智慧交通管理决策时有更多有效参考，提升运营效率。

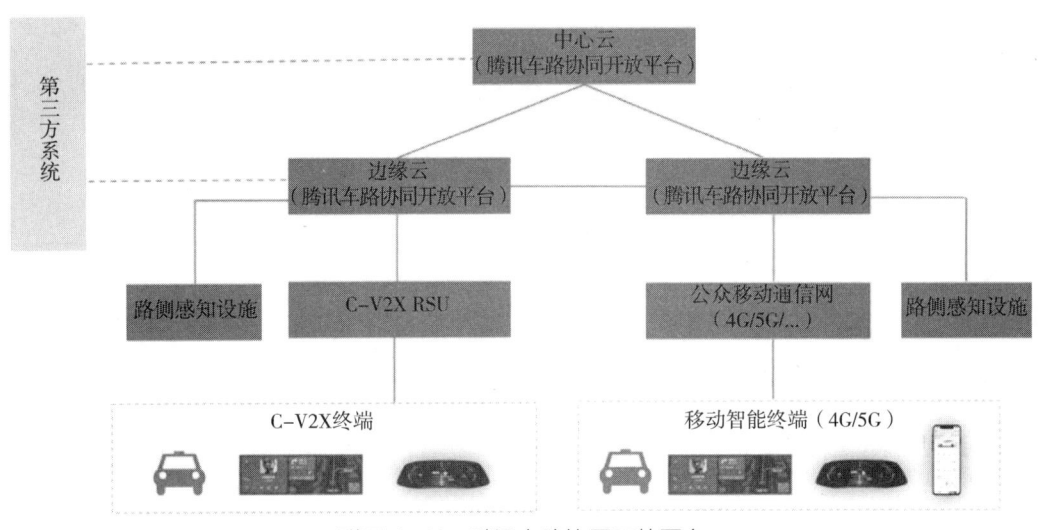

附图 4-13 腾讯车路协同开放平台

腾讯 5G 车路协同平台及服务已经在天津（西青）国家级车联网先导区开展了先期部署及测试验证。结合天津（西青）先导区的定位和建设目标，打造"四平台+两体系"的实施架构。四平台分别指车路协同基础平台、云控平台、运营平台、应用平台，两体系分别指运维管理体系、安全保障体系。

基础平台：基于腾讯海量的地图、定位、交通等数据，借助先进的云计算、人工智能、大数据等技术，实现海量的数据处理，构建弹性、灵活、可扩展的车路协同底层架构，成为车路协同平台坚实的数字底座。

云控平台：通过腾讯先进的 AI 处理技术实现对交通事件、交通对象的多源融合泛在感知，支持异构泛 V2X 网络联结，基于云端的安全预警和信息服务，面向不同场景提供丰富的 API 接口，支持车路协同的运营和应用。

运营平台：以腾讯在移动互联网和产业互联网生态中丰富的运营经验为基础，支持智能网联汽车、路侧设备、交通事件等的精细化管理，提供基于地理围栏和个性化对象的交通信息发布、广告活动推荐等，支撑商业化运营。

应用平台：以腾讯强大的 C 端生态为依托，面向安全预警类、效率通行类、信息服务类等三大类场景，通过 App、微信小程序、开放平台等多渠道、多维度广泛触达用户，致力于为政府提供实时高效的交通信息发布和应急事件管理、赋能企业探索新商业模式、为用户安全高效出行提供贴心服务。

在天津（西青）国家车联网先导区，腾讯车路协同运营支撑平台基于腾讯强大的基础云平台、交通大数据平台、地图定位系统以及 V2X 数据引擎中枢，打造集车辆管理、路侧设备管理、交通事件管理、活动运营为一体的车联网运营底座，通过微信、小程序等独有的丰富 C 端触达，面向个人、企业和政府提供车联网服务。

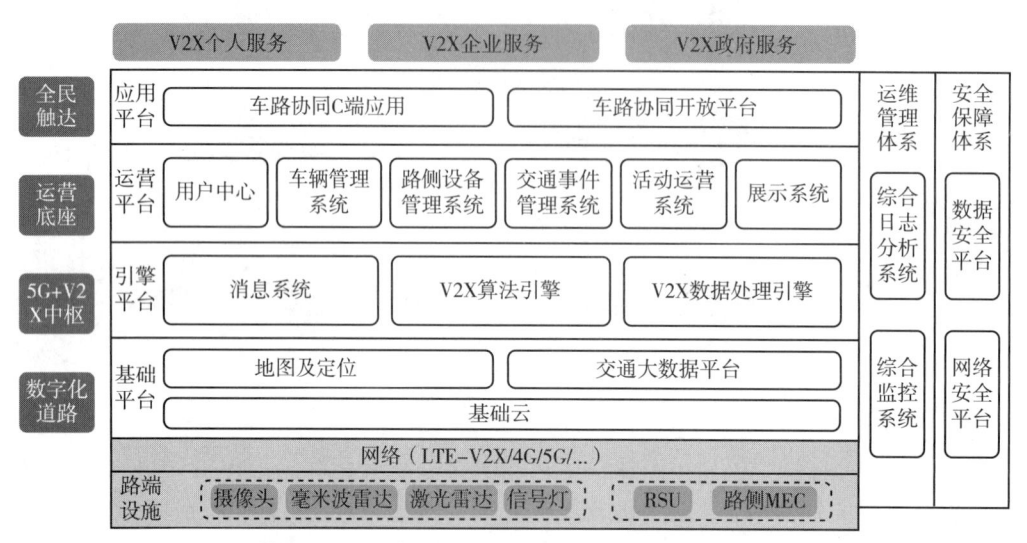

附图 4-14　腾讯车路协同平台和泛 V2X 应用方案

腾讯车路协同平台和泛 V2X 应用方案支持丰富的车联网应用场景，目前已经实现产品化，除了支持基本的安全效率和信息服务类场景外，也支持一些特色重要场景。

鬼探头（弱势交通参与者碰撞）预警：在很多驾驶场景中，受制于前方车辆或障碍物的视线阻挡，机动车容易和视野盲区的非机动车或行人发生碰撞，造成突发事故，俗称"鬼探头"，鬼探头是一种重要的交通事故原因之一。腾讯 5G 车路协同平台通过智能路侧感知设备及时识别行人等弱势交通参与者，通过 4G/5G 网络定向分发给可能存在碰撞风险的车辆，及时提醒驾驶员进行规避，避免事故发生，提升驾驶安全。

异常车辆预警：车辆在驾驶过程中可能因各种突发故障或其他原因临时停车、慢速行驶等，这些异常车辆可能使得后车在视野受限情况下未及时变线而造成交通事故，并显著降低交通通行效率。

腾讯 5G 车路协同平台通过智能路侧感知设备及时识别临时停车、慢行等异常车辆，通过 4G/5G 网络定向分发给受影响的车辆，及时提醒驾驶员变线等，避免碰撞事故，提升通行效率。

附图 4-15　鬼探头（弱势交通参与者碰撞）预警

附图 4-16　异常停车预警

关键路口视频直播：基于路侧视频感知设备，腾讯 5G 车路协同平台可以提取关键路口的视频信息，供手机地图等大的出行 App 集成或业主的专用 App 调用，并分发给用户使用。上述场景在交通拥堵等场景中，可以为受影响的车辆用户提供超视距的感知能力和信息获取能力，显著提升用户驾驶体验。

运营方面，腾讯结合自身优势，作为解决方案提供方，为天津（西青）国家车联网先导区提供了车路协同应用平台、运营平台、引擎平台、基础平台、和运维管理体系的建设工作。作为主要的平台建设方，腾讯负责接入多个路侧感知设备厂家的设备，支持人车路网元的数据打通，在云端（中心和边缘）进行数据处理并生成风险预警和信息辅助，通过 4G/5G 及 C-V2X 链路提供给最终用户，实现服务提供。

基于腾讯建设的车路协同运营支撑平台，平台运营公司可以开展车联网场景运营、数据运营等，实现数据闭环和服务闭环，支撑个人、企业、政府的车路协同服

附图 4-17　关键路口视频直播

务。未来这种模式可以推广复制到不同地区支持车联网业务运营。

（五）苏州：城市开放道路的车路协同部署

中国电信在苏州地区部署一套基于城市开放道路的车、路、云、网一体化的智能交通系统。通过对道路现有基础设施的建设和改造，实现新一代车路协同系统建设所需的智能灯杆、光纤通信、电网及 5G 通信覆盖；并通过部署路侧感知系统、边缘计算节点对道路状况及交通参与者进行全天候、全时空的感知和数据采集；利用中心计算节点和云控平台实现全域范围的控制和调度实现全域协同。L2+I4 级别车路协同自动驾驶系统落地，为新一代车路协同系统建立一个良好的展示、体验窗口，同时 L4 级别自动驾驶实现的"高级路开低级车"的场景，为车路协同技术和系统的进一步推广以及未来的大规模部署创造有利条件。其应用场景如下。

协作调头：多辆自动驾驶车辆相向行驶情况下，其中一车接收调头指令执行调头动作，其他车辆接收协同控制指令，通过对自身速度、轨迹的控制避让调头车辆，配合完成调头动作。

盲区出车：被遮挡的 T 型路口有车辆突然穿出，自车在路侧感知系统的辅助下提前感知和预测盲区内车辆的驾驶意图,通过对自车速度、轨迹的合理规划,避免急刹和危险情况的发生。

盲区行人横穿:路口被临时停靠车辆遮挡,行人从盲区内突然穿出。自车在路侧感知系统的辅助下提前感知和预测盲区内行人的行为意图,对自车速度、轨迹进行合理规划,避免急刹和危险情况的发生。

临时施工避让:自车正常行驶情况下,接收到前方原规划路径上某处有临时施工封闭道路的信息。自车接收信息后对行驶路径进行变更,变道避让施工区域。

中国电信基于苏州市开放道路及有关环境条件,针对性的对道路/车端设备、基础设施、传输网络、云控平台的改造及建设。开创性的解决了无人驾驶车在城市开放道路行驶的相关难题,以全局的视角有效提升交通出行效率,通过应用落地的形式验证了车路协同技术在城市开放道路下多个场景的可行性。

展示方案以展厅内人机界面与道路自动驾驶车辆动态交互的形式进行,展示前端包含低时延视频流、数字孪生场景图及语音交互几个部分组成。包括:①低延迟视频流,用于显示道路及车内实景,在展示过程中用于观察自动驾驶车辆的实际行驶状态及动作;②数字孪生场景,借助高精地图数据和实时的感知数据对道路交通状况进行重构,以全局视角动态实时的显示场景内容和道路车辆的行驶状况;③语音交互界面。用于在动态演示过程中适时的提示当前可对车路协同系统下达的语音指令形成人机交互。

二、高速公路交通辅助驾驶

在高速公路环境中,车路协同成为智慧高速建设的核心内容。目前我国多个省市在探索车路协同在智慧高速中的应用,在一些场景中,实现了为驾驶者提供来自路侧的感知精准信息,例如道路事件状况提示、合分流区安全预警等,为高速公路运营者提供车道级精准管控、车流量统计、事件快速响应等服务,有效提升了道路行车安全与效率,有些地区甚至实现了基于车路协同的货车编队自动驾驶应用。

(一)重庆:智慧高速建设

重庆石渝(沪渝南线)高速是重庆的重要骨架公路之一,是促进三峡库区发展的重要建设路段,是全球地质、气象条件最复杂的道路之一。示范路段西起龙桥枢纽,东至丰都东收费站,总长64.5千米,其中交通互通8处,隧道12处(总长15.5千米),服务区1处。示范路段是各种复杂工况最为集中的一段,包含隧道群、急弯、急下坡、多雾、积水等多种影响交通安全的不利因素。这些不利因素相互叠加，形成多处事故高风险区域。

重庆石渝（沪渝南线）车路协同智慧高速部署700余台车路协同设备，是目前全球C-V2X车路协同智慧高速中规模最大、场景最复杂、可用性最高的常态运行的高速公路。

项目覆盖双向近130千米，共计在道路侧部署350余台路测设备，400余套路侧感知、计算、显示设备；覆盖12处隧道、8处交通互通、5处事故多发区域；另新建108处立杆支架，加高/改造现有立柱74处，高速主干光缆64.5千米，隧道光缆36千米，用于外场设备的架设及组网互通。建成后的车路协同系统可以实现道路动态风险提示、车路协同主动安全预警、异常驾驶行为纠正、重点车辆全程监控（隧道定位不丢失）等车路协同端侧应用。

为了降低系统的部署难度，提升系统可用性，项目采用了高性价比地图引擎，开发了车用路网地图的自动转换、分片、分发工具，提供一站式设备运维管控，提供设备的远程升级、配置及告警。

通过与《公路工程适应自动驾驶附属设施总体技术规范》条文对照，除数字化标志标线、基于手机信令的路网监测、自动调节照明控制策略等个别条款，其余条款均满足或部分满足，有望成为首条满足自动驾驶需要的车路协同智慧公路。

该项目是目前车路协同智慧高速场景最复杂、挑战最大的路段。桥隧比高达42%，其中长隧道7条，里程超过14千米，给通信、定位带来巨大挑战。受限于山区地质条件，大量出入口紧邻桥梁、隧道，树木遮挡、山体遮挡、高边坡，这些都给项目实施带来巨大挑战。项目成功解决了上述难题，为车路协同智慧高速的推广积累了经验。

系统建成后，将能为道路管理提供丰富的可视化信息和远程管控手段，通过路侧融合感知设备、AI系统、北斗高精度定位系统的部署，提升高速通行安全、通行效率和应急处置能力。

基于车路协同的智慧高速，可以实现下述目标：①发挥智慧高速公路的智能安全、辅助驾驶的特点，提高道路的通行安全。提高对高速公路运行状态的实时监测和管理的能力，减少交通事故的发生，保障社会和人民生命财产安全。②提高高速公路应急保障能力，提高路网交通事件监测与快速响应协同救助的能力，减少交通事故人员伤亡。③提高高速公路综合运输效能，减少交通拥堵，降低公众出行时间成本和社会物流成本。④向出行者提供更加及时、有效、丰富的出行信息，提高出行时间的可预见性。⑤降低基础设施平均维护时间和成本，降低公路阻断时间和阻断次数。

（二）长沙：基于路侧感知与C-V2X的智慧高速安全预警系统

在《交通强国建设纲要》和新基建的政策指引下，已蓬勃发展30多年的高速公路建设进入追求高质量发展的阶段，智慧高速是未来发展的必然趋势。高速公路相较普通公路的特点有：高速度，高封闭和高流量。出于高速公路的特点及运营方式等方面的特殊性，使得其不能照搬城市交通的智慧化方案，而需要独立的赋能模式。

立足于高速的典型特点以及长沙市在智能网联汽车领域的先发优势，项目对长沙绕城高速西南段约28千米高速路段上的关键节点进行智能化及网联化改造，通过车路协同技术对道路基础设施进行升级，应用在智能网联汽车高速公路测试与应用、交通管理服务、出行信息服务、交通效率提升等方面，从而拉动自动驾驶和智能交通配套产业的发展。

方案的核心单元为路侧设备和智能交通感知计算单元（TPCU）两个部分，分别司职网联化和智能化职能。路侧设备安装于路侧，是道路网联化的关键，上行则通过有线与TPCU交互，进行路侧传感器数据的上传，下行则通过LTE-V与自动驾驶车辆的车载终端进行通信，以完成业务发布和协同调度，其包含路侧感知信息，拥堵信息，天气信息等。所有通信应用层均采用标准的国标进行协议封装，支持跨终端、跨模组和跨整车的无障碍通信。TPCU采用一种新的分布式网络资源模型，其铺设点贴近RSU，因此能提供本地场景感知的处理，并且具备时延很低、降低云端的计算负载，降低整个网络的带宽开销等优点。

整个系统会通过既有的通信接口和数据交互协议与区域云连接，一方面获取云端的顶层管理、气象等数据，另一方面也能将路侧感知结果实时上传。

根据智慧高速感知需求及相关地域特性，方案将整段智能化改造道路大致分为高速汇出、高速汇入、隧道进出口和连续路段四种工况。针对这几种区域的痛点（汇出区域多危险行为、隧道出入口白洞及黑洞效应、汇入盲区和连续路段特殊工况），提出了边缘计算、实时发布的软、硬件成套方案。

路侧感知系统数据源在该项目中主要为毫米波雷达和智能摄像头，即TPCU边缘处理的数据源头。TPCU提供了传感器接入及处理、路侧感知与定位、多源数据融合、智能交通算法深度应用等。RSU负责道路实时信息发布等方面，能够全方位地为道路中行驶的车辆提供全息感知能力。传感器与路侧设备装配在道路杆件上，通过网线接入抱杆箱，并与机箱中的 TPCU 共同构成一个路侧感知节点。路侧感知节点通过光纤接入云控平台，实现其与云控平台信息交互。

项目实施后，可以给自驾或社会车辆提供盲区预警/变道辅助、匝道碰撞预警、紧急制动预警、异常/失控车辆提醒、道路危险状况提示、限速预警、弱势交通参与者碰撞预警、车内标牌、紧急车辆提醒、前方拥堵提醒、主动变道辅助、超车辅助、前向避碰、施工组织区域通行、高速行人/非机动车辆横穿避碰、障碍物识别及响应、弯道路段通行、道路标记标识检测及响应、进出匝道通行、高速出口车辆通行辅助、前车紧急制动预警、逆向行驶预警、施工组织区域提示、方向导向标识牌提示、高速减速路段提醒、车内标牌、高速事故多发路段提醒、紧急车辆（救护车、消防车）提醒、车辆异常预警（需具备网联功能）、车辆失控预警（需具备网联功能）、车辆危险行为预警、异常驾驶行为预警等场景。在实际的测试中，路侧感知、融合等算法迭代了 100 多个版本，目前检测率、误检率等指标都居于行业领先水平。

基于路侧感知与 C-V2X 的智慧高速安全预警系统可满足行业的需求大致有：①为自动驾驶提供路侧感知支撑；②为网联车辆提供驾驶车路协同功能；③为社会车辆提供部分驾驶辅助功能；④满足主机厂、供应商、科研机构路测场景需求；⑤满足高速公路业主、运营方、监管机构需求。

项目实施方案较为简单，条件允许下，可复用高速卡口资源，只需要在关键节点部署设备，也无需大规模土建施工，经济轻便，具有很强的可复制性和可推广性。

三、封闭园区中低速自动驾驶

（一）阳泉：冀东水泥矿山自动驾驶

长期以来，安全一直是制约矿山行业可持续发展的重要因素，而人的安全更是重中之重。随着我国逐步进入老龄化社会，人口红利逐渐消失，矿山等相对恶劣环境工作招人越来越难。统计显示，近几年采矿业薪资平均增幅位列前茅。为解决这些问题，保证矿山行业持续健康发展。国家从《安全生产"十三五"规划》到八部委发布《关于加快煤矿智能化发展的指导意见》，提出了在矿山领域实施"机械化换人、自动化减人"，重点研发露天矿卡无人驾驶系统，在大型露天矿实现智能连续作业和无人化运输。

随着 5G/V2X、自动驾驶等技术的发展，矿山自动驾驶运输正迎来行业快速发展的机遇期与窗口期。阳泉冀东水泥和中国联通、联通智网科技共同实施了矿山自动驾驶项目。在5G网络条件下，通过对现有矿卡进行线控改装、自动驾驶系统部署以及挖机协同作业系统部署，实现了挖机卡车协同作业、矿卡无人驾驶运输、自动卸料为特点的矿区采、运、排全流程自动化作业。通过智能集群调度平台，与矿区复杂生产作业实现了无缝衔接，并具备了车辆远程遥控接管的功能。

协同装载：无人矿卡及半自主挖掘机可实现智能挖卡协同作业，更加高效、顺畅的完成矿石装载，并自主起步驶离装载点，沿规划路径开始运输。

自动驾驶：无人矿卡规划路径数据，可自主行驶到指定地点进行矿区作业，并根据接收到的最大车速、最高转速、油门最大开度等信息，进行动态调节达到能耗最经济的效果。

智能避障：无人矿卡配备先进的智能自主避障功能，智能感知系统可精准辨别障碍物大小及类型，按最优路径安全通过。基于5G/MEC的多传感器融合感知方式可在夜晚及一般雨雪天气下，保证正常作业运行。

自主卸载：无人矿卡运料至破碎站，并可自主转弯、掉头，在感知系统引导下安全低速地倒车，并可根据挡墙位置基于局部规划路径倒车，精准停靠卸载点，卸料后自主驶离。

应急接管：无人矿卡在发生故障时，可及时将故障信息反馈至集群管控中心，技术人员通过远程操作接管故障车，确保安全生产。

该充分发挥在5G SA组网的优势赋能矿山自动驾驶。一方面，中国联通针对项目，规划建设了5G混合专网，实现了5G/MEC和云、网、边一体化，为整个智慧矿山和后续智慧工厂建设提供了基础环境。在已完成的项目一阶段，矿山自动驾驶通过使用5G SA网络并优化5G TDD的时隙配比，有效优化了平均时延，平均时延17ms。另一方面，发挥联通网络超级上行大带宽优势，将时隙配比调整到2∶3，充分满足二期全矿无人化需求以及智慧工厂应用需求。

该项目面向运营的采运排一体化解决方案商用落地行业领先。一是挖卡协同自动找铲，结合恶劣道路类型，创新性运用时空分离动态规划路径，提升了计算效率和成功率，解决了找铲时间长的难点，行业领先；二是实现了无人运输的应急远控，无人驾驶结合应急远控接管，保障了无人运输的安全可靠；三是针对水泥矿特有的破碎站卸料问题，首创V2X融合感知提供入站决策支持，采用GNSS+RTK/SLAM切换实现自动入站，保障准确入站停靠挡墙，解决了行业难点；四是卡调结合，实现了矿山卡调系统与智能调度系统的结合，从而与矿山生产流程无缝衔接。这些功能上总体保证了面向运营的采、运、排一体自动化的商用落地，居于行业领先水平。

该项目在运营方面有如下特点。

面向商用化运营，规划起点高，技术先进，实施效果好。项目采用 5G/V2X/MEC 先进网络，以及融合 GPS 与 RTK、高精地图的定位方案，定位精度达到了 2cm 以内，整车横向控制精度在 30cm 以内。项目一阶段，全程运行速度稳定在 20km/h，单班运输效率已经达到有人驾驶水平。下一步，将根据规划路径路况特点，实施不同路段的速度设定，充分发挥无人驾驶优势，逐步增加运行时间，进一步提高生产效率。

着眼未来，技术引领，各方在矿山无人化上协力前行。已经开始的项目二期，将完成所有车辆改造，从而实现全矿的运输无人化，将项目打造成全国首个实现全矿无人运输的商用落地项目。前期实施中，已开展挖卡协同、V2X 融合感知、定位切换、安全等多项关键技术实践，充分验证了重载下坡、空载上坡等水泥矿山特殊场景，开展了模型优化，沉淀了经验，基本形成了可复制、可运营的商业落地方案。后续，将成立山西冀东水泥、中国联通、联通智网科技、慧拓科技等四方共同参与的联合实验室，全面深耕矿山无人驾驶场景。按照山西省委书记林武对项目的指示，充分运用好人工智能等技术，为提高本质安全水平提供科技支撑。

（二）北京：封闭园区无人驾驶低速车的智慧化运营

中国电信研究院完成北京园区行业内首个封闭园区内 L2+I4 车路协同系统建设，实现封闭园区无人驾驶低速车的智慧化运营。该项目借助车路协同系统云控平台提供相关的感知信息、物体预测信息以及盲区信息等，弥补车端感知不足的劣势，让车端能更早的进行相应的策略规划以及反应，从而大大提高低速无人车营运的安全性、可靠性以及降低事故的发生概率等。同时，园区低速车智慧化运营将持续积累道路数据，协助车路协同系统不断迭代升级，为车路协同技术和系统的进一步发展以及未来的大规模部署创造有利条件。

由于电信研究院北京园区面积大，员工去食堂及快递点步行距离长，以及北京常有沙尘暴、降雨、高温等天气等因素影响，为员工日常生活带来诸多不便。因此考虑实际需求，园区无人驾驶低速车的智慧化运营场景分别是：①取快递，用户预约车辆取快递，车辆准时到达预约点，乘客上车核对预约手机号码，到指定快递点拿上快递，车辆折返回始发点。②站点接送，乘客预约时间及上站、下站点，车辆按时间到达固定站点等待乘客上车，在各站点依次送乘客下完成园区内短距离出行。

所有车辆均不间断 24 小时为员工提供便利服务，为安全考虑，每辆车将配备一位经过专业培训的安全员,当系统遇到无法解决的情况时,安全员可随时接管驾驶系统。

员工通过微信小程序的方式可根据具体需求预约不同时段的不同车辆,以下为两辆低速车路径及详情示意图:

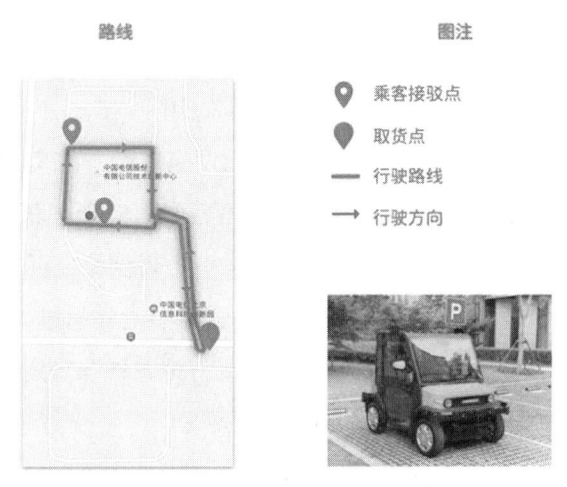

附图 4-18　低速车载人取货示意图

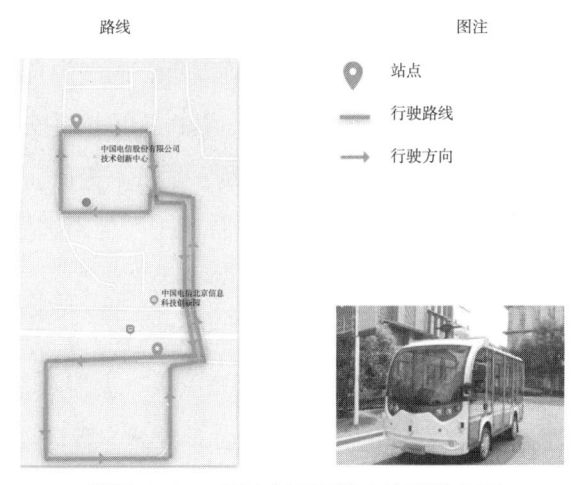

附图 4-19　低速车园区载人接驳示意图

中国电信研究院首创 L2+I4 车路协同系统,实现封闭园区无人驾驶低速车的智慧化运营。园区无人驾驶低速车可及时躲避障碍,高效规划出行路线;根据全域预测信息在园区内完成无保护左转、横穿马路等复杂场景,保证安全、高效通行;根据仿真测试及相关数据的反馈推动车路协同等相关系统及功能的进一步优化。另外,园区场景低速无人驾驶业务有着低开发成本、高稳定性、高可移植的无人驾驶控制系统等特点，未来可规模化的搭载到各种低速场景车辆上，如消毒车、环卫车、观光车、运货车等。

封闭园区无人驾驶低速车的智慧化运营切实的减轻了园区内员工取快递及短距离出行困难，促进车路协同技术与新一代人工智能技术深度融合应用，为无人驾驶商业化提供了新的解决思路。

（三）北京：首钢园区车路协同自动驾驶应用

2020年，北京首钢园区完成智能网联基础设施建设，V2X信号覆盖所有已经完成建设区域道路，路侧感知覆盖所有路口，所有信号灯实现网联改造。智能网联基础设施7×24小时运行，可以为各种等级自动驾驶业务提供稳定可靠的智能网联服务。

首钢园区内外可支撑自动驾驶功能示范的道路总里程超过10千米，带信号灯路口超过5个。通过园区高精度定位服务覆盖、支持地基增强等定位技术，自动驾驶车辆正常行驶状态下实现相对位置误差不超过15厘米。

在自动驾驶应用方面，通过满足应用场景基础设施的不断完善，与自动驾驶方案商的技术对接测试，在首钢园区内进行自动驾驶，可以实现部分场景应用。

1）编队行驶：在园区内或周边道路展开自动驾驶编队行驶示范运行。

2）分时租赁：实现自动代客泊车与手机约车功能，园区内自动驾驶。

3）无人配送车：取代快递员和外卖配送员，让配送更快更安全。

4）无人售卖车：定时定点巡航，确保游客随手消费不等待。

5）无人驾驶摆渡车、无人观光车、无人迷你巴士：为园区提供固定时间、固定路线的人员接送，实现工作人员或游客的接送和观光游览。

6）无人清扫车：替代园区保洁员，保证园区干净整洁。

7）无人巡检车：用于园区安保巡逻，实现嫌疑人、火情及其他异常情况的实时警报，24小时不间断安防巡检，通过红外线、AI等技术，保障冬奥组委及训练中心相关区域安全。

8）无人出租车：为游客提供微信小程序约车，自动派单，自行规划路径。

9）无人公交车（专108路）：为108线路游客提供接送服务。

10）智能共享滑板车：提供园区内短交通出行的租赁滑板车服务。

在V2X与5G应用方面，可以实现如下功能。

1）园区智慧路况监测。智能路侧感知设备和通信设备对路面积水、路面结冰、雾霾天气、施工维护、隧道实景、车道异物、事故提醒、车速管控交通路况实施采集，通过 5G 网络将信息上传至云平台实时分析决策后，再通过 5G 和 C-V2X 将信息下发给车辆和行人，用于恶劣天气预警、道路施工预警、限速预警、闯红灯预警、车内标牌、拥堵提醒、绿波通行等场景。

2）智慧园区远程驾驶。基于 5G 的远程驾驶系统分三层：远程车端，配有摄像头、雷达、高精度定位产品及 5G 终端；驾驶舱，包括①多块显示器拼接而成的显示屏，模拟驾驶员正前方的视野；②驾车控制组件，实现对远程车辆的控制；③网络传输层，车端通过 5G 终端利用网络切片能力和 QOS 保障能力，连入无线网和核心网，将信息传输给驾驶舱。

3）园区出行运营管理平台。对接园区智能驾驶车辆、智能路况监控平台，实现"人–车路–网–云"的全面连接，构建信息全面、交互及时、绿色出行、高效集成及特色定制于一体的园区智慧出行生态圈。提高园区交通出行效率、降低能源消耗，提高园区的综合管理效率。

4）自动驾驶场景规划。通过对园区泊车系统、道路感知进行升级，提高 V2X 网络的覆盖，依靠高精度定位服务覆盖、支持地基增强等定位技术，提高园区内的自动驾驶、无人作业能力，打造展现首钢园区的科技魅力。

园区整体有以下优化：

1）无人巡检车、无人清扫车、无人洒水车和无人清运车等无人驾驶车辆，进入园区，通过自动驾驶代替了人工作业，将高效的清洁作业方式融合一体，不仅保障了园区的正常的环境整洁和安全，同时降低了人工成本的投入，实现高效清洁。

2）进出园区道路、路口交通优化。实时对闯红灯等异常行为进行预警，提供交通参与者的通行安全。可将交叉路口的通行数据进行收集并回传给平台，结合平台的大数据分析能力，实现对园区整体道路的信号灯配时优化。

3）公交优化。无人驾驶公交线路的优化，对特定公交车进行升级改造、对公交车智能化赋能，提高通行效率、提升运营安全。同时对公交站台进行智能化改造，实现站–车之间的互联互通。

4）外部道路优化。在周边重要的交通枢纽或者地铁站附近，设立无人接驳摆渡车，在既定路线和相关道路路口的进行设备改造，使无人驾驶摆渡车能够正常运行，成为连通园区内外的公共交通工具。

5）公园的升级优化。实现除了自动停车、无人接驳摆渡车、无人快递、无人配送机器人、无人清扫机器人、无人巡逻等功能外,重点保证无人售卖商用车定时定点巡航,确保游客随手消费不等待,提升游客出游体验,提高公园收益。

随着首钢园区基础设施的逐渐完善,会吸引更多的自动驾驶企业的目光,通过行业内高精尖企业的合作协同,搭建更多的场景模式,发展优化自动驾驶技术,也会吸引更多企业在园区进行无人驾驶方案的技术测试,使首钢园区成为行业知名的示范园区。

各自动驾驶企业进行涌入首钢园区进行技术研发,自动驾驶测试,使企业自主运营,园区进行统一规划管理,园区内自动驾驶不同场景的测试运营区域的规划,可以针对不同的测试内容进行分区域分时长收益管理。

园区通过引进自动驾驶企业的相关业务落地,不仅能够帮助相关企业降低人力成本等固定投入,还可以帮其提高工作效率。园区可与自动驾驶企业在园区里涉及业务规模进行收益划分,与此同时做到双方的合作共赢。

(四)北京:科技冬奥首钢园区

腾讯公司是科技冬奥项目的课题承担单位,为了解决社会车辆没有足够感知能力、自动驾驶车辆存在感知盲区和车端成本过高等问题,腾讯公司与中国联通等合作研发了同时支持社会车辆和自动驾驶车辆的车路协同智能驾驶系统。通过联通MEC边缘云实现感知融合,将道路交通状况,碰撞预警信息通过5G/C-V2X推送给车辆,辅助车端感知,实现安全,高效驾驶。科技冬奥园区面积8.63平方千米,部署了完整的5G/C-V2X设备和系统,并支持边缘计算和切片等5G最新技术。该案例可以不采用RSU/OBU来实现车路协同,同时也是国内首个在5G商用网上实现的车路协同5G应用案例。

腾讯5G车路协同边缘计算平台具备了两大核心能力,一是V2X数据交换引擎,另一个是车路协同边缘计算平台。V2X数据交换引擎方面,通过路侧、信控系统接入、V2X数据结构化、模型提取,V2X数据对交通云控平台开放和复用,多接入方式(4G/5G/C-V2X/ETC-X)触达多种C端,提升普通公众对于车路协同建设成果的感受度。车路协同边缘计算平台方面,该平台为数据的交换服务引擎提供了一个基础的运行环境,可以和4G网络进行无缝对接,路侧感知和通信厂家的系统和设备,可以以微服务化的方式部署在平台上,由腾讯公有云产品给大家提供远程托管支撑运行服务以及进行业务的调度服务等。同时,腾讯的5G车路协同平台,能够使信息在车和路之间形成闭环,即运用5G及C端触达等各方面能力做补充,最终形成车、路、云、网之间的信息闭环。

腾讯 5G 车路协同边缘计算平台支持 5G QoS，边缘计算以及切片能力，并兼容 4G 网络，既能在具有 5G 覆盖的区域提供更好的用户体验，也能够适用于 5G 网络尚未优质覆盖但 4G 网络已经提供广泛覆盖的区域。与此同时，兼容 4G 网络也能够实现利旧降本，使得车路协同应用可以在支持 4G 的车载及手持终端上实现。

腾讯 5G 车路协同及应用能够扩展 C 端触达范围，通过车载终端和用户终端等多种终端，以 App，小程序等多种形式触达用户，从而实现在 OBU 实现大量普及之前以较低成本实现车路协同应用能尽快触达大众用户的目的。

腾讯与中国联通合作在首钢园区开发部署的 5G 车路协同边缘计算案例，能够支持多种场景和服务，主要为：①面向网联车辆，通过 OBU 获取交通参与者信息；

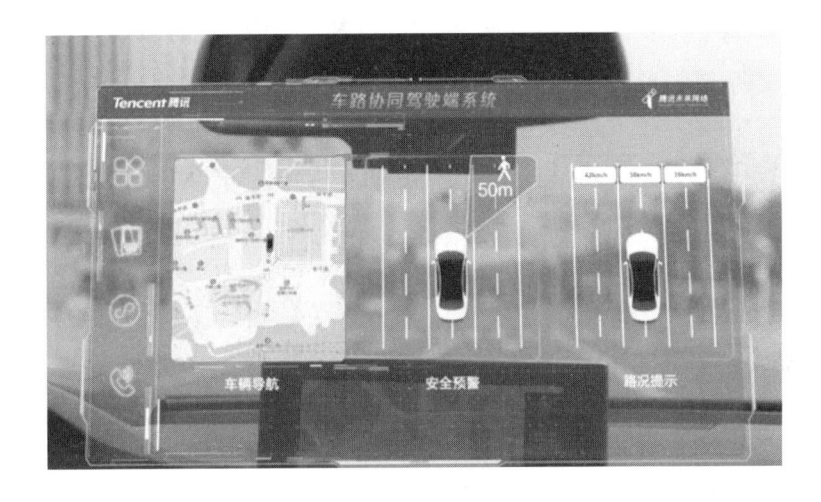

附图 4-20 提供精准触达的"鬼探头"安全预警服务

附图 4-21　推送碰撞预警信息

附图 4-22　支持绿波通行服务

②提供精准触达的"鬼探头"安全预警服务；③能够推送碰撞预警信息，通过路侧感知，实现碰撞预警事件的识别如异常停车；④能够支持绿波通行服务，即通过车速引导，或反控红绿灯，实现绿波通行等。

腾讯结合自身优势，作为解决方案提供方，为科技冬奥首钢园区车路协同边缘计算解决方案，通过与中国联通等厂家合作，实现了人车路网元的数据打通，并验证了 5G 边缘计算在车路协同场景中的功能和有时，并能够并生成风险预警和信息辅助，通过 4G/5G 及 C-V2X 链路提供给最终用户，实现服务提供。

基于腾讯建提供的车路协同边缘计算方案，可以开展车联网安全、效率和信息服务，实现数据闭环和服务闭环，支撑个人、企业、政府的车路协同服务。

（五）香港：自动驾驶技术在航空物流货运场景的应用

香港国际机场为应对巨大的客货运输量带来的挑战，积极探索智慧机场建设，以提升机场运作效率与安全。2019年12月30日，自动驾驶公司驭势科技与香港机场管理局共同研发的无人物流车运营项目正式启用，在机场禁区内实现无人化行李运输。该项目也成为全球第一例在机场实际操作环境下运行且常态运营的无人物流车项目（正式运行车辆上完全无人，已去除安全员）。

香港国际机场是全球最繁忙的机场之一，客、货运量常年占据世界领先地位。而与此同时，巨大的客、货运体量也给机场物流运输作业带来了沉重的压力，依赖人工驾驶的传统机场物流作业方式正面临着诸多挑战：①劳动力紧缺且用工成本高；②机场物流综合效益遭遇瓶颈；③机场运营的安全风险；④员工的身心健康保障。

面对上述问题，香港国际机场应用新技术升级运输方式，提升自动化水平，进一步提高机场运作效率的需求也随之而来。2019年，驭势科技与香港国际机场合作的机场无人物流车项目历经近两年的联合技术研发以及针对机场内多种复杂场景（停机坪、隧道）和恶劣天气（大雨、台风）的全天候真实环境测试，其安全性通过了机场安全及飞行区运作部等多个部门的评估及核准，并在香港民航处、香港运输及房屋局、香港运输署及香港通讯事务管理局等有关政府部门的知悉下，正式展开常态化运作。

香港国际机场无人物流车项目以电动拖车作为应用车型，其最大牵引质量达25吨，空载运行速度20km/h，拥有在寒冷及高温环境下持续作业的卓越性能，非常适合应用于复杂的工业运输装卸场景。无人物流车方案基于驭势自主研发的智能驾驶系统打造，实现了自动驾驶算法及软硬件的系统化集成，以无人驾驶接替司机的驾驶任务，构建完全"无人化"的机场物流运输系统。

在硬件方面，无人物流车搭载了驭势自主研发的嵌入式车规级智能驾驶控制器，其专为L4级自动驾驶提供高性能、高可靠、高度集成的智能驾驶功能。同时，无人物流车配备了激光雷达、摄像头、超声波雷达等多类传感器，为车辆实现无人驾驶提供高精准的感知能力。

在算法方面，无人物流车拥有一套精准可靠的L4级自动驾驶核心算法，可实现全场景、全天候、全方位的实时环境感知、厘米级的高精度定位、高可靠的行为决策与高稳定的车辆控制。

同时，方案配备了驭势云端智能运营管理平台，其基于一个安全可靠的车联网架构，构建各种云端应用与服务，为无人物流车辆运营提供多车协同、调度、远程控制等功能服务。在机场物流运行场景中，无人物流车可通过云端自动接收行李运输任务，并按照指定的区域和路线进行全天候、全流程的无人化行李运输。其行驶路线覆盖地上地下、室内、隧道等各类复杂环境，可在行驶过程中实现自主规划、自主避障等功能，极大地提升机场物流运营效率，优化人员结构，降低成本费用，大幅提高机场运营的安全系数。

除了安全、可靠、高效的无人物流车，驭势同时在项目中部署了 RSU（Road Side Unit 路侧智能单元）和驭势云端智能运营管理平台，共同构成了完整的无人物流车方案。通过与 RSU 的结合，无人物流车扩展了单车的感知边界，为车辆安全行驶提供了更加广阔的视野。在云端智能运营管理平台的统筹管理下，无人物流车队可以以更加高效的方式进行调度，同时云端智能运营管理平台也为机场运营管理者提供了便捷、全面的无人物流车辆运维信息，并支持管理者快速决策。

驭势科技无人物流车在香港国际机场内部环境进行了长期测试。在有安全员的监控下和无安全员的测试中完成了大量无人工干预的自动驾驶带负载循环行驶，并且在效率上达到正常运营级别。目前，无人物流车已经在实际的行李运输过程中，完美地融入了机场物流体系，实现了可观的经济及社会效益。

1）物流效率最大化。①全程大数据智慧管理，让无人物流车精准快速、持续稳定地响应与执行运输任务需求，结合车辆调度、编队行驶、数据分析等功能服务，使物流运输更加简约高效。②7×24 小时全天候、全流程作业，可适应室内外、隧道、人机混合等复杂场景及雨雾天、夜晚等恶劣的气候环境，实现长距离、大范围运行作业，提升物流运力。③便捷易操作，无人物流车面向基层作业人员设计开发简洁易用的人机交互系统，人机协同快速高效。

2）物流安全多维化。①稳定可靠的物流运输安全。方案采用符合功能安全的 L4 级自动驾驶系统，并配备软硬件多重冗余的安全机制（多层的独立冗余决策控制和执行），同时结合远程监控系统及 RSU，可全程实时监视车辆运营状态、进行远程操作，保障物流运输安全。②全面持续的工作环境安全。经过模拟环境与真实场景中的大量安全测试与验证，无人物流车方案在运行过程中可严谨且高标准地执行机场安全工作流程，为员工创造更加安全、舒适的工作环境。③实时智能的行李货物安全防护。方案配备 AI 安全防护功能，通过 AI 算法的感知识别，实现行李跌落提醒、可疑人员靠近监测提醒，有效保障行李货物安全。

3）物流成本最优化。①灵活可控的物流成本投入。相较于其他物流运输方案，驭势无人物流车方案更柔性，部署更快，无需对环境、线路进行改造，同时还可根据物流运输的实际需求进行个性化定制或更改、调整线路，让物流成本投入可观可控。②有效优化物流成本结构。无人物流车的规模化应用可优化或减少人工劳动力使用，使机场物流运营成本结构得以改善，人工薪资、培训、管理费用等可大幅缩减。③有效控制成本快速增长。无人物流车作为固定资产一次性投入，运营成本合理可控，可有效应对机场面临的因人工成本、管理培训成本逐年递增而导致的成本快速增长问题。大规模部署无人物流车，1~3年（预估）即可实现投入成本显著下降；在长期运营阶段，实现逐年持续降本。

四、特定城市道路中低速自动驾驶

（一）苏州：常态化运营5G无人公交

无人驾驶小巴是一款综合运用车联网、自动驾驶、云计算和大数据等技术，集成环境感知、动态决策、规划控制等能力的自动驾驶巴士。结合移动5G网络的高带宽、低延时的特性，实现超视距感知、绿波通行、实时远程监控、实时远程控制，通过自动驾驶技术解决公开道路多人公共出行问题。

通过部署后台云端系统和高精度地图采集与制作，无人驾驶小巴可以在公开道路微循环路线上实现无人驾驶载客和后台监控。安全员发出指令控制无人驾驶小巴启动或停止。行驶期间无需干预即可实现车路协同感知、5G实时全景监控、5G远程遥控、3D环境感知（识别行人、车辆、信号灯、道路标识标线和未知障碍物）、智能巡航、躲避障碍物，稳定安全把乘客送到目的地。通过5G网络的高速传输，管理者在运营后台可实时查看车辆360度环境的视频信息、点云信息和车辆驾驶状态，同时进行支持运营后台远程遥控的第一人称视角，可用于实时远程驾驶、远程脱困。

1. 自动驾驶应用场景

1）人工驾驶：无人驾驶小巴无异于传统小巴，由驾驶员控制车辆的挡位、油门、转向和车辆电器设施。

2）自动驾驶：需要在停车状态下，驾驶员操作到D档、油门、转向控制，通过物理按键或软开关（软件或指令操作）启动自动驾驶。

3）红绿灯路口：根据信号灯指示，按照交通规则进行通行。

4）无信号灯路口：在十字路口互动时，按照行人、两轮车、车辆路权优先的顺

附图 4-23 无人驾驶小巴

序进行通过。

5)闯红灯避让:车辆通过红绿灯时,遇到非法车辆闯红灯时,应保证安全行车,必要时进行避让。

6)智能巡航:车辆保持在车道中间,根据路况自动调节车速和跟车距离,可根据前车情况,自动减速、停车、启动、加速。

2. 5G+V2X 车路协同场景

车路协同云平台将远距离的路口视频通过 5G 网络实时推送给车辆,并通过车载设备显示。可实现车辆前方多路口画面点阅推送功能以及车路协同云平台将依据车辆上传的位置信息,对行进的车辆提供自动切换推送路口画面功能。

1)弱势交通参与者碰撞预警:路侧融合感知单元实时检测斑马线上游行驶的车辆及道路突然出现的行人、自行车及电动车等弱势交通参与者,车路协同云平台实时获取路侧融合感知单元上传的弱势交通参与者消息,将该信息广播给附近的智能网联车辆,高精度地图上动态显示行人和车辆的实时位置,若存在冲突预警则突出展示预警信息。

2)闯红灯预警:通过摄像机和路侧感知设备检测行人出现;车辆分析接收到的行人(P)消息,筛选出与车辆行驶方向上可能发生冲突的行人;进一步筛选处于一定距离或者时间范围内的行人作为潜在威胁行人;计算与每一个(或者成组)行人的碰撞时间 TTC 筛选出存在碰撞威胁的行人;若存在多个威胁行人(或行人组),则筛选出最紧急的威胁行人(或行人组);系统对车辆驾驶员进行相应的碰撞预警。

3)交叉口碰撞预警:车辆驶向交叉路口,若与任意一辆驶向同一路口的 RV 存在碰撞危险时,ICW 应用对车辆驾驶员进行预警。

4）前方碰撞预警：车辆分析接收到的 RV 消息，筛选出位于同一车道前方（前方同车道）区域的 RV；进一步筛选处于一定距离范围内的 RV 作为潜在威胁车辆；计算每一个潜在威胁车辆碰撞时间或防撞距离，筛选出与车辆存在碰撞危险的威胁车辆；若有多个威胁车辆，则筛选出最紧急的威胁车辆；系统通过 HMI 对车辆驾驶员进行相应的碰撞预警。

5）绿波车速引导：自动驾驶网联车辆向附近 RSU 请求优先通行，RSU 将信息发送给路口 MEC，路口 MEC 通过鉴别网联车辆信息（通过私钥加密进行签名认证），确认为是特种车辆。路口 MEC 通过 RSU 读取信号机相位及配时信息，对信号机进行绿灯延长，或保证最小绿灯时长的条件后，转换相位。

（二）广州：国际生物岛智能网联示范项目

高新兴与文远知行、联通开展合作，从车端、路端以及云端进行智能网联和自动驾驶的技术联调和场景验证，实现设备间的互联互通。在全国首个 5G 自动驾驶示范岛——广州国际生物岛上，高新兴布局了路端传感器、路侧通讯单元以及边缘计算设备，为文远知行的自动驾驶车辆提供了全方位感知、高效计算处理、高速信息传递能力的超强车路协同系统，为自动驾驶打造完美的"上帝视角"，赋予车辆更安全、更可靠、更稳定的全域感知能力。

目前，高新兴已开放生物岛 5.5 千米 12 个交叉口的红绿灯灯态数据，并通过 5G 网络实时传输到文远知行的自动驾驶出租车；此外，公路上的摄像机、激光雷达等路侧感知设备，对路况、车辆、行人等交通要素进行实时数据采集，并通过 MEC 进行分析、检测、跟踪与识别处理，处理后的数据将通过 RSU 传输到装有 OBU 的自动驾驶出租车上。

文远知行通过对道路全量数据的获取，为自动驾驶补足安全冗余，大幅度降低自动驾驶车辆数据融合、路径规划等计算负担，有效弥补感知上的盲点，得以更加轻松地处理更多的长尾场景和复杂场景，该应用在"信号灯下发""鬼探头""超视距""极端天气"等场景中的体现尤为明显。另外，高新兴车联网 V2X 平台，依托 5G 网络，可以清晰呈现车辆的位置、速度和行驶轨迹等信息，以及路侧设备下发的信息、施工路段信息以及场景运行统计等。

1. 信号灯下

发新兴自研信号机系统打通生物岛 12 个交通路口红绿灯信号数据，进行红绿灯信息的实时下发，在大车遮挡或某些恶劣天气环境影响车辆识别红绿灯信息时，智能网联车辆可精确读取红绿灯信息。

2. 道路施工预警

当超出车辆传感器感知范围的道路发生施工等情况时，智能网联车辆通过智能网联提前获取前方道路施工信息，实现超视距状态感知，轻松了解路况信息。

附图 4-24　读取红绿灯信息

附图 4-25　道路施工预警

3. 鬼探头

前方有车辆或障碍物阻挡造成视野盲区时，路侧设备实时识别行人或非机动车等交通要素信息进行下发，智能网联车辆可提前接收信息进行预警。

4. AR 一体化监控平台

高新兴在生物岛上高点部署 AR 球机,打造 AR 一体化监控平台,对接自动驾驶车辆系统,实时呈现车辆位置、车速等信息,融合交通信号灯、路况、人员分布、突发事件等信息,接入 V2X 平台数据,实时监测全岛车路协同场景,打造车联网+智能交通创新融合应用。

此项目为高新兴与文远知行、联通共同合作项目,由文远知行负责自动驾驶车辆运营,高新兴负责生物岛路侧智能网联设备与系统的运维,联通负责网络层的运维。

(三)天津:海教园智能网联示范项目

天津海河教育园区(简称海教园)是国家级高等职业教育改革实验区、教育部

附图 4-26 鬼探头预警

附图 4-27 AR 一体化监控平台

直属高等教育示范区、天津市科技研发创新示范区、天津车联网先导区的重要基地之一。整个示范基地全长 28 千米，介于园区和市政道路之间，场景十分丰富。

该项目由联通智网科技，联合天津联通，天津大学，中汽数据共同建设，采用全国领先的"边缘云 + 区域云 + 中心云"三级架构，对天津海河教育园区智能网联实验道路进行 5G 与 C-V2X 融合组网部署，实现车载以及路侧设备全部联网上云，建设了首个智能公交常态化运行的高校示范区，成为首个面向车联网搭建"本地应用、区域协同、跨省互联"的行业虚拟专网项目。

项目组首次提出的构建 5G+AI 赋能"车路－场－边－云"超级智能体，是突破单体智能瓶颈，支持群体智能的全新概念。比如，通过 MEC 本地化分流，实现云端应用下沉、路侧计算上移，边缘云资源弹性拓展，统一监控维护，实现全流程 80~100ms 商业服务闭环，拓展支持更多的跨视距车路协同、地图更新、5G 云代驾等刚需业务，整体建设和维护成本将降低 50%，率先面向车联网提供"随时、随地、随心"的算网一体服务。

该项目荣获第四届"绽放杯"5G 应用征集大赛总决赛全国二等奖，获行业虚拟专网专题赛一等奖，也是唯一一个"5G+ 车联网"先导应用项目入围全国总决赛。

1. "云－边－端"车路协同服务

由联通智网科技自主研发的 5G 车路协同服务平台，是基于 5G 与 V2X 融合智能网络基础设施，采用"边缘云－区域云－中心云"三级云架构，全面融合了 5G、V2X、传感器、智能车载硬件、自动驾驶以及 AI 技术。实现"全连接可视、全数据可见、全事件可溯"，支持车路协同、远程驾驶、全息感知等 6 大类场景组件，190 多个开放接口，满足多用户、多租户的独立管理和应用创新，面向 5G 车联网示范、城市交通创新、无人接驳、港口、景区、校区等场景，实现了真正意义上的人、车、路、网、云、端一体化安全运营管理。依托 5G 车路协同服务平台，实现海教园 28 千米道路车路协同设备接入，16 个路口的全息感知，和数字孪生，赋能 5G 无人公交常态化运营。

2. 5G 智能公交车

项目组基于自动驾驶技术，车路协同技术，5G/MEC 技术及 AI 感知技术，打造了 5G 无人公交，支持安全停靠、盲区预警、车速跟随、绿波通行、行人避让、车辆调度等核心应用，实现无人公交的常态化运营。附录五

附录五 缩略词

英文缩写	英文全称	中文全称
3GPP	The Third Generation Partnership Project	第三代移动通信合作伙伴计划
5GAA	5G Automotive Association	5G汽车联盟
5GC	5G Core	5G核心网
ABS	Antilock Brake System	制动防抱死系统
AC	Access Category	接入类型
ACA	Application Certificate Authority	应用授权CA
ACR	Adjacent Channel Rejection	邻信道抑制
ADAS	Advanced Driving Assistance System	高级驾驶辅助系统
AF	Application Function	应用功能
AGC	Automatic Gain Control	自动增益控制
AID	Application Identifier	应用ID
AIFS	Arbitration Inter Frame Space	仲裁帧间间隔
AMF	Access and Mobility Management Function	接入和移动性管理功能
AMS	Application Mobility Service	应用移动性服务
AP	Access Point	接入点
API	Application Programming Interface	应用程序编程接口
AR	Augmented Reality	增强现实
ARA	Application Registration Authority	应用RA
ASIL	Automotive Safety Integration Level	汽车安全完整性等级
ASTM	American Society for Testing and Material	美国测试与材料协会
AV	Autonomous Vehicles	自动驾驶汽车
BDS	BeiDou Navigation Satellite System	北斗卫星导航系统
BER	Bit Error Ratio	误比特率
BLER	Block Error Rate	链路性能误块率

续表

英文缩写	英文全称	中文全称
BM	Bandwidth Manager	带宽管理
BPSK	Binary Phase Shift Keying	二进制相移键控
BSM	Basic Safety Message	基本安全消息
BSS	Basic Service Set	基本业务集合
BSW	Blind Spot Warning	盲区预警
BTP	Basic Transfer Protocol	基本传输协议
BWP	Bandwidth Part	部分带宽
CA	Certificate Authority	证书颁发机构
CAGR	Compound Annual Growth Rate	复合增长率
CAICV	China Industry Innovation Alliance for Intelligent and Connected Vehicles	中国智能网联汽车产业创新联盟
CAM	Cooperative Awareness Message	协作感知消息
CAN	Controller Area Network	控制器局域网络
CBR	Channel Busy Ratio	信道忙比例
CCA	Certificate Revocation List Certificate Authority	证书撤销 CA
CCMS	C-ITS Security Credential Management System	协作智能交通系统安全证书管理系统
CCSA	China Communications Standards Association	中国通信标准化协会
CDD	Cyclic Delay Diversity	循环延迟分集
CEN	Comité Européen de Normalisation（法文缩写：CEN）	欧洲标准委员会
C-ITS	Cooperative Intelligent Transport System	协同智能交通系统
C-ITS	China ITS Industry Alliance	中国智能交通产业联盟
CLW	Control Loss Warning	车辆失控预警
CoCA	Cooperative Collision Avoidance	协作冲突避免
COS	Chip Operating System	片内操作系统
CP	Cyclic Prefix	循环前缀

续表

英文缩写	英文全称	中文全称
CP-OFDM	Cyclic Prefix-OFDM	循环前缀正交频分复用
CR	Channel occupy Ratio	信道占用比例
CRL	Certificate Revocation List	证书撤销列表
CS	Cyclic Shift	循环移位
C-SAE	China Society of Automotive Engineers	中国汽车工程学会
CSAE	China Society of Automotive Engineer	中国汽车工程学会
CSI	Channel Status Information	信道状态信息
CSI-RS	Channel State Information Reference Signal	信道状态信息参考信号
CSMA/CA	Carrier Sense Multiple Access/Collision Avoidance	载波侦听多路访问/冲突避免
C-V2X	Cellular Vehicle-to-Everything	蜂窝车联网
CW	Contention Window	竞争窗口
D2D	Device-to-Device	设备到设备通信
DCI	Downlink Control Information	下行控制信息
DCM	Dual Carrier Modulation	双载波调制
DENM	Decentralized Environmental Notification Message	分布式环境通知消息
DFN	Direct Frame Number	直通链路帧序号
DFT	Discrete Fourier Transform	离散傅里叶变换
DL	downlink	下行链路
DMA	Dynamic Mobility Applications Program	动态移动应用项目
DMRS	Demodulation Reference Signal	解调参考信号
DNN	Data Network Name	数据网络名
DNPW	Do Not Pass Warning	逆向超车预警
DPoS	Delegated Proof of Stake	委托权益证明
DRB	Data Radio Bearer	数据无线承载
DSCP	Differentiated Services Code Point	差分服务编码点

续表

英文缩写	英文全称	中文全称
DSRC	Dedicated Short Range Communications	专用短距通信
EAP	Extensible Authentication Protocol	可扩展认证协议
EC	The European Commission	欧盟委员会
ECU	Electronic Control Unit	电子控制单元
EDCA	Enhanced Distributed Channel Access	增强分布式信道接入
EEBL	Electronic Emergency Brake Light	紧急制动预警
eMBB	enhanced Mobile Broadband	增强移动宽带
EN-DC	E-UTRA-New Radio Dual Connectivity	LTE 和 NR 双连接
eNB	evolved Node B	演进型 NodeB（即 LTE 基站）
EPC	Evolved Packet Core	演进的分组核心网
ERA	Enrollment Registration Authority	注册 RA
ERTRAC	European Road Transport Research Advisory Council	欧洲道路运输研究咨询委员会
E-SMLC	Evolution-Service Mobile Location Center	演进服务移动位置中心
ESP	Electronic Stability Program	电子稳定系统
ETC	Electronic Toll Collection	电子收费
ETP	European Technology Platform	欧洲技术平台
EtrA	Emergency Trajectory Alignment	紧急驾驶轨迹对准
ETSI	European Telecommunications Standards Institute	欧洲电信标准化协会
EVM	Error Vector Magnitude	误差矢量幅度
EVW	Emergency Vehicle Warning	紧急车辆提醒
FCC	Federal Communications Commission	美国联邦通信委员会
FCW	Forward Collision Warning	前向碰撞预警
FDM	Frequency Division Multiplexing	频分复用
FFT	Fast Fourier Transform	快速傅里叶变换
FR	Frequency Range	频率范围

续表

英文缩写	英文全称	中文全称
FSS	Fixed Satellite Service	卫星固定业务
GALILEO	Galileo Positioning System	伽利略定位系统
GBA	Generic Bootstrap Architecture	通用引导架构
GBR	Guaranteed Bit Rate	保证比特速率
GCF	Global Certification Forum	全球认证论坛
GDP	Gross Domestic Product	国内生产总值
GIS	Geographic Information System	地理信息系统
GLONASS	Global Navigation Satellite System	格洛纳斯卫星导航系统
GLOSA	Green Light Optimal Speed Advisory	绿波车速引导
gNB	next Generation NodeB	下一代 NodeB（即 NR 基站）
GNSS	Global Navigation Satellite System	全球导航卫星系统
GP	Guard Period	保护间隔
GPS	Global Positioning System	全球定位系统
HARQ	Hybrid Automatic Repeat reQuest	混合自动重传请求
HPN	HARQ Process Number	HARQ 进程编号
HSS	Home Subscriber Server	归属签约用户服务器
ICV	Intelligent Connected Vehicle	智能网联汽车
IEEE	Institute of Electrical and Electronics Engineers	电气与电子工程师协会
IFFT	Inverse Fast Fourier Transform	快速傅里叶逆变换
IMA	Intersection Movement Assist	交叉路口碰撞预警
IMDA	Infocomm Media Development Authority	新加坡频谱管理机构
IMT-2020	International Telecommunications-2020	国际移动通信 - 2020
IMT-Advanced	International Mobile Telecommunications-Advanced	先进的国际移动通信
IoT	Internet of Things	物联网
IoV	Internet of Vehicles	车联网
IP	Internet Protocol	互联网协议

续表

英文缩写	英文全称	中文全称
IPSec	IP Security	IP 安全
ISAD	Infrastructure Support levels for Automated Driving	基于数字化基础设施支撑的网联式协同自动驾驶
ISM	Industrial Scientific Medical	工业、科学和医疗
ISO	International Organization for Standardization	国际标准化组织
ITS	Intelligent Transportation System	智能交通系统
ITS JPO	Intelligent Transportation System Joint Program Office	智能交通系统联合计划办公室
ITU	International Telecommunication Union	国际电信联盟
IVI	In-Vehicle Infotainment	车载信息娱乐系统
LCW	Lane Change Warning	变道预警
LDPC	Low Density Parity Check	低密度奇偶校验
LDW	Lane Departure Warning	车道偏移预警系统
LLC	Logical Link Control	逻辑链路控制
LOS	Line of Sight	视距传输
LPP	LTE Positioning Protocol	LTE 定位协议
LPPa	LTE Positioning Protocol Annex	LTE 定位协议 A
LTA	Left Turn Assist	左转辅助
LTE	Long Term Evolution	长期演进
MA	Misbehave Authority	不端行为检测机构
MaaS	Mobility as a Service	出行即服务
MAC	Medium Access Control	媒体接入
MAC-CE	MAC-Control Element	媒体接入控制单元
MAP	Map Data	地图消息
MBSFN	Multimedia Broadcast multicast service Single Frequency Network	多媒体广播/多播服务单频网络
MCS	Modulation and Coding Scheme	调制编码方式

续表

英文缩写	英文全称	中文全称
MCU	Microcontroller Unit	微控制单元
MEC	Mobile Edge Computing	移动边缘计算
MEC	Multi-access Edge Computing	多接入边缘计算
MEO	Multi-access Edge Orchestrator	多接入边缘编排器
MEPM	MEC Platform Manager	边缘计算平台管理
MIC	Ministry of Internal Affairs and Communications	总务省（日本）
MIMO	Multiple-Input Multiple-Output	多输入多输出
MME	Mobility Management Entity	移动性管理实体
mMTC	massive Machine Type Communication	海量机器型通信
MSIT	the Ministry of Science and ICT	韩国科技与信息通信部
NACR	Non-Adjacent Channel Rejection	非邻信道抑制
NAS	Non-Access Stratum	非接入层
NDI	New Data Indicator	新数据指示
NE-DC	New Radio-E-UTRA Dual Connectivity	NR 和 LTE 双连接
NEF	Network Exposure Function	网络开放功能
ng-eNB	Next Generation eNB	下一代演进型 NodeB（即下一代 LTE 基站）
NGEN-DC	NG-RAN E-UTRA-NR Dual Connectivity	下一代 LTE 和 NR 的双连接
NGMN	Next Generation Mobile Network	下一代移动通信网络联盟
NLOS	Non Line of Sight	非视距传输
NMEA	National Marine Electronics Association	国家海洋电子协会
NPRM	Notice of Proposed Rulemaking	建议规则通知
NR	New Radio	新空口
NRF	Network Repository Function	网络存储库功能
NRPEK	NR PC5 Encryption Key	NR PC5 加密密钥
NRPIK	NR PC5 Integrity Key	NR PC5 完整性密钥

续表

英文缩写	英文全称	中文全称
NSSAI	Network Slice Selection Assistance Information	网络切片选择辅助信息
NSSF	Network Slice Selection Function	网络切片选择功能
NSSI	Network Slice Subnet Instance	网络切片子网实例
NSSP	Network Slice Selection Policy	网络切片选择策略
NTRIP	Networked Transport of Radio Technical Commission for Maritime Services via Internet Protocol	基于互联网的 RTCM 网络传输协议
OBU	On Board Unit	车载终端
OCB	Outside the Context of a BSS	不属于 BSS 上下文
OEDR	Object and Event Detection Response	目标和事件的探测与响应
OFDM	Orthogonal Frequency Division Multiplexing	正交频分复用
OSS	Operation Support Systems	运营支撑系统
OTA	Over-the-Air	空中下载
PAPR	Peak to Average Power Ratio	峰值平均功率比
PC5-C	PC5 Control Plane Protocol Stack	PC5 接入层控制面协议栈
PC5-S	PC5 Signaling Protocol Stack	PC5 非接入层信令协议栈
PC5-U	PC5 User Plane Protocol Stack	PC5 用户面协议栈
PCA	Pseudonym Certificate Authority	假名 CA
PCF	Policy Control Function	策略控制功能
PDB	Packet Delay Budget	分组时延预算
PDCP	Packet Data Convergence Protocol	分组数据汇聚协议
PDN	Packet Data Network	分组数据网
PDU	Packet Data Unit	分组数据单元
PGW	PDN GateWay	PDN 网关
PHY	Physical Layer	物理层
PKI	Public Key Infrastructure	公共密钥基础设施
PLCP	Physical Layer Convergence Procedure	物理层汇聚过程

续表

英文缩写	英文全称	中文全称
PLMN	Public Land Mobile Network	公用陆地移动网络
PMD	Physical Medium Dependent	物理媒介依赖
PoS	Proof of Stake	权益证明
PoW	Proof of Work	工作量证明
PPDU	PHY Protocol Data Unit	物理层协议数据单元
PPPP	ProSe Per-Packet Priority	邻近业务逐包优先级
PRA	Pseudonym Registration Authority	假名RA
PSBCH	Physical Sidelink Broadcast Channel	物理直通链路广播信道
PSCCH	Physical Sidelink Control Channel	物理直通链路控制信道
PSD	Power Spectrum Density	功率谱密度
PSDU	Physical Layer Convergence Procedure Service Data Unit	PLCP子层业务数据单元
PSFCH	Physical Sidelink Feedback Channel	物理直通链路反馈信道
PS-ID	Provider Service Identifier	服务提供者ID
PSK	Pre-Share Key	预共享密钥
PSSCH	Physical Sidelink Shared Channel	物理直通链路共享信道
PSSS	Primary Sidelink Synchronization Signal	主直通链路同步信号
PT-RS	Phase Tracking Reference Signal	相位跟踪参考信号
PUCCH	Physical Uplink Control Channel	物理上行控制信道
QAM	Quadrature Amplitude Modulation	正交幅度调制
QCI	QoS Class Identifier	服务质量分类标识
QoS	Quality of Service	服务质量
QPSK	Quadrature Phase Shift Keying	正交相移键控
RA	Registration Authority	注册机构
RB	Resource Block	资源块
RE	Resource Element	资源单元

续表

英文缩写	英文全称	中文全称
RFID	Radio Frequency Identification	射频识别
RLC	Radio Link Control	无线链路控制
RNIS	Radio Network Information Services	无线网络信息服务
RRC	Radio Resource Control	无线资源控制
RSI	Road Side Information	路侧消息
RSM	Road Safety Message	路侧安全消息
RSRP	Reference Signal Received Power	参考信号接收功率
RSSI	Received Signal Strength Indication	接收信号强度指示
RSU	Road Side Unit	路侧设备
RTCM	Radio Technical Commission for Maritime Services	国际海运无线电技术委员会
RTK	Real Time Kinematic	实时动态定位
RTT	Round Trip Time	往返时延
RV	Redundancy Version	冗余版本
SA	Scheduling Assignment	调度分配
SAC	Standardization Administration of China	国家标准化管理委员会
SAE	Society of Automotive Engineer	美国汽车工程师学会
SAECCE	SAE-China Congress and Exhibition	中国汽车工程学会年会暨展览会
SAP	Service Access Point	服务接入点
SBA	Service Based Architecture	服务化架构
SBCCH	Sidelink Broadcast Control Channel	直通链路广播控制信道
SCCH	Sidelink Control Channel	直通链路控制信道
SC-FDM	Single-Carrier Frequency-Division Multiplexing	单载波频分复用
SC-FDMA	Single-Carrier Frequency-Division Multiple Access	单载波频分多址接入
SCI	Sidelink Control Information	直通链路控制信息

续表

英文缩写	英文全称	中文全称
SCMS	Security Credential Management System	安全凭据管理系统
SC-PTM	Single-Cell Point To Multipoint	单小区点到多点
SD	Slice Differentiator	切片区分符
SDAP	Service Data Adaptation Protocol	业务数据适配协议
SDR	Software Defined Radio	软件定义无线电
SEM	Spectrum Emission Mask	频谱发射模板
SGW	Serving Gateway	服务网关
SL	Sidelink	直通链路
SLA	Service Level Agreement	服务等级
SLAM	Simultaneous Localization and Mapping	即时定位与地图构建
SL-BCH	Sidelink Broadcast Channel	直通链路广播信道
SL-DRB	Sidelink Data Radio Bearer	直通链路数据无线承载
SLRB	Sidelink Radio Bearer	直通链路的无线承载
SL-SCH	Sidelink Shared Channel	直通链路共享信道
SL-SRB	Sidelink Signalling Radio Bearer	直通链路信令无线承载
SLSS	Sidelink Synchronization Signal	直通链路同步信号
SM	Security Manager	安全管理器
SMF	Session Management Function	会话管理功能
SNR	Signal to Noise Ratio	信噪比
S-NSSAI	Single Network Slice Selection Assistance Information	单网络切片选择辅助信息
SPAT	Signal Phase and Time	信号灯相位和配时消息
SPI	Service Provider Interface	服务提供者接口
SPN	Slicing Packet Network	切片分组网
SPS	Semi-Persistent Scheduling	半持续调度
S-PSS	Sidelink Primary Synchronization Signal	直通链路主同步信号
S-RSSI	Sidelink Received Signal Strength Indicator	直通链路接收信号强度指示

续表

英文缩写	英文全称	中文全称
SSB	Synchronization Signal Block	同步信号块
S-SSB	Sidelink Synchronization Signal Block	直通链路同步信号块
SSSS	Secondary Sidelink Synchronization Signal	辅直通链路同步信号
S-SSS	Sidelink Secondary Synchronization Signal	直通链路辅同步信号
SST	Slice/Service Type	切片/服务类型
STCH	Sidelink Traffic Channel	直通链路业务信道
TB	Transport Block	传输块
TC	Traffic Category	业务类型
TC-ITS	China National Technical Committee of Intelligent Transport Systems Standardization	全国智能运输系统标准化技术委员会
TCS	Traction Control System	牵引力控制系统
TDM	Time Division Multiplexing	时分复用
TEE	Trusted Execution Environment	可信执行环境
TIAA	Telematics Industry Application Alliance	车载信息服务产业应用联盟
TLS	Transport Level Security	传输层安全
TTC	Time To Collision	碰撞时间
TTI	Transmission Timing Interval	传输时间间隔
UDM	Unified Data Management	统一数据管理
UDR	Unified Data Repository	统一数据存储库
UE	User Equipment	用户终端
UICC	Universal Integrated Circuit Card	通用集成电路卡
UL	Uplink	上行链路
UM	Unacknowledged Mode	非确认模式
UPER	Unaligned Packet Encoding Rules	非对齐压缩编码规则
UPF	User Plane Function	用户面功能
uRLLC	ultra-Reliable Low Latency Communications	超高可靠低时延通信

续表

英文缩写	英文全称	中文全称
USIM	Universal Subscriber Identity Module	全球用户身份卡
UTC	Coordinated Universal Time	协调世界时
UWB	Ultra Wideband	超宽带
V2I	Vehicle-to-Infrastructure	车路通信
V2N	Vehicle-to-Network	车网通信
V2P	Vehicle-to-Pedestrian	车人通信
V2V	Vehicle-to-Vehicle	车车通信
V2X	Vehicle-to-Everything	车联网
VANET	Vehicular Ad Hoc Network	车联网
VAS	V2X Application Server	V2X 应用服务器
VCF	V2X Control Function	V2X 控制功能
VICS	Vehicle Information and Communication System	车辆信息通信系统
VIM	Virtualised Infrastructure Manager	虚拟化基础设施管理单元
VIS	V2X Information Service	V2X 信息服务
VLAN	Virtual Local Area Network	虚拟局域网
VMS	Variable Message Signs	动态信息标识
VNFP	Vehicle Near-Field Payment	汽车近场支付
VO	Visual Odometry	视觉里程计
VR	Virtual Reality	虚拟现实
VRU	Vulnerable Road User	弱势交通参与者
WAVE	Wireless Access in Vehicular Environments	无线接入车载环境
WRC-19	World Radiocommunication Conference 2019	世界无线电通信大会 2019
WSA	WAVE Service Advertisement	WAVE 业务通告
WSM	Wave Short Message	WAVE 短消息
WSMP	Wave Short Message Protocol	WAVE 短消息协议

参考文献

［1］陈山枝，胡金玲. 蜂窝车联网（C-V2X）［M］. 北京：人民邮电出版社，2020.

［2］CHEN S Z, HU J L, SHI Y, et al. LTE-V: a TD-LTE-based V2X solution for future vehicular network［J］. Internet of Things Journal，2016，3（6）：997-1005.

［3］CHEN S Z, HU J L, SHI Y, et al. Vehicle-to-everything（V2X）services supported by LTE-based systems and 5G［J］. IEEE Communications Standards Magazine，2017，1（2）：70-76.

［4］CHEN S Z, HU J L, SHI Y, et al. A vision of C-V2X: technologies, field testing and challenges with Chinese development［J］. IEEE Internet of Things Journal，2020，7（5）：3872-3881.

［5］SHEN X, FANTACCI R, CHEN S. Internet of vehicles［Scanning the Issue］［J］. Proceedings of the IEEE，2020，108（2）：242-245.

［6］陈山枝，胡金玲，时岩，等. LTE-V2X 车联网技术、标准与应用［J］. 电信科学，2018，34（4）：7-17.

［7］陈山枝，时岩，胡金玲. 蜂窝车联网（C-V2X）综述［J］. 中国科学基金，2020，34（2）：179-185.

［8］陈山枝. 蜂窝车联网（C-V2X）技术与产业发展态势前沿报告［R］. 北京：中国通信学会，2020.

［9］陈山枝. 车联网安全技术与标准发展态势［R］. 北京：中国通信学会，2019.

［10］陈山枝. 车联网技术、标准与产业发展态势前沿报告［R］. 北京：中国通信学会，2018.

［11］国家发改委，中央网信办，工信部，等. 智能汽车创新发展战略［Z］. 2020-02-24.

［12］工信部. 车联网（智能网联汽车）产业发展行动计划［Z］. 2018-12-28.

［13］中共中央，国务院. 交通强国建设纲要［Z］. 2019-09-14.

［14］王映民，孙韶辉. 5G 移动通信系统设计与标准详解［M］. 北京：人民邮电出版社，2020.

［15］沈嘉，杜忠达. 5G 技术核心与增强：从 R15 到 R16［M］. 北京：清华大学出版社，2021.

［16］IMT-2020（5G）推进组 C-V2X 工作组. 蜂窝车联网白皮书［R］. 2018.

［17］中国信息通信研究院，国泰君安证券股份有限公司. 车联网白皮书（C-V2X 分册）［R］. 2019.

［18］IMT-2020（5G）推进组 C-V2X 工作组. LTE-V2X 安全技术白皮书［R］. 2019.

［19］IMT-2020（5G）推进组 C-V2X 工作组. C-V2X"四跨"互联互通应用示范活动总结［R］. 2019.

［20］中国智能网联技术创新联盟.《中国智能网联汽车测试示范区发展调查研究》［R］. 2019.

［21］葛雨明. 车联网（C-V2X）标准及测试验证进展［R］. 2019.

［22］王长园. V2X 标准分析及测试方法探讨［R］. 2019.

［23］HARTENSTEIN H，LABERTEAUX K P. VANET：vehicular applications and inter-networking technologies［M］. Hoboken：John Wiley & Sons Inc，2009.

［24］IEEE 802. 11. Part 11：Wireless LAN medium access control（MAC）and physical layer（PHY）specification［S］. IEEE Std 802. 11-2012. 2012.

［25］5GAA. The case for cellular V2X for safety and cooperative driving［EB］. 2016.

［26］葛雨明. 车联网（C-V2X）产业化应用实践［R］. 2019.

［27］Federal Communications Committee. Use of the 5. 850－5. 925 GHz Band，47 CFR Parts 2，15，90，and 95. ET Docket No. 19－138. FCC 19－129. FRS 16447［EB］. 2020.

［28］US Department of Transportation. Ensuring American leadership in automated vehicle technologies automated vehicles 4. 0［EB］. 2020.

［29］US Department of Transportation and ITS JPO. ITS strategic plan 2020—2025［EB］. 2020.

［30］SAE J2735. Dedicated short range communications（DSRC）message set dictionary［S］. 2016.

［31］SAE J2945/1. On-board minimum performance requirements for V2V safety systems［S］. 2016.

［32］SUN B. IEEE 802. 11 TGbd update for ITU-T CITS［EB］. 2020.

［33］ISO 17515-3. 2019 intelligent transport systems- evolved-universal terrestrial radio access network Part 3：LTE-V2X［S］. 2019.

［34］ETSI EN 303 613，v1. 1. 1. Intelligent transport systems（ITS）；LTE-V2X access layer specification for intelligent transport systems operating in the 5GHz frequency band［S］. 2020.

［35］SAE J3161. C-V2X deployment profiles［S］. 2019.

［36］SAE J3061. Cybersecurity guidebook for cyber-physical vehicle systems［S］. 2016.

［37］工业和信息化部，国家标准化管理委员会. 国家车联网产业标准体系建设指南（总体要求）［EB］. 2018.

［38］工业和信息化部，国家标准化管理委员会. 国家车联网产业标准体系建设指南（智能网联汽车）［EB］. 2017.

［39］工业和信息化部，国家标准化管理委员会. 国家车联网产业标准体系建设指南（信息通信）［EB］. 2018.

［40］工业和信息化部，国家标准化管理委员会. 国家车联网产业标准体系建设指南（电子产品和服务）［EB］. 2018.

[41] 工业和信息化部，公安部，国家标准化管理委员会. 国家车联网产业标准体系建设指南（车辆智能管理）[EB]. 2020.

[42] 工业和信息化部，国家标准化管理委员会. 国家车联网产业标准体系建设指南（智能交通相关）[EB]. 2021.

[43] 中国汽车工业信息网. 全球主要国家自动驾驶规划梳理[EB]. 2019.

[44] HARDING J, POWELL G R, YOON R, et al. Vehicle-to-vehicle communications: readiness of V2V technology for application, Report No. DOT HS 812 014[R]. Washington, DC: National Highway Traffic Safety Administration, 2014.

[45] 中国移动5G联合创新中心. 下一代车联网创新研究报告[R]. 2019.

[46] 国家发展改革委，等. 智能汽车创新发展战略[Z]. 2020.

[47] 工业和信息化部. 汽车驾驶自动化分级[Z]. 2020.

[48] 华为. 车路一体化智能网联体系C-V2X白皮书（物联网）[R]. 2018.

[49] 中国汽车工程学会. 节能与新能源汽车技术路线图2.0[R]. 2020.

[50] 李克强. 智能网联汽车发展现状对策建议[R]. 汽车学会，2020.

[51] ITS research fact sheets-benefits of intelligent transportation systems[Z]. 2020.

[52] GSMA. Mobilizing intelligent transportation systems (ITS)[R]. 2015.

[53] ERTRAC Working Group: Connectivity and Automated Driving. Connected automated driving roadmap[EB]. 2021.

[54] 中国公路学会. 车路协同自动驾驶发展报告[R]. 2021.

[55] 3GPP TS 23.285, v14.9.0. Architecture enhancements for V2X services[S]. 2015.

[56] 3GPP TS 22.185, v14.4.0. Service requirements for V2X services[S]. 2018.

[57] 3GPP TR 22.885, v14.0.0. Study on LTE Support for V2X Services[S]. 2015.

[58] 3GPP TS 23.203, v14.6.0. Policy and charging control architecture[S]. 2018.

[59] 3GPP TR 22.886, v15.3.0. Study on enhancement of 3GPP support for 5G V2X services[S]. 2018.

[60] 3GPP TS 22.186, v16.2.0. Enhancement of 3GPP support for V2X scenarios[S]. 2019.

[61] 3GPP TS 36.211, v15.3.0. Physical channels and modulation[S]. 2018.

[62] 3GPP TS 36.213, v14.6.0. Physical layer procedures[S]. 2018.

[63] 3GPP TS 36.321, v14.4.0. Medium access control (MAC)[S]. 2018.

[64] 3GPP TS 36.331, v14.6.0. Radio resource control (RRC)[S]. 2018.

[65] 3GPP TS 36.213, v15.3.0. Physical layer procedures[S]. 2018.

[66] 3GPP TS 36.321, v15.3.0. Medium access control (MAC) protocol specification[S]. 2018.

[67] 3GPP TS 36.331, v15.3.0. Radio resource control (RRC)[S]. 2018.

[68] 3GPP TR37.885, v15.3.0. Study on evaluation methodology of new vehicle-to-everything (V2X) use cases for LTE and NR[S]. 2019.

[69] 3GPP TR37.985, v1.3.0. Overall description of radio access network (RAN) aspects for

vehicle-to-everything(V2X)based on LTE and NR[S]. 2020.

[70] 3GPP TS 38.211, v16.1.0. Physical channels and modulation[S]. 2020.

[71] 3GPP TS 38.212, v16.1.0. Multiplexing and channel coding[S]. 2020.

[72] 3GPP TS 38.213, v16.1.0. Physical layer procedures for control[S]. 2020.

[73] 3GPP TS 38.214, v16.1.0. Physical layer procedures for data[S]. 2020.

[74] 3GPP TS 38.321, v16.0.0. Medium access control(MAC)[S]. 2020.

[75] 3GPP TS 38.331, v16.0.0. Radio resource control(RRC)[S]. 2020.

[76] U.S. NHTSA(National Highway Traffic Safety Administration). Vehicle safety communications-applications(VSC-A)final report, DOT HS 811 492A[R]. 2011.

[77] U.S. NHTSA. Vehicle-to-vehicle safety system and vehicle build for safety pilot(V2V-SP)final report. Volume 1 of 2, Driver acceptance clinics: national highway traffic safety administration (cooperative agreement number DTFH61-01-X-00014)[R]. 2014.

[78] CAMP VSC3. V2V-SP light vehicle driver acceptance clinics and model deployment support[R]. 2011.

[79] ETSI TS 101 539-1, v1.1.1. Intelligent transport systems(ITS); V2X applications; Part 1: road hazard signalling(RHS)application requirements specification[S]. 2013.

[80] ETSI TS 101 539-2, v1.1.1. Intelligent transport systems(ITS); V2X applications; Part 2: intersection collision risk warning(ICRW)application requirements specification[S]. 2018.

[81] ETSI TS 101 539-3, v1.1.1. Intelligent transport systems(ITS); V2X applications; Part 3: longitudinal collision risk warning(LCRW)application requirements specification[S]. 2013.

[82] China SAE T/China SAE 53-2020. 合作式智能运输系统车用通信系统应用层及应用数据交互标准[S]. 中国汽车工程学会, 2020.

[83] 陈维, 李源, 刘玮. 车联网产业进展及关键技术分析[J]. 中兴通讯技术, 2020(2): 5-11.

[84] GAY K. Connected and automated vehicle research in the United States[Z]. 2014.

[85] 5G车联网业务演进之路的探索与展望[Z]. 2019.

[86] 吴冬升. 5G车联网业务演进之路的探索与展望[Z]. 2020.

[87] 中国通信标准化协会. 5G边缘计算平台技术要求[S]. 2019.

[88] SAE J2735. Dedicated short range communications(DSRC)message set dictionary[S]. 2016.

[89] BAI S. US-EU V2V V2I message set standards collaboration[R]. Honda R&D Americas, Inc., 2012.

[90] 5GAA. White paper C-V2X use cases methodology, examples and service level requirements[Z]. 2019.

[91] 王易之. 属于中国V2X的"语言和文字": 标准T/China SAE 53-2017解读[Z]. 2018.

[92] T/CSAE 53-2017 合作式智能运输系统 车用通信系统应用层及应用数据交互标准[S]. 2017.

[93] T/CSAE 53-2020．合作式智能运输系统车用通信系统应用层及应用数据交互标准第二阶段［S］．2020．

[94] IMT-2020（5G）推进组 C-V2X 工作组．C-V2X 业务演进白皮书［R］．2019．

[95] 中国联合网络通信有限公司，华为技术有限公司．新基建、新动能 5G 车路协同白皮书［R］．2020．

[96] 张杰．车联网产业进展及关键技术分析［J］．中兴通讯技术，2020（2）：19-24．

[97] 陈维，李源，刘玮．车联网产业进展及关键技术分析［J］．中兴通讯技术，2020（2）：5-11．

[98] 李俨，等．5G 与车联网 - 基于移动通信的车联网技术与智能网联汽车［M］．北京：电子工业出版社，2019．

[99] NGMN Alliance V2X Task-Force. Liaison statement on technology evaluation of LTE-V2X and DSRC［Z］．2017．

[100] 5G Americas. White paper: cellular V2X communications towards 5G［R］．2018．

[101] ZAGAJAC J. The C-V2X proposition［Z］．2018．

[102] U. S. Federal Communications. Commission intelligent transportation services report and order, R&O FCC 99-305［R］．1998．

[103] U. S. Federal Communications. Dedicated short range communications report and order, R&O FCC 03-324［R］．2003．

[104] 工业和信息化部．关于印发《车联网（智能网联汽车）直连通信使用 5905~5925MHz 频段管理规定（暂行）》的通知［Z］．2018．

[105] U. S. Federal Communications Committee. Use of the 5. 850 ~ 5. 925GHz band, 47 CFR parts 2, 15, 90, and 95. ET docket No. 19‐138; FCC 19‐129; FRS 16447［Z］．2020．

[106] U. S. Federal Communications Committee. FCC seeks to promote innovation in the 5. 9 GHz band［Z］．2019．

[107] FCC. FCC modernizes 5. 9GHz band for Wi-Fi and Auto safety［EB］．2020．

[108] CCSA 报告 TC5_WG8_2016_102B_ 智能交通车车 车路主动安全应用的频率需求和相关干扰共存研究［R］．

[109] Amendment of the Commission's Rules Regarding Dedicated Short-Range Communication Services in the 5. 850-5. 925GHz Band（5. 9 GHz Band），FCC 03-324，2004．

[110] Use of the 5. 850-5. 925 GHz Band Notice of Proposed Rulemaking ‐ ET Docket No. 19-138, FCC，2019．

[111] Use of the 5. 850‐5. 925 GHz Band［EB/OL］. https://www. govinfo. gov/content/pkg/FR-2020-02-06/pdf/2020-02086. pdf.

[112] ECC Recommendation（08）01, Use of the band 5855-5875 MHz for Intelligent Transport Systems（ITS），approved 21 February 2008, latest amendment on 06 March 2020．

[113] ECC Decision（08）01, The harmonized use of Safety-Related Intelligent Transport Systems

（ITS）in the 5875-5935 MHz frequency band，approved 14 March 2008，latest amendment on 06 March 2020.

［114］The European Commission has today adopted new rules stepping up the deployment of Cooperative Intelligent Transport Systems（C-ITS）on Europe's roads［EB/OL］. http://europa. eu/rapid/press-release_IP-19-1648_en. htm?from=singlemessage&isappinstalled=0.

［115］European Commission - Fact Sheet，Road Safety：new rules clear way for clean，connected and automated mobility on EU roads［EB/OL］. http://europa. eu/rapid/press-release_MEMO-19-1649_en. htm.

［116］5GAA welcomes Council objection against C-ITS Delegated Act［EB/OL］. https://5gaa. org/news/5gaa-welcomes-council-objection-against-c-its-delegated-act/，2019.

［117］5GAA White paper on ITS spectrum utilization in the Asia Pacific Region［R］. 2018.

［118］ETSI GS MEC 003 v2. 1. 3. Multi-access edge computing（MEC）；framework and reference architecture［R］. 2019.

［119］ETSI GS MEC 0030 v2. 0. 14. Multi-access edge computing（MEC）；V2X information service API［R］. 2020.

［120］中国通信标准化协会（CCSA）. 面向LTE-V2X的多接入边缘计算总体需求和业务架构（报批稿）［S］. 2020.

［121］中国通信标准化协会（CCSA）. 5G边缘计算平台技术要求［S］. 2019.

［122］IMT-2020（5G）推进组. MEC与C-V2X融合应用场景白皮书［R］. 2019.

［123］陈山枝，王胡成，时岩. 5G移动性管理技术［M］. 北京：人民邮电出版社，2019.

［124］IMT-2020（5G）推进组. 基于AI的智能切片管理和协同白皮书［R］. 2019.

［125］NGMN Alliance. NGMN 5G white paper［R］. 2015.

［126］Devaki Chandramouli. 5G for the Connected World［J］. WILEY，2019.

［127］中国通信标准化协会（CCSA）. 5G网络切片 端到端总体技术要求（报批稿）［S］. 2020.

［128］3GPP TS 23. 501 v16. 3. 0. System architecture for the 5G system；stage 2［S］. 2019.

［129］徐灿辉. 5G网络架构对车联网发展影响的研究［J］. 广东通信技术，2018，1.

［130］Campolo C，Molinaro A，Iera A，et al. 5G network slicing for vehicle-to-everything services［J］. IEEE Wireless Communications，2017，24（6）：38-45.

［131］梅杰. 高效可靠的车联网无线传输及协作通信机制研究［D］. 北京：北京邮电大学，2019.

［132］MEI J，WANG X，ZHENG K. Intelligent network slicing for V2X services toward 5G［J］. IEEE Network，2019.

［133］郑豪. 面向服务的车辆网络切片策略研究［D］. 重庆：重庆邮电大学，2020.

［134］ZHUANG W H，QIANG Y，FENG L Y. SDN/NFV Empowered Future IoV With Enhanced Communication, Computing, and Caching［J］. Proceedings of the IEEE，2020，108（2）：

274-291.

［135］梅杰. 高效可靠的车联网无线传输及协作通信机制研究［D］. 北京：北京邮电大学，2019.

［136］张蕾，朱雪田，李金艳. 5G 网络切片在车路协同系统中的应用研究［J］. 电子技术应用，2020，46（1）：12-16.

［137］陈艳艳，苏子勋，范博，等. 人–机–网融合的新型车联网体系架构与关键技术［J］. 移动通信，2020，44（11）：58-64.

［138］李克强. 智能网联汽车云控基础平台及其实现［EB/OL］. 清华大学汽车工程系，2018.

［139］Kreps J. Questioning the Lambda Architecture［EB/OL］. 2014-06-02. https://www.oreilly.com/radar/questioning-the-lambda-architecture.

［140］顾炯炯. 云计算架构技术与实践［M］. 北京：清华大学出版社，2014.

［141］李克强. 智能网联汽车云控系统原理及其典型应用［J］. 汽车安全与节能学报，2020，11（3）：261-275.

［142］中国智能网联汽车产业创新联盟. 车路云一体化融合控制系统白皮书［R］. 2020.

［143］工业和信息化部. "十四五"信息通信行业发展规划［R］. 2021.

［144］IMT-2030（6G）推进组. 6G 总体愿景与潜在关键技术［R］. 2021.

［145］XIAO H Y. Towards 6G wireless communication networks: Vision, enabling technologies, and new paradigm shifts［J］. 中国科学：信息科学（英文版），64（1）：74.

［146］中国移动通信有限公司研究院. 2030+ 技术趋势白皮书［R］. 2021.

［147］中国移动通信有限公司研究院. 2030+ 愿景与需求白皮书［R］. 2021.

［148］中国移动通信有限公司研究院. 2030+ 网络架构展望白皮书［R］. 2021.

［149］广东省新一代通信与网络创新研究院. 6G 无线热点技术研究白皮书［R］. 2020.

［150］童文，朱佩英. 6G 无线通信新征程：跨越人联、物联，迈向万物智联［M］. 北京：机械工业出版社，2021.

［151］张平. 6G 需求与愿景［M］. 北京：人民邮电出版社，2021.

［152］5GAA. RWS-210360，5GAA input to 3GPP Rel. 18 Workshop［R］. 2021.

［153］3GPP. RWS-210659，Summary of RAN Rel-18 Workshop［R］. 2021.

［154］云边协同产业方阵，云计算开源产业联盟. 云边协同关键技术态势研究报告［R］. 2021.

［155］KHAN H, LUOTO P, BENNIS M, et al. On the Application of Network Slicing for 5G-V2X［C］. 2018 24th European Wireless Conference，Italy，2018：1-6.

［156］孙滔. 数字孪生网络（DTN）：概念、架构及关键技术［J］. 自动化学报，2021，47（3）：569-582.

［157］中国通信标准化协会. 基于 LTE 的车联网通信安全技术要求：YD/T 3594-2019［S］. 2019.

［158］3GPP TS 23.287 v16.1.0. Architecture enhancements for 5G system (5GS) to support vehicle-to-everything(V2X)services[S]. 2019.

[159] 李克强, 常雪阳, 李家文, 等. 智能网联汽车云控系统及其实现[J]. 汽车工程, 2020, 42(12): 1595-1605.

[160] China SAE T/China SAE 157-2020. 合作式智能运输系统车用通信系统应用层及应用数据交互标准（第二阶段）[S]. 中国汽车工程学会, 2020.

鸣 谢

中国通信学会

中国信息通信科技集团有限公司及其下属公司（高鸿智联、宸芯科技、中信科移动、大唐微电子）

中国信息通信研究院

北京邮电大学

清华大学

北京航空航天大学

西南交通大学

重庆邮电大学

国汽（北京）智能网联汽车研究院有限公司

东风汽车集团有限公司

北京四维图新科技股份有限公司

北京北斗星通导航技术股份有限公司

高新兴科技集团股份有限公司

驭势科技（北京）有限公司

中国电信集团有限公司

中国移动通信集团有限公司

中国联合网络通信集团有限公司

长沙智能驾驶研究院

腾讯（深圳）科技有限公司

厦门金龙汽车集团股份有限公司

华录易云科技有限公司

宇通客车股份有限公司

北京轻舟智航科技有限公司

中国汽车工程研究院股份有限公司

中国汽车技术研究中心有限公司